서울역사
중점연구 16

조선시대 서울의 유교 의례와 음악

서울역사편찬원

발간사

조선 건국 직후인 1394년 태조 이성계가 서울로 천도를 단행한 후 새 도읍지 서울에는 궁궐과 종묘, 사직 등 기반 시설이 축조되었습니다. 곧이어 2차례 '왕자의 난'과 개경 환도로 부침을 겪기도 하였으나, 이후 서울에는 새로운 궁궐들이 세워지고 다양한 기반 시설이 보강되어 명실상부 수도로서의 모습을 갖춰갔습니다. 이러한 서울의 각종 공간에서는 조선이 유교를 지향하는 국가임을 표출하는 의례들이 시행되었고, 의례가 시행될 때에는 유교 이념에 입각하여 정비한 음악이 연주되었습니다. 유교에서 예는 질서를, 악은 조화를 이루는 중요한 수단이었기에, 조선시대 의례에서 시행된 음악은 단순한 유흥의 수단이 아닌 조선의 이상을 의미하였습니다.

이에 서울역사편찬원에서는 《조선시대 서울의 유교 의례와 음악》을 발간하게 되었습니다. 조선이 꿈꾸었던 사회가 어떠한 모습이었는지, 조선시대 서울 곳곳에서 행해진 다양한 의례들과 그 의례들 속에서 사용된 음악들을 통하여 조명해보고자 하였습니다.

이 책은 총론과 각론에 해당하는 6편의 논문으로 구성되어 있습니다. 각론에서는 조선시대 서울에서 이루어진 많은 유교 의례들과 음악과의 관계를 다루고 있습니다. 의례별로 어떠한 음악이 적용되고 정비되는 과정과 악장 노랫말의 변화상은 물론이고 의묘懿廟(성종의 아버지 德宗) 의례, 문선왕공자 친제, 사례射禮 등 서울 속 다양한 의례 공간에서 병행된 예악을 살펴보았습니다.

종묘제례와 종묘제례악은 유네스코 인류구전 및 무형유산 걸작으로 선정될 만큼, 그 독창성과 우수성이 세계적으로 인정받기도 하였습니다. 종묘에서 이루어진 의례 이외에도 조선시대 서울에서는 다채로운 의례와 음악이 행해졌으며, 그 모습은 이 한 권의 책에 모두 담기 어려울 정도입니다. 이 책의 발간을 계기로 앞으로도 많은 연구자들과 시민들의 관심이 조선시대 사람들의 의례와 음악에 이어지기를 기대합니다.

끝으로 이 책이 나오기까지 수고를 아끼지 않은 집필자 선생님들과 서울역사편찬원의 연구원들, 그리고 심사자와 토론자 등 여러분의 도움에 깊이 감사드립니다. 앞으로도 새로운 서울 역사 발굴을 위해 많은 연구자와 시민 여러분의 관심을 부탁드립니다.

2024. 4.

서울역사편찬원장 이 상 배

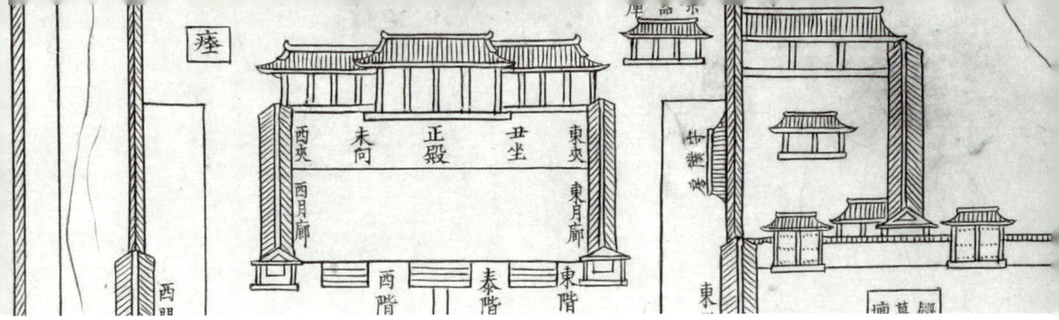

차 례

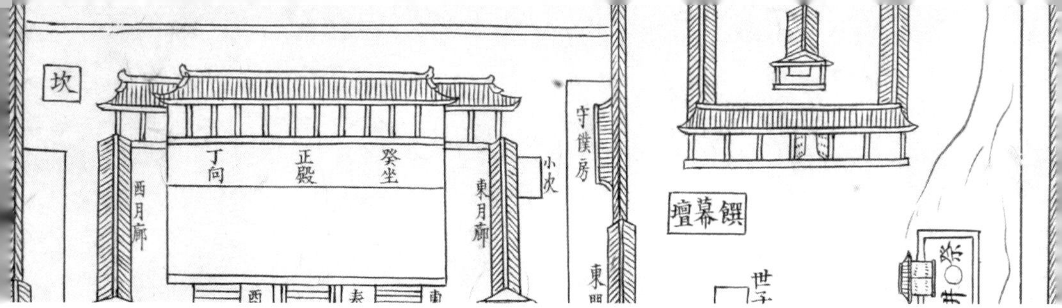
坎
丁向
正殿
癸坐
西月廊
東月廊
小次
守僕房

총론

유교 예 · 악의 도입과 예 · 악의 중심 공간으로서 서울

강제훈(고려대학교 한국사학과 교수)

조선이 건국되었다. 조선의 건국이 정치적 사건으로 한정되는가 혹은 사회적 변화의 전환이 될 수 있을 것인가는 여전히 논란이 있다. 사회경제적으로 14·15세기가 연결된다는 주장은 아마도 조선의 건국을 정치적 사건으로 국한하고자 하는 해석이다. 최근에는 지방 통치의 방식에서 이미 고려 때도 전 임관 위주의 행정제도가 사실상 자리 잡았다는 주장이 제기되었는데, 이러한 접근도 조선 건국이 갖는 전환점으로서의 의미를 희석하려는 해석이다. 논란의 여지가 있다.

조선은 태조 즉위 교서에서 유교적 지향을 선포하였다. 특히 유교 의례의 실천을 통해 유교 국가를 실현하려는 의도를 명확히 드러냈다. 즉위 교서에서는 유교 의례의 실천을 표방하는 데 그쳤지만, 사실 유교적 지향은 유교 이념이 표방하는 다양한 개혁 조치를 시행하고, 이를 통해서 구현되는 제도가 안민安民을 결과적으로 이루게 될 것이라는 꿈을 담은 것이다. 기존의 해석에 의하면, 위화도 회군이라는 쿠데타 상황에 이어 바로 실시된 전제 개혁은 바로 그러한 첫걸음에 해당하고, 연이어 이어진 조처는 불가피한 결과로 조선의 개국으로 이어진다. 전제 개혁 과정에서 합법적으로 발행된 전제 관련 문서의 적법한 효력을 부정하고, 이를 소각하는 조처는 상징적이기는 하지만, 고려 왕권의 입법권을 부정한 것이기에 이러한 해석은 충분한 설득력이 있다.

집권 세력의 유교적 지향이 곧바로 사회적 수용으로 이어지는 것은 아니다. 유교국가 출현 이후 유교 사회의 도래는 한참 더 시간이 필요했다. 사회 구조가 유교적 지향을 담아낼 수 있는 형태로 변화한 것은 이르게 잡아도 17세기나 되어서야 가능했다. 이 시기쯤 되면, 부계 친족 조직이 전국적으로 확산하고, 민간에서도 자발적 유교 의례가 실천되고 있었다. 아래로부터의 유교 실천으로 한국에서는 노비도 유교 제사를 받들고, 사회 전반에 유교적 가치가 지배적이고, 보편적으로 작동하는 상황이 만들어졌다. 이런 강력한 유교화는 유교의 발상지인 중국에서도 실현된 바가 없다.

한국에서는 결혼을 지칭하는 말로 '시집가다'와 '장가든다'가 통용된다. 각 단어가 의미하는 내용은 전혀 상반되는데, 전자는 여자가 남자 집으로, 후자는 남자가 여자 집으로 이동하는 것을 의미한다. 전혀 다른 방식의 결합을 결혼을 표현하는 용어로 사용하는 셈인데, 한국에서는 장가드는 것이 오래된 혼인 형태였고, 시집가는 것은 17세기 이후에 형성되기 시작한 사회 습속이었다. 또한 동성의 혈족을 친족親族이라 하고, 어머니 쪽 혈족을 외족外族으로 구분하는 것도, 유교화의 결과였다. 장가들어 형성된 가족 구성은 유교의 유입 이후에 시집가서 만들어지는 형태로 전환되었다.

한 걸음 더 나아가서, 고조를 같이 하는 동고조팔촌同高祖八寸이라는 가족 구성이 전국적으로 보편적이고 당연한 것으로 인정되었다. 동성 팔촌 조직은 현대 한국의 민법에서도 법적으로 인정하는 친족이 되었다. 친족 조직으로서 동성 팔촌은 유교 제사를 시행하기 위한 조직이었다. 유교식 상복은 부모에 대한 삼년상을 시작으로 관계가 멀어지면, 복제의 기간을 단축하는데, 팔촌은 상복을 입는 기간이 가장 짧은 친족이었다. 구촌부터는 상복을 입지 않게 되는데, 이런 친소 관계는 고조를 기점으로 계산되는 것이다. 따라서 팔촌이라는 친족은 고조 제사를 위해서 함께 모이는 범주를 의미하고, 동성팔촌은 제사를 함께 하는 친족으로서의 의미를 갖는 것이다. 18·19세기가 되면 동성의 친족 개념은 더욱 확대되어, 집성촌이 형성되고면 시조를 중심으로 하는 무덤 의례가 강조된다. 시조에 대한 무덤이 강조되는 것은 시조 제사를 같이 하는 친족의 범위를 확인하는 의미를 갖는데, 유교적 친족 관념이 확대 적용된 것이다.

부계 친족의 보편화라는 사회적 현상은 유교의 유입과 연관되는데, 이때 유교는 통치의 수단으로 도입된 고려의 유교와는 궤를 달리하는 것이다. 한국 사회에 전개된 유교적 전환은 조선의 건국이 중요한 계기가 되었던 현상이었다. 유교를 도입한 지배층의 생각과 이를 수용한 사회적 이유는 반드시 일치하는 것은 아니겠지만, 어느 시점에서 사회가 이를 자발적으로 수용한 것은 틀림이 없다. 사회의 자발성에 대해서는 여러 해석이 가능할 것이지만, 우선 유교적 변화를 시작한 지배층의 시선과 문제의식을 검토하는 것이 이 글의 출발점이다.

조선 왕조는 천명을 받은 것으로 주장하였다. 유교적 정치론에서 천명은 덕을 가진 사람에게 주어진다. 하늘은 천명을 주어, 천명을 받은 사람이 사람 세상에 질서를 만들도록 한다. 천명을 받은 사람이 자신을 중심으로 짐승과 구분되는 살 만한 세상을 만드는데, 이렇게 만들어진 사람 세상의 질서는 하늘의 질서를 반영한 것이다. 이런 사명을 받은 존재를 시왕時王이라 한다. 요堯와 순舜이 대표적인 시왕이었다. 이들은 자기 시대의 제도를 구축하여 삶을 사람답게 만든 성인이었다. 덕을 가진 존재는 자기 시대의 제도를 만들고, 예·악·형·정을 수단으로 하여 통치를 시행한다. 시대의 통치 질서를 통칭하여 전장제도典章制度라 하며, 예·악·형·정은 그 내용을 구성하는 것이다. 조선은 조선 나름의 유교 이념에 부합하는 전장제도를 구축하고

자 하였다. 예악의 정비는 그러한 노력의 일환이었다. 그러나 예악의 정비가 단순히 정치적 지향만을 담은 것은 아니었다.

고려 사회는 오랜 불교의 전승에 기반하였다. 개경은 정치 행정의 중심지였지만, 수백 개의 크고 작은 절이 거리의 구석구석을 빼곡하게 채우고 있는, 말 그대로 불교의 중심지이기도 하였다. 고려의 불교는 불교의 사상과 이념을 배타적으로 주장하는 불교가 아니라 전통 습속과 신앙, 도교적 요소도 관대하게 포섭하는 성격을 지녔다. 고려의 대표적 의례이자 축제인 팔관회와 연등회는 불교적 요소가 지배적이기는 하였지만, 전통 습속을 함께 담아내는 행사였다. 개경은 다양한 불교 의례의 중심지였고, 항상 불교 관련 행사가 축제의 형태로 활기를 불어넣는 시끌벅적한 도시였다. 수백 년 동안 불교 의례는 왕실부터 일반 서민에 이르기까지 신앙의 표현이며, 삶의 활력이었다.

서울은 조선의 건국을 통해서 한반도 땅의 정치·행정의 중심지가 되었다. 조선 건국 직후인 1394년 태조의 결단으로 서울로의 전도가 단행되었다. 새 도읍지 서울에는 궁궐과 종묘, 사직 등의 기반 시설이 축조되었고, 반강제로 십여 만의 거주민이 이주하였다. 서울의 규모는 당시에는 세계적인 대도시였다. 왕자의 난을 겪으면서 개경으로의 환도가 이루어졌지만, 1405년 태종에 의해 서울로의 재천도가 단행되었다. 방치되었던 서울에는 궁궐이 추가로 세워졌고, 수도에 걸맞은 다양한 기반 시설이 보강되었다. 태종은 특히 유교적 이념에 충실한 국왕이었기 때문에, 다시 천도한 서울에 불교적 요소를 배제하는 시책을 강화하였다. 서울 도성 안에는 불교 사찰이 일절 들어설 수 없었다. 서울 내에서 굿을 비롯한 민간의 신앙 행위는 음사淫祀로 배척되었다. 서울은 근엄한 유교 도시가 되었다. 서울의 거주민들이 서울 중심지에 마련된 북과 종을 이용한 시보를 통해 시간을 인지할 수 있을 정도로 조용한 도시 환경이 조성되었다.

서울의 공간은 유교적으로 근엄하게 채워졌지만, 십만이 넘는 거주민의 삶이 실제로 유교적인 것만은 아니었다. 굿판이 심심찮게 벌어졌고, 집집이 승려들이 기웃거리며 신앙 상담을 하는 일도 빈번했다. 세종 때의 사실을 전하는 다음 기사는 이러한 분위기를 전한다.

> 무식한 무리들이 요사스러운 말에 혹하여, 질병이나 초상이 있으면 즉시 野祭를 행하며, (중략) 남녀가 떼를 지어 무당을 불러 모으고 술과 고기를 성대하게 차리며, 또는 중의 무리를 끌어오고 佛像을 맞아들여, (중략) 노래와 춤과 梵唄가 서로 섞이어 울려서, 음란하고 요사스러우며 난잡하여 예절을 무너뜨리고 풍속을 상하는 일이 이보다 심함이 없습니다.[1]

토속신앙에 근거한 기우제나 벽사의식이 간단없이 시행된 것은 말할 것도 없다. 그럼에도 공식적으로 범패의 음악은 시끄럽고 번잡한 소음으로 간주되었고, 각종의 민간 종교 행사는 단속의 대상이었다. 사회·문화 환경을 유교적으로 전환하는 일은 단순히 강압적인 공권력의 행사를 통해 실현될 수는 없었다. 여기에는 자발성이 더해져야 했고, 또 기존의 수요를 대신할 수 있는 대체 기능이 도입될 필요가 있었다.

15세기에 조선은 유례가 없을 정도로 국가적 차원에서 음악의 창제와 정비 작업을 진행하였고, 이에 부합하는 정교한 국가 의례를 창출하였다. 15세기에 진행된 예악의 정비는 유교적 정통성과 통치의 정당성을 입증하는 정치적 작업이기도 하였지만, 한편으로는 사회·문화적 환경을 유교적으로 전환하려는 시도이며 도전이었다. 서울의 여러 지역이 의례 현장으로 지정되었고, 의례에는 국가에서 정비한 음악이 적용되었다.

1 《세종실록》 권53, 세종 13년 8월 2일(갑오).

서울의 사회·문화적 환경에 유교적 요소가 강하게 스며들게 된 데는 정부의 지난한 노력이 매우 중요한 역할을 하였다. 물론 민간신앙의 요소가 완전하게 제거될 수는 없었겠지만, 유교적인 의례 요소가 자신의 목소리를 내면서 중요한 지분을 차지하게 된 것을 부정할 수는 없다. 본 연구는 서울의 사회·문화적 환경에 유교적 요소가 유입되는 배경과 과정을 검토하는 것을 목적으로 하였다.

조선의 시간과 공간의 중심점은 국왕이었다. 서울은 궁궐과 종묘와 사직이 자리 잡은 공간이었다. 궁은 국왕이 존재하는 중심점을 의미하는데, 궁궐은 국왕이 현재 하는 물리적 공간으로 축조되었다. 이 물리적 공간은 천명을 받은 국왕의 지위와 현존을 상징하도록 설계되었다. 종묘와 사직은 천명의 현존을 의례적으로 상징하는 장치였다. 종묘와 사직의 의례 실천은 천명의 지속을 나타내며, 그 자체로 국가 존립의 실체로 인식되었다. 궁궐과 종묘와 사직이 위치한 공간의 중심지 서울에서 시간이 선언되었다. 국왕이 설치한 장치로 천도의 움직임을 신호하는 것이 시간이었고, 국왕은 천명이 주어진 조선 내에서의 시간을 결정하는 주체였다. 국왕의 통치는 소리로 형상화하는데, 국가가 음악을 정비하는 것은 조선의 소리를 정의하는 과정이었다.

유교 국가 의례는 천명을 형상화하는 장치이고, 의례와 병행하는 음악은 국왕의 통치를 청각 신호로 전환하는 상징이었다. 그러므로 유교 국가 의례는 천명을 드러내는 행위이고, 의례의 행위 주체는 당연하게 국왕이었다. 의례에 사용되는 음악은 국왕의 현존과 통치와 지위를 상징하는 장치였다. 국가가 제공하는 의례와 음악이 이를 접하는 사람의 마음을 움직일 수 있는가, 고려에서 익숙했던 사회·문화적 정서를 대체할 수 있는가는 정치적 당위성과는 별개의 문제였다. 왕조의 교체는 물리적 우위를 장악한 힘의 논리를 전제한 것인데, 이러한 우위가 지속되고 전승되기 위해서는 이를 정서적으로 수용하는 변화가 요구되었고, 의례와 음악을 조선식으로 대체해 가는 과정은 바로 이러한 수용과 변화의 과정이었다.

유교 국가 의례를 정비하고자 했던 조선에서 봉착했던 첫 번째 문제는 이들이 고려에서 사용했던 의례를 그대로 승계할 수 없었다는 점이다. 불교 행사에 진심이었던 고려에서 유교 국가 의례는 상대적으로 중요성이 떨어졌다. 유교 국가를 지향했던 조선의 시선에서 고려는 의례의 형태나 의미에 대해 충분히 숙지하지 못했다. 조선은 유교 국가 의례를 시행하기 위해 진지하게 검토하였다. 당·송에 뿌리를 둔 고제古制의 방식을 수용할 것인지, 현재의 시왕으로 이해되는 명의 시왕지제時王之制를 따를 것인지에 대한 논의가 심각하게 전개되었다. 논의는 국가 제사에서 시작되었지만, 점차 국상의 형식으로 확산하였고, 조회와 연향의 전반적인 방식까지 전면 재검토하는 상황에 이르렀다.

둘째 문제는 유교 국가 의례를 친왕親王 등급으로 만드는 사안이었다. 중국에서는 황제의 국가 의례를 시행했기 때문에, 중국의 자료를 통해 친왕 의례를 파악하기가 쉽지 않았다. 고려에서는 이러한 문제의식 자체가 없었으므로, 고려의 의례를 참조할 수도 없었다. 조선이 친왕 등급 의례를 추구하기까지 우여곡절이 있었다. 명은 조선이 우호국인지 확신할 수 없었고, 조선은 안정적이고 새로운 중심 세력으로서 명을 신뢰하기 어려웠다. 조선이 명을 시왕으로 인정하고 친왕 의례를 수용함으로써, 동북아시아 지역에서 명과의 공존이 가능할 수 있었다. 그러나 친왕 의례를 직접 만드는 일은 단계마다 정당성과 근거를 확보해야 했기 때문에 쉽지 않은 고난의 행로가 되었다.

셋째 문제는 국가의례의 일관성에 대한 사안이었다. 유교 국가 의례는 길·가·빈·군·흉례 등 다섯 범주에 수백 종의 의식을 망라하는데, 수많은 의식이 유교 의례로서 특징을 가지면서 서로 일관성을 유지하는 사항은 유교 의례의 경험이 일천한 조선에서 해결하기 어려운 난제였다. 정기적으로 시행되는 제사와 간헐적으로 발생하는 국상의 절차는 시행 과정을 거치면서 일관된 맥락을 갖추게 되었다. 조회의 연향 등도 신중하게 조선의 현실에 맞으면서 일관된 형식을 유지하도록 심혈을 기울여 절차를 고안하였다.

음악을 의례에 융합시키는 사안도 간단하지 않았다. 개국 초 의례 음악은 고려 때 사용되던 음악을 사실상 승계하면서, 악장樂章을 수정해서 사용하는 정도에 불과했다. 태종 때를 거치면서 유교 지향을 담은 아악雅樂을 국가 의례에 전용하기로 하였고, 세종 때는 아악의 전반적인 정비 작업을 단행하였다. 아악에 사용되는 음역과 의례에의 적절한 적용법에 대해 전면 재검토가 진행되었고, 조회, 연향 등에 사용되는 악기와 악곡 등을 완전히 새롭게 일신하였다. 이러한 예·악에 대한 정비와 실제 시행 경험이 축적된 상태에서 세종 후반기에 조선만의 독자적인 오례五禮를 갖추는 시도를 단행하였다.

〈용비어천가〉가 창제되면서 이를 기반으로 파생 악곡이 만들어졌고, 이를 국가 의례에 적용하기로 하면서 오례 정리 작업은 난관에 봉착하였다. 아악과 의례 절차를 정교하게 결합하는 작업을 하였는데, 새로 창제된 음악으로 아악을 대체하여 의례에 적용하는 방식은 누구도 알 수 없었다. 이 무렵 고려 이래 전승된 향·당악 중에서 국가 의례에 적용할 대상을 시용속악時用俗樂으로 정리하였는데, 〈용비어천가〉에서 파생되어 새로 창제한 정대업·보태평, 봉래의 등을 속악으로 편입하였다. 새롭게 선정된 속악을 의례 절차와 결합하는 일은 명확한 원칙이 마련되지 않았다. 종묘의 경우 선왕의 업적을 노래한 악장이 묘실마다 배정되어 있었는데, 새로운 신악을 적용하면서 이를 폐기하는 문제는 누구도 선뜻 결정할 수 없었다. 이런 와중에 세조 때는 조선의 의례 음악을 속악 일색으로 전환하는 시도가 전개되기도 하였다.

오례의 정리 작업을 거치면서 조선의 국가 의례는 정교하게 구성되게 되었고, 성종 무렵쯤에는 《국조오례의》가 간행되는 상황에 도달하였다. 《국조오례의》는 조선의 국가 의례 전반을 규정하고 있는데, 속악을 위주로 하면서, 제사악으로서 아악을 부분적으로 인정하는 절충된 결과를 담고 있었다. 즉 세조 때, 속악 일색으로 의례 음악을 재정비하려는 시도를 인정하면서, 아악을 새롭게 정립하였던 세종 때의 성과도 수용한 것이다.《국조오례의》는 조선이 봉착한 다양한 난제를 극복한 오랜 노력의 결실이었다. 여기에 담긴 유교 국가 의례는 조선의 의례 공간과 신분제 등을 반영하여 조선 나름의 독자적인 면모를 갖추고 있다. 또한 음악 사용의 경험을 수용하여, 속악과 아악을 적절히 의례 절차에 녹여내는 절충점을 찾아내었다. 조선의 유교 의례는 조선 고유의 본속本俗으로서의 성격을 지니고 있으며, 당시 사람들에게 자랑스러운 성취로 이해되고 있었다. 의례에 적용되는 음악은 조선에서 새롭게 정비한 아악과 조선 건국의 정당성을 표출한 신악 및 고려 이래로 사용된 향·당악 중에서 유교 이념에 크게 벗어나지 않는 음악을 아우르는 독자적인 수준에 이른 것이었다. 의례 절차와 음악은 통합되어 운영되게 되었고, 이 시점에서 조선의 유교 의례는 종전과는 확연하게 구분되는 조선 고유의 성격을 지니게 되었다.

유교 국가 의례에 음악이 결합이 되는 경우, 해당 의례는 사실상 서울을 중심으로 운용되었다. 국가 사전祀典으로 지정된 제사는 정기적으로 시행되는 대표적인 의례인데, 이외에도 국가 의례에는 조회와 공식적인 연향이 있었고, 부정기적으로 활쏘기, 양로연 등의 행사가 포함되었다. 오례의 분류에 따르면, 사전에 속한 의례는 길례이고, 조회 등의 조정 의식은 가례, 활쏘기는 군례에 해당한다. 이외에도 외국 사신이 방문했을 때의 빈례가 음악이 사용되는 유교 국가 의례였다. 이들 의례는 사실상 서울에서 시행되었다. 아래의 그림은 의례가 시행되는 주요 공간을 표시한 것이다.

경복궁과 창덕궁은 매월 삭망과 5일 간격의 조참일에 조회가 시행되었다. 일반 거주민이 궁궐에서 시행되는 의례를 목도할 수는 없지만, 의례에

서울의 의례 공간

서 사용되는 음악은 궁궐의 담장을 넘어 건조한 서울의 생활에 변화를 주는 요소가 되었다. 간혹 시행하는 양로 연은 선택된 대상에 한정하지만 일반인에게도 개방되었다. 잔치에 부수한 음악은 근엄하고 조용한 서울 거리에 흥겨운 소리를 채우는 기회가 되었다. 숭례문 밖에는 남교가 설정되어 간간이 제천 의식이 시행되었다. 흥인문 외곽에는 선농단과 선잠단이 각각 설정되어 봄에는 제사와 관련 의식이 행해졌다. 무엇보다 종묘와 사직에서는 대규모의 정기적인 제사가 계절마다 설행되었고, 부수적인 잔치가 병행되었다. 성균관에는 공자와 제자를 기리는 정기적인 행사와 각종의 의례가 진행되면서, 유교 훈련을 받고 있는 학생과 서울의 거주민에게 볼거리와 유흥을 제공하였다. 서울의 북부 지역은 국왕의 공간이었고, 국왕의 공간에서부터 의례와 음악과 잔치가 발생하여 서울의 구석구석 확산하는 구조였다. 궁궐에서 시작되는 의례의 공간은 간혹 성곽을 넘어 사대문 외곽의 지정된 의례 장소까지 확장되기도 하였다.

국가 유교 의례는 한 해를 기준으로 할 때, 시행 시점이 분산되었다. 천명을 받은 군주가 천도天道의 변화에 반응한다는 상징인데, 천도의 변화는 계절의 변화를 의미했다. 천도의 변화에 즉자적으로 반응하여 설정된 의례가 국가가 주관하는 각종의 제사였고, 국왕이 관여하는 제사에는 음악 사용이 원칙이었다. 다음 〈표 1〉은 국가 사전의 시행 시점과 음악 사용을 표시한 것이다.[2]

음악이 적용되는 의례는 중사 등급 이상의 의례와 속제의 경우에는 문소전·의묘가 해당된다. 각 의례에서 음악의 사용 유무는 서울 소재인가에 의해 갈린다. 중사의 경우는 서울에 위치한 의례는 속악이나 아악을 사용하지만, 지방에서 시행하는 악해독과 역대시조 제사는 음악 적용 대상이 아니다. 악해독은 관찰사에게 일임되어 있고, 역대시조도 국왕이 친제하지 않는 제사라는 점을 고려할 때, 이러한 구성은 자연스럽다.

속제의 경우도 지방에 위치하게 되는 진전과 산릉 의례는 음악이 적용되지 않는다. 음악의 사용은 국가의례 중 국왕이 관여하며, 서울에 소재한 의례에 국한하는 것이다. 소사에서는 독제에 속악이 사용되는데, 무武를 대표하는 유일한 제사 대상이기 때문에 소사 등급임에도 음악 사용이 설정된 것으로 이해된다.

2 《국조오례의》 서례, 시일. 채색은 음악 사용 의례.

〈표 1〉 국가 사전과 의례 시점

	국가사전	봄	여름	가을	겨울
대사	祭사직	중춘(上戊)		중추(上戊)	납일
	享종묘	정조, 맹월(上旬)	한식, 단오 맹월(上旬)	추석 맹월(上旬)	동지, 납일 맹월(上旬)
	享영녕전	맹월(上旬)		맹월(上旬)	
중사	享선농	경칩(吉亥)			
	享선잠	계춘(吉巳)			
	雩祀		맹하		
	享문선왕	중춘(上丁)		중추(上丁)	
	祀풍운뇌우	중춘		중추	
	祭악해독	중춘		중추	
	享역대시조	중춘		중추	
소사	祭독	경칩일		상강일	
	祀영성	입추(辰日)			
	祀노인성			추분일	
	祀마조	중춘(剛日)			
	祀선목		중하(剛日)		
	祭마사			중추(剛日)	
	祭마보				중동(剛日)
	祭명산·대천	중춘		중추	
	享사한	춘분(開氷)			계동(藏氷)
	厲祭	청명일		7.15	10.1
속제	享문소전	맹월(上旬)	맹월(上旬)	맹월(上旬)	맹월(上旬)
	享의묘	맹월(上旬)	맹월(上旬)	맹월(上旬)	맹월(上旬)
	享진전	정조	한식, 단오	추석	동지, 납일
	享산릉	정조, 맹월(上旬)	한식, 단오 맹월(上旬)	추석 맹월(上旬)	동지, 납일 맹월(上旬)

※ 비고: 음악 사용 의례에 대해 음영 처리

국가 제사는 일 년 중 해당 시점에서 시행되는데, 왕실 조상에 해당되는 제사 대상에게는 속악이 사용되고, 나머지 대상은 대체로 아악이 적용된다. 가장 빈번한 제사는 종묘와 문소전 등으로 사계절에 걸쳐 두루 시행된다. 대사 등급인 사직은 봄과 가을에 시행된다. 봄을 맞이하게 되면, 서울의 곳곳에서 음악이 사용되는 의례가 시행되어 서울 전역에 활기를 불어넣는다. 여름에는 비와 관련된 우사가 시행되고, 가을에는 결실의 계절에 다양한 축제의 성격을 지닌 제사 의례가 시행된다. 겨울에는 왕실의 조상 관련 의례로 대상이 축소되면서, 혹독한 계절을 준비한다.

국가 의례는 제사에만 국한하지 않는다. 매월 지정된 날짜에 조회가 시행되고, 국왕 주관의 잔치가 설행되기도 한다. 제사는 귀신을 대상으로 하여 국왕이 주체가 되어 시행한다면, 조회와 연향 등의 의례는 국왕을 의례 대상으로 하여 진행되는 차이점이 있다. 그러나 어떤 경우에도 국왕에게 의례의 핵심적 역할을 부여하며, 의례를 통하여 국왕은 천명을 받은 존재임을 드러내게 된다.

본 연구는 의례, 음악, 노랫말을 주제로 의례와 음악을 종합적으로 검토한 연구와 공자 사당인 문묘와 성종의 친부를 모신 의묘, 사단에서의 활쏘기 등, 국가 의례를 각론 입장에서 분석한 글로 구성되었다. 서울의 주요 공간에 유교 의례와 음악이 자리 잡으면서, 서울의 사회·문화적 환경이 유교적으로 전환되는 과정을 규명하고자 하는 문제의식을 공유하면서 각자의 주제에 접근하였다.

강제훈의 〈조선 초 제사·조회·연향 의례와 음악의 적용〉은 유교 의례와 음악은 국왕을 중점으로 하여 서울에서 진행된다는 전제 아래, 조선에서 낯설었던 유교 의례를 친왕 등급으로 창출해 가는 과정을 설명하였다. 유교 의례의 각 절차에 조선에서 재해석된 유교식 음악이 녹아들어 통합되는 과정을 제사와 조회, 연향으로 계통을 나누어 접근하였는데, 당시에 이렇게 구분하여 정비 작업이 진행되었음을 지적하였다.

임영선의 〈조선 초 음악 갈래와 의례 음악의 제정〉은 15세기 서울에서 전개된 음악 정비 전반에 주목하고 있다. 유교 음악으로서 아악의 정제된 특징을 검토하면서, 조선에서 전개된 아악 정비의 주요 특징을 음악적 변주보다는 유교적 이념을 지향하는 것으로 특징짓고 있다. 또한 고려 이래로 전승된 향·당악을 조선이 세운 기준으로 재정비하였고, 신악을 창제하여 속악의 범주를 확대했다는 점을 지적하였다. 새롭게 다듬어진 아악과 속악을 의례에 적용했는데, 신분에 따른 차별적 운용을 강조하면서 이를 유교적 속성으로 지적하였다. 서울의 구석구석 이들 음악이 채워진 양상에 대해서 부연하고 있다.

박영재의 〈조선 초 악장 노랫말의 성립 및 변전과 그 의미〉는 용비어천가에 중점을 둔 연구이다. 노랫말에 주목한 본 연구에서는 〈용비어천가〉가 유교적 역사와 시간 인식에 바탕을 두고 있으며, 과거를 현재로 치환하는 종교적 관념을 통해 이해되어야 한다고 강조하고 있다. 용비어천가에서 파생된, 〈봉래의〉·〈정대업〉·〈보태평〉 등은 연행에 적합한 형식으로 발전되었다는 점을 지적하고, 이런 음악이 적용되어 의례가 시행되는 서울은 성화된 예악의 도시가 되었다고 해석하였다.

이지훈의 〈조선 초 한양 문묘향사의 통사로서 위상과 예악 구성〉에서는 공자의 제사 방식의 정비와 이에 통합되는 아악, 그리고 공자 제사의 비중과 위상에 대해 검토하였다. 유교 국가에서 공자와 그 제자, 아울러 조선에서 기억해야 할 유자儒者를 기리는 제사는 유교 이념을 지향하는 경우 보편적인 성격을 지닌 의례임을 지적하였다. 국왕이 친행할 수 있는 의식 구조를 갖추는 과정을 검토하면서, 조선에서 유교 음악으로서 아악이 의례에 적용되는 대표적인 사례였음을 분석하였다. 본 의례는 성균관에서 진행되는 것이며, 의례의 성격상 관원의 범위를 벗어난 유자 일반에게 참여가 개

방된 의례였다. 서울의 지식인 일반이 관심을 가진 주요한 의례였음을 검토하였다.

정연주의 〈조선 성종 초 한양의 의묘 공간 이동과 의례 변화〉는 성종의 사친에 해당하는 의경세자[덕종]를 제사하는 의례를 검토하였다. 의묘는《국조오례의》에 규정된 사당인데, 나중에 덕종으로 종묘에 부묘 되면서 연은전으로 전환된다. 이 의례는 처음부터 향·당악 계통의 속악을 사용하는 것으로 설정되었는데, 조선 후기 사친 의례 개발의 주요한 근거가 된다는 의미를 지닌다. 종묘와 문소전으로 대별되는 국가 의례의 공간에 사친을 모실 수 없었는데, 결국 의묘의 대상을 종묘로 옮겨가면서 여전히 사친으로서의 지위를 반영하여 연은전으로 남게 되는 독특한 현상을 설명하였다.

양정현의 〈조선시대 국왕 사·관사례 의식의 예·악 구성과 공간적 특징〉는 국왕이 참여하는 활쏘기 의례에 대한 연구이다. 본 의례는 복합적인 의례로 군례이지만 문·무관이 참여하고, 국왕이 친사하거나 구경하는 형태로 개발되었다. 활쏘기 이후에는 군신이 함께 하는 연향의 후속 행사로 진행되었다. 군례인 활쏘기와 가례인 회례會禮가 통합된 의례로 서울의 공간에서 진행된 성대한 의례였다. 차후에는 국왕의 문묘 행학幸學에 이은 부속 행사로 변화하면서 길례인 공자 제사와 부속행사로서 활쏘기가 시행되는 대사례大射禮 형태로 전환하면서 성균관 일대에서 진행되는 변화가 수반되었다. 본 연구에서는 성종 때, 대사례를 시행하면서 음악에 변화가 발생한 양상을《악학궤범》을 중심으로 집중적으로 검토하였다.

본 연구는 서울이라는 공간의 사회·문화적 환경이 유교적으로 전환되는 양상을 밝히고자 하는 첫 시도이다. 조선이 건국되고, 유교 국가임을 선언하였지만, 선언만을 통해서는 정치적 정당성이나 거주민의 심정적 동의를 끌어낼 수 없다는 문제의식을 공유하면서, 이러한 변화의 장치로서 의례와 음악에 주목하여 연구를 수행하였다. 유교적 국가 의례 정비는 예·악을 통합하여 진행되었는데, 본 연구는 이러한 당시의 양상을 드러내면서, 예악의 정비가 국가적 과제이며, 의도된 방향성을 지닌 정책적 시도로만 이해될 수 없으며, 이러한 노력의 결과가 서울에 사회·문화적 환경으로서 유교성을 식재하는 과정이었다는 점에 주목하였다. 서울의 주요 공간을 유교 의례로 채워가면서, 의례는 서울의 거주민에게 일상적 삶에 변주를 일으켜서 활력을 제공하는 기능을 수행하였다. 특히 유교 국가 의례는 국왕을 중심에 두고 있으므로, 유교 의례의 실천은 자연스럽게 조선 왕조를 심정적으로 수용하게 되는 부수적인 효과를 얻었다고 이해한다.

제 1 장

조선 초 제사·조회·연향 의례 정비와 음악의 적용

강제훈 (고려대학교 한국사학과 교수)

1. 머리말
2. 의례 운영과 예악의 정비
3. 신악의 창제와 《국조오례의》 편찬
4. 《국조오례의》와 《악학궤범》
5. 맺음말

1. 머리말

동아시아에서는 통치의 정당성을 천명으로 설명한다. 유교 정치론에서는 덕이 있는 존재에게 천명이 주어지고, 천명을 받은 존재는 사람 세상에 천도에 부합하는 질서를 만들어낼 의무가 발생한다. 이런 정치론에서 이상적인 통치는 덕치로 설명된다. 덕은 겉으로 드러나지 않으므로, 사람들이 행동을 통해 덕을 인지할 수 있는데, 행동을 판단하는 기준은 예이다. 덕치와 예치는 이런 점에서 겉과 속의 관계에 있다. 천명을 받은 존재를 시왕이라 하는데, 시왕은 예를 만드는 권한을 가진 존재였다. 각 시왕에게는 시왕의 제도時王之制가 있으며, 시왕의 제도를 구성하는 예는 시대마다 다를 수 있었다.

통치를 위해 구현된 제도 일체를 전장제도典章制度라 하는데, 용어로서 전장제도는 중립적인 개념이지만, 유교 정치론에서는 긍정적인 의미를 담고 있다. 전장제도는 통상 예·악·형·정을 담게 되는데, 예악이 형정에 우선한다고 강조한다. 현대의 법치는 법에 의한 통치를 주장한다. 법에 규정되지 않은 사항은 유의미한 행위 능력을 가질 수 없다. 모든 실효적 행위는 법에 의할 때만 가능한 것이다. 그러나 전통시대 전장제도는 통치의 수단을 의미한다. 통치의 수단이기 때문에, 국왕의 통치 행위는 이론적으로 전장제도를 벗어날 수 있었다. 전장제도의 구성을 예·악·형·정이라 이해할 때, 통치는 예·악·형·정을 사용하는 행위이다.

조선이 유교 국가를 지향하면서, 이러한 인식은 주요 정책 입안자 사이에서 공유되었다. 유교적 전장제도의 정비를 시도하면서, 조선식의 예악을 갖추는 문제는 현안으로 부각되었다. 물론,《맹자》에서 언급한 것처럼, 항산恒産이 마련되어야 항심恒心을 기약할 수 있다. 따라서 전제 개혁으로 시작된 조선 건국의 작업은 항산을 실현하고자 하는 다양한 시책이 병행되었다.

긴급한 재정 개혁이 마무리되면서, 예악의 문제가 점차 부상하였다.

이 글의 목적은 조선의 의례 정비 작업이 본격적으로 전개될 때, 음악 요소가 예악이라는 개념으로 포함되어 있다는 점에 주목하여 조선 초 진행된 예악 정비의 내용을 검토하는 것이다. 유교 국가례는 길·흉·군·빈·가례 등 다섯 범주로 구분된다는 점에서, 관혼상제로 범주화하는 가례와는 분류의 기준부터 다르다. 기원을 논하자면, 가례는 국가례로부터 파생된 성격이 있고, 유교 의례는 국가례에서 출발한 것이다. 조선에서 처음부터 독자적인 오례를 갖추려고 했는지는 명확하지 않다. 필자는 유교 국가 의례를 정비하는 과정에서 점차 오례 전체를 갖추는 방향성을 찾아간 것으로 이해하고 있다.

불교의례를 대체할 의례의 정비는 제사祭祀에서 시작되었고, 조정에서 빈번하게 시행하는 조회朝會의 정비 작업이 이어졌다. 이에 병행하여 잔치를 의미하는 연향宴享의 의례화가 진행되었다. 연향은 의례화되면서 회례會禮로 통칭되었다. 각각의 의례는 유교적인 형태의 절차와 이념을 반영하여 정교하게 정비되었다. 또한 각각의 의례에 적절한 음악에 대한 모색이 진행되었다. 제사·조회·연향에서 진행된 의례 정비는 오례로 확대되었고《국조오례의》가 간행되면서 짧지 않은 정비 과정이 일단락되었다. 물론《국조오례의》 간행 이후에도 의례 정리와 음악의 연결 작업이 지속되었지만,《국조오례의》를 원의原義로 존중하는 전통이 서서히 자리 잡았다.

이 글이 유교 국가의례를 검토하면서, 그 대상을 제사·조회·연향으로 초점을 맞춘 것은 이와 같은 이유이다. 특히 음악이 의례에 일체화되는 과정에는 오례가 주목된 것이 아니고, 세 의례의 정비와 짝하여 이루어진 것이다. 세종 말년 오례 작업이 본격적으로 진행되면서, 오례 전체를 바라보는 시선이 확립되지만, 여전히 의례 정비의 현장에서 제사·조회·의례는 중요한 범주로 기능한다.

2. 의례 운영과 예악의 정비

1) 의례 절차의 정비와 방향

조선의 유교 국가의례는 실질적으로 태종 때 본격적인 정비 작업과 운용이 시작되었다. 태종 때 의례에 적용하는《조선국악장》을 제작하였고, 국가 제사를 정비한 결과를《제사의식》과《제사서례》로 간행하였다. 조회 의식의 정비와 일종의 잔치로서 회례의 의례화가 진행되기도 하였다. 태종 때의 정비 방향을 집약하는 표현이 확인되는데, 1409년태종 9 기사에 보이는 다음의 인용문이다.

> 禮樂은 중한 일이다. 우리 동방에서는 아직도 옛 습관을 따라 종묘에는 아악을 쓰고, 조회에는 전악을 쓰고, 연향에는 鄕樂과 唐樂을 번갈아 연주하므로, 난잡하고 절차가 없으니 어찌 예악이라 이르겠는가? 아악은 곧 당악이니, 참작 개정하여 종묘에도 쓰고 조회와 연향에도 쓰는 것이 옳다. 어찌 일에 따라, 그 樂을 다르게 하겠느냐?[1]

위의 사료는 음악과 관련된 표현이지만, 중국 특히 명의 제도를 반영하고자 하는 태종 때의 분위기를 보여준다.《제사의식》에서도 종묘의 경우는 논란이 있었지만, 전체적인 제사는 중국의 제도를 수용하는 것이 태종 때의 원칙이었다. 물론 실제 현장에서는 간단하지 않은 난제가 존재하였다. 제사의 경우 각 절차에 향당교주鄕唐交奏의 방식을 채택하고 있었는데, 이는 아악 위주로 용악을 운용하고자 하는 국왕의 입장과는 거리가 있었다. 따라서 위의 사료는 국왕의 의도와 현실의 의례 사이의 불일치를 보여주는 증거이

1 《태종실록》 권17, 태종 9년 4월 7일(기묘).

기도 하였다.

본격적인 예악의 정비와 이를 바탕으로 의례가 운용된 것은 세종 때였다. 필자는 세 시기로 구분하여 의례 운영과 정비를 이해한다.[2]

첫 시기에는 1426년세종 8까지의 시기이다. 이 시기에 의례 운영을 주도한 인물은 허조였는데, 허조는 태종 때 진행된 시제時制·고제古制 논쟁에서 고제의 수용을 주장하였다. 허조는 《제사의식》에 규정된 사항을 부정하는 방향으로 의례를 운영하였다. 세종 즉위 초에 국상이 연이어 발생했다. 1419년 정종이 사망하였고, 1420년세종 2 원경왕후가, 1422년세종 4 태종이 연이어 홍서하였다. 국상은 빈전에서 시작되지만, 왕릉이 조성된 이후 종묘에 신주가 봉안될 때까지는 혼전이 운영된다. 혼전은 흉례의 범주에 포함되기는 하지만, 혼전 의례는 길례 제사와 유사한 패턴으로 진행된다. 흉례의 제사이기 때문에 곡을 한다든지, 제수에 희생이 올려지거나 정통 유교식 제기인 변籩·두豆·보簠·궤簋를 사용하지는 않는다는 점에서 종묘 제사와 차이가 있다. 그러나 전폐와 헌작 등의 의식 절차는 제사와 유사하게 진행된다. 태종 때의 논쟁에서 고제를 지지하는 주장은 제사에 전폐와 헌작 등의 절차를 재배再拜로 마무리하자는 것이었다. 이 시기 국상에서 해당 절차는 배례를 시행하는 방식으로 진행되었다. 허조가 국상 의례를 주장하면서 자신의 입장을 관철한 것이다.

둘째 시기는 1427년세종 9 이후 1439년세종 21까지로 고제를 전적으로 수용하여 의주를 개정하였다. 고제를 적용한 흉례 제사의 방식이 길례의 제사에도 채택되었다. 1427년 종묘의 관지祼地 절차와 작헌酌獻 절차에 배례를

2 시기 구분은 강제훈, 〈조선 초의 예악 정비와 전례서 간행〉, 《민족문화연구》 98, 2023, 296~298쪽을 전재한 것이다.

시행하기로 하였다.[3] 1433년세종 15 통합문소전이 새로 조성되면서, 종묘와 유사한 패턴의 의례가 마련되었다. 같은 해에는 대·중·소사 모두에 종묘나 능침과 동일하게 작헌 후 배례를 시행하기로 하여, 전체 의주에 해당 절차를 수정 삽입하도록 하였다.[4] 흉례에서 시작된 제례 방식을 길례로 확대 적용하면서 길례와 흉례의 체형을 일치시키도록 하는 시도였다.

그런데 이 무렵에는 조회와 회례, 혼인 등 가례 영역에 해당되는 의례에 대한 정비 작업이 병행되었다. 1430년세종 12 국왕에게 왕세자와 관원이 조하朝賀하는 의식이 제정되었다.[5] 중궁에게 조하하는 의식도 이에 짝하여 준비되었다.[6] 또한 1432년 삭일과 조참의 의주가 제정됨으로써 조선의 일상적인 조의朝儀 의식을 재정비하는 작업이 일단락되었다.[7] 이런 과정에서 조선 조의의 기본형이 정비된다. 왕세자와 관원의 의례는 분리하는 것을 원칙으로 하였다.[8] 왕세자가 관원을 인솔하여 행례에 참석할 것인지는 검토하였는데, 최종적으로는 왕세자 일행이 먼저 행례하고, 관원은 영의정이 인솔하여 별도로 행례하도록 하는 방식을 채택하였다. 조의를 시행하기 위한 의장과 시위 병력의 배치, 악대의 설치 등이 이루어진 다음 왕세자가 행례한 이후, 이어서 문무 관원이 이어서 의례를 진행하고, 의례의 종료가 선언된다. 사실상 의례 준비와 진행을 왕세자와 문무 관원이 공유하지만, 별행의 원칙을 반영하여 의주는 분리하여 작성하였다. 또한, 조회에서 2품 이상의 관

3 《세종실록》 권35, 세종 9년 1월 9일(무술).

4 《세종실록》 권61, 세종 15년 윤8월 24일(갑술).

5 《세종실록》 권50, 세종 12년 윤12월 23일(기미). 탄일 하례도 이 무렵 제정되어, 해당 의주가 수록되어 있다(《세종실록》 권51, 세종 13년 3월 16일 (경진)).

6 《세종실록》 권50, 세종 12년 윤12월 28일(갑자).

7 《세종실록》 권51, 세종 13년 3월 14일(무인).

8 《세종실록》 권50, 세종 12년 12월 2일(무진).

원과 3품 이하의 관원을 나누어 진행하는 선치先置의 원칙을 도입한 것도 이때 정비된 사항이었다.[9] 조회는 국왕의 공간에 전체 문무 관원이 방문하는 형식으로 진행된다. 국왕이 어좌에 착석한 상태에서 전체 관원이 입장하는 것을 기다린 후, 이들의 하례를 받는 것이 조회의 구체적인 내용이 되는데, 국왕의 입장에서 번거롭고 지루한 진행이었다. 조선이 채택한 방식은 3품을 미리 공간에 배치시킨 상태에서 국왕이 조회 현장에 입장하여 착석하고, 2품 이상이 입장하는 것을 지켜보는 것으로 전체 관원이 입장하는 형식을 대체하는 것이었다. 이러한 의례 패턴은 향후 조선의 조의에서 일관되게 적용되었다.

1431년세종 13 조회와 함께 조의의 핵심을 구성하는 연향宴享 의식의 의주도 작성되었다.[10] 조회에서는 왕세자가 행례하고 퇴장한 다음, 나머지 관원이 입장하여 행례하는 방식으로 왕세자와 관원의 별행을 원칙으로 설정하였다. 연향은 왕세자와 관원이 함께 참여하는데, 이럴 때 별행의 원칙을 어떻게 구현할 것인가가 핵심 과제였다. 당시 작성된 의주는 왕세자와 관원의 의례 참여를 구분하는 원칙을 하나의 의례 절차에 담아내는 고민을 반영한 것이었다. 1427년 왕세자 혼례가 진행되면서, 관련 의식이 제정되었다. 왕세자의 입학 관련 의식도 연이어 제정되었다. 왕비 책봉이 이루어지면서, 관련 의식의 정비도 진행되었다.[11]

의식 절차가 새로 정비되면서, 의례에 사용되는 음악에 대한 정비도 동시에 시도되었다. 1433년 회례에는 새로 정비한 아악을 연주하였다.[12] 해당

9 선치 절차에 대해서는 강제훈, 〈조선 초 朝儀의 의례 구조와 상징〉, 《한국사연구》 137, 2007 참조.

10 《세종실록》 권54, 세종 13년 10월 3일(갑오).

11 《세종실록》 권56, 세종 14년 5월 11일(무진).

12 《세종실록》 권59, 세종 15년 1월 1일(을묘).

기사에는 아악 정비의 과정을 세세하게 밝히고 있다. 이에 의하면, 1425년 세종 7부터 음악 정비를 목적으로 기장을 재배하고, 이듬해 경석磬石을 확보하여, 황종관黃鍾管을 마련하는 작업을 시작하였다. 그러나 자연적인 기장으로 원하는 결과를 얻을 수 없었기 때문에, 밀랍으로 크기가 일정한 인위적인 기장 낱알을 만들었다. 그리고 이 낱알 1,200개가 담아지는 황종관으로 소리 높이를 정하고, 이를 토대로 12율관을 제작하여 제사악祭祀樂에 대한 정비가 가능하였다. 이로부터 아악에 쓰이는 다양한 악기를 제작하고, 음악 이론에 입각한 음악의 정리 작업이 뒤를 이었다. 이 결과 조회와 제사의 아악이 비로소 창제되었다.

아악이 제사와 조회에 쓰일 목적으로 창제되었기 때문에 이 무렵 광범위하게 시행된 길례와 가례 범주의 의식 절차의 개정 작업은 의식과 용악用樂의 전면적인 개편을 의미했다. 예악의 정비가 본격적으로 이루어진 것이었다. 중국식 아악을 조회와 잔치에 도입하고, 제사에서도 아악 일색의 제사악으로 정비하는 쪽으로 개정 방향이 잡힌 셈이다. 개정된 절차와 용악에 대해 당시에는 매우 만족스러운 것으로 판단하였다.[13]

셋째 시기는 1440년세종 22 이후 세종의 사망 시점까지인데, 이 시기에는 다시 시제의 방식을 적용하였다. 1440년 1월 종묘 친사의주親祀儀注를 수정하도록 하였다.[14] 당시 수정 지시를 받은 사람은 정척과 변효문이었다. 명나라 황제시향태묘의皇帝時享大廟儀에 근거하여 전폐·헌작·음복 절차에서 배례를 생략하기로 하였는데, 단순히 종묘에만 국한하지 않고, 나머지 모든 제사 의주도 이와 같은 방식으로 수정하기로 하였다. 이 조처는 각각에 배례가 있어야 한다는 허조의 주장을 뒤집은 것인데, 1439년 12월 허조가 사망한 직

13 《세종실록》 권51, 세종 13년 1월 1일(병인).

14 《세종실록》 권88, 세종 22년 1월 8일(신해).

후에 내려진 조처였다. 경위는 분명하지 않지만, 이 결정으로 조선의 제사 의식은 명나라 방식을 따르게 되었다. 고제와 시제의 시행을 두고 고심하던 조선의 예제가 표면적으로 명나라의 시제를 수용하는 것으로 다시 선회한 것이다. 1444년세종 26 조선은 자신의 오례를 정리하는 작업에 착수하였다. 이 작업은 후술하는 바와 같이 의도대로 마감되지 않았다. 그런데 오례를 독자적으로 정비하는 수준에 도달하면서, 조선의 유교 의례는 고제나 시제 논쟁에서 벗어난 전혀 새로운 경지에서 논의되고 검토되게 된다.

2) 의례 음악의 정비와 적용

태종은 종묘와 조회, 연향의 음악이 각각 계통이 다르다는 점을 주목하였다. 태종이 생각한 방향은 이들 의례에 모두 아악을 사용하는 것이었다.[15]

세종이 즉위한 이후에는 정비의 지향이 조정되었다. 세종은 '우리는 본래 향악이 익숙한데, 종묘에서 당악을 먼저 연주하다가 삼헌 단계에서야 향악을 연주하고 있다. 조상들이 평소 듣던 음악을 사용하는 것이 어떨까?' 하는 문제를 제기하였다.[16] 그런데 이러한 인식을 드러냈음에도 세종대 음악 정비는 이와는 다른 방향으로 전개된다.[17]

1427년 종묘에서는 향악을 쓰지 말도록 하였고, 원묘로 운영되던 문소전과 광효전에서는 종헌終獻에만 향악을 사용하도록 제한하였다.[18] 그리고 원단·사직·풍운뢰우·석전 등 광범위한 국가 제사에서 향악을 사용하지 않

15 《태종실록》 권17, 태종 9년 4월 7일(기묘).

16 《세종실록》 권30, 세종 7년 10월 15일(경진).

17 음악의 정비에 대해서는 강제훈, 앞의 글, 2023, 312~315쪽 내용을 정리하여 수록하였다.

18 《세종실록》 권38, 세종 9년 12월 21일(갑술).

도록 규정의 적용 범위를 확대하였다.[19] 국가 제사에 향악을 제한적으로 사용하고, 전체적으로는 아악을 쓰는 용악의 원칙을 정한 것이었다. 이 무렵 조선에서는 본격적으로 아악 정비 작업에 착수하였다.

조회의례를 전면적으로 개정하면서, 1431년에는 개정된 절차에 더하여 새로 정비한 아악을 사용하였다.[20] 아악의 적용은 단순히 음악만을 개정한 것이 아니라 의례의 음악을 행례악行禮樂 · 출입악出入樂 · 식거악食擧樂 등 의례의 절차에 따라 어떤 방식으로 적용할 것인가에 대한 검토가 병행되었다. 이런 과정을 거치면서 조선의 의례와 음악은 이전과는 확연하게 구분될 정도로 변화하게 되었다. 아악의 적용 범위는 점차 연향에까지 확대되었다. 세종 자신은 회례까지 아악을 쓸 생각은 아니었다. 그러나 회례 음악을 아악으로 전환하자는 요청이 있었고, 점차 이와 관련된 작업이 진행되면서, 결국 회례에 아악을 적용하는 데까지 확대되었다. 1433년 아악이 적용된 회례가 설행되었다.[21]

새로 아악이 정비되면서 그 적용의 범위가 제사·조의·연향으로까지 확대되었는데, 이런 방향성은 태종이 원래 의도했던 아악을 사용해야 한다는 의사를 실현해 가는 것처럼 보인다. 어쨌든 회례 아악이 만들어진 것에 대해서 별도의 포상이 이루어지기도 하였다.[22] 이런 와중에도 세종은 여전히 중국의 음악을 쓰고자 하여 향악을 전부 폐기하는 것은 절대 불가하다는 자신의 음악관을 드러내기도 하였다.[23] 어떻든 세종 때의 아악 정비는 단순

19 《세종실록》 권39, 세종 10년 1월 4일(정해).

20 《세종실록》 권51, 세종 13년 1월 1일(병인).

21 《세종실록》 권59, 세종 15년 1월 1일(을묘).

22 《세종실록》 권59, 세종 15년 1월 7일(신유).

23 《세종실록》 권53, 세종 13년 8월 2일(갑오).

히 아악의 선율을 채택하는 작업이 아니었다. 이 작업은 의식 절차와 짝을 이루는 용악에 대한 검토였다. 의식 종류에 따라 선율과 가사, 춤의 적절한 조합을 모색하는 과정이었다.

처음 아악의 정비 작업은 음을 교정하는 데서 시작되었다. 제사에 사용하던 아악의 음 자체에 일관성이 없다는 사실이 파악되었고, 음을 교정하는 작업에 착수하였다.[24] 중국의 편경을 기준으로 음을 정하는 것인데, 명에서 받아온 경의 음이 제대로 조율된 상태가 아니었다. 결국, 중국 경의 기본음인 황종黃鍾을 기준으로 하여, 조선의 황종관을 제작하였다. 황종관에 삼분손익법을 적용하여 12음을 소리 내는 12율관을 만들고, 이를 기준으로 편경 작업을 진행, 1427년 한 옥타브 내의 석경石磬을 완성하였다. 이를 확대·제작하여 1428년 여름에는 각종 제사에 쓸 편경과 등가에 사용할 특경을 합하여 528매가 완성되었다.[25]

처음 황종관을 제작하고, 이를 근거로 전체적인 음계를 재조정한 후, 기준이 되는 악기를 다시 제작하고, 이를 편제한 악현樂懸도 개편하였다.[26] 제사악을 당상과 당하로 구분하고, 당상 등가와 당하 헌가에서 연주하는 내용을 조정하였다. 군주와 관원을 구분하였고, 출입악과 행례악, 식거악 등에 대한 인식도 새롭게 하였다.[27] 제사에서는 당상에 등가를 두어 노래에 중점을 두고, 당하에는 헌가를 두어 악기의 연주가 중심이 되도록 하였다.

24 《세종실록》 권47, 세종 12년 2월 19일(경인). 이 기사는 편종에 대한 내용인데, 조선의 286과의 편종 중에 136과는 음이 틀려서 새로 제작하기로 결정하는 내용이다. 편경과 함께 음의 기준을 잡는 편종도 제대로 조율되지 않은 실정이었다.

25 《세종실록》 권59, 세종 15년 1월 1일(을묘).

26 악대에 대한 연구로는 김종수, 〈朝鮮前期 雅樂 樂懸에 대한 연구〉, 《한국음악연구》 15·16, 1986 참조.

27 《세종실록》 권50, 세종 12년 10월 4일(신미).

무무武舞와 문무文舞를 두어 등가와 헌가에 조응하여 춤을 추도록 하였다.

조회악을 정비하면서 조회에 적용되는 악대는 헌가로 한정하였다.[28] 조회악을 정비하면서도 이에 맞추어 악기와 악대를 다시 제작하였다.[29] 이 과정에서 출입악은 국왕에게만 적용하고, 관원들에게는 행례악만 사용하는 것으로 용악 원칙이 정리되었다.[30] 조회에서는 전정의 헌가만이 설치되었고 춤과 노래가 생략되었기 때문에 등가를 사용하지 않았다. 관원의 행례악도 배례拜禮에만 연주되었다. 이렇게 조회악이 정리되면서, 국왕의 출입 시에 사용되는 융안악隆安樂을 제례에도 통용하도록 결정되었다.[31]

조회악의 정리가 일단락된 후에는 바로 회례 의식이 정비되면서 연향악에 대한 검토가 이어졌다. 이때도 회례용 악기가 새로 제작되었다.[32] 연향 의식인 회례에 '향악을 전면 폐지하는 것은 결단코 불가하다.'는 국왕의 의사 표현이 있었기 때문에,[33] 향악이 유지되기는 하였지만,[34] 회례의 용악은 아악을 중심으로 일신되었다.[35] 회례는 음악의 사용이 조회와 비교할 수 없을 정도로 큰 비중을 차지하였다. 당상에 등가를 두어 노래가 가능하도록 하였고, 마당의 당하에 악기만으로 편제된 헌가를 두었다. 마당에서는 문무와 무무를 추어 흥을 돋우도록 고려되었다. 태조를 송덕하는 무무와 태

28 《세종실록》 권49, 세종 12년 9월 21일(기미), "一朝會之樂 堂上堂下一時竝奏 右條 一依陳氏禮書 朝賀只用軒架"

29 《세종실록》 권49, 세종 12년 7월 30일(무진).

30 《세종실록》 권50, 세종 12년 윤12월 23일(기미).

31 《세종실록》 권51, 세종 13년 1월 6일(신미).

32 《세종실록》 권52, 세종 13년 6월 15일(정미).

33 《세종실록》 권53, 세종 13년 8월 2일(갑오).

34 《세종실록》 권54, 세종 13년 10월 3일(갑오).

35 《세종실록》 권59, 세종 15년 1월 1일(을묘).

종을 기리는 문무를 회례용으로 새로 설치하고, 각각 노랫말인 악장을 제작하기로 하였다.[36] 이 과정에서 헌가에 악장을 노래하는 가공歌工을 두도록 결정되었다.[37]

그런데 당상과 당하에 악대가 설치되고 문·무무가 적용되는 제례악으로 이러한 결정을 확대하는 문제가 검토되었다. 원묘인 문소전과 광효전의 의례에 노랫말을 짓기로 하였고, 초헌에는 당악, 아헌에는 향악, 종헌에는 향당악을 교주하도록 연주 방법이 조정되면서, 종헌의 악곡은 〈정동방곡〉으로 결정하였다.[38] 검토는 종묘에까지 확대되었다. 종묘의 아·종헌과 무무에 가사가 없으므로, 회례악에 근거하여 가사를 짓고 가공을 두는 문제를 검토하였다.[39] 이런 검토는 최종적으로 무무에 해당하는 노랫말인 악장을 두되, 노래하는 가공은 두지 않는 것으로 결정되었다.[40] 악장이 있는데, 가공이 없는 상황이 적절한지 논란이 있었지만,[41] 고제의 검토에 근거하여 이렇게 결론지었다. 그리고 무무의 악장이 제작되었다.[42]

제사악에서 시작된 아악의 정비는 조회악과 회례악으로 검토가 이어지면서, 새롭게 악기와 악대가 제작되고, 악장과 문·무무가 추가되는 등의 개정 작업이 이루어졌다. 이러한 개정은 당연히 의례의 실제 시행 방식에 변

36 《세종실록》 권56, 세종 14년 5월 7일(갑자).

37 《세종실록》 권57, 세종 14년 9월 3일(무오); 권58, 세종 14년 10월 10일(을미).

38 《세종실록》 권58, 세종 14년 10월 17일(임인).

39 《세종실록》 권59, 세종 15년 1월 7일(신유).

40 《세종실록》 권60, 세종 15년 6월 28일(기유).

41 《세종실록》 권60, 세종 15년 5월 27일(기묘).

42 《세종실록》 권62, 세종 15년 12월 23일(임신).

화를 가져왔다.[43] 변화는 단순히 의례 절차만에 국한하지 않았다. 각 절차에 적용되는 음악의 문제가 검토되면서, 의례의 세부적인 영역까지 그 의미와 실행 방식이 재검토되는 과정이었다.

3. 신악의 창제와 《국조오례의》 편찬

1) 신악과 의례 절차의 조응 문제

1447년세종 29 그동안 진행되었던 아악 정비의 방향이 급선회하는 결정이 이루어진다. 이른바 신악의 제정과 운용이 선포된 것이다.[44] 〈용비어천가〉를 의례 현장에서 어떻게 적용할지 세종 자신이 직접 시험하였는데,[45] 의정부에서는 〈용비어천가〉에서 파생된 여민락·치화평·취풍형 등을 제례만이 아니라 조회와 연향에서도 쓰도록 건의하였다.[46] 건의가 수용되면서, 의례에서 신악을 적용해야 하는 새로운 숙제가 만들어졌다. 이때 새로 제작된 보태평·정대업 등은 악·가·무로 구성된 새로운 음악 체제였다. 1449년세종 31 신악新樂과 함께 기존의 구악舊樂 중에서 종묘, 조회, 연향에 적용할 악곡이 선정되었다.[47] 음악의 개정은 이에 수반하여 의례 진행에 변화가 야기되기

43 정지회례는 정지조하에 이어서 진행되는 의례이다. 그런데 조하에는 전정에 헌가가 배치되고 회례에는 등가와 헌가가 배치되는데, 이때의 헌가는 歌工이 배치되는 등 조하 헌가와 구성이 다르다. 또한 문·무무가 추가되므로, 조하와는 완전히 구분된 의식으로 시행된다.

44 아악 정비의 방향과 일치하지 않는 세종의 의도와 음악 정신에 대해서는 장사훈, 〈세종대왕의 음악정신〉, 《제12회 동양학학술회의록》(단국대학교 동양학연구소), 1982 참조.

45 《세종실록》 권116, 세종 29년 5월 5일(을미).

46 《세종실록》 권116, 세종 29년 6월 5일(을축).

47 《세종실록》 권126, 세종 31년 10월 3일(경술).

때문에, 제사와 조회, 연향 등 국가 의례 전반에 걸친 수정이 불가피한 결정이 거듭 확인되고 선포된 것이다.

세종대의 음악 개정 작업은 《세종실록》 〈오례〉에 이어, 《세종실록》 권136에서 권147에 〈악보〉로 수록되었다. 권136에 아악 보서가 있는 것과 별개로 권138에 간단한 서문이 기재되어 있다. 이에 의하면, 고취악으로 수보록受寶籙·몽금척夢金尺·근천정覲天庭·수명명受明命이 있었는데, 이들 곡으로는 나라를 세운 업적을 제대로 담아낼 수 없었기 때문에, 세종이 고취악과 향악을 근거로 새롭게 신악을 제정하였다. 신악은 〈정대업〉·〈보태평〉·〈발상〉·〈봉래의〉 등이다. 권138에서 권144까지 수록된 곡이 신악이라는 것이다. 권145와 권146은 기존의 악곡 중에서 계속 사용할 음악을 기재한 것이다. 그리고 권147에는 악장이 수록되었는데, 아악 악장과 함께 장문의 〈용비어천가〉 악장을 싣고 있다.[48]

《세종실록》 〈악보〉는 박연이 주축이 되어 진행된 아악의 정리 작업을 권136과 권137에 수록하고, 이와 별도로 권138에서 권144에 걸치는 분량을 세종이 창제했다는 신악에 할애하고 있다. 절대적으로 신악의 비중이 높은 것이다. 국가가 주관하여 개정하는 음악은 음악 그 자체로 향유되는 것이 아니라, 의례에 사용할 목적으로 제작된다는 점에 주의할 필요가 있다. 세종 말년에 이루어진 대대적인 새로운 국가 음악 체제의 선포는 오례 정리 작업에 심각한 난점이 되었다. 〈용비어천가〉를 핵심으로 하는 제례악과 이에서 파생된 〈봉래의〉가 조회와 회례에 적용되어야 했다.[49] 이는 빈례와 군례 의식에도 사용될 것이었다.

48 〈용비어천가〉의 악장 구성에 대해서는 김승우, 《용비어천가의 성립과 수용》, 보고사, 2012의 제3장 참조.

49 봉래의에 대해서는 송지원, 〈《세종실록악보》〈봉래의〉의 음악적 구현〉, 《진단학보》 135, 2020 참조.

《세종실록》〈오례〉의 가례 서례 악현도는 조회와 회례를 구분하여 편집하였다. 그러나 여기 수록된 악현도는 1433년까지의 결정 사실을 반영한 것이다. 신악의 제정과 적용이 선포된 이후, 이를 반영한 악현도는 생략되었다. 더 정확하게 표현하면, 아직 이에 대한 세부적인 사항이 미정인 상태였다. 따라서 오례 정리를 지시받은 집현전의 관원도, 이들의 작업 결과를 넘겨받은 의정부에서도 이와 관련된 사항을 더 진척할 수 없었다. 세종대를 거치면서 예악의 정비에서 한 축을 이루는 음악 부분이 중요한 영역으로 인식되었다.[50] 그런데 음악에 대한 전면적인 변화가 선언됨으로써 의례의 정비도 사실상 진전될 수 없는 상황에 봉착한 것이다.

《세종실록》〈오례〉의 정지회의 의주는 신악이 반포되기 이전에 작성된 것이어서, 신악 관련 사항은 일체 반영되고 있지 않다. 《세종실록》〈오례〉는 왕세손을 절차에 포함하고 있기 때문에 1431년 의주의 제6작이, 여기서는 제7작으로 밀려났다. 따라서 《세종실록》〈오례〉의 제7작 이후의 절차가 1431년 의주의 제6작에 조응하는 것이다. 그런데 이 의주를 정리할 때, 음악을 표기하는 방식이 주목된다. 《세종실록》 기사에 등장하는 회례 의주는 악곡과 춤, 심지어 악장의 종류까지 구체적으로 기술하고 있다. 실제의 의례에 적용하기 위해 불가피한 것으로 이해된다. 실무자가 참조할 의주이기 때문이다. 《세종실록》〈오례〉 정지회의는 회례를 진행할 실무자의 시선에서는 매우 당혹스러운 기록이다. 서례에는 아악기로 편성된 헌가와 등가, 문·무무를 수록하고 있다. 의주에서도 제7작 이후에 '속악俗樂과 잡기雜妓를 사용한다'로 기술했을 뿐이다. 기록을 정리한 편집자들은 아악에 대해 편중된 시선을 갖고 있었다. 그래서 속악과 관련 음악에 대해서는 의례상의 쓰임에 부합하는 기록상의 배려와 접근 장치를

50 강제훈, 〈조선 초 종묘 親享儀의 禮樂 구성〉, 《한국사학보》 86, 2022, 133~136쪽.

일체 배제하고 있다.

신악의 선포는 의례와 음악의 관계가 완전히 역전되는 선언이었다. 제사와 조회, 연향 그리고 이에서 파생되는 각종의 국가 의례는 이 시점까지 의례의 절차가 세밀하게 검토되면서, 새로 정비된 아악을 정밀하게 조합시키는 방향으로 정비되고 있었다. 《세종실록》〈오례〉는 바로 이러한 경향성의 절정이기도 하였다. 집현전의 관원들은 조선 나름의 오례를 정리하면서, 중국 유학의 정통에 놓인 아악의 위상을 강조하고자 했다. 의례에 적용된 향악 관련 사항은 약술하거나 기록을 통해서 접근하는 것이 불가능하게 오례를 편집하였다. 이것은 최초의 전례서인 《제사의식》과 《제사서례》가 작성될 때부터 일관된 방향이기도 하였다. 그런데 이제 신악을 제사와 조회, 연향에서 광범위하게 적용할 것이 결정되었다.[51]

신악을 의례에 적용한다고 선언했지만, 구체적으로 각 의식의 절차와 음악이 조응하는 원칙은 아직 세부적으로 확정되지 않았다. 향후 의례의 정리는 이러한 원칙을 기반으로 다시 조정되어야 할 상황이었다. 《세종실록》〈오례〉 편집의 실무자는 신악이 선포된 상황에서 작업을 중단할 수밖에 없었다. 이점은 의정부도 마찬가지였을 것인데, 신악을 의례 전반에 적용할 것을 결정한 주체가 의정부였다. 선언은 되었지만, 세부사항은 마련되지 않았다. 신악과 의례 절차의 조응은 이후 의례 정비의 큰 현안이 된다.

51 〈실록오례〉는 각 의례 절차에 사용되는 음악을 직접 기술하고 있는데, 신악을 모든 의례에 적용하기로 했기 때문에, 전체 의주의 기술 사항을 수정해야 했다. 그러나 《세종실록》〈오례〉의 의주는 아악 위주로 용악 사항을 기술한 채 수정되지 않은 상태이다. 1447년(세종 29) 출입악으로 여민락을 쓰는 결정이 있었지만(《세종실록》 권116, 세종 29년 6월 5일(을축)), 《세종실록》〈오례〉의 의주는 출입악으로 아악곡인 隆安을 기입하고 있는 것이 한 예이다.

2) 신악 중심의 의례 음악 모색

〈용비어천가〉 창제로 비롯되는 신악의 등장은 의례 정비에 새로운 분기점이 되었다. 1440년 그동안 논란이 되었던 시제와 고제 논쟁이 시제를 수용하는 방향으로 결정되었다. 그러나 이러한 결정은 1444년 조선 나름의 오례五禮 정비가 시도되면서 그 의미가 해소되었다. 시제와 고제 논쟁은 제사의 특정 절차에서, 배례拜禮를 어떤 식으로 할 것인지에 초점을 맞추고 있는 것이지만, 오례의 정비는 국가례 전반에서 조선의 고유성을 모색하는 과정이었기 때문이다. 건국 이래 50년 정도 유교 의례의 운용 경험이 축적된 상태에서, 조선의 궁궐 공간이나 관료제 등의 특성을 반영하는 방식으로 오례의 정리 작업이 진행되었다. 제사와 조회, 회례로 크게 구분되어 시도된 그동안의 의례 정비와는 달리 오례 범주의 의례 전체를 갖추고자 하는 것이어서, 작업의 대상과 규모가 이전과는 비교할 수 없을 정도로 대대적인 것이었다. 그러나 오례 정리 시도는 제대로 마감할 수 없었다.

1427년 무렵부터 아악의 정비가 집중적으로 진행되었다. 12율의 음을 음악 이론에 따라 다시 정립하였고, 이를 기반으로 율관과 편경을 제작하였다. 제사에 적용할 목적으로 시작된 아악의 정비는 조회에도 확대 적용되었다. 조회의 의례 패턴도 2품 이상과 3품 이하의 참여 방식을 수정하는 등 새롭게 일신되었는데, 이에 짝하여 음악과 악대를 전면적으로 개정하였다. 회례에 대한 정비 작업도 속행되었다. 회례의 진행 방식을 일신하면서 음악 문제도 전면 재검토되었다. 회례에 아악을 적용하는 문제에 대해서는 이견이 있었지만, 아악을 주로 적용하면서 향당악을 후반부에 유지하는 방식으로 새로운 진행 방식을 확정하였다.

태종 대 이래로 유교적 국가 의례를 검토하면서 고제와 시제 논쟁이 치열하게 전개되었고, 양자의 주장을 수용하여 일부 의례에서는 절충적인 구성을 갖고 있었는데, 세종 대에는 점차 시제를 적용하는 원칙이 확립되면서, 제사와 조회 등의 의례가 일관성 있게 정비될 수 있는 기반이 마련되었다. 또한 아악을 전체 국가 의례에 폭넓게 사용하면서, 향당악이 위축되었다. 그러나 유교 이념에 입각한 아악의 확대 적용에 조정 전반에서는 자긍심을 느끼는 분위기도 조성되었다. 제사, 조회, 회례 등으로 구분되어 시도되던 의례의 정비가 1444년을 기점으로 한 단계 고양되어 오례로 구성된 국가의례 전반의 정비 작업에 착수하게 된 데는 이러한 의례 운영의 경험을 근거로 하고 있었다. 그런데 집현전이 주관한 오례의 정비는 제대로 마감될 수 없었다.

〈용비어천가〉를 창제하면서 〈정대업〉·〈보태평〉·〈봉래의〉 등이 파생되어 제작되었는데, 당시에는 이를 신악으로 지칭하였다. 이들 신악은 훗날 고려 이래로 전승되어온 향·당악과 함께 속악俗樂으로 분류되지만, 창제 당시에는 선율旋律, 악장樂章, 악무樂舞 등이 새롭게 제작되었다고 하여 신악으로 인식되었다. 신악은 처음에는 종묘 등 왕실의 조상 의례에 적용할 목적이었지만, 곧바로 조회와 회례 등 의례 전반에 적용하기로 결정되었다. 신악을 의례 전반에 적용하기로 하였지만, 의례의 종류에 따라 어떠한 악곡을 적용하는지, 또 의례를 구성하는 절차에 어떻게 악·가·무를 사용하는지 등 세부적인 사항은 완전히 미지인 상태였다.

집현전의 오례 정리 작업은 미완의 상태로 보류되었다. 의정부에서 검토를 시작했지만, 의례와 신악을 접목하는 작업은 의지만으로 실현될 것이 아니었다. 이 와중에 신악을 세상에 내놓은 국왕 세종이 사망하였다. 국상 기간에 들어가면서, 음악의 연주는 중단되었다. 신악을 제대로 훈련하는 일은 여전히 체계가 갖추어지지 않아 음악을 사용할 수 없는 국상이 발생한 것이었는데, 설상가상으로 차기 국왕인 문종이 사망함으로써 음악을 사용할 수 없는 기간이 연장되었다. 신악이 제대로 활용되지 못하고 사라질 위기에 직면하였다. 1452년(단종 즉위) 의정부에서는 다음과 같이 건의하였다.

> 樂工을 지난날 세종의 국상으로 인해서 시험할 수 없었습니다. 지금 또 대행대왕[문종]의 상을 당하여 계속 6년 동안 시험할 수 없을 것이니, 음악의 연주법을 반드시 모두 잊어버릴까 염려됩니다. 또 정대업과 보태평의 新樂은 악공 한두 사람 이외에는 익힌 사람이 없습니다. 청컨대 期年을 마친 다음에는 單聲으로 음악을 익히게 한 다음 시험을 실시하여 관직을 주십시오.[52]

세종과 문종의 국상이 이어지면서, 음악을 연주할 수 없었고, 자연스럽게 악공의 재주를 시험하여 관직을 부여하는 격려 시책도 사용할 수 없었다. 숙련된 습득자가 몇 명 존재하지 않는 신악은 소멸될 수 있는 상태였고, 이에 대한 대비가 시급하였다. 여전히 국상 중에 음악을 익히는 것에 대한 문제 제기가 있었지만,[53] 신악을 숙련하는 일은 수양대군이 깊은 관심을 가진 사안이었고, 정인지가 적극적으로 수양대군의 입장을 대변하고 있었다.[54] 1452년 10월 발생한 계유정난은 신악이 살아남는데 결정적인 계기가 되었다.

1454년 신악을 적용하는 새로운 원칙이 발표되었다.[55] 문소전 제향과 조참, 각종의 연향에 사용할 신악 악곡과 기존의 향·당악 중 각 절차에 적용할 악곡을 결정하였다. 〈여민락만〉과 〈여민락령〉을 주요 악곡으로 사용하

52 《단종실록》 권4, 단종 즉위년 10월 24일 (임자).

53 《단종실록》 권6, 단종 1년 5월 24일(경진).

54 《단종실록》 권7, 단종 1년 7월 9일(갑자).

55 《단종실록》 권11, 단종 2년 4월 25일(병오).

도록 하면서, 향·당악곡을 추가하였다. 세종 때 의례 정비 과정에서 아악곡을 주요 절차에 적용하면서, 향·당악곡을 추가하였기 때문에 이때의 결정은 아악곡이 차지하였던 상당 영역을 〈여민락〉으로 대체하도록 한 것이었다. 그러나 이 결정은 신악의 명맥을 유지할 목적으로 이루어진 것으로 국가 의례에서 아악이 차지하는 비중은 절대적인 것이었다.

1455년세조 1 사직 친제 의주를 개정하였다.[56] 당시 개정 사항 중에는 조선의 종묘 의주와 명나라의 《제사직장》 규정에 근거하여 영신악 팔성八成을 연주한 이후에 사배四拜하는 예도를 생략하자는 내용이 있었다. 음악이 사용되는 제사에서, 귀신을 맞는 의미로 연주되는 악곡을 영신악이라 한다. 제사 의례에서는 시작할 때 귀신에게 절하는 순서가 있는데, 이를 참신參神 혹은 영신迎神이라 한다. 영신의 배례와 영신악을 어떤 방식으로 배치하는가는 제사를 시작하는 주요한 사안으로 인식되었다. 1455년 개정하고자 한 사항은, 기존의 사직 제사에서는 '참신사배→악팔성樂八成→사배→전폐'의 순서로 진행되었는데, 악팔성 이후의 사배를 생략하고 바로 전폐를 진행하자는 것이었다. 이러한 개정은 종묘 의례와 일관성을 유지하는 것이기도 하였다.

〈표 1〉은 확인 가능한 종묘 의식을 통해서 해당 부분을 비교한 것이다. 《세종실록》〈오례〉 친향의는 태종 때 사항을 정리한 것으로 가장 시기가 앞선 것이다. 다음으로 사시급랍유명일친향의四時及臘有名日親享儀는 태종과 원경왕후를 부묘한 후에 작성된 것으로 1424년세종 6 기록이다.[57] 세 번째로 종묘사시급랍향왕세자대행의宗廟四時及臘享王世子代行儀는 1442년세종 24 왕세자가

56 《세조실록》 권1, 세조 1년 7월 23일(병신).

57 《세종실록》 권24, 세종 6년 6월 29일(임신).

청정하면서 관련 의식을 정비한 사항이다.[58] 네 번째로 부문종대왕·현덕왕후신주우종묘祔文宗大王·顯德王后神主于宗廟는 1454년단종 2 문종과 현덕왕후를 부묘하면서 작성된 의주이다.[59] 마지막으로 사시급랍향종묘의四時及臘享宗廟儀는 《국조오례의》에 수록된 친향의로 1474년성종 5 작성되었다.

〈표 1〉 종묘 의례 절차의 변화

	의례	시점	절차	비고
1	《세종실록》〈오례〉 四時及臘親享宗廟儀	1415년 (태종 15)	①軒架作承安之樂 → 사배 → 行事 → 신관례	출입악①
2	四時及臘有名日 親享儀	1424년 (세종 6)	①樂 → 사배 → ②樂 → 陞階 → ③樂 → 신관례	출입악①②, 행례악③
3	宗廟四時及臘享 王世子代行儀	1442년 (세종 24)	사배 → 行事 → ①軒架作《景安之樂》, 烈文之舞作 → 신관례	영신악4成①
4	祔文宗大王 · 顯德王 后神主于宗廟	1454년 (단종 2)	사배 → 行事 → ①軒架作《景安之樂》, 烈文之舞作 → 신관례	영신악9成①
5	《국조오례의》 四時及臘享宗廟儀	1474년 (성종 5)	行事 → ①軒架作保大平之樂 保大平之舞作 樂八成 → 사배 → ②樂九成	영신악9成①②

1424년까지는 종묘 의례에서 영신악이 명확하지 않았다. 오히려 종묘에 입장한 국왕을 위한 출입악을 연주하고 있었다. 1424년 친향의에서 '③악'은 신관례에 연주하는 것으로 행례악으로 분류할 수 있는 음악이었다. 1442년 의주부터 영신악의 존재가 명확하게 드러난다. 1442년 왕세자 대행의에서는 먼저 사배를 한 다음 행사가 선언되고, 이어서 영신악이 시작되

58 《세종실록》 권98, 세종 24년 11월 24일(경진).

59 《단종실록》 권11, 단종 2년 7월 16일(을축).

는데, 영신악이 종료된 이후에 신관례를 시작한다. 동일한 방식으로 1454년 문종의 부묘 의식이 진행되었음도 확인된다. 1474년 종묘친향의는 음악의 종류나 의례의 진행 순서에서 확연한 차이가 드러나지만, 여기서는 별도의 검토를 진행하지는 않는다.

1455년 사직의례의 개정에 참조가 되었던 의례 진행 방식은 1442년 왕세자 대행의와 1454년 문종부묘의였는데, 사직 의례에서 행사의 시점을 설정한 곳은 알 수 없지만, '사배→영신악→신관례' 순서로 의례를 개정한 것이 종묘 의례와의 일관성을 맞추었다는 사실은 분명하다. 또 하나 주목할 사실은 이 시기 종묘 및 사직 의례에 사용되는 음악은 아악이었다. 아악을 의례에 전용하다시피 하는 양상은 신악을 유지하기 위한 시책이 발표되는 시점에서도 계속 유지되었다.

1457년세조 3 하늘 제사가 시행되었다.[60] 세조와 집권 세력이 특별한 의도를 지니고 실시한 것이었는데, 의례 절차를 담은 의주를 세세하게 작성하였고, 의례에 적용될 음악도 새롭게 준비하였다. 《세조실록》 악보에는 이때 적용된 새롭게 만든 아악을 별도로 기재하고 있다.[61] 호천상제와 조선 태조 등을 대상으로 하는 의례를 국왕이 친행하면서, 아악을 전용하는 의식을 진행한 것이었다. 이미 문종의 부묘를 포함한 종묘 의례에 아악을 적용하고 있었고, 조회도 아악을 기본으로 운용하고 있었기 때문에,[62] 아악을 국가 음악의 핵심으로 적용하는 의례 실천이 이루어지고 있었다.

소멸의 가능성까지 제기되었던 신악은 계유정난을 계기로 명맥을 이어갈 수 있는 장치가 마련되었다. 무엇보다 세조 자신이 신악을 적극적으로

60 《세조실록》 권6, 세조 3년 1월 15일(경진).

61 《세조실록》 악보, 신제아악보, 圜丘.

62 《세종실록》 권136, 악보의 아악보는 조회와 제사 두 종류로 구분하여 수록되고 있다.

지지하는 입장이었고, 정인지와 신숙주 등 집권 핵심 세력이 신악에 정통한 인물이었다. 그럼에도 여전히 아악이 국가의례에 점하는 비중은 절대적이었다. 세조의 적극적인 의지에 힘입어서 점차 신악이 국가 의례의 중심 음악으로 전환되었다.

세조 초반에는 의례의 전반적인 정리에도 관심을 기울이고는 있었다. 양성지가 세종 때 작성된 의주를 정리해서 책으로 간행해야 한다고 건의하자, 세조는 하위지에게 집현전에서 작업을 진행하도록 했다고 답하고 있다.[63] 이때의 작업이 어떻게 매듭지어졌는지 알 수 없다. 하위지는 곧이어 발생한 단종 복위 사건의 주모자로 처형되었다. 다만 이때의 작업은 실체가 모호하다. 정리 대상이 오례五禮가 아니라 의주儀註라 지칭되고 있다.

《세종실록》에는 일반적인 전례서에 수록된 의주보다 많은 300여 종의 의주가 수록되어 있다. 양성지가 제안한 것이 이러한 의주를 책으로 간행하자는 것인지, 아니면 1444년 시작된 오례 작업을 공개가 가능한 책으로 간행하자는 건의인지는 확실하지 않다. 《세종실록》의 〈오례〉는 공개되는 자료가 아니고, 또 길례 부분은 태종 때 간행물로 대체하였기 때문에 당시 집현전의 작업 결과를 온전히 수용한 것도 아니었다. 양성지의 의도가 무엇인지는 명확하지 않다. 그러나 이 무렵 하위지를 책임자로 하여 집현전에서 의주 정리 작업을 하라는 지시가 이행되고 있었다. 물론 작업은 제대로 진행되지는 않았지만, 의주의 정리가 필요하다는 공감은 있었다. 의례에 사용되는 음악에 대해서는 보다 명확한 작업 내용이 확인된다.

국왕 세조는 향악과 당악이 둘로 나뉠 사안이 아니라고 하면서, 아악서를 전악서에 통합하고 소속 공인과 체아의 규모를 조정하라고 지시하였

63 《세조실록》 권4, 세조 2년 5월 26일(갑오).

다.[64] 국왕의 지시에 따라 악학도감과 관습도감을 악학도감樂學都監으로 통합하였고, 아악서와 전악서를 합쳐서 장악서掌樂署가 탄생하게 되었다. 악공도 대폭 축소되었고, 정원이 조정되었다.[65] 이러한 조처는 다음 해 한 차례 더 보완 작업이 진행되었다.[66] 아악서와 전악서를 통합하는 작업은 향후 음악 운용에 대한 방향과 관련된 조처였다. 드디어 1460년세조 6 국가 음악의 운영 원칙에 파격적인 결정이 선언되었다.

> 세종께서 하늘이 내신 聖智로서 여러 樂舞를 제정하셨는데, 미처 이를 사용하지 못하셨다. 지금에 이르러 비록 文을 숭상하고 武를 연마하기에 겨를이 없다 하더라도, 이때에 擧行 하지 않는다면 후세에 장차 폐지하여 없앨 것이니, 어찌 애석하지 않겠는가? 또 工人은 군사에서 취하지 못하고 樂署에서도 또한 항상 [음악을] 익혀야 할 것이니, 지금부터 定大業·保太平·發祥·鳳來儀의 新樂을 익히고 舊樂을 다 폐지하라. 그 인물과 軒架의 수와 樂을 익힐 절목을 속히 의논하여 아뢰어라.[67]

명맥 유지를 걱정해야 했던 신악은 이 시점에서는 국가 음악의 중심으로 자리 잡았고, 이제까지 의례 음악의 절대적 위상을 유지했던 아악은 사실상 폐지하라는 결정이 내려진 것이었다. 이러한 결정은 아악서를 전악서로 흡수할 때부터 의도되었던 것으로, 신악을 전면에 내세울 수 있는 여건을 마련하는 조처가 안정될 시간을 필요했던 것으로 추정된다. 신악 중심

64 《세조실록》 권9, 세조 3년 10월 13일(계묘).
65 《세조실록》 권10, 세조 3년 11월 27일(정해).
66 《세조실록》 권13, 세조 4년 7월 1일(병술).
67 《세조실록》 권20, 세조 6년 4월 22일(무진).

의 정책 방향이 세워진 상태에서 일련의 조처가 진행되었고, 드디어 신악이 의례 음악의 중심이 될 것이었다. 절목을 준비하라는 지시는 필요한 후속 조처를 갖추도록 내려진 것이었다. 이러한 지시는 단순히 문구에 그친 것이 아니라 실효적으로 적용되었다.

1463년세조 9 세종이 창제한 정대업·보태평 악무樂舞의 노랫말 가사가 길어서 의례에 적용하기가 어렵다고 판단하고, 종묘와 제천 의례에 적용할 수 있게 축소하는 작업을 진행하였고, 진찬·철변두·송신에 사용될 노랫말도 짓도록 하였다.[68] 신악을 의례에 적용하기 위한 사전 작업을 진행한 끝에 드디어 1464년세조 10 정월 종묘와 환구 제사에 신악을 사용하였다.[69]

〈표 2〉 종묘의례 용악

	《세종실록》《오례》 1415년(태종 15)	태종부묘 1424년(세종 6)	문종부묘 1454년(단종 2)	종묘친향 1464년(세조 10)	《국조오례의》 1474년(성종 5)
행례악	아악 속악(향·당악)	아악 속악(향·당악)	아악	속악 (신악)	속악 (신악)
출입악	○	○	○	×	×

1415년태종 15 《제사의식》이 작성되었을 때는 헌작獻爵과 헌폐獻幣 등의 절차를 진행할 때 배례를 시행하는가의 여부를 두고 시제와 고제 논쟁이 전개되었다. 왕실의 조상 의례에는 고제를 반영하고, 나머지 국가 제례는 시제를 사용하도록 하였다. 그러면서, 조상 의례의 구체적인 실천은 고제론과 시제론을 절충한 방식으로 결정되었다. 1424년세종 6 태종을 부묘할 때의 친

68 《세조실록》 권31, 세조 9년 12월 11일(을미).

69 《세조실록》 권32, 세조 10년 1월 14일(정묘); 15일(무진). 14일에 종묘 제사, 15일에 환구 제사가 연이어 시행되었다.

향은 작헌과 음복의 절차를 재배 마무리하도록 하였다. 이 시점부터는 흉례에 적용되었던 고제의 방식이 길례에도 확대 적용되었던 것이다. 그러나 고제를 의례에 반영하는 방식은 1440년 공식적으로 폐지되었다. 전폐·헌작·음복을 배례로 마무리하는 방식을 배제하고, 종묘의 친제 의주를 개정하였다. 이러한 방식으로 의례가 진행된 것이 1454년 문종 부묘의였다. 문종 부묘의는 그동안 진행된 조선의 정비 작업의 결과 가장 정교하게 준비된 의례였다. 세조가 신악을 적용하여 종묘와 환구 제사를 시행한 1464년 이후부터는 의례가 진행되는 절차가 크게 수정되지는 않았다. 그렇다고 해서 이때의 제례에 큰 변화가 없지는 않았다. 이런 점에서 의례와 음악의 결합에 주목할 필요가 있다.

제례의 대전제는 등가와 헌가 악대가 결합되는 것이다. 노래와 이에 대한 반주를 강조하는 등가와 마당에 배치되어 연주에 집중하는 헌가는 의례의 분위기를 완전히 바꿀 수 있는 장치였다. 태종 부묘의 까지는 향·당악을 연주하는 고려 이래의 방식을 유지하고 있었다. 물론 악장은 교체되었고, 시제의 방식을 반영하고 있었지만, 결과적으로 전체적인 양상은 고려 때의 것을 지속하는 측면이 강조되었다. 문종 부묘의는 세종 때 개정된 아악을 전면적으로 도입하고 헌가와 등가의 악곡을 새롭게 개정한 이후 실시된 것이었다. 고려 이래의 모습이 완전히 일신된 것이었다.

1464년 세조가 단행한 종묘 친향은 이전과는 확연하게 구분되는 의례였다. 제례는 축시에 시행하도록 규정되어 있다. 조명이 불확실한 상황에서 제례의 현장에서 절차에 대한 인지는 시각을 제외한 다른 감각에 의존해야 한다. 청각에 작용하는 음악은 의례를 인지하고 절차를 구분하는 핵심적인 장치였다. 세조의 친향의는 출입악을 폐지하였다. 국왕이 행사장에서 이동할 때, 연주되는 음악을 행례악이라 분류하였는데, 이는 국왕의 존재를 드러내는 장치였다.

그런데, 종묘의 의례 현장에서 국왕은 의례 대상인 종묘의 귀신에 대해 칭신하는 위치에 있었다. 〈세조악보〉의 고정기考定記에 의하면, 명나라의 《제사직장》을 근거로 승강할 때와 음복할 때 음악을 연주하지 않는 것으로 하였다. 명나라의 방식을 적용하여 음악을 배제한 것이다. 〈세조악보〉 후서後序에는 음악의 정리 작업을 신숙주 등이 1463년 왕명으로 착수한 것으로 기재되어 있다. 그러나 1457년 환구제에서도 출입 승강과 음복 절차에서 음악이 연주되지 않고 있다. 정황적으로는 1463년 고정기의 사항은 세조 때 이루어진 결정 사항을 종합하여 수록한 것으로 추정된다.

출입악을 배제함으로써, 등가와 헌가에서 번갈아 연주되는 행례악의 역할이 한층 강화되었을 것인데, 1464년에는 행례악의 악·가·무로 〈용비어천가〉에서 파생된 정대업·보태평을 적용하였다. 세종 때의 원곡이 아니라 1463년 행사용으로 편곡 작업을 진행한 음악을 사용하였다. 이렇게 조정되면서, 조선의 종묘 의례는 이전 시대와는 실행 양상이 현저하게 차별화되었다. 이때 환구제에도 의례용으로 조정된 정대업·보태평이 적용되었다. 1457년의 환구제와 의례 절차상으로 거의 완전하게 일치하지만, 음악의 사용이 신악으로 교체된 것이 다르다. 이때의 의례 시행에 대해 국왕과 관원들은 세종의 유지를 계승했다고 의미를 두며 크게 축하 행사를 개최하기도 하였다.

1460년 구악을 폐지하라는 결정으로 사실상 아악은 의례 음악의 지위를 상실한 것처럼 나타난다. 1464년 명 사신 김식은 성균관에서 알성謁聖 의식을 거행하고자 하였다. 사전 준비 과정에서 사용되는 음악에 대해 질의하였고, 관반을 맡은 박원형이 '아악'이라고 답하였다.[70] 그런데 정작 알성 과정에서는 아악이 연주되지는 않았다.[71] 조선에서는 대제大祭가 아니기 때

70 《세조실록》 권33, 세조 10년 5월 22일(갑술).

71 《세조실록》 권33, 세조 10년 5월 23일(을해).

문에 연주가 생략되었다고 하였고, 명사도 이에 동의하였다. 이미 1460년 이래 구악의 폐지가 결정된 상황에서 공자를 위한 석전釋奠에서는 아악이 사용된 것으로 판단할 수 있는 사례인데, 어떻든 당시 알성 의례에서 음악을 사용하지는 않았다. 이점과 관련하여 주목되는 결정이 세조가 공자 사당을 방문한 1466년세조 12 작성된 행학의幸學儀 기록이다.

> 그 의식은 이러하였다. (중략) 임금이 袞龍袍로 들어와서 제사한다. 왕세자 이하는 모두 조복이다. 제사는 大牢를 쓴다. 왕세자가 아헌이고, 영의정이 종헌이다. 어가가 움직일 때와 작을 올릴 때는 모두 음악이 있다. 또 分獻官이 있다. 임금이 음복한 뒤에 明倫堂으로 간다. 군사가 정렬하고 軒架를 진열하여 음악을 연주한다. 왕세자 이하 백관이 들어와서 반열을 이룬다.[72]

인용문은 기사를 축약한 형태로 정확한 사항을 파악하기가 쉽지는 않다. 음악 관련 사항은 두 번 기재되어 있는데, 헌가를 진열하는 부분은 국왕이 주인공이 되어 의례하는 절차이므로 신악을 연주하는 부분이다. 앞의 음악 사용에서 동가動駕와 헌작獻爵은 서로 다른 상황이다. 동가는 국왕이 성균관으로 이동할 때를 의미하므로 고취鼓吹를 사용하는 영역이고, 헌작은 실제 제사를 올리는 절차에 적용된다. 이때 사용된 음악을 파악하는 것이 중요한데, 현재 기사로는 이를 단정하기가 주저된다. 다만 고취는 속악에 해당하는데, '동가와 헌작에는 음악이 있다.'고 통칭한 것으로 보아 같은 계열의 음악으로 추정된다. 이 기사는 새롭게 행학위幸學儀가 정리된 사실을 전하는 것인데, 동가·헌작에 적용되고, 식후 행사에서 헌가를 진열한다는

72 《세조실록》 권38, 세조 12년 2월 12일(갑신). "其儀曰 上以袞龍袍入祭【王世子以下 皆朝服 祭用大牢】王世子亞獻 領議政終獻【駕動 獻爵 皆有樂】又有分獻官 上飮福後 御明倫堂 軍士卽整 陳軒架作樂 王世子以下 百官入班"

사실을 기재한 것이다. 모두 속악을 적용했기 때문에 따로 음악을 구분하여 적시하지 않은 것으로 판단한다.[73] 이때의 결정으로 석전에도 신악을 적용하는 시도가 있었다고 생각된다.

1469년예종 1 국왕은 예종이었는데, 양성지가 장문의 상소를 올리면서 아악을 보존하자는 주장을 한다.[74] 양성지에 의하면, 최근에 문무무文武舞가 폐지되었고 헌가를 축소하였다. 아악을 폐지하고 사용하지 않으면 아악이 소멸할 것이라고 하면서 금악今樂과 고악古樂이 모두 행해지고 폐지되지 말아야 한다고 주장하였다. 의례 음악의 주류를 형성하였던 아악이 소멸될 위기에 직면하였다고 하는데, 한때 신악의 전습이 우려하던 상황과는 정반대의 양상이 전개된 것이다. 급기야 성종 초년인 1471년성종 2에는 예조에서 공식적으로 다음과 같이 언급하고 있다.

> 각처 제향에서 아악을 폐지하고 모두 새로 정한 보태평과 정대업을 사용한다.[75]

아악의 전면 도입은 태종에 의해 의도되었던 것이고, 세종이 이를 충실하게 계승하여 대대적인 음악의 정비 작업이 진행되었다. 이렇게 정비된 음악은 모두 유교 국가 의례에 사용할 목적으로 마련된 것이었다. 의례와 음악의 정비가 병행된 이유였다. 의례 절차를 정교하게 설정하는 작업이 어

73 이 기사를 논의한 임영선은 현재 기사만으로는 속악(신악)으로 단정하기 어렵다는 의견을 피력한 바가 있다. 필자는 기사의 정리자가 음악에 차별이 있었다면, '皆有樂'으로 표현하고, 헌가를 진열한다고 기재하지 않았을 것으로 생각한다. 동가와 헌가 진열에 사용된 음악은 俗樂에 해당한다. 작헌에 악이 있다고만 기재하고 있는데, 아악을 적용했다면 이를 구분하였을 것이라는 것이 필자의 판단이다.

74 《예종실록》 권3, 예종 1년 6월 29일(신사).

75 《성종실록》 권11, 성종 2년 7월 5일(병자).

느 정도 궤도에 오른 이후에는 음악적 요소가 의례 정비의 핵심적인 사항이 되었다. 세종의 〈용비어천가〉 창제는 신악이 국가 의례에 삽입되는 결정적인 계기였다. 세종이 만든 신악은 한때 명맥이 단절될 위기에 처했지만, 세조의 적극적인 정책적 고려에 힘입어 이제는 주류 음악으로 자리를 잡게 되었다. 이와 동시에 모든 국가 의례에 확대 적용되었던 아악은 사실상 설 자리를 잃게 될 지경이었다. 《국조오례의》의 간행은 아악과 신악의 자리를 새롭게 규정하는 것이었다.

4. 《국조오례의》와 《악학궤범》

《국조오례의》는 나름 정교한 의례 절차의 정비와 오례 전반에 걸친 절차의 일관성이 두드러지는 전례서이다. 조선 왕조 전시기에 원의原儀로 인정되어 《경국대전》에 버금가는 위상을 인정받기도 하였다. 그러나 《성종실록》에는 그 간행 사실이 누락되었다. 신숙주의 졸기에 편집된 사실이 수록되어 있지만, 정확한 서명이나 간행 시점을 알 수는 없다. 《국조오례의》 서문을 통해 1474년성종 5 간행되었다고 이해하고 있다. 《국조오례의》라는 책 이름조차 명확하지 않다. 성종 대에는 《오례의》로 칭해졌고, 강희맹의 서문과 신숙주 전문에도 《오례의》로 지칭하고 있다. 적어도 《성종실록》의 편찬자 집단에서 《국조오례의》는 그 간행 사실을 굳이 드러낼 필요가 없다고 판단했다고 보여진다. 비록 간행 기록은 누락되었지만, 성종 때 의례 진행이 논의될 때, 이 책은 주요한 참고서였음도 부정할 수 없다. 《국조오례의》가 장기간에 걸친 의례 정비와 운영의 사항을 집적하고 있다는 점에서 이는 불가피했을 것이다. 그럼에도 간행 기사를 수록하지 않았다는 것은 당시 사람들에게 이 책은 불완전한 책으로 이해되었던 것으로 여겨진다.

대표적인 사항은 음악 관련 사항이라는 것이 필자의 판단이다.

1493년성종 24 작성된 《악학궤범》은 《오례의》 규정과 성종 당대의 상황을 '시용時用'으로 구분하고 있다. 악현은 크게 마당에 배치되는 헌가와 건물 월대 위에 위치하는 등가로 구분하는데, 길례 아악의 경우는 《오례의》와 시용을 구분하고 있지만, 크게 차이가 나지 않는다. 반면에 속악의 경우에는 전정헌가의 경우는 《오례의》와 시용이 대동소이하지만, 등가의 경우는 전혀 다른 구성을 보이고 있다. 문제는 《국조오례의》도 성종 때 작성된 문헌이라는 사실이다. 1474년 간행된 《국조오례의》 이후 불과 20년도 지나지 않은 시점에서 작성된 책이 《악학궤범》이었다. 속악이 적용되는 가례 영역에서 큰 수정이 진행된 것으로 짐작된다.

세종 대를 거치면서 의례 절차에 정비는 대체적으로 완성 단계에 들어선다. 그럼에도 국가 의례의 정비가 지지부진했던 이유는 음악을 적용하는 문제 때문이었다. 의식 자체의 영향력으로 볼 때, 가례의 조의와 회의는 빈례와 군례에도 원용되는 프로토타입이라는 점에서 주목되는데, 《국조오례의》 작성 이후에 이들 의례에서 변화가 있었는가가 《악학궤범》의 의례상의 좌표를 설정하는데 주요한 기준이 된다.

1) 길례 영역

1463년 보태평·정대업의 악곡을 제사 절차에 맞추어 축소 조정하는 작업을 하였다. 이듬해 정월 조정한 악곡을 적용하여 종묘와 환구 제사를 시행하였다.[76] 신악을 전면 적용하는 국가 의례가 시작된 것이었다. 신악을 적용하면서, 의례 절차도 이에 맞추어 다시 조정하는 개정도 단행되었다.[77] 비

76 《세조실록》 권32, 세조 10년 1월 14일(정묘).

77 《성종실록》 권17, 성종 3년 4월 2일(무진).

로소 《국조오례의》에 수록된 의례 절차가 마련된 것이다. 세종 때 오례를 정리하는 과정에서 신악을 적용하는 문제가 발생하면서 미뤄졌던 의례 절차와 음악의 조정 작업이 이 시점에서야 결론인 난 셈이었다. 세종 때 아악을 정비하면서 아악 일색의 의례 용악에 새로이 신악을 적용하는 방식이 전면 시행되었고, 《국조오례의》에서는 이러한 방식으로 의례의 절차와 음악을 통합하게 되었다. 〈표 3〉은 음악을 기준으로 《국조오례의》 길례 범주를 정리한 것이다.

《국조오례의》의 의례 분류는 매우 엄격하다. 유교 의례를 대·중·소사로 분류하면서, 특정한 목적의 바람을 담은 의례는 기고祈告로 따로 분류하였다. 제사의 본래 목적과 일치하지 않는 의례는 정상적인 분류에서 배제하는 방식이었다. 국왕이 시행하지 않는 지방 단위의 의례는 주현 의례로 별도로 분류하였다. 주현 의례는 해당 고을의 수령이 시행 주체가 되었다.

길례를 기준으로 할 때 아악이 보다 폭넓게 사용되는 것처럼 보이지만, 국왕의 친행이라는 기준을 적용하면 왕실 조상 의례가 압도적 비중을 차지하고 있기 때문에 속악이 적용되는 의례가 훨씬 큰 영역을 점하고 있다. 중사에는 축문에 '조선 국왕'을 칭하는 하늘 신과 공자에 대한 제사에는 아악이 적용되었다.[78] 무신武神 제사로는 독제에 유일하게 음악이 사용되었는데, 이례적으로 속악을 연주하였다. 조선식 유교 의례인 속제 범주를 설정한 점과 속악이 적용되는 결정으로 《국조오례의》의 유교 의례는 내용과 형식 면에서 중국 의례와 명확하게 구분되는 독자적인 성격을 갖게 되었다.

78 가례 영역의 조회와 회례 등의 용악은 속악만을 사용하는 것이 원칙이었기 때문에 전체 의례에서 속악이 점하는 비중은 아악을 압도한다.

〈표 3〉《국조오례의》 길례의 분류와 음악

		雅樂	俗樂	無樂
대	천			
	지	사직		
	인		종묘, 영녕전	
중	천	풍운뇌우, 우사		
	지			악해독
	인	선농, 선잠, 문선왕		역대시조
소	천			영성, 노인성, 마조, 선목
	지		독제	명산·대천, 마사, 마보, 마제, 영제, 포제,
	인			사한, 칠사
기고	천			풍운뇌우, 우사
	지			사직, 악해독, 명산·대천, 여제
	인			종묘,
속제			문소전, 의묘	진전, 산릉
주현				사직, 문선왕, 포제, 여제, 영제

주현 의례 외에도 유교적 국가 의례가 전국을 단위로 재편되었는데, 대표적인 의례가 악해 독과 명산대천이다. 악·해·독은 규모가 큰 대상에 적용되고 중사로 분류되었고, 명산대천은 상대적으로 규모가 작아 소사로 범주화되었다. 여기에 규정되지 않은 대상은 국가 단위의 의례 대상에서 배제되었다. 중사인 풍운뇌우의 제사에는 명산대천과 성황이 배제陪祭로 설정되었기 때문에, 일체의 기고 대상을 국가 단위로 편제하는 작업은 일단락되었다.

명산대천은 모두 조선 국왕의 예하에 편제되었고, 이들 제사에는 음악도 적용하지 않았다. 음악은 국왕과 연관된 것이고, 국왕의 존재감을 드러낼 때 사용하는 것인데, 명산대천 등은 악을 사용하지 않는 것으로 결정되었다. 제사의 공간이 서울이 아니고, 지방이라는 점, 의례의 주관이 관찰사에 일임되어 있다는 점 등에서, 이들 의례는 음악이라는 청각 요소가 배제된 상태로 운영되었다.

〈표 4〉 악·해·독과 명산대천의 제사 대상

	중사			소사	
	악	해	독	명산	대천
서울	삼각산(백악)		한강(도성)	목멱산(도성)	
경기	송악산(개성)		덕진(장단)	오관산(장단) 감악산(적성)	양진(양주)
강원		동해(양양)		치악산(원주) 의관령(회양)	덕진명소(회양)
충청			웅진(공주)	계룡산(공주) 죽령산(단양)	양진명소(충주)
황해		서해(풍천)		우이산(해주)	장산곶(장연) 아사진송곶(안악)
전라	지리산(남원)	남해(나주)		금성산(나주)	
경상			가야진(양산)	우불산(울산) 주흘산(문경)	
평안			평양강(평양) 압록강(의주)		청천강(안주) 구진익수(평양)
영안	비백산(정평)		두만강(경원)		비류수(영흥)

2) 조회와 회례 의식

《국조오례의》에서 조회와 회례는 아악을 배제하는 형식으로 정리되었다. 조회의 의례 절차는 조선적인 모습을 갖추고 완성 단계에 도달하였다. 1430년 경, 조회의 절차는 상당한 수준으로 재정비되었다. 2품과 3품을 기준으로 서로 입장 순서를 달리하는 선치先置 방식으로 조정되는 결정적인 정비가 이루어졌다. 향후 조선 조회 의식에 보편적으로 적용되는 이러한 절차 구성은 《국조오례의》에 그대로 계승되었다. 반면에 음악은 세종 정비 과정에서는 아악을 적용하였다가, 신악의 출현 이후 신악을 반영하는 방식으로 조회가 다시 구성되었다. 향후 신악은 속악의 한 부분으로 흡수되었기 때문에, 조회와 회례에 사용되는 음악은 속악으로 일원화되었다. 즉 아악을 일체 배제한 결정이 이루어진 것이다.

신악이 출현한 후, 의례와의 적절한 결합 방식이 모색된 결과, 신악은 속악으로 흡수되었고, 《국조오례의》는 그러한 상태에서 설정된 의례 정리 작업의 결과였다.

〈표 5〉는 《국조오례의》 회례 의식을 음악적인 요소를 고려하여 정리한 것이다. 《국조오례의》 정지회의正至會儀에서는 헌가와 고취의 연주만 확인할 수 있다. 제3작부터는 본격적인 행주行酒가 시작되는데, 이때 음악은 '국왕에게 보고하여 결정한다'고 세주 형식으로 규정하고 있다. 이러한 기재 방식은 《세종실록》 〈오례〉의 해당 의식에서 제7작 행주에서 속악과 잡기를 쓴다[用俗樂雜伎]는 규정을 승계한 것이다.

〈표 5〉 《국조오례의》 정지회의

	단계	국왕	왕세자	종친/문무관	諸方客使	기타	악대	음악
①	朝訖							
❷						陳半仗		
③	二嚴		勤政門外次	문외위	出次序立			
④	三嚴		出次	3품以下입장				
⑤		入殿門 就座					고취 헌가	출입 출입
⑥			❶入就拜位	❷2품以上입장	❸入就拜位			
⑦			四拜				헌가	행례
⑧		進酒器					헌가	食擧
⑨		進饌案					헌가	食擧
⑩		進花					헌가	食擧
⑪	一爵	進膳					헌가	食擧
⑫			陞階獻爵					
⑬			拜位致詞					
⑭		擧爵					헌가	食擧
⑮	二爵			班首獻爵				
⑯				拜位致詞				
⑰		下教						
⑱		擧爵					헌가	食擧
⑲				四拜				행례

	단계	국왕	왕세자	종친/문무관	諸方客使	기타	악대	음악
⑳			❶就位	❷就位	❸就位			
㉑						歌者 · 琴瑟		
㉒			供饌卓 · 花	設卓 · 散花				
㉓	三爵	進湯	供湯	設湯			曲舞	食擧
㉔		進爵	供酒	行酒			?	
				〈중략〉				
㉟	九爵	進湯	供湯	設湯			?	
㊱		進爵	供酒	行酒			?	
㊲	大膳	進大膳	供膳	設膳			?	
㊳	徹案			徹案				
㊴			❶就拜位	❷就拜位	❸就拜位			
㊵			四拜				헌가	행례
㊶	禮畢	降座					헌가	출입
㊷		出殿門					고취	출입
㊸				❷퇴장	❶퇴장			
㊹	解嚴					放仗		

필자는 《세종실록》 〈오례〉의 가례 의식이 아악을 강조하면서, 신악이나 향·당악에 대해서는 간략하게 기술한 사실에 주목한 적이 있다. 이러한 기록 방식은 태종 때 작성된 《제사서례》 이래의 관행적인 양상이라고 판단하였다. 《국조오례의》 속악 영역도 그러한 맥락에 놓인 기술이라고 이해된다. 《국조오례의》는 세종 때 창제된 신악을 중심으로 향·당악을 적용하는 가례 영역의 음악 관련 사항은 헌가와 고취 도설을 제시한 것으로 그치고 있다.

〈표 4〉의 정리에서 각 절차에 적용되는 음악 사항은 음악이 시작되고 그친다는 정보 외에는 알 수 없다. 각 악곡이나 악장, 춤의 내용에 대해서는 〈서례〉에 해당 정보를 누락하였다. 가자와 금슬이 입장한 이후에는 헌가와 구분되는 용악이 이루어졌을 것이지만, 국왕에 보고하여 결정한다는 내용 외에는 일체의 정보를 생략하였다. 이러한 관련 정보를 수록한 것이 《악학궤범》이다. 《악학궤범》에는 각 절차에 적용되는 악·가·무의 선택지가 제시

되어 있다. 《국조오례의》가 해당 정보의 기재에 인색한 이유로 필자가 제시하는 한 가지 추정은 당시 진행된 음악 논란이다. 여악女樂의 사용은 세종 후반부터 정전에 사용하는 것이 적절한 것인지에 대해 계속해서 논란이 되었다. 여악이 적용되는 가장 핵심적인 의례가 연례인데, 조선의 공식적인 연행에서 여악을 폐지하자는 것이 유학자 관원의 일관된 입장이었다. 《국조오례의》를 작성한 대표적 관원인 신숙주와 강희맹도 이러한 입장을 유지한 관원으로 추정된다. 이들은 여전히 논의 중인 여악을 포함한 잡기雜技를 명시적으로 규정하는 것에 적극적이지 않았고, 그 결과가 《국조오례의》 가례와 서례의 음악 관련 기록이었다.

《국조오례의》가 작성된 이후로 성종 대에는 책에 담지 못한 방식으로, 한층 발전된 의례 실천이 이루어졌다. 친경과 대사례가 그 사례인데, 이들 의례는 오례의 분류 범주를 벗어나는 특징을 지니고 있다. 《악학궤범》에는 이들 의례의 악대 관련 정보가 수록되었는데, 그 내용을 정리하면 다음과 같다.

〈표 6〉 《악학궤범》 선농·친경 악대

	향선농(아악)	친경(속악)
헌가	시용헌가(당하악)	전정헌가/歌
등가	시용등가(당상악)	시용종묘·영녕전 등가

〈표 7〉 《악학궤범》 석전·대사례 악대

	석전친제	대사례
헌가	시용헌가(당하악)	전정헌가/歌
등가	시용등가(당상악)	-
고취	-	전후고취

친경과 대사례는 성종 대 유교적 통치를 강조하면서 시행된 의례이다. 이들 의례는 독립된 의식으로서 완결성을 갖추고 있기도 하지만, 주로는 선농이나 석전에 부수하여 실천되었다. 따라서 이들 의례는 단순히 길례, 혹은 가례로 분류되는 것이 아니라, 오례의 분류상으로 두 개 영역에 걸쳐서 진행되었다.

친경 의례는 선농 제사에 이어서 진행되는 것이 원칙이었다. 선농은 아악이 적용되는 제사였고, 길례 의례이기 때문에 아악을 연주하는 길례의 등가와 헌가가 동원되었다. 이어서 진행되는 친경은 가례에 사용되는 전정헌가가 등장하고, 이와 별도로 당상악으로 속악 악대를 등가 형태로 사용하였다. 성종 때 고안된 친경의례는 이러한 복합적인 의례 형식으로서《국조오례의》의 규정을 벗어난 의식이었다.

대사례는 더 복잡한 의례였다. 대사례의 활쏘기 영역은 사우사단의射于射壇儀와 관사우사단의觀射于射壇儀를 계승한 것이었다. 사단에서 활 쏘는 의식은《국조오례의》에서는 군례軍禮의식이다. 오례가 작성될 때 이들 의식은 장소를 특정하지는 않았지만, 궁궐 안이나 서울 인근의 장소에서 시행하도록 의도되었다. 국왕이 직접 활을 쏘기도 하고 현장에서 구경하면서 시상을 하는 의례인데, 통상적으로 활쏘기에 이어 연향을 베푸는 것을 원칙으로 하였다. 국왕의 등장에는 당연하게 출입악이 연주되었고, 이어지는 연향에서는 정지회의 수준의 잔치가 배설되었다. 따라서 이에 준하여 가례 헌가와 각종의 잡기가 연행되도록 규정되었다. 대사례는 국왕의 성균관 행학幸學에 이어 활쏘기로 연결되는 의식으로 구성되었다. 연향은 생략되거나 축소된 형태로 진행되었다. 대사례는 이렇기 때문에, 길례·가례·군례의 의식이 복합하여 구성된 의례라 할 수 있다.

이런 성격의 의례로 사위嗣位를 들 수 있다. 사위는 가례 영역의 의식이지만, 흉례 범주에 속하는 의식이다. 오례로 구분하는 분류법을 벗어난 의례의 처리 방식은《국조오례의》단계에서는 명확한 원칙이 확립되지 않았다. 조선후기《국조속오례의》에 친경은 길례로, 대사례는 군례로 나누어 분류하였다.

5. 맺음말: 국가 의례의 음악과 서울

조선이 유교적으로 재편된다고 할 때, 조선 내에서 진행되는 일체의 제사를 유교적 제사로 수렴하면서, 국왕 중심의 질서 체제를 구축하는 것이 과제로 부각되었다. 악·해·독과 명산대천의 규정은 이런 점에서 일찍부터 주목되었다. 지적할 점은 전국의 산천을 유교적으로 재편하는 주요한 결과였음에도 이들에는 음악이 사용되지 않는다는 사실이다. 유교의 국가 음악은 국왕의 의례 실천과 연결되어 있고, 그렇기 때문에 서울은 유교 국가 음악의 중심지였다.

국가 음악이 서울을 중심으로 사용된다고 할 때, 그 의미와 상징에 대해서는 현재까지 논의된 바가 없다. 이런 주제에 대한 가장 일차적인 접근이 불교적 개경과 유교적 서울의 대비이다. 불교적 소리가 개경의 24시간을 점하고 있다면, 서울에서는 시간을 알리는 북과 종소리가 국가의 소리를 대표한다. 서울에 유교적 상징을 담은 소리를 채워가는 것이 현안으로 부각되었을 것으로 생각된다. 유교 국가 음악의 정비는 이러한 현안을 답하는 과정이었다.

서울은 의례의 중심지였다. 고려의 개경과 조선의 서울은 규모 면에서 크게 차이가 나지 않았다. 교통 인프라 면에서 서울은 개경에 비할 수 없을 만큼 월등했다. 내륙 수운과 바다의 조운을 통한 물자의 이송이라는 점에서 서울은 어느 도시보다 탁월한 입지를 갖췄다. 조선은 처음부터 이러한 입지를 고려하여 서울을 수도로 선정하였다. 건국 이후 이러한 서울의 입지를 극대화할 수 있는 다양한 정책이 이어졌다. 대규모의 수송 선단을 이룬 조운선의 건조와 이를 운영할 인력의 확보 등이 태종·세종에 의해 적극적으로 진행되었다. 남북의 한강을 중심점으로 하여 넓은 배후지를 가진 한강 주변의 물자를 확보하도록 진津, 포浦 등의 조직이 정비되고 인력이 배치되었다.

그러나 서울과 개경의 차이는 이러한 물리적인 면에 국한하지 않았다. 보다 결정적인 두 도시의 변화는 사회문화적 환경에 있었다. 고려 개경은 신라 이래의 천 년 불교 전통을 고스란히 간직한 대도시였다. 수십 개의 대형 사찰이 중심지에 자리 잡았고, 크고 작은 수백여 사찰이 인가 사이사이 존재하였다. 다양한 사연의 불교 행사가 줄을 이었고, 독경을 비롯하여 범패梵唄의 연주 등 행사와 관련된 소리가 도시를 가득 채웠다. 시장의 활성화에 더해진 이러한 환경으로 고려의 개경은 밤낮이 따로 없이 축제와 같은 분위기가 연출되었다. 밤을 밝히는 화려한 불교의 꽃등과 밤낮을 가리지 않고 음식과 불경 해설이 제공되는 법석法席, 삶과 죽음을 기리는 다양한 불교 행사 등이 수백 년을 이어온 개경의 문화적 상태였다.

반면에 서울은 사대문 안에 불교 사찰 자체를 배제하였다. 조선의 철저한 유교적 지향을 서울에 담은 것이다. 세조와 같은 비유교적 군주에 의해 일시적으로 원각사圓覺社가 서울 한복판에 세워진 경우도 있었지만, 예외적 상황이었다. 불교 의례는 간혹 왕실에 의해 간헐적인 지원을 받아 시행되기도 하였지만, 원칙적으로 배제되었다. 그 대신 서울은 전체적으로 유교 이념에 입각하여 설계되고 건설되었다. 서울의 북쪽에는 경복궁, 창덕궁 등 국왕의 중심 공간이 배치되었다. 좌묘우사의 이념에 따라 궁궐의 동쪽에 종묘가, 서쪽에 사직이 자리 잡았다. 서울을 동서로 관통하는 시전 행랑이 조성되었고, 남문인 숭례문 외각에는 유교 제사가 가능한 교묘郊廟가 설치되었다. 서울의 시간과 공간은 유교적으로 운영될 예정이었다.

근엄한 유교 도시에 시간을 알리는 종과 북의 울림은 도시 구석구석 채워졌다. 그만큼 다른 소리에 의한 방해가 없었기 때문에 가능하였다. 조용한 서울의 밤 시간에 누군가 낮을 이어 밤에도 음악을 연주하는 잔치를 이어간다면, 국왕은 취침에 방해를 받았다. 통행도 행사도 끊긴 서울의 야간은 적막하였다. 10만이 넘는 대규모 인구가 밀집한 초대형 도시였지만, 생각보다 서울은 조용하고 근엄하였다. 정책적 지향을 담은 이러한 사회문화적 조건은 거주민에게 큰 부담이 되었다.

용하다는 승려가 나타나면, 서울의 주민들은 구름떼처럼 모여들었다. 도교적 전통에 뿌리를 둔 경신庚申의 민간 축제는 북적였다. 심지어 악대를 앞세운 문·무과의 합격자들이 벌이는 거리의 퍼레이드는 모두의 주목과 시선을 모으는 현장이었다. 천명을 받은 공간과 시간의 중심에 놓여야 할 조선의 국왕이 현현해 있는 서울에서 이러한 환경은 바람직하지도, 유교적이지도 않았다. 조선의 국왕은 시간과 공간의 중심이어야 했다. 국왕이 위치한 곳이 궁宮이었다. 그러한 궁이 물리적으로 경복궁, 창덕궁 등으로 건조된 곳이 서울이었다. 모든 움직임의 중심은 국왕이어야 했다. 의례는 모든 움직임을 상징하는 매개 수단이었다. 움직임은 신나고, 만족스러운 이벤트가 되어야 했고, 신나는 삶을 제공하는 근거와 실체는 국왕이어야 했다.

국가 의례를 유교적으로 진행한다는 것은 단순히 유교 이념을 실천하는 이상의 행위이며 상징이었다. 명실상부하게 불교적 환경은 유교적으로 대체되어야 했다. 불교의 다양한 행사에서, 참석한 대중은 단순히 종교적 바람만 충족된 것이 아니었다. 그 현장은 오락이며, 축제이며, 배고픔을 해결하고, 애환을 나누는 그런 곳이었다. 주체가 국왕이며, 정부 기관일 때, 통치의 정당성과 유의미함은 따로 설명하지 않아도 자연스럽게 구현되었다. 조선의 유교 의례가 바로 이러한 기능을 대행해야 하였다. 조선의 국가의례를 유교적으로 만들어간다는 것은 한편으로 유교적 이념을 구현해가야 하는 과정이었지만, 다른 한편으로 불교적 문화 환경과 이를 통해 구현되었던 정서적 제반 요소를 대체할 수 있는가 하는 숙제를 해결하는 과정이기도 하였다.

유교 국가 행사가 하나하나 정비되었고, 작업이 마무리되면 개정된 방식으로 진행되었다. 새롭게 개정된 의식에 대해, 기록은 끊임없이 선언하였다. 찬연하였다. 볼만하였다. 자랑스러웠다. 이러한 선언을 넘어서서, 일반의 참석자들이 진심으로 이에 참여하면서 또는 이를 통해서 삶의 전환과 오락으로서의 향유와 문화적 만족감을 획득하였는가는 다른 문제였다. 어떻든 시간이 축적되고, 유교 행사가 만들어지고, 조선에서 창안된 음악이 더해지면서, 서울의 구석구석은 유교 행사와 음악으로 메워졌다. 조금씩 이러한 대체물은 불교적, 무가적, 도가적인 기존의 향유물을 밀어냈다. 가끔은 정부의 물리력에 힘을 빌리기도 하였지만, 점차 유교적 사회 문화 환경은 강화되었다. 해가 바뀌어 한 살 더 먹는 것도, 비를 희망하는 것도, 추수를 기뻐하는 것도, 이제는 유교적으로 기념되었다. 부모를 보내고, 떠난 부모를 기억하는 온갖 장치가 유교적으로 만들어진 것은 이러한 노력의 부산물이었다.

제 2 장

조선 초 의례 음악의 제정과 한양에서의 음악 연행

임영선 (한국학중앙연구원 전통한국연구소 학술연구교수)

1. 머리말

유교에서 예악禮樂은 천지의 운행과 같은 원리를 지닌 것으로 사유되었다. 《악기樂記》에 따르면 예禮는 하늘과 땅이 높낮이가 달라 구분되듯 만물을 구별하는 원리로 행해지고, 악樂은 음과 양이 만나 어우러지며 만물을 화생하는 원리로 흥기된다.[1] 예로써 질서를, 악으로써 조화를 이룰 수 있기에 예악을 제작[制禮作樂]하여 문화로써 국가를 운영하는 것이 유가적 이상이었다.[2] 아악雅樂은 이러한 유가 사상을 바탕으로 하는 음악 갈래로, 표현 기법을 구사하여 아름다움을 구현하는 것보다 규범에 맞게 연주하여 통치 수단으로서 기능하는 것이 중시되었다. 반면에 향악鄕樂과 당악唐樂은 사람들에 의해 향유되는 과정에서 악곡이 생성되거나 소멸되고 또 파생되면서 형성된 갈래라고 할 수 있다. 대개 아악은 자연을 노래하면서도 군신 간의 질서나 주빈 간의 신의 등 사회적 가치를 중요한 의미로 내포하고 있지만, 향악은 삶에 대한 소회나 남녀 간의 사랑을 진솔하게 담고 있다.

조선이 종묘사직을 고제古制에 맞게 운영할 것을 천명하며 유교 국가로 세워진 이상,[3] 여러 의례에서 연주될 음악 역시 고제에 맞게 갖출 필요가 있었다. 음악의 정음正淫과 국가의 흥망興亡이 밀접한 상관관계를 가진다고 여겨졌기 때문에, 망국인 고려로부터 전래한 향·당악을 그대로 사용하는

1 《악기》〈악례〉, "夫禮樂之極乎天而蟠乎地 行乎陰陽而通乎鬼神 窮高極遠而測深厚 樂著太始 而禮居成物"; "天高地下 萬物散殊 而禮制行矣"; "流而不息 合同而化 而樂興焉"; "天尊地卑 君臣定矣 卑高已陳 貴賤位矣 (중략) 則禮者天地之別也"; "地氣上齊 天氣下降 陰陽相摩 天地相蕩 (중략) 則樂者天地之和也"

2 《악기》〈악례〉, "王者功成作樂 治定制禮";《악기》〈악론〉, "樂至則無怨 禮至則不爭 揖讓而治天下者 禮樂之謂也 暴民不作 諸侯賓服 兵革不試 五刑不用 百姓無患 天子不怒 如此則樂達矣 合父子之親 明長幼之序 以敬四海之內 天子如此 則禮行矣"

3 《태조실록》 권1, 태조 1년 7월 28일(정미).

것은 불가했다.[4] 새 나라에 맞는 새 음악이 필요했는데, 이를 마련하기 위한 작업은 세종대부터 본격적으로 진행된다. 고제에 맞는 아악을 연구하여 악기와 악보를 만들었고 제례祭禮, 조의朝儀, 연향宴享 등 대부분의 의례에서 아악을 연주하였다. 그러던 중, 다시 향·당악을 바탕으로 신악新樂을 만들었다.

유교 국가 조선에서 아악으로 의례 음악을 구비하려고 노력한 것은 당연한 일로 보인다. 그런데 왜 세종은 당시 망국지음亡國之音으로 여겨지던 향·당악[5]을 가지고 다시 음악을 만들었을까? 이에 대한 답에 접근하기 위해서는 음악이라는 예술의 특징을 이해할 필요가 있다. 음악에 대한 감수성이나 취향은 오랜 시간에 걸쳐 만들어진다. 특히 전통사회에서 음악은 향촌이나 신분 집단 등 공동체에서 경험하게 되고, 이 같은 음악 체험은 농경 활동이나 생애 주기에 따른 의례를 반복적으로 접하면서 쌓이게 된다. 뿐만 아니라 이 시기 음악은 일상에서 사용하는 말을 기본 소재로 사용하는 예술이었다. 따라서 당대인들의 음악적 감수성은 오랜 시간 동안 누적된 음악 체험과 일상의 언어를 바탕으로 형성되었다고 할 수 있다. 이러한 음악의 예술적 특징을 염두에 두고, 아악과 향·당악을 둘러싼 조선 초 음악 정비의 과정을 살펴볼 필요가 있다.

이 글에서는 유교 국가로 세워진 조선에서 유교 사상을 바탕에 둔 음악인 아악과 당대인에게 익숙한 향·당악으로 새 나라의 음악을 만들어 가는 과정을 살펴보고, 조선의 수도 한양에서의 음악 연행에 관해 살펴보려고 한다. 이를 위해 먼저 아악과 향·당악의 특징을 살펴 각 갈래의 개념과 특

4 《태종실록》 권3, 태종 2년 6월 5일(정사).

5 《태종실록》 권3, 태종 2년 6월 5일(정사); 권17, 태종 9년 4월 7일(기묘); 《세종실록》 권3, 세종 1년 1월 1일(병오); 《성종실록》 권219, 성종 19년 8월 13일(갑신); 권236, 성종 21년 1월 17일(경오).

성을 분명히 하고, 세종대에 아악이 정비되고 신악이 창제되는 과정을 검토할 것이다. 다음으로 성종대에 의례별로 정립된 음악 내용을 살펴보고, 마지막으로 성종대에 음악이 연행된 한양의 공간을 살펴보고자 한다. 이를 통해 조선 초 당대인들이 오랫동안 즐겨온 음악 갈래를 유교의 맥락에서 재창조하여 의례 음악을 제정하는 과정과 그 역사적 의의를 고찰하는 것에 이 글의 목적이 있다.

2. 아악 정비에서 신악 창제로

1) 조선 예악 정비에 사용된 음악 갈래, 아악과 향·당악

(1) 유교 사상과 제도를 따르는 아악

아악은 개념적으로 유교 경전에 사상적 바탕을 두어 그 원리에 따른 연주 제도와 예술적 특징을 갖춘 음악이라고 정리할 수 있다.[6] 《주례》·《예기》·《사기》 등 고대 유교 서적에는 음악의 기본 재료인 5성五聲과 12율十二律에 관한 내용이 기록되어 있다.[7] 5성이란 궁宮·상商·각角·치徵·우羽를 말하는데, 이 5개 중에서 궁의 음고가 가장 낮고 우가 가장 높다. 여기에 변치變徵와 변궁變宮, 2개의 반음이 추가되면 7성이 된다. 그리고 12율은 한 옥타브 안에 있는 12개의 음, 황종黃鍾·대려大呂·태주太族·협종夾鍾·고선姑洗·중려仲呂·유빈蕤賓·임종林鍾·이칙夷則·남려南呂·무역無射·응종應鍾을 지칭하는데, 12개의 음 중 황종이 가장 낮고 응종이 가장 높다. 5성 12율의 개념은 고대부터 있었

6 이 같은 아악의 개념 정리에 관해서는 임영선, 〈조선 초기 회례 용악 연구〉, 한국학중앙연구원 한국학대학원 박사학위논문, 2020, 57쪽 참조.

7 《주례》 〈춘관종백〉; 《예기》; 《관자》; 《사기》 〈악서〉.

으나 송대宋代에 이르러 관련 이론이 활발히 논의되었는데, 이 시기 채원정蔡元定은 《율려신서律呂新書》에서 5성은 계명이자 선법이고 12율은 음명이자 중심음이며, 변치·변궁을 제외한 5성과 12율이 총 60개의 악조를 이룬다는 60조 이론을 정립하였다.[8]

5성과 12율은 음악 이론뿐 아니라 더 큰 맥락에서 사유되기도 했다. 5성은 음악 재료 이상으로 토금목화수土金木火水, 인의예지신人義禮知信, 군신민사물君臣民事物 등 여러 개념과 상관되어 논의되었다.[9] 12율에도 음양陰陽의 성격이 부여되어 양에 속한 6율六律과 음에 속한 6려六呂로 나뉘게 된다. 또한 12율이 12간지 및 24절기와 연관되면서, 각 시기에 맞는 율을 사용해서 자연의 순행을 이루어야 한다고 논의되기도 하였다.[10] 송대에는 4청성[潢·汏·汰·浹]이라고 하는 높은 음의 사용 당위가 5성과 군신민사물이라는 질서 체계가 대응되며 주장된 바도 있다.[11] 이렇게 음악 재료와 추상적인 가치 체계가 상관되며 논의되었기에, 음악을 올바르게 연주하는 것이 곧 자연 질

8 《율려신서》〈六十調圖第九〉. 《율려신서》의 60調에 관해서는 남상숙, 〈《律呂新書》의 60調와 6變律 연구〉, 《韓國音樂史學報》 40, 2008을 참조.

9 《사기》〈악서〉, "宮爲君 商爲臣 角爲民 徵爲事 羽爲物 五者不亂 則無怗懘之音矣 宮亂則荒 其君驕 商亂則搥 其臣壞 角亂則憂 其民怨 徵亂則哀 其事勤 羽亂則危 其財匱"; 《한서》〈율력지〉, "聲者, 宮商角徵羽也 (중략) 協之五行 則角爲木 五常爲仁 五事爲貌 商爲金爲義爲言 徵爲火爲禮爲視 羽爲水爲智爲聽 宮爲土爲信爲思 以君臣民事物言之 則宮爲君 商爲臣 角爲民 徵爲事 羽爲物 唱和有象 故言君臣位事之體也"

10 《예기》〈월령〉.

11 《율려신서》〈律呂本原·六十調圖第九〉, "樂家大率最忌 臣民陵君 故商聲不得過宮聲"; "若以黃鐘爲宮 則餘律皆順 若以其他律爲宮 便有相陵處 今且以黃鐘言之 自第九宮 後四宮則或爲角 或爲羽 或爲商 或爲徵 若以爲角 則是民陵其君 若以爲商 則是臣陵其君 徵爲事羽爲物 皆可類推 故製黃鐘四淸聲用之 淸聲短其律之半 是黃鐘淸 長四寸半也 若後四宮用黃鐘 爲角徵商羽 則以四淸聲代之 不可用黃鐘本律 以避陵優 沈存中云 唯君臣民 不可相陵 事物則不必避"

서와 사회 질서의 확립으로 이어진다고 여겨졌다.[12] 이로 보면, 아악은 유가의 우주관 및 가치관을 포괄하는 거대한 세계관 하에 사유되고 연주되었다고 할 수 있다.

아악의 음악 양식을 살펴보면 상당히 절제된 특징을 가지고 있다. 노랫말은 보통 4언 8구로 되어 있고, 음역은 한 옥타브 조금 넘는 범위로 제한되어 있다. 모든 음이 똑같은 길이를 가지며 가사 한 글자에 하나의 음이 붙는 1자 1음식이므로 단조롭고 규칙적인 느낌을 준다.[13] 이러한 양식의 특성상, 아악은 박자를 표기하는 유량악보有量樂譜에 기보될 필요가 없어 〈그림 1〉과 같이 율명만 표기하는 율자보律字譜에 기보된다. 아악의 절제된 음악 양식 역시 유가 사상을 바탕으로 하는데, 《악기》에서 음악이란 '족히 즐길 만하지만 방종하지 않으며, 사

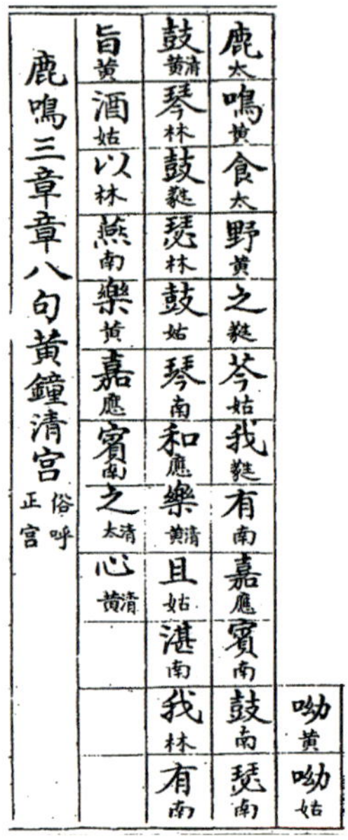

〈그림 1〉《의례경전통해》 소재의 '풍아십이시보' 중 〈녹명〉 제3장 악보

12 이러한 인식은 우주감응이론(cosmic resonance theory) 혹은 천인감응 사유라 불리는 유가의 자연 인식을 바탕으로 한다. 피터 볼은 이를 우주감응이론이라고 지칭하였는데, 그에 따르면 유가에서는 모든 사물은 각자를 구성하는 氣의 질 때문에 특정한 범주에 속하게 되고 같은 범주의 사물들은 서로 감응한다고 여겼다(Peter K.Bol 저·김영민 역, 《역사 속의 성리학》, 예문서원, 2010, 200쪽). 김일권은 이를 천인감응 사유라고 지칭하였는데, 유가에서는 천지가 하나의 통일된 원리로 운용되며 음양 사시 오향이 천도와 인도의 同類 상응의 매개가 되는 것으로 인식하였다는 점을 논한 바 있다(김일권, 《동양 천문사상 하늘의 역사》, 예문서원, 2007).

13 노래에서 가사를 붙일 때, 한 음절에 한 음을 붙이는 방식을 一字一音式 혹은 실라빅 스타일(syllabic style)이라고 한다. 이와 달리 한 음절에 여러 음을 붙이는 방식을 一字多音式 혹은 멜리스마틱 스타일(melismatic style)이라 한다(Donald J.Grout 외 저·민은기 외 역, 《그라우트의 서양음악사》, 이앤비플러스, 2007, 78~79쪽)

람의 선심을 감동시키지만 방심과 사기는 근접하면 안 된다'고 하였다.[14] 또한 '실을 붉게 물들이고 악기 구멍을 크게 만든다'[15]고 하였는데, 이는 소리의 밀도를 조절하여 들었을 때 자극적이지 않게 만든다는 뜻이다. 이렇게 소리의 꾸밈을 절제하여 '조미하지 않은 대갱大羹과 같은'[16] 특징을 지니는 것이 아악이 갖춰야 할 당위적 예술성이라 할 수 있다.

이러한 예술적 특징 때문에 아악이 음악으로서 큰 의미를 갖지 못한다고 생각할 수도 있다. 그러나 일상적으로 향유하는 음악과 전연 다르다는 점에서 의례 음악으로서 아악이 지니는 미적 요소를 발견할 수 있다. 즉, 일상의 감성이 아닌 사회적 가치를 언명하는 가사를 대규모 악대가 연주하는 절제된 선율에 맞추어 엄숙하게 부른다는 점에서 아악의 예술적 가치가 있다.[17] 그뿐만 아니라 아악의 사상적 바탕을 염두에 두면, 아악을 연주한다는 것은 음악 연주 이상으로 우주 만물과 소통하고 그 조화를 꾀하는 행위라는 의미를 갖는다.

한반도에 아악이 처음 들어온 때는 고려 예종대이다. 1116년예종 11에 북송北宋의 대성아악大晟雅樂이 고려에 들어왔는데, 이때 편종編鍾·편경編磬·금琴·슬瑟·축柷·어敔·생笙·소簫·훈壎 등 여러 종의 악기가 200개 넘게 대규모로 전

14 《악기》〈악화〉, "先王恥其亂 故制雅頌之聲以道之 使其聲足樂而不流 使其文足論而不息 使其曲直繁瘠廉肉節奏 足以感動人之善心而已矣 不使放心邪氣得接焉 是先王立樂之方也"

15 《악기》〈악본〉, "淸廟之瑟 朱弦而疏越"

16 《악기》〈악본〉, "是故樂之隆 非極音也 食饗之禮 非致味也 淸廟之瑟 朱弦而疏越 壹倡而三歎 有遺音者矣 大饗之禮 尙玄酒而俎腥魚 大羹不和 有遺味者矣 是故先王之制禮樂也 非以極口腹耳目之欲也 將以教民平好惡而反人道之正也"

17 일반적으로 아름답고 보기좋은 대상뿐 아니라 장엄하고 웅장한 대상 역시 미적 정취를 불러일으킨다. 1431년(세종 13)에 조하에서 처음 아악을 사용하였는데 이 때의 일을 실록에서는 '찬연하여 볼만했다[粲然可觀]'라고 기록되어있다(《세종실록》 권51, 세종 13년 1월 1일(병인)). 이러한 평가 또한 아악이 가진 장엄하고 엄숙한 특유의 미학에 대한 감상으로 생각된다.

해졌다.[18] 이 악기들을 사용하여 태묘太廟와 적전籍田, 체禘 등 제례에 아악을 연주하였으나[19] 100년이 채 지나기 전에 향악기가 아악 악대에 섞여 사용되고 일부 아악기는 산실되는 등 아악 제도가 흐트러지게 된다.[20] 공민왕대에 다시 아악을 갖추어 태묘제례에 사용하였는데, 이때 명나라에서 새로 들어온 아악기[21]와 신진사대부 정도전鄭道傳이 만든 아악기를 사용하여 제례를 지냈다.[22] 공양왕대에는 아악을 전문적으로 관리하는 아악서雅樂署와 악학樂學을 설립하는 등 의례에 사용할 아악에 관한 관심과 노력이 지속되었다. 신진사대부가 주축이 되어 성리학을 위시로 나라를 개국하면서 아악을 갖추려는 노력은 조선 건국 후로 이어지게 된다.[23]

(2) 향유를 바탕으로 형성되고 연행된 향악과 당악

조선 초 향악과 당악은 대부분 고려에서 전래한 것으로, 향악과 당악을 묶어 '속악俗樂'이라고 지칭하며 아악에 상대되는 개념으로 사용되었다. 먼저, 향악은 한반도에서 오랜 기간 자생적으로 형성되고 연행된 음악을 지

18 대성아악에 관해서는 송혜진, 〈고려시대 아악의 변천과 지속〉, 《韓國雅樂史硏究》, 민속원, 2000 참조.

19 《고려사》 권70, 지24 악1 軒架樂獨奏節度.

20 《고려사》 권70, 지24 악1 軒架樂獨奏節度.

21 《고려사》 권42, 세가42 공민왕 19년 5월; 《고려사》 권70, 지24 樂1.

22 정도전의 졸기와 여러 문헌에 따르면 1371년 정도전이 태상박사를 지내고 있을 때 그림을 상고하여 악기를 제작하여 종묘 친제에 사용하였다고 기록되어 있다(《태조실록》 권14, 태조 7년 8월 26일(기사); 《삼봉집》 권8 事實; 《고려사》 권119, 열전32 정도전).

23 정도전은 조선 개국 후에도 종묘제례에 아악을 구비하는 데에 역할을 하였으며 그의 저작인 《조선경국전》에서도 음악을 통한 국가 운영과 백성 교화에 뜻을 두고 있음을 확인할 수 있다(《태조실록》 권8, 태조 4년 10월 5일(을미); 《삼봉집》 권14, 〈조선경국전〉 예전).

칭한다. 향악에 관한 기록은 《삼국사기》 잡지의 '악' 조목에서 찾아볼 수 있다.[24] 통일신라 시기에 오래전부터 우리말로 부르는 노래를 외부에서 유입된 범성梵聲이나 한시漢詩와 구별하기 위해 향가鄕歌라고 부르기 시작한 것처럼,[25] 오래전부터 향유해온 음악을 당나라에서 유입된 당악과 구분하기 위해 향악이라 지칭한 것으로 이해할 수 있다. 이 시기 향악은 삼현삼죽三絃三竹(거문고·가야금·비파·대금·중금·소금)이라고 하는 일정한 악기 구성을 갖추게 된다.[26]

삼국시대나 고려 시대의 악보가 현재 전하지 않기 때문에, 이 시기 향악의 실제 모습에 관해서는 분명히 알 수 없다. 다만, 고려에서 전래한 〈청산별곡靑山別曲〉·〈서경별곡西京別曲〉·〈풍입송風入松〉 등 몇 가지 향악이 조선시대에 편찬된 악보에 전하기 때문에, 이를 통해 고려에서 조선으로 전래한 향악의 특징을 살펴볼 수 있다.

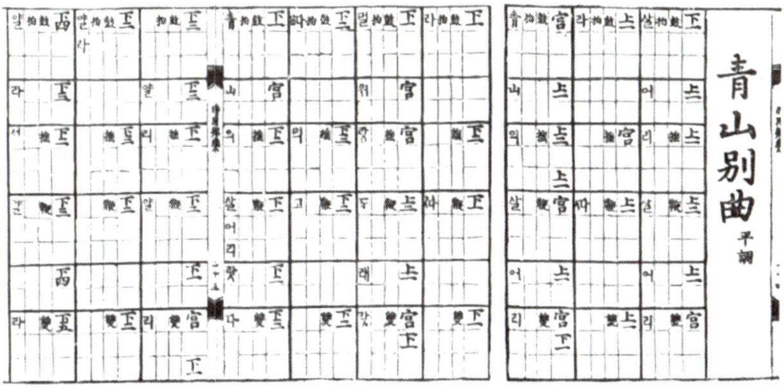

〈그림 2〉 《시용향악보》 소재의 〈청산별곡〉

24 《삼국사기》 권32, 잡지1 樂.

25 조동일, 《(제4판)한국문학통사》, 지식산업사, 2017, 149~153쪽.

26 《삼국사기》 권32, 잡지1 樂.

〈그림 2〉는 《시용향악보時用鄕樂譜》에 수록된 〈청산별곡〉 악보이다. 악보를 보면 여러 가로줄과 세로줄이 있는데 이 줄들로 구획된 작은 칸이 정간井間이며 정간에는 작은 박 단위가 기보된다. 그리고 3정간·2정간·3정간마다 있는 굵은 줄로 구획된 부분이 대강大綱이며 대강에는 정간보다 한 층위 높은 박 단위가 기보된다. 이렇게 정간과 대강 체계로 된 정간보井間譜는 음의 길고 짧음을 나타낼 수 있는 유량악보로, 이 악보에 기보된 〈청산별곡〉은 길고 짧음, 즉 장단長短이 있는 음악이다. 장단이 있다는 점은 향악의 중요한 특징으로, 모든 음을 똑같은 길이로 부르는 아악과 분명히 구분된다. 이외에도 향악의 특징은 가사가 4언의 한문이 아닌 국문 또는 현토체로 되어 있다는 점과 한 옥타브 반 정도에 걸친 음들이 사용되어 아악보다 음역이 넓다는 점에 있다. 그리고 가사 한 자에 한 음이 불리는 것이 아니라, 가사 한 자에도 여러 음이 불려 높낮이가 바뀌면서 선율이 다채롭게 진행된다는 점 또한 아악과 구분되는 향악의 특징이라고 할 수 있다.

다음으로 당악唐樂은 통일신라 이래 당나라와 송나라로부터 유입된 음악 중 아악이 아닌 당송唐宋의 속악俗樂을 지칭한다.[27] 당악 또한 향악과 마찬가지로 사상보다는 향유를 바탕으로 형성되고 연행되어 온 갈래로, 매 음의 길이가 같은 아악과 달리 길고 짧음을 달리하며 리듬을 형성한다. 향악과의 두드러진 차이는 음계에서 나는데, 향악은 5개 음만 사용하는 5음 음계인 반면 당악은 6~7개 음을 사용한다. 고려 시대에 당악의 쓰임새는 〈포구락抛毬樂〉·〈연화대蓮花臺〉 등 당악정재唐樂呈才의 반주와 왕의 출입이나 거동에 연주되는 고취악鼓吹樂에 있었다.[28]

27 이런 의미에서 세종대 아악 정비를 주도적으로 이끌었던 朴堧은 당악을 '華樂俗部'로 명명할 것을 제안한 바 있다(《세종실록》 권47, 세종 12년 2월 19일(경인)).

28 이혜구, 〈笙歌寥亮과 鼓吹樂〉, 《韓國音樂硏究》, 국민음악연구회, 1957; 이혜구, 〈音樂〉, 《한국사》 11, 국사편찬위원회, 1977, 318~365쪽).

당악은 아악과 마찬가지로 외래에서 유입된 음악이지만, 고려인들이 몇 차례에 걸쳐 송나라 악공을 청하여 당악을 배웠다는 기록[29]이나 예종이 당악 양식에 맞춰 직접 곡을 지었다는 기록[30]을 볼 때 고려에서 당악이 상당히 성행했던 것으로 보인다.[31] 조선 초에 이르면 당악은 낯선 외래 음악이라기보다 한반도에서 500년 이상 연행되어 조선인들의 귀에 익은 음악이었다. 조선 초에 당악은 자연스럽게 향악과 융합되기 시작하였는데, 세종대 무렵에는 당악기가 향악을 연주하였고 향악곡에 당악의 특징이 추가되거나 향악기와 당악기의 합주로 음악이 연주되기도 하였다.[32]

2) 아악 정비와 신악 창제

조선이 건국된 후에 향·당악은 전조前朝의 쇠락한 음악으로 여겨지면서 일부 의례에 제한적으로 사용되었다.[33] 반면에 아악은 조선이 건국되고 종묘가 건립된 후 바로 종묘제례에 사용되었고, 이어서 사직과 문묘 등 여러

29 《선화봉사고려도경》 권40, 同文 樂律.

30 《고려사》 권14, 세가14 예종 11년 4월 경오.

31 당악 수용에 관해서는 다음을 참조. 신대철, 〈高麗의 당악과 아악의 受容〉, 《국악원논문집》 11, 1999; 조규익, 〈여말선초 악장의 중세적 관습 및 변이 양상〉, 《우리文學硏究》 44, 2014, 329쪽.

32 조선 초 당악과 향악이 융합되는 양상에 관해서는 다음의 연구를 참조. 이혜구, 〈經國大典 取才項目 中의 唐樂과 鄕樂〉, 《韓國音樂硏究》 21, 1993; 장사훈, 《增補 韓國音樂史》, 세광음악출판사, 1986, 332~337쪽; 송방송, 〈鮮初 唐樂의 音樂史學的 檢討〉, 《李惠求博士九旬紀念音樂學論叢》, 李惠求學術賞運營委員會, 1998, 193~217쪽; 임영선, 〈조선 초 향당교주의 중심음에 관한 연구-《악학궤범》의 향·당악기 산형과 연주 악곡을 중심으로-〉, 《국악원논문집》 44, 2021.

33 태종대에 고려 전래의 향·당악을 부정적으로 인식하면서 그 음악의 선율만을 차용하고 가사는 《시경》의 시구로 대체하는 등 제한적으로 사용한 점에 관해서는 임영선, 앞의 글, 2020, 60~72쪽 참조.

제례에서 연주되었다.[34] 그러나 이 시기에는 아직 아악의 제도와 악기가 제대로 갖추어지지 않은 상황이었는데, 편경은 대부분 흙으로 구워 만든 와경瓦磬이었고 여전히 아악 연주에 향악기를 섞어 사용하고 있었다.[35] 1425년세종 7 무렵부터 아악 정비가 본격화되었는데 율관律管을 제작하여 석경石磬을 만들고,[36] 악기도감樂器都監을 설치하여 생笙·소簫·약籥·훈壎·지篪 등 아악기를 만들었으며,[37] 주종소鑄鐘所를 세워 편종을 만들어[38] 유교 경전에 기록된 악제樂制에 맞게 등가登歌와 헌가軒架를 구비하였다.

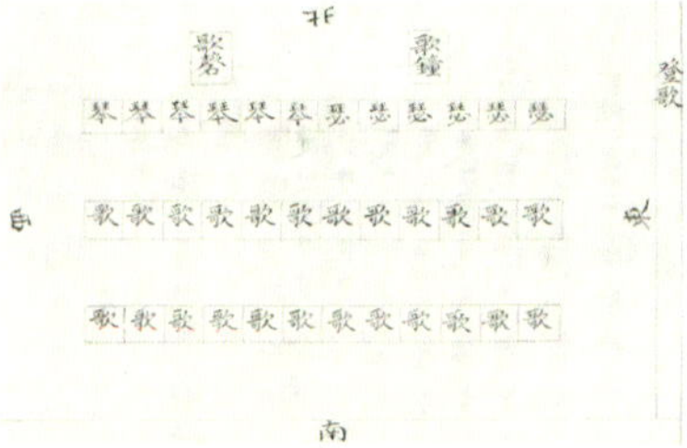

〈그림 3〉《세종》〈오례〉 종묘 등가

〈그림 4〉《세종》〈오례〉 종묘 헌가

의례에서의 음악 사용에 관한 연구도 진행되면서, 의례의 어떤 절차에 음악을 사용해야 하는지, 또 그 음악을 어떤 악조로, 어떤 악대가 연주해야 하는지에 관한 논의가 이어졌다.[39] 이 과정을 거치며 신분 질서에 맞게 음악을 사용하는 유교적 음악 사용의 원리에 따라 조하에서 왕의 입·퇴장

34 《태조실록》 권8, 태조 4년 10월 5일(을미); 11월 16일(병자).

35 《세종실록》 권29, 세종 7년 8월 26일(임진); 권38, 세종 9년 12월 21일(갑술).

36 《세종실록》 권36, 세종 9년 5월 15일(임인).

37 《세종실록》 권26, 세종 6년 11월 18일(기축).

38 《세종실록》 권43, 세종 11년 2월 8일(갑신).

39 《세종실록》 권27, 세종 12년 2월 19일(경인); 권49, 세종 12년 9월 21일(기미).

에는 음악을 사용하지만 신하들의 입·퇴장에는 음악을 사용하지 않기로 정했고 대신에 신하들의 배례拜禮에 음악을 사용하기로 정했다.[40] 또한 왕이 입장할 때는 12율 중 근본이 되는 황종궁黃鍾宮으로, 신하들의 배례에는 고선궁姑洗宮으로 음악을 연주하기로 하였다.[41] 그리고 자연 질서에 맞게 음악을 연주하고자 11월 동지 회례에는 황종을 중심음으로 사용하고 1월 정월 회례에는 태주를 중심음으로 사용하기로 하였다.[42] 이러한 논의 과정을 거쳐 유교적 음악 사용 원리에 따른 연주 절차와 내용이 담긴 의주儀註가 작성되었다.[43]

〈아악보〉도 편찬되었다.[44] 이 악보에는 원나라의 《대성악보大成樂譜》와 송나라의 《의례경전통해儀禮經傳通解》 소재 〈풍아십이시보風雅十二詩譜〉를 저본으로 하되 《율려신서》의 이론을 바탕으로 수정한 음악이 담겨있다.[45]

〈그림 5〉《악학궤범》 권2 '세종조수월용율' 〈휴안지악〉

40 《세종실록》 권50, 세종 12년 10월 4일(신미); 12월 2일(무진).

41 《세종실록》 권50, 세종 12년 12월 2일(무진).

42 《세종실록》 권50, 세종 12년 10월 4일(신미).

43 《세종실록》 권50, 세종 12년 윤12월 23일(기미); 권54, 세종 13년 10월 3일 (갑오).

44 〈아악보〉가 완성되었다는 기사와 정인지가 지은 아악보 서문은 《세종실록》 권58, 세종 12년 윤12월 1일(정유)에서 확인할 수 있으며 〈아악보〉는 《세종실록》 권136과 권137에 실려 있다.

45 세종대 조회의 아악에 관해서는 정화순, 《조선 세종대 조회아악 연구》, 민속원, 2006 참조.

〈그림 5〉는 세종대에 마련된 회례 아악 중 하나인 〈휴안지악休安之樂〉의 악보이다.[46] 이를 보면 앞서 설명한 아악의 규범에 부합한다는 점을 확인할 수 있다. 모든 박의 길이가 같고 가사가 4언으로 되어 있으며 가사 한 자당 음이 하나씩 붙는다. 그리고 한 곡 내의 음역이 한 옥타브를 넘지 않는데, 이는 원곡에 있던 청성淸聲이라고 하는 높은 음을 한 옥타브 낮게 수정한 결과로 당시 조선인들이 이해한 아악 규범을 따른 것이다.[47] 이렇게 세종대에는 철저히 정통을 고수하는 방식으로 아악을 구현해 나갔으며, 1431년에는 제례에 이어 조하에 아악을 사용하기 시작했고 1433년에는 회례에도 아악을 사용하였다.[48]

아악을 정비해가며 향악과 당악은 상대적으로 중요도가 낮은 의례에서 연주되었고 반면에 국가적으로 중요도가 높은 의례에서는 아악이 연주되어, 아악과 속악이 차등적으로 사용되었다.[49] 그리고 이 과정에서 향·당악의 사용이 점차 줄어들었는데, 그러한 와중에도 문소전文昭殿 제례와 회례會禮에는 향·당악을 지속해서 사용하였다. 문소전은 원묘原廟로, 선왕의 신주를 종묘에 모신 후에도 살아생전처럼 가까이에서 모시고자 궁 안에 세운 사당이다. 모시는 대상은 같으나 종묘가 국가 차원에서 운영되는 사당이라

46 〈그림 5〉는 《악학궤범》 권2 '세종조수월용율'의 〈휴안지악〉을 오선보로 역보한 것인데, 12율을 다음과 같이 대응하여 역보하였다.

47 정화순, 《조선 세종대 조회아악 연구》, 민속원, 2006, 97~99쪽 및 임영선, 앞의 글, 2020, 83~87쪽 참조.

48 《세종실록》 권51, 세종 13년 1월 1일(병인); 《세종실록》 권59, 세종 15년 1월 1일(을묘).

49 임미선, 《조선조 궁중의례와 음악의 사적 전개》, 민속원, 2011, 31~63쪽.

면 원묘는 왕실 차원의 사당이라고 할 수 있는데,[50] 종묘에는 아악을 사용하고 문소전에는 속악을 사용했다.[51] 회례는 군신 간의 상화相和와 통정通情을 위해 행해지는 군신연이다.[52] 왕이 전殿 위 어좌에 앉고 신하들은 뜰에서 배례하여 군신 간의 엄중한 위계질서를 구현하는 다른 조정의례와 달리, 회례는 왕에게 배례하고 술을 올린 후 왕과 문무백관이 자리에 앉아 함께 정재를 감상하며 술과 음식을 먹는 잔치 성격의 의례이다. 같은 시기 망궐례望闕禮나 조하朝賀 등 여러 조정의례에 아악을 사용한 반면, 회례에는 아악과 속악을 함께 사용하였다.

다른 의례와 달리 문소전 제례와 회례에 속악을 사용한 의도에 관한 명확한 기록은 없다. 다만 당시 의례 음악을 제정해 가면서 있었던 여러 고민의 지점들과 실행 결과를 실록을 통해 확인할 수 있다. 먼저 문소전에 관해서는, 1425년세종 7에 세종이 우리나라는 본디 향악에 익숙한데 종묘에서 당악을 연주하다가 삼헌에 이르러서야 향악을 연주하니 조상 어른들이 평시에 듣던 음악을 쓰는 것이 어떠할까'라고 문제를 제기했다.[53] 그리고 두 해 뒤에 예조가 문소전에는 당악만 사용하고 종묘에는 향악을 섞어 연주하여 서로 어긋나있다는 점을 건의하였으며, 결국 문소전에는 향악을 추가로 사용하고 종묘에는 향악 없이 아악만 사용하는 것으로 개정하였다.[54]

50 문소전에 관해서는 한형주, 〈조선전기 文昭殿의 성립과 그 운영〉, 《역사민속학》 24, 2007 참조.

51 《세종실록》 권38, 세종 9년 12월 21일(갑술).

52 회례의 의례 성격과 절차 및 구조에 관해서는 강제훈, 〈조선 초 正至會禮 의식의 정비와 운용〉, 《한국사학보》 34, 2009 참조.

53 《세종실록》 권30, 세종 7년 10월 15일(경진).

54 《세종실록》 권38, 세종 9년 12월 21일(갑술).

회례 음악을 만드는 과정에서도 여러 고민이 있었는데, 세종은 "우리나라 사람들이 살아서는 향악을 듣고 죽은 뒤에는 아악을 연주하니, 과연 어떠한가 (중략) 중국에서도 아악과 향악을 섞어 사용했다"[55]라며 의문을 제기하였다. 또한 "중국의 음악을 쓰고자 향악을 다 버리는 것은 단연코 불가하다",[56] "아악을 조의朝儀에만 사용하려 했을 뿐 회례에는 아악을 쓰지 않으려 하였다"[57]라는 고민 끝에 회례에는 아악과 속악을 함께 연주하는 것으로 방침을 정하였다. 이러한 발언과 실행으로 보건대, 세종은 조선인들의 생애 가운데 오랜 시간에 걸쳐 쌓이는 음악 경험의 의미에 대해 이해하고 있었으며, 그 음악 경험이 중국인의 것과 다르다는 점과 그것이 생과 사에 걸쳐 시행되는 의례에서 중요한 고려 요소라는 인식이 있었던 것으로 보인다. 이로 보면, 살아계실 때와 같이 모신다는 의미의 원묘 제례와 통정의 뜻으로 함께 어울리는 회례만큼은 조선인들에게 익숙한 음악을 사용하고자 하였던 것으로 이해할 수 있다.

당시 마련된 아악에 대해서 세종은 크게 만족하지 않았던 것으로 보인다. 아악 반주에 연행되는 일무佾舞를 두고 "음악은 사람의 마음을 흥기시키기 위한 것인데 문무文舞와 무무武舞는 사람의 귀와 눈을 기르는 뜻이 없는 것 같다"라고 한 바 있고,[58] 당시 마련된 아악에 대해 "음악적 결함이 있다"[59]라며 회의를 드러내기도 했다. 이러한 발언은 음악의 본질적 기능 즉, 사람의 마음에 일어나는 작용에 관해 중요하게 언급한 것이며 의례에서 연

55 《세종실록》 권49, 세종 12년 9월 11일(기유).

56 《세종실록》 권53, 세종 13년 8월 2일(갑오).

57 《세종실록》 권55, 세종 14년 3월 28일(정해).

58 《세종실록》 권56, 세종 14년 4월 25일(계축).

59 《세종실록》 권55, 세종 14년 3월 28일(정해).

주될 음악의 심미적 예술성에 관한 지적으로 이해할 수 있다.[60]

세종은 중국과 다른 조선의 기후 조건이나 성음聲音 때문에 유가 경전에 제시된 대로 율관을 제작하여 음악을 만들기 어렵다는 인식도 드러냈다.[61] 이 무렵에 음악뿐 아니라 농법, 의학, 역법 등 여러 분야에서 중국과 조선이 다르다는 자각이 있었다.[62] 그러다가 세종 재위 말년 1443년세종 25에 훈민정음이 창제되었고[63] 1445년에 〈용비어천가〉가,[64] 그리고 1449년 무렵에 〈여민락與民樂〉, 《보태평保太平》, 《정대업定大業》 등의 신악新樂이 창제되었다.[65] 신악은 음률을 깊이 깨닫고 있었던 세종이 하룻저녁에 만들었다고 전한다.[66]

신악이 수록된 《세종실록》 〈악보〉에는 "고취악과 향악에 의거하여 신악을 창제하였다[因鼓吹樂及鄕樂創爲新樂]"[67]고 기록되어 있다. 이는 신악이 당시 존재하던 당악과 향악을 활용하여 만든 음악이라는 점을 시사한다.[68] 가령, 《정대업》 중 〈혁정赫整〉은 고려에서 전래한 향악인 〈만전춘滿殿春〉을 바탕

60 세종이 음악의 심미적 특징과 정서적 작용에 관해 중요하게 인식하고 있었다는 점은 임영선, 〈조선 초 예악의 또 다른 지향, '興起人心'〉, 《한국음악연구》 74, 2023b, 348~353쪽 참조.

61 《세종실록》 권50, 세종 12년 10월 18일(을유).

62 《농사직설》과 《향약집성방》의 편찬에 중국과 다른 조선의 실정에 대한 인식이 바탕이 되었다는 점에 대해서는 강상규, 《조선정치사의 발견》, 창비, 2013, 134~136쪽 및 김호, 〈《鄕藥集成方》에서 《東醫寶鑑》으로〉, 《한국사시민강좌》 16, 1995 참조.

63 《세종실록》 권102, 세종 25년 12월 30일(경술).

64 《세종실록》 권108, 세종 27년 4월 5일(무신).

65 《세종실록》 권116, 세종 29년 6월 5일(을축).

66 《세종실록》 권126, 세종 31년 12월 11일(정사)

67 《세종실록》 〈악보〉 서문.

68 《세종실록》 〈악보〉에서 말하는 고취악은 당악을 지칭한다. 이에 관해서는 김종수, 〈조선 초 악장 연향 양상-수보록 · 몽금척 · 근천정 · 수명명-〉, 《온지논총》 18, 2008 참조.

으로 만들었으며, 〈영관永觀〉은 〈서경별곡西京別曲〉의 선율을 가져온 것이다.[69] 《보태평》 중 한 곡인 〈용광龍光〉도 고려 향악 〈사모곡思母曲〉의 선율을 변주하여 만든 곡이다.[70] 〈여민락〉은 고려의 고취악, 즉 당악 양식으로 된 악곡이다.[71] 이처럼 신악은 당대인들에게 익숙한 고려 전래의 음악을 활용하되, 선율의 장식적인 부분을 줄이고 시작과 끝을 분명히 하였으며 후렴구를 제거하여 의례 음악으로서의 모양새를 갖추는 방식으로 만들어졌다.[72]

이러한 신악 창제를 두고 제대로 된 의미의 음악 창작이라고 할 수 없다는 견해도 있다.[73] 그러나 신악 창제의 의미를 평가하기 위해서는 당시 음악이 만들어지던 방식을 이해할 필요가 있다. 조선시대에 음악은 영감을 가진 개인에 의해 '작곡作曲, composition'된 것이 아니라, 집단적 음악 연행을 바탕으로 '형성'되었다.[74]

69 장사훈, 〈서경별곡〉·〈만전춘형식고〉, 《국악논고》, 서울대학교 출판부, 1971. 이외에 고려에서 전래된 향악과 신악과의 관계에 대해서는 이혜구, 〈휴명과 청산별곡의 비교〉, 《한국음악연구》 2, 1972; 이소라, 〈亨嘉 輯寧 龍光과 그 關係曲〉, 서울대학교 국악학과 석사학위논문, 1983; 장사훈, 〈풍입송〉, 《국악논고》, 서울대학교 출판부, 1971, 68~79쪽 참조.

70 이성천, 〈한국전통음악의 창작방법에 대한 연구(1)〉, 《한국전통음악형성론》, 민속원, 2004, 130~131쪽.

71 조선 초 당악 양식에 관해서는 이혜구, 앞의 글 및 임영선, 〈조선 초 의례에서의 당악 사용 및 양식에 관한 연구〉, 《동양음악》 53, 2023a 참조.

72 《시용향악보》 소재 〈서경별곡〉과 《세조악보》의 〈영관〉를 비교해보면, 〈서경별곡〉의 잔가락이 〈영관〉에는 대체로 제거되어 있고, 〈청산별곡〉과 《세조악보》의 〈총유〉를 비교해보면, 下二로 시작하는 〈청산별곡〉의 첫 음이 宮으로 바뀌어 시작과 끝이 모두 宮 혹은 下五로 맞춰졌으며 후렴구는 생략되어있다(장사훈, 〈서경별곡〉, 《국악논고》, 서울대학교 출판부, 1971; 이혜구, 〈휴명과 청산별곡의 비교〉, 《한국음악연구》 2, 1972)

73 장사훈, 〈서경별곡〉, 《한국중세사회의 음악문화-고려시대편》, 한국예술종합학교 전통예술원, 2001, 802쪽; 전인평, 《새로운 한국음악사》, 현대음악, 2000, 185쪽.

74 전통음악이 만들어지는 과정에 관해서는 다음을 참조. 이성천, 앞의 글, 2004, 130~131쪽; 이혜구·임미선, 《한국음악이론》, 민속원, 2005, 249~250쪽; 김희선, 〈총론〉, 《창작을 위한 국악기 이해와 활용》, 국립국악원, 2018, 11쪽.

이 같은 전통사회의 '작악作樂, music-making' 방식[75]을 염두에 두면, 신악 창제는 당대의 음악 연주 관행과 전통을 끌어안으면서 선율을 재배치하고 재구성하는 방식으로 새로운 음악을 만든 것이라고 할 수 있다.[76]

신악은 속악을 바탕으로 만든 음악이지만, 유교적 함의와 상징성을 지니고 있다는 점에서 문화사적으로 중요한 의의를 지닌다. 신악 중 하나인 《봉래의鳳來儀》는 봉황이 날아와 춤춘다는 뜻을 담은 이름으로, 이는 《서경》 〈익직益稷〉에 나오는 태평성대의 모습이다.[77] 〈여민락〉은 《맹자》의 '여민동락與民同樂'에서 따온 말로 군주가 음악을 대할 때 지녀야 하는 태도를 의미하는 제목이다. 《보태평》은 약籥과 적翟을 잡고 문덕文德을 나타내며 《정대업》은 검劒·창槍·궁시弓矢를 잡고 진법陣法을 구사하여 무공武功을 나타내어, 문무文武라는 양립해야 하는 유교적 덕목을 나타낸다. 또 다른 신악인 《발상發祥》은 조선 건국 후 나타난 상서祥瑞를 노래한 것인데, 이 역시 유가의 여러 경전 내용과 역대 중국 제도를 바탕으로 한다. 1449년에 의정부는 신악이 유교 예악사상에 의거하여 만들어진 《시경》의 풍아송風雅頌과 같은 위상의 음악임을 공표하며 유교적 맥락과 원리대로 사용할 것을 건의하였고, 그렇게 실행하기로 했다.[78]

75 민족음악학자 존 블래킹은 유럽 예술 음악의 작곡에 대비되는 여러 나라의 전통적 음악 창작 방식을 '음악만들기(music-making)'이라 하였으며, 한국음악학계에서도 이 '음악만들기' 개념을 사용하여 한국 전통음악의 창작 방식을 설명한 바 있다(John Blacking, *Music, Culture, & Experience*, University of Chicago Press, 1995; 권오성, 〈음악 만들기〉, 《기록과 유물로 본 우리 음악의 역사》; 이용식, 〈황해도 굿의 음악 만들기(Music making)〉, 《공연문화연구》 10, 2005).

76 신악 창제가 지니는 예술사적 의미에 관해서 임영선, 앞의 글, 2023b, 353~355쪽 참조.

77 《봉래의》의 악무 명칭이 가진 전거와 내용에 관해서는 조규익, 〈《鳳來儀》 악장 연구(1): 樂舞 명칭의 典據와 악장 내용의 상관성을 중심으로〉, 《온지논총》 31, 2012; 조규익, 〈여말선초 악장의 중세적 관습 및 변이 양상〉, 《우리문학연구》 44, 2014, 344~345쪽 참조.

78 《세종실록》 권116, 세종 29년 6월 5일(을축).

이로 보면 신악은 속악 양식의 음악인 동시에 유교 예악사상의 의의를 지니는 음악이라고 할 수 있다.[79] 조선 건국 이후 속악은 전조의 퇴락한 음악인 반면 아악은 유교 국가에서 사용하기에 합당한 음악으로 여겨졌으나, 신악은 이 구도에서 벗어나 있는 새로운 문화 산물이다. 이 같은 신악이 창제되면서 아악 사용 일변도로 확대되던 조선의 의례 음악은 신악을 비롯한 속악을 사용하는 방향으로 전환된다.

3. 의례 음악의 정립과 새로운 예악의 출현

1) 아악을 사용하는 의례와 속악을 사용하는 의례

신악을 만든 후 의정부에서 신악을 종묘에만 사용할 것이 아니라 조회와 연향에도 사용할 것을 건의하였으며,[80] 세종은 종친, 문무 2품, 3품 당상관, 기로와 재추, 승정원에 잔치를 내리면서 "〈여민락〉·〈치화평〉·〈취풍형〉 등 신악을 마음껏 즐기라"고 하였다.[81] 그러나 몇 년 뒤 세종이 승하하고 연달아 국상이 이어지면서 신악 연주가 여의치 않다가[82] 세조 즉위 후 신악의 사용이 본격화된다. 대군 시절 세종의 신악 창제를 도왔던 세조는 "구악舊樂을 폐지하고 신악을 사용하라"는 단호한 정책을 시행했다.[83] 1463년세조 9에는 세종이 만든 신악인 《보태평》·《정대업》을 종묘제례악으로 채택하고 진

79 신악이 지니는 이 같은 특징에 관해서는 임영선, 앞의 글, 2020, 141~146쪽 참조.

80 《세종실록》 권116, 세종 29년 6월 5일(을축).

81 《세종실록》 권126, 세종 31년 12월 10일(병진).

82 《문종실록》 권8, 문종 1년 7월 28일(갑자); 《단종실록》 권4, 단종 즉위년 10월 24일(임자).

83 《세종실록》 권126, 세조 31년 12월 11일(정사); 《세조실록》 권20, 세조 6년 4월 22일(무진).

찬進饌, 철변두撤籩豆 등에 사용할 악곡을 추가로 만든 후[84] 다음 해 정월부터 이를 사용하여 종묘에 제사를 지냈다.[85]

성종대에 이르면 1474년에 《국조오례의》와 1493년에 《악학궤범》이 편찬되면서 조선 건국 이후 지속적으로 진행된 예악 정비의 결과물이 산출되었는데, 《국조오례서례》와 《악학궤범》에서는 제례 음악을 아부雅部와 속부俗部로 구분하고 있다.[86] 먼저 아부 즉, 아악을 사용하는 제례에는 사직·풍운뇌우·선농·선잠·우사·문선왕이 있다. 이들 제사에 사용되는 아악은 〈그림 6〉의 《국조오례서례》에 수록된 율자보를 통해 확인할 수 있다.[87]

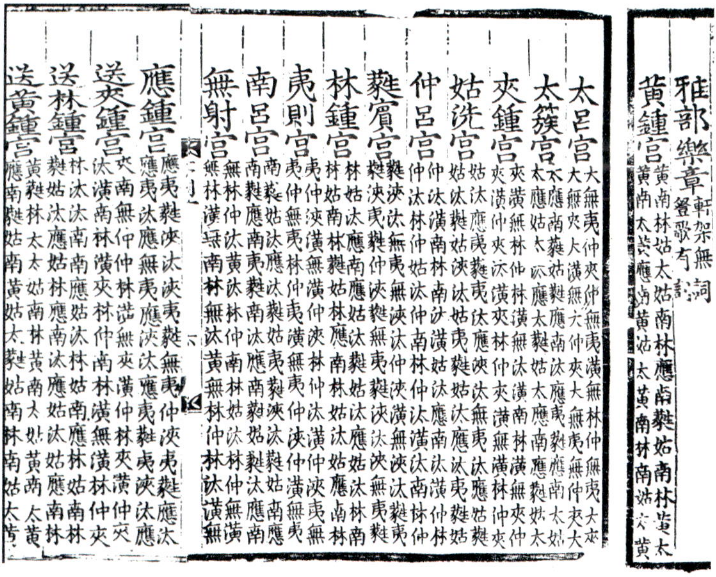

〈그림 6〉 율자보로 기보된 《국조오례서례》 권1 '아부악장'

84 《세조실록》 권31, 세조 9년 12월 11일(을미).

85 《세조실록》 권32, 세조 10년 1월 14일(정묘).

86 《국조오례서례》 권1, 雅部樂章·俗部樂章; 《악학궤범》 권2, 時用雅部祭樂·時用俗部祭樂.

87 《국조오례서례》 권1, 雅部樂章.

〈그림 6〉의 율자보를 보면, 우선 황종궁黃鍾宮부터 응종궁應鍾宮까지 있고, 그다음으로는 송신送神에 사용하는 송협종궁送夾鍾宮·송임종궁送林鍾宮·송황종궁送黃鍾宮이 기보되어 있다. 황종궁부터 응종궁은 모두 같은 선율인데 중심음만 황종부터 응종까지 12율에 따라 조 옮김만 한 것이고, 송협종궁부터 송황종궁 역시 모두 같은 선율인데 세 가지 율에 따라 조 옮김만 한 것이다. 이렇게 중심음key을 다르게 하여 연주하는 것은 음의 고저를 구사하여 예술적 효과를 내기 위한 것이 아니라, 《주례》에서 제시된 역법에 따른 연주 규정을 따름으로써 천지의 질서에 맞게 음악을 연주하기 위한 것이다.

속부 음악, 즉 신악을 비롯한 향·당악을 사용하는 제례는 종묘·영녕전·문소전·의묘·둑제이다. 앞서 종묘와 문소전 제례의 음악을 살펴보았는데, 영녕전은 종묘와 의묘는 문소전과 음악을 동일하게 사용한다. 둑제에는 초헌과 아헌에 〈납씨가納氏歌〉를 연주하고 종헌에는 〈납씨가〉에 이어 〈정동방곡正東方曲〉을 연주한다.[88] 이들 의례 중에서 신악은 종묘·영녕전 제례에만 사용되었다. 종묘·영녕전의 제례에 연주된 신악에는 본래 아악의 것이었던 유교 경전의 연주 절차 및 제도가 적용되었고, 종묘·영녕전의 악대에는 향·당악기뿐 아니라 편종·편경·축·어·훈 등의 아악기까지 편성되어 향·당악을 연주하는 기능뿐 아니라 아악기가 지닌 유교적 상징성까지 포괄하고 있었다.

성종대 제례 음악이 연주된 사례를 살펴보면, 아부·속부가 복합적으로 구성되는 양상도 나타난다. 성종대에 선농제례를 지낼 때, 제향에는 아악을 사용하고 이어지는 경적耕籍에는 〈여민락〉과 〈역성繹成〉 등 속악을 사용하여 하나의 의례를 구성하는 세부 의례에서 아악을 사용하기도 하고 속

88 《악학궤범》 권2, 時用俗部祭樂 纛祭. 둑제의 음악에 관해서는 김성혜, 〈纛祭의 음악사적 고찰〉, 《음악과 민족》 38, 2009 참조.

악을 사용하기도 하였음을 알 수 있다.[89] 문묘제례에서도 먼저 행하는 제향에서는 아악을 연주하고 이어지는 회례-대사례大射禮-방방放榜-유가遊街에서는 속악을 사용하였다.[90] 1493년성종 23 사례를 보면, 문묘제례 후 이어진 대향大饗에 속악을 사용하였는데, 이때 〈봉황음〉·〈만전춘〉·〈한림별곡〉 등 오랫동안 연행되던 음악에 조선의 문치와 교화를 칭송하는 국문 가사를 얹어 노래하였다.[91] 이렇게 속악을 사용한 절차는 일반 백성들이 볼 수 있거나 많은 유생이 참여하는 절차로 다른 절차에 비해 대민對民의 성격이 분명하다. 이로 보아, 의례 대상의 범위가 넓어지는 경우에는 일반에게 익숙한 속악을 사용하여 많은 이들에게 음악을 통해 조선의 가치와 이념을 전달하고자 했던 것으로 이해할 수 있다.

2) 유교 원리가 적용된 신악 및 향·당악의 연주

신악 창제 이후 속악의 사용이 늘어나고 의례 음악이 아악 중심에서 속악 중심으로 전환되었지만,[92] 세종대 아악 정비 과정에서 습득한 유교적인 연주 제도와 원칙은 성종대의 속악 연주에도 적용되었다. 의례에서 절차를 행하는 자의 신분에 따라 음악을 구분하여 연주하는 것이 유교의 음악 사

89 《성종실록》 권51 성종 6년 1월 25일(을해); 《악학궤범》 권2 시용속부제악.

90 《국조오례의》 권2, 향문선왕시학의; 《성종실록》 권51, 성종 6년 1월 25일(을해). 대사례는 1477년(성종 8)에 시행되었는데, 대사례 중 왕과 시사자가 활을 쏠 때에 《보태평》 중 마지막 곡인 〈역성〉의 선율에 새로 지은 악장을 붙여 불렀다(《성종실록》 권83, 성종 8년 8월 3일(정유); 《악학궤범》 권2, 시용속부제악).

91 《성종실록》 권267, 성종 23년 8월 21일(기미). 대향은 성종 23년에 시행되었는데, 이때 새로 지은 악장에 〈여민락〉·〈보허자〉·〈봉황음〉·〈만전춘〉·〈융화〉 등 향당악의 선율이 사용되었다(《성종실록》 권267, 성종 23년 8월 21일(기미)).

92 신악 창제를 기점으로 대개의 의례 음악이 아악에서 속악으로 바뀌게 된 점에 관해서는 임미선, 〈세종대 신악 제정 이전과 이후 연례악의 변화양상〉 《한국음악연구》 53, 2013 참조.

용 원칙인데, 속악을 연주할 때도 이 원칙이 지속되어 왕이 입·퇴장할 때와 신하들이 배례할 때 음악을 구분하여 연주하였다.[93]

악대에 있어서도 아악 악대의 원리가 속악 연주 악대에 적용되었다. 이는 신악 창제 후 세조대에 속악의 사용이 늘어나면서 새롭게 출현한 속악 연주 악대에서 확인할 수 있다.

먼저 전정헌가殿庭軒架는 유교 경전에 제시된 헌가를 모본으로 하되 속악 연주를 할 수 있게 세조대 이후 출현한 조선 특유의 악대이다.[94] 〈그림 7〉에서 전정헌가의 악기 편성을 보면, 속악을 연주할 수 있도록 속악기가 중심이 되면서도 상징성이 중요한 편종·편경과 같은 아악기를 갖추고 있다.[95] 다음으로 〈그림 8〉의 전상악殿上樂은 정재 반주를 주로 담당하는 악대인데, 속악을 사용할 때 등가 대신 월대月臺 위에 설치되어 정재를 반주하였다.[96] 그

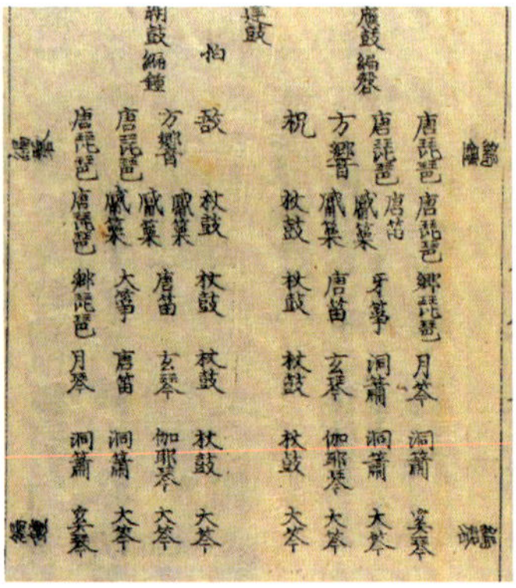

〈그림 7〉 전정헌가

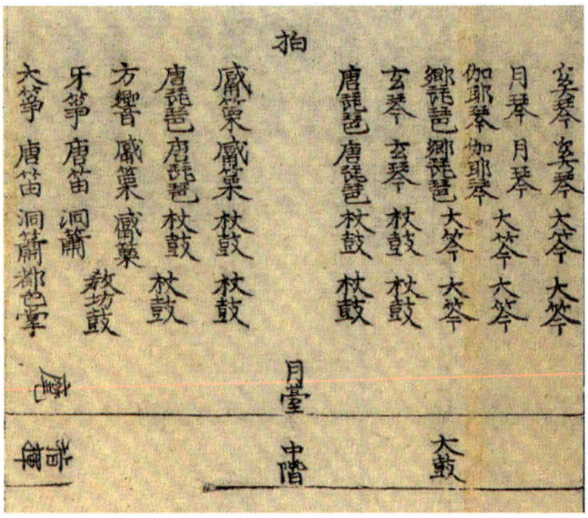

〈그림 8〉 전상악

93 이에 대한 구체적인 사례에 관해서는 임영선, 앞의 글, 2020, 169~171쪽 참조.

94 조선 초 전정헌가의 출현과 운용, 악기 편성에 관해서는 임미선, 〈朝鮮朝 殿庭軒架의 文獻的 硏究〉, 서울대학교 박사학위논문, 1997 참조.

95 《악학궤범》 권2, 전정헌가.

96 《악학궤범》 권2, 전정예연여기악공배립 전상악.

리고 〈그림 9〉의 전후고취殿後鼓吹는 왕이 궁 안에서 이동할 때 주악을 담당하는 악대로,[97] 신하들과 관련하여 연주하는 경우는 없고 왕과 관련해서도 왕이 지존으로 임하는 의례에서만 연주하여 신분에 따라 음악을 차등적으로 사용한다는 유교적 원리에 맞게 운영되었다.[98] 즉, 전정헌가와 전상악은 아악 악대인 헌가·등가의 용법을 바탕으로 하되 조선의 음악에 맞는 편성으로 새로이 만들어진 악대이며, 전후고취는 속악을 연주하면서도 신분 질서에 따라 음악을 연주한다는 유교적 원리를 지켜 운영된 악대라고 할 수 있다. 이 같은 속악 연주와 악대 내용을 보건대, 신악 창제 후 속악은 아악의 원리와 제도가 적용되어 유교적 의례 음악으로서 모습을 갖추어 연주되었다고 할 수 있다.

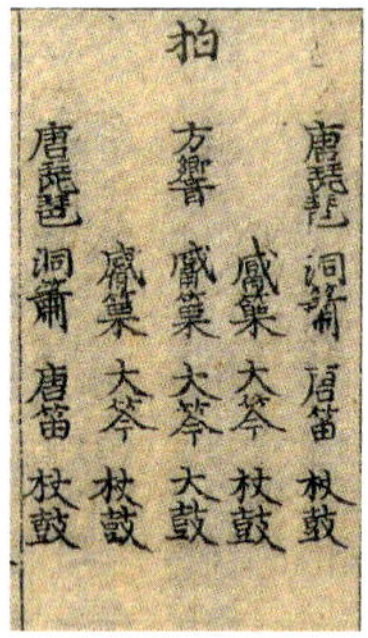
〈그림 9〉 전후고취

요컨대 신악 창제 이후로 아악과 향·당악에 있던 위계적 인식에 변화가 생겼으며, 세조대 이후 신악 및 속악 연주에 유교적 원리가 반영되었다. 신악 창제 이전에 아악은 유교 국가 조선에서 사용하기에 합당한 음악으로 여겨진 반면 향·당악은 전조의 속된 음악으로 여겨졌다. 이러한 인식은 속악 양식과 유교의 맥락을 아우르며 창작된 신악이 출현하면서 변화되기 시작했으며, 세조대에 신악이 종묘제례에 사용되면서 아악과 속악이 단순 우열 관계로 보기 어려운 구도로 바뀌었다. 성종대에 향·당악은 유교 국가 조선에서 사용되기에 합당한 체제를 갖추어 연주되었는데, 신악을 비롯한 속악 연주 악대 및 제도에 유교적 원리가 반영되어 사용되었다. 이러한 음

97 《악학궤범》 권2, 전후고취.

98 왕이 칭신하며 명나라에 대하여 지내는 망궐례나 대비에게 올리는 연향 등의 의례에는 전후고취가 설치되지 않는다(임영선, 〈조선 초 궁중연향별 성격과 악대 사용에 관한 연구–성종대 정립 양상을 중심으로–〉, 《온지논총》 66, 2021, 325~326쪽).

악 갈래 위상의 변화를 바탕으로 성종대에는 일부 제례에만 아악을 사용하고 대부분의 의례에서 신악을 비롯한 속악을 사용하였으며, 아악을 사용하는 제례에서도 부속되는 의례 중 대민對民의 성격이 있는 절차에서는 속악을 사용하면서 속악의 쓰임이 늘어났다. 이 같은 과정을 거치면서 조선의 향·당악이 유교적 쓰임을 갖춘 음악의 형태로 자리매김하게 되었다.

4. 한양 안의 음악 연행 공간

예악을 통치 이념으로 삼은 조선에서 종묘와 사직은 제례 공간이자 음악 연행 공간이었다고 할 수 있다. 궁궐의 전각 역시 국정 운영의 공간이지만 동시에 음악 연행 공간이었다. 사회 전반에 있어 불교가 주요 사상이었던 고려에서는 개경의 궁과 성곽 주변 곳곳에 많은 사찰이 자리하고 있었으나, 조선에서는 사대문 안에 사찰 건립이 금지되었으며 대신에 궁궐과 종묘와 사직, 성균관 등 유교 가치에 따라 도성 내 여러 공간이 배치되었다. 본 장에서는 조선의 수도 한양에서 음악이 연행된 공간을 성종대를 중심으로 살펴보고자 한다.

1) 제례 공간과 오가는 길 위에서의 음악 연행

조선이 건국된 후 1395년태조 4에 종묘를 한양 도성 안에 건립하고 신주神主를 이안移安한 후 아악을 갖추어 제례를 시행하였다.[99] 이어서 사직을 세우고 마찬가지로 아악을 사용하여 제례를 올렸다. 사직에는 이후로도 아악을 계속 사용하였으나, 종묘에는 아악을 사용하다가 신악 창제 이후로는

99 《태조실록》 권8, 태조 4년 10월 5일(을미).

신악을 사용하게 된다. 경복궁의 오른쪽, 현재 서울 사직동에 위치한 사직은 아악이 연주되던 공간이었고, 경복궁의 왼쪽, 현재 종로에 위치한 종묘는 고려 전래의 향·당악을 바탕으로 창작된 신악이 연주되던 공간이었다.

종묘와 사직을 건립한 후에 문묘와 성균관을 세웠으며[100] 아악을 사용하여 공자에게 제례를 올렸다. 앞 장에서 살펴보았듯이, 성종대에 문묘 제례 후 이어지는 대사례와 유가遊街, 대향大饗에 속악을 사용하였다. 이때 유가를 구경하려고 몰린 사람이 수천 명에 달하여 다리와 문을 둘러쌌으며[101] 대향을 할 때도 유생 3,000여 명이 참가하였고 구경하는 사람이 교문을 메웠다고 기록되어 있어,[102] 지금 성균관대학교 주변인 반촌泮村 일대에 많은 인파가 몰려 속악 연주에 진행되는 의례를 관람하였음을 알 수 있다. 대향에서

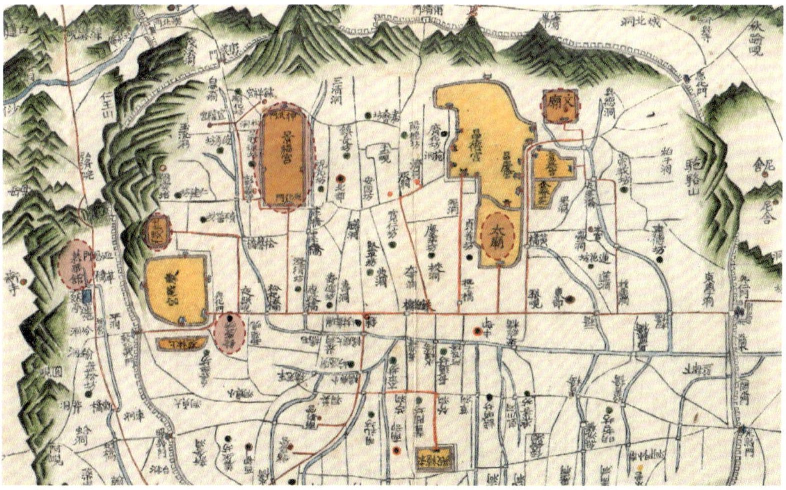

〈그림 10〉《대동여지도》〈도성도〉 속의 음악 연행 공간
왼쪽부터 모화관 · 사직 · 여경방 · 경복궁 · 태묘(종묘) · 문묘 (출처: 국립중앙박물관)

100 《태종실록》 권13, 태종 7년 3월 21일(을해).

101 《성종실록》 권83, 성종 8년 8월 3일(정유).

102 《성종실록》 권267, 성종 23년 8월 21일(기미).

연주된 음악은 〈처용가〉·〈만전춘〉·〈한림별곡〉·〈청산별곡〉·〈서경별곡〉 등 고려에서 전래된 향악을 모본으로 하는 음악이었다. 이들 음악에 조선에 문치가 이루어져 "태평성대가 우·당을 앞질렀다"는 내용의 가사를 붙여 노래하였다.[103] 이렇게 당대인들에게 익숙한 선율에 나라의 이상과 가치를 담은 노랫말을 부름으로써 장차 왕을 보덕輔德할 유생들과 인근 백성들에게 음악을 통해 나라의 이념을 되새기는 일이 현재 명륜동 부근인 문묘와 반촌 일대에서 있었다.

사대문 밖에서 지내는 제사로는 현재 동대문구 제기동 부근에서 지내던 선농제, 성북동 부근에서의 선잠제, 이태원 부근의 풍운뇌우제, 동교의 기우제가 있었으며,[104] 이들 제례에 아악을 사용하였다. 이 중 선농제 후에는 이어서 친경례親耕禮를 행하였는데, 성종대의 친경례에는 속악을 사용하였다. 이때 근처에 사는 백성들을 불러 왕의 친경을 관람하게 하였으며,[105] 당시 기록에는 선농단의 남쪽에 있던 동적전東籍田에서 〈여민락〉이 연주되는 가운데 임금이 쟁기를 잡고 밭을 갈자, 이를 보던 관료와 여러 백성이 감탄하고 눈물을 흘렸다고 전한다.[106]

제례를 시행할 때, 제례 절차뿐 아니라 왕이 궁 밖으로 나와 제례를 위해 이동하는 절차 또한 백성을 대상으로 하는 중요한 의례였다.[107] 《국조오

103 《성종실록》 권268, 성종 23년 8월 21일(기미). 이때 부른 악장의 내용에 관해서는 조규익의 연구를 참조할 수 있다. 단, 이때의 행사가 문묘제향 이후의 대향인데 '석전음복연'으로 파악한 것은 재고가 필요하다(조규익, 〈조선조 〈釋奠飮福宴樂章〉 연구〉, 《古典文學硏究》 40, 2011).

104 《신증동국여지승람》 권1 경도(상).

105 《성종실록》 권51, 성종 6년 1월 19일(기사).

106 《성종실록》 권51, 성종 6년 1월 25일(을해).

107 왕의 행차가 지닌 의미에 관해서는 김지영, 《길 위의 조정: 조선시대 국왕 행차와 정치적 문화》, 민속원, 2017 참조.

례의》를 보면, 궁을 떠나 제례 공간으로 갈 때는 고취 악대가 어가 앞뒤에서 수행하지만 음악을 연주하지 않고 조용히 간다. 반면에 제례를 마치고 환궁할 때는 고취 악대가 음악을 연주하여 왕의 행차를 음악으로써 알린다.[108] 이렇게 음악으로 왕을 수행하다가 어가가 사대문 안으로 들어오면 길에서 성균관의 유생이나 기로耆老의 무리가 왕을 맞이하며 가요歌謠를 올리고 이어서 궁중 여기女妓가 가요를 올리는데, 그 가요는 왕이 행한 제례의 의미를 상기시키는 내용과 무사히 궁으로 돌아옴을 기뻐하는 내용을 담고 있다.[109] 세종대 사례를 보면, 왕이 헌릉에 제사하고 돌아올 때 흥인문興仁門부터 경복궁까지의 길에 결채結綵하고 백관이 흥인문에 나와 왕을 맞이하였으며 어가가 종루로鍾樓路에 이르자 유생이 가요를 바치고 궁중여기가 가요와 기예를 올렸는데, 이를 보기 위해 천만에 달하는 이들이 모였다고 전한다.[110]

궁중 여기의 가요와 기예는 〈교방가요〉라는 종목으로 《악학궤범》에 기록되어 있다.[111] 이에 따르면 〈그림 11〉·〈그림 12〉와 같이 왕이 당도하기 전 미리 길에 화전벽花甎碧과 침향산沉香山을 설치하여 가설무대를 만든다.[112] 왕이 도착하면 여기들이 왕을 찬양하는 내용의 노랫말이 적힌 가요축歌謠軸을 왕에게 바치고, 이어서 〈학무鶴舞〉와 〈연화대蓮花臺〉를 공연한다. 두 마리

108 《국조오례서례》 권1, 車駕出宮·大祀.

109 《세종실록》 권60, 세종 15년 4월 23일(병오); 《성종실록》 권212, 성종 19년 윤1월 22일(정해)

110 《세종실록》 권92, 세종 23년 5월 5일(경자).

111 《악학궤범》 권5, 시용향악정재 교방가요.

112 《악학궤범》 권5, 시용향악정재 교방가요; 권8, 침향산. 침향산은 산 모양으로 만든 나무판에 산봉우리를 조각하여 붙이고 그 골짜기에 사탑, 승불, 고라니와 사슴 등을 붙여놓아 신비로운 세계의 풍경을 만드는 일종의 가설무대 장치이다.

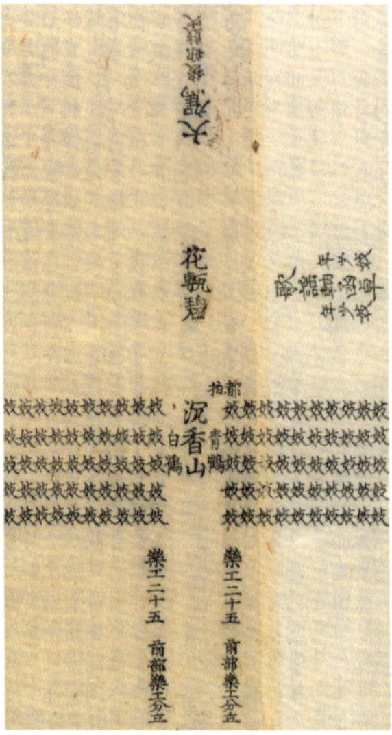

〈그림 11〉《악학궤범》〈교방가요〉의 초입배열도

〈그림 12〉《악학궤범》에 묘사된 침향산

의 학이 등장해서 나는 듯이 발을 디디며 춤을 추다가 침향산 안의 연꽃을 쪼면 그 안에서 두 명의 동녀童女가 나온다. 동녀가 임금의 덕화에 감동하여 봉래蓬萊의 선계에서 내려왔다는 내용의 노래를 부르며 춤을 추고 이어서 학무와 연화대가 연행되며 이후 정재 몇 종목을 더 연행하면서 왕의 귀환을 맞이한다.[113]

성종대 기록을 보면 중요한 행사가 있을 때 예조가 환궁 행사의 거행을 적극적으로 권하였던 사례들을 확인할 수 있다.[114] 이는 길 위의 행사가 백성의 교화 면에서나 정치적 효과 면에서 중요한 의미를 지니기 때문이었을 것이다. 종묘와 사직 등의 제례는 제한된 인원만 참석하는 것에 비해, 길

113 《악학궤범》 권5, 시용향악정재 교방가요.

114 《성종실록》 권51, 성종 6년 1월 11일(신유); 권177, 성종 16년 4월 25일(병자).

위에서의 환궁 행사는 다른 어떤 의례보다도 백성들과의 접촉 범위가 넓다. 길에서 남녀노소와 신분고하를 막론한 많은 백성이 보는 가운데 나라의 핵심 가치를 되새기는 향·당악의 노래가 연주되고 선계의 이미지를 사용하여 왕을 송축하는 정재가 공연되면서 당대인들의 마음에 조선의 이념과 질서가 녹아드는 계기가 되었을 것으로 생각된다.

2) 궁 안팎의 조정의례 및 연향의 음악

(1) 조정의례와 연향의 음악

궁 안에서는 조정의례와 연향이 열리면서 음악이 연주되었는데, 이때 신악을 비롯한 속악이 사용되었다. 경복궁 안의 공간으로 보면, 조하나 조참 등 조정의례가 열리는 근정전(혹은 근정문)과 상참이 열리는 사정전에서 당악 양식의 음악이 연주된다. 당악 양식의 음악은 단순한 리듬이 규칙적으로 진행되는 특징을 지니고 있는데 이러한 음악이 왕이 입·퇴장이나 신하들의 배례에 연주되었다.[115] 정전에서 열리는 연향인 예연禮宴에서는 조정의례에서 연주되는 당악에 더하여 정재가 연행되고 향악이 가창 되었는데,[116] 《악학궤범》에는 당시 궁중에서 연행되던 당악정재 14종, 향악정재 10종이 기록되어 있고, 《악장가사》에는 향악 노래도 24종이 넘게 기록되어 있어 이 무렵 궁중에서 연행될 수 있는 춤과 노래의 수가 적지 않았음을 알 수 있다.

경회루나 후원에서 연향이 열리기도 하였다. 정전이 아닌 장소에서 열리는 연향은 대개 의정부나 육조, 공신, 종친이 왕에게 올리는 진연進宴이었으며[117] 경회루나 후원에서 왕이 종친이나 문무 신하들이 활을 쏘며 즐기는

115 임영선, 앞의 글, 2023a 참조.

116 《악학궤범》 권2, 時用賀禮及宴享樂.

117 연향의 종류와 설행 장소 및 설치 악대에 관해서는 임영선, 앞의 글, 2021, 309~315쪽.

자리도 있었다.[118] 이러한 연향에서는 전정헌가 없이 왕의 거동을 알리는 전후고취와 정재를 반주하는 전상악만 설치되며, 연향의 성격과 장소에 따라 악공과 여기의 수를 달리 사용하였다.[119]

이 같은 궁중 안의 음악은 궁 밖으로도 이어졌는데, 그 매개는 주로 왕이 내리는 연향인 사연賜宴과 명나라 사신을 위한 사신연使臣宴이었다. 과거 급제자에게 내려주는 은영연恩榮宴은 주로 육조거리에 있던 의정부나 예조 관청에서 열렸고, 중국에 파견되는 사신이나 지방으로 내려가는 관찰사 등에게 내려주는 전연餞宴은 예조에서 열렸다.[120] 70세가 넘은 2품 이상 종재와 1품 이상 경연 당상에게 열어주던 기영연耆英宴는 현재 동대문운동장 부근의 훈련원에서 열렸다.[121] 명나라 사신을 위한 연향은 현재 중구 일대의 양생방養生坊에 위치한 태평관[122]에서 열렸다.[123] 이 같은 여러 사연과 사신연에 왕이 궁중의 악사와 여기를 보내면서[124] 궁중의 음악이 궁 밖으로 전해

118 《악학궤범》 권2, 正殿禮宴女妓樂工排立.

119 《악학궤범》 권2, 正殿禮宴女妓樂工排立.

연향	악사	악공	여기
禮宴	3명	60명	100명
慶會樓下宗親觀射	2명	30명	60명
後苑宗親進宴	2명	20명	40명
後苑宗親觀射	합하여 15명		20명
後苑文武臣下觀射	합하여 15명		가동 (인원수는 임시 계품)

120 임영선, 앞의 글, 2021, 309쪽.

121 《용재총화》 권2.

122 《신증동국여지승람》 권3, 한성부. '大平館, 在崇禮門內, 待中朝使臣, 館後有樓.'

123 《성종실록》 권5, 성종 1년 5월 1일(무인).

124 《악학궤범》 권2, 正殿禮宴女妓樂工排立.

지는 통로가 되었을 것으로 생각된다.

(2) 창경궁과 창덕궁에서의 〈학연화대처용무합설〉 연행

경복궁이 정궁이자 법궁이라면, 창덕궁은 태종이 한양으로 돌아오면서 건립한 이궁離宮이고 창경궁은 성종대 대비들의 거처로 사용된 별궁의 성격을 지니는 공간이었다.[125] 성종대 궁중연행물 중에는 유교적 내용을 담은 종목뿐 아니라 〈학연화대처용무합설鶴蓮花代處容舞合設〉과 같은 신라 이래의 유풍과 불교 내용을 바탕으로 한 종목도 있었는데, 이 종목은 경복궁에서보다 창덕궁과 창경궁에서 자주 연행되었다.

〈학연화대처용무합설〉은 선달그믐 하루 전에 나례儺禮를 한 후 내정內庭[126]에서 연행된다. 이름에서 짐작할 수 있듯이, 〈학연화대처용무합설〉은 학무, 연화대, 처용무 등 여러 종목이 함께 공연되는 종목이다. 공연 순서는 전도前度와 후도後度로 구분된다. 먼저 전도에서 여기가 〈처용가〉를 부르면 청·홍·황·흑·백색으로 옷을 입고 가면을 쓴 오방처용五方處容이 처용무를 추며 이어서 고려 전래의 향악인 〈처용가〉·〈봉황음鳳凰吟〉·〈진작眞勺〉·〈정읍井邑〉·〈북전北殿〉을 노래하며 춤을 춘다. 이어지는 후도에서는 오방처용과 무동舞童이 불가 〈영산회상靈山會相〉을 노래하면서 춤을 추고 학무와 연화대무가 공연된다. 계속해서 불가 〈미타찬彌陀讚〉·〈본사찬本師讚〉·〈관음찬觀音讚〉을 부르며 공연이 마무리된다.[127]

125 조선조 여러 궁궐과 제도와 관해서는 김동욱, 〈조선의 궁궐을 만나다: 궁궐 영건의 역사와 궁궐 제도〉, 《왕권을 상징하는 공간, 궁궐》, 국립고궁박물관, 2017 참조.

126 사진실은 驅儺 혹은 觀儺가 주로 편전의 뜰에서 거행된 사례들을 바탕으로 내정은 정전의 뜰이 아닌 편전의 뜰을 의미하는 것으로 판단한 바 있다(사진실, 《공연문화의 전통》, 태학사, 2002, 84~89쪽).

127 《악학궤범》 권5 학연화대처용무합설.

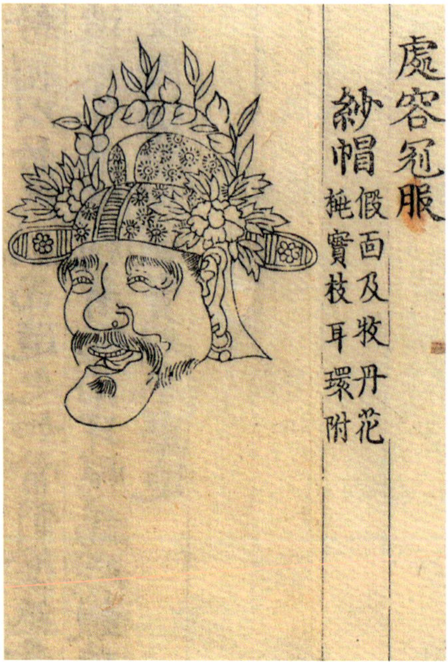

〈그림13〉 처용 가면

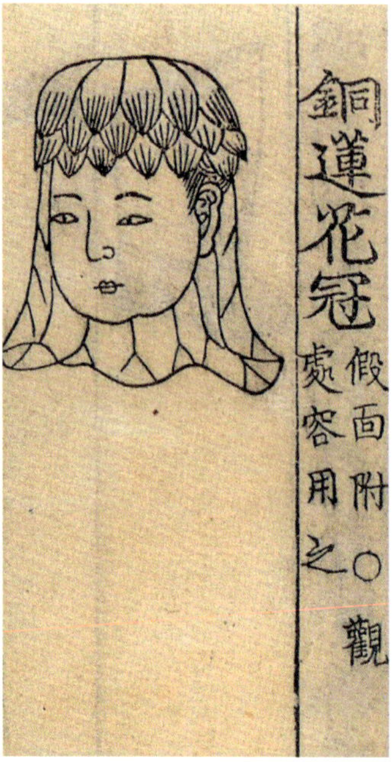

〈그림14〉 무동 가면

〈영산회상〉은 영취산靈鷲山에서 석가가 불법을 전하는 모습을 노래하는 악곡이고, 〈미타찬〉·〈본사찬〉·〈관음찬〉은 각각 '나무아미타불', '석가세존', '관세음보살'을 반복하는 칭명염불稱名念佛이다.[128] 특히 〈관음찬〉 같은 경우는 관세음보살의 위신력을 서사적으로 묘사하면서 호국의 염원을 노래하는 내용을 담고 있다.[129] 〈학연화대처용무합설〉은 이 같이 불경으로 나라의 안녕을 기원하고 처용희를 통해 벽사진경辟邪進慶하며 한 해를 마무리하고 새해를 맞이한다는 의미를 지닌다.

128 〈학연화대처용무합설〉에서 불린 불가에 관해서는 나정순, 〈조선 전기 향악 불찬의 성격과 연원〉, 《선문화연구》 18, 2015 참조.

129 나정순, 앞의 글, 2015, 278~280쪽.

《악학궤범》에는 〈학연화대처용무합설〉을 보는 것이 주목적인 연향으로 '창경궁관처용昌慶宮觀處容'과 '창덕궁관처용昌德宮觀處容'이 기록되어 있다. '창경궁관처용'에는 악사 2명, 학을 추는 사람 2명, 처용 5명, 무동 10명, 연화대 동녀 2명, 여기 16명, 악공 33명이 동원되며, '창덕궁관처용'에는 악사 1명, 처용 5명, 가동 6명, 악공 12명이 동원된다.[130] 이를 통해 창경궁에서 연행될 때는 여기가 참여하지만, 창덕궁에서 연행될 때는 가동만 참여하여 연행의 주체가 달랐음을 알 수 있다. 이와 관련하여 성종대 왕과 관련된 행사에 여기의 존재를 두고 논란이 있었다는 점을 고려하면,[131] 대비가 계신 창경궁에서는 여기가 공연을 하지만 왕이 주빈이 되는 창덕궁관처용에서는 가동이 여기를 대신하도록 한 것으로 파악할 수 있다. 연말에 행해지는 나례와 부속 공연은 유희에 가까우니 중지하라는 이야기가 때때로 나왔으나 오랫동안 연행된 구축의 의미를 담은 유습이라는 명목으로 지속되었다.[132] 그렇지만, 유교적 내용과 거리가 있는 나례와 〈학연화대처용무합설〉은 섣달그믐의 창경궁 및 창덕궁 내정이라는 제한된 시간과 공간에 한하여 행해졌다.

3) 습악이 행해지던 현재 종로구 소재의 장악원

조선의 궁중에서 연주되는 음악은 장악원掌樂院의 악생樂生과 악공樂工에 의해 연주되었다. 《경국대전》에 따르면 장악원에는 악생이 297명, 악공이 518명으로, 다른 업무를 보는 유급 관리를 제외하고 실제 음악을 연주하

130 《악학궤범》 권2, 昌德宮觀處容·昌慶宮觀處容; 《용재총화》 권1. 이에 관해서는 김종수, 《의궤로 본 조선시대 궁중연향 문화》, 민속원, 2022, 345~352쪽 참조.

131 《성종실록》 권260, 성종 22년 12월 25일(정묘). 성종대 여악과 가동에 관한 논의에 관해서는 성영애, 〈성종조 女樂 사용의 쟁점 연구〉, 《한국문학과 예술》 30, 2019 참조.

132 《성종실록》 권248, 성종 21년 12월 24일(신미)

는 이들만 해도 도합 800명 이상의 인원이 있었다.[133] 장악원은 본래 현재 종로구 2가 탑골 공원 위치에 있던 원각사圓覺寺의 건물을 사용했는데, 공간이 협소하여 민가 몇 부락을 철거하고 그 자리에 관청을 지어 현재 종로구와 중구 일부였던 서부西部 여경방餘慶坊으로 자리를 옮겼다.[134] 장악원에는 큰 뜰이 있어 백관들이 그곳에서 정월 초하루와 동지의 조하 절차를 연습하며 익히기도 하였다고 전한다.[135]

조선 초 장악원 악인들의 연습 일정과 빈도에 대해서는 분명히 할 수 없으나,[136] 성종대에 장악원 제조를 역임한 성현의 《용재총화》에 의하면, 장악원에서 객인과 사신을 위한 연향이 때때로 열렸고 연향이 없는 날에도 악공들이 시험을 보거나 연습하기 때문에 음악이 들리지 않는 날이 없었다고 하였다. 또한 성현은 장악원에서 태평관 가는 길에 악인과 기녀의 집이 많았다는 기록도 남겼는데, 이를 통해 음악인들이 장악원과 태평관 근처에 거주하며 궁중음악 연행에 종사했던 점을 알 수 있다. 이로 보면 장악원이 위치한 현재의 종로구와 중구 일대, 그리고 태평관 부근의 현재 태평로 일대는 장악원과 그 주변에 사는 악인과 여기들로 음악 소리를 일상적으로 들을 수 있는 공간이었을 것으로 생각된다.

133 《경국대전》 권3, 禮典 雅俗樂.

134 《용재총화》 권7; 《허백당문집》 권3, 〈掌樂院題名記〉.

135 《용재총화》 권7; 《허백당문집》 권3, 〈掌樂院題名記〉.

136 조선후기 악인들의 습악 양상은 《대전회통》과 《육전조례》에 기록되어 있는데, 조선 후기에는 장악원 악인들의 연습은 二六坐起라 하여 2일, 6일, 12일, 16일, 22일, 26일 한 달에 6회 진행되었다는 기록이 있다. 이에 관해서는 송지원, 〈조선시대 장악원의 악인과 음악교육 연구〉, 《한국음악연구》 43, 2008 참조.

5. 맺음말

이 글에서는 조선 초 음악 갈래를 중심으로 의례 음악의 제정 과정을 살펴봄으로써 당시 음악이 유교적 치리의 도구를 넘어서 당대인들의 경험과 정서, 언어 등과 얽혀있는 복합적인 면모를 지니고 있었음을 조명하고자 하였다. 이러한 음악의 복합성은 향·당악에서 아악으로, 그리고 다시 향·당악을 기반으로 한 신악으로 조선의 의례 음악이 어떻게 변화되고 정비되었는지를 이해하는 데 중요한 통찰을 제공한다.

조선이 유교 국가로 건국된 이후, 전조의 향·당악을 비판하며 유교 사상에 부합하는 아악을 의례 음악으로 갖추려는 노력이 시작되었다. 이 과정에서 조선인의 음악 경험과 아악 간의 괴리, 아악의 예술적 한계, 그리고 중화와 상이한 조선의 언어와 기후 등 다양한 문제점이 드러났고, 이러한 문제에 대한 인식은 세종대의 신악 창제로 이어졌다.

신악은 기존 아악과 속악의 구도를 넘어선 새로운 형태의 음악으로, 고려 전래의 향·당악을 활용하여 창작된 속악 양식의 음악이면서도 아악이 지닌 유교적 상징성과 문화적 함의를 지닌 음악이다. 성종대에 이르면 대부분의 의례 음악이 신악을 비롯한 향·당악으로 정립되었다. 이 과정에서 속악은 유교적 의례 음악의 모습을 갖추게 되었는데, 속악에 아악이 연주되던 절차와 제도가 적용되어 유교적 외연을 지닌 음악으로 자리매김하였다.

예악사상에 기반하여 한양에 세워진 종묘와 경복궁 등 나라의 주요 공간은 제례 및 국정 운영뿐만 아니라 음악 연행의 공간으로도 중요한 역할을 하였다. 종묘와 궁 안팎, 육조거리와 태평관, 길 위의 왕의 행차에 이르기까지 한양 곳곳에서 신악을 비롯한 향악과 당악이 연주되었다. 이러한 조선의 의례 음악은 당대 사람들에게 예술적 감동을 통해 조선이 추구하는 가치와 이상을 전달하는 중요한 매개체 역할을 하였다.

이상의 조선 초 의례 음악의 정립 과정은 음악이 단지 예술 활동이나 의례의 부가 요소가 아니라 당대인들의 경험과 의미체계를 기반으로 하는 예술이라는 점을 깊이 이해하고 이를 유교적 맥락에서 재창조하는 과정이었다고 할 수 있다. 이렇게 제정된 조선의 의례음악은 사람의 마음을 움직여 교화를 이루어낸다는 예악사상을 실현해 나가는 데 있어 중요한 발판이 되었다는 점에서 역사적 의의를 찾을 수 있다.

제 3 장

조선 초 악장 노랫말의 성립 및 변전
-〈용비어천가〉 관련 악장을 중심으로-

박영재 (고려대학교 국어국문학과 박사수료)

1. 머리말
2. 〈용비어천가〉 노랫말 성립의 의미
3. 거룩한 시간과 공간의 성현
4. 맺음말

1. 머리말

본고는 조선 초 유교 의례와 음악의 정비 가운데 악장樂章 노랫말의 성립과 변전 양상, 특히 〈용비어천가〉 관련 텍스트의 사례에 주목하여, 서울이라는 공간을 유교 왕국 조선의 수도로 거듭나게 하려 한 조선 왕조 초기 악장-예악 정비의 일단면을 조명한다.

신왕조의 도읍지에 대한 고민과 논쟁[1] 끝에 한양이 도읍지로 결정되자,[2] 왕명을 받은 정도전 등의 설계에 따라[3] 수년에 걸친 신도新都 공역이 이루어졌다. 권근은 신도의 모습을 기리며 종각의 종명鐘銘을 지었고, 태조는 신도팔경新都八景의 병풍을 좌우정승에게 내렸다.[4] 이 병풍과 관련된 정도전 소작의 〈진신도팔경시進新都八景詩〉는 정도전이 한양 건설을 기획하던 무렵에 창작한 것으로 추정되는데,[5] 새 도읍지 한양의 면면을 팔경시의 문학적 전통에 기대어 노래한 작품이다. 기전畿甸의 험준하고도 풍요로운 산하[제1경 기전산하畿甸山河] 가운데, 견고한 도성과 아름다운 궁원[제2경 도성궁원都城宮苑], 별처럼 벌여선 관서들[제3경 열서성공列署星拱]과 바둑판처럼 잘 정비된 여러 방이 들어섰고[제4경 제방기포諸坊碁布], 동서북 삼면으로는 훈련장[제5경 동문교장東門敎場], 조운 시설[제6경 서강조박西江漕泊], 군마 방목장[제8경 북교목마北郊牧馬]을 두루 갖춘 한양 도성의 남문을 향해 사방의 행인이 몰려와 북

1 《태조실록》 권6, 태조 3년 8월 11일(무인) 등 참고.

2 《태조실록》 권6, 태조 3년 8월 24일(신묘).

3 《태조실록》 권6, 태조 3년 9월 9일(병오).

4 《태조실록》 권13, 태조 7년 4월 4일(경진); 26일(임인).

5 〈진신도팔경시〉의 제작시기 및 창작의도 등과 관련해서는 이은주, 〈조선 초 '신도팔경' 시의 제작과 성격〉, 《한국시가연구》 22, 2014, 67~96쪽; 심경호, 《삼봉집: 조선을 설계하다》, 한국고전번역원, 2004, 267~271쪽 참고.

적이는 모습[제7경 남도항인南渡行人]이 그것이었다.

〈진신도팔경시〉에 묘사된 서울은 동아시아적 번영의 이상향을 함축하고 있다. 제1경에서 정도전은 이러한 서울 위에 조선왕조가 '천기의 번영[歷年可卜千紀]'을 누릴 것을 기약했다. 새 서울 한양에 꽃피울 왕조의 미래를 향한 축복 어린 전망이었다. 정도전의 꿈은 그의 악장 〈신도가新都歌〉에도 어김없이 펼쳐졌다.[6]

녜ᄂᆞᆫ 양쥬楊州 ᄀᆞ올히여
디위예 신도형승新都形勝이샷다
ᄀᆡ국셩왕開國聖王이 셩ᄃᆡ聖代를 니르어샷다
잣다온뎌 당금경當今景 잣다온뎌
셩슈만년聖壽萬年ᄒᆞ샤 만민萬民의 함락咸樂이샷다
아으 다롱디리
알ᄑᆞᆫ 한강슈漢江水여 뒤흔 삼각산三角山이여
덕듕德重ᄒᆞ신 강산江山 즈으메 만셰萬歲를 누리쇼셔

옛 양주 고을이여
[그] 자리에 새 도읍의 形勝이로다
나라를 여신 聖王께서 聖代를 일으키셨도다
城답구나 지금의 모습 성답구나
聖壽가 萬年하시니 만민이 咸樂하도다
아으 다롱디리

6 〈신도가〉의 해석(번역)은 김명준, 《악장가사 주해》, 다운샘, 2004, 126쪽의 해석을 토대로 다소의 수정을 가하였다.

앞은 한강 물이여, 뒤는 삼각산이여

德重하신 강산 사이에 만세를 누리소서

길이 흐를 한강수, 만고에 푸를 삼각산 사이에서 즐거워하는 만민과 더불어 만세를 누리라는 정도전의 장대한 축원은 《중종실록》 기사에 보이듯 입말이 바뀌어 의미가 통하기 어려워진 100여 년 뒤의 후대에도 향유되었다.[7] 다시 300여 년 뒤인 19세기, 따로 방각본坊刻本이 제작될 만큼 한양의 도시대중에게 널리 유행했던[8] 가사 〈한양가〉에 이르러, '한산거사漢山居士'를 자칭한 작자가 한양을 가리켜 "쥬周ᄂᆞ라 령디령소靈臺靈沼 못보와도 녀긔로다", "문무文武, 주 문왕과 무왕의 성세적 문명文明이오 한당漢唐적 문치文治로다", "포판蒲阪, 순임금의 도성"이 아니되면 기산岐山이 여긔로다"라고 칭송한 모습은, "옛 양주 고을"을 "만민萬民의 함락咸樂"한 유교왕국의 서울로 거듭나게 하고자 했던 정도전과 조선왕조의 기획이 나름대로 성공적이었음을 암시한다.

조선의 악장에 대한 국문학계의 연구사를 돌이켜보면, "문학이 음악의 구속으로부터 벗어나야 한다는 당위론적 명분"에 골몰하던[9] 초기 연구동향이 '문예미학'의 측면에서 '아악악장의 중세적 관습성'과 '향·당악악장의 독자성'을 대조한 조규익의 시도[10] 등에 의해 일정 부분 극복되어왔다. 비교적 근래에는 악장을 '정치적'으로 읽어야 한다는 문제의식 위에 악장 텍스트

7 《중종실록》 권32, 중종 13년 4월 1일(기사), "如牙拍呈才動動詞 語涉男女間淫詞代以新都歌 蓋以音節同也 新都歌乃我朝移都漢陽時鄭道傳所製也 此曲非用文詞多用方言 今未易曉 土風亦當存之 且節奏, 古則徐緩今則急促 不可改也"

8 이윤석, 〈방각본 〈한양가〉 연구〉, 《열상고전연구》 39, 2014 참고.

9 조규익, 《선초악장문학연구》, 숭실대학교 출판부, 1990.

10 조규익, 《조선조 악장의 문예미학》, 민속원, 2005; 조규익, 《조선조 악장 연구》, 새문사, 2014.

의 역사-의례적 맥락이나 향유 양상을 살핌으로써 그 당대적 실질에 접근하려는 시도가 이어지고 있다.[11] 다만 악장 이해의 패러다임을 "'문화론'이나 '예술론' 차원으로 전환"[12] 해야 한다는 문제 제기를 염두에 두고 볼 때, 악장 텍스트 성립과 전변의 다대한 양상을 의미화하여 통합적으로 조망하기까지는 많은 과제가 산적해 있다.

이 글은 종교학자 엘리아데M. Eliade의 개념을 인용하여 조선의 예치禮治 시스템을 설계한 지배집단의 감수성을 구상함으로써, 거기에서 탄생한 조선 초 악장과 그 노랫말이 성립·변전·향유된 양상의 한 단면을 분석한다. 대개 〈용비어천가〉와 거기서 파생된 악장, 그리고 연관 맥락에서 제작·소용된 몇몇 텍스트에 우선 주목할 것이다. 〈용비어천가〉를 "이전 혹은 동시대 악장들의 집대성이자 결정판"[13]으로 상정한 문학사의 인식지평을 심화하여 〈용비어천가〉 및 관련 악장의 문화론적 의의를 종합적으로 재해석하는 일이 수백 년 전 서울에서 성립하고 작동했던 조선 왕조의 유교 의례와 음악을 이해하기 위해 필수적이리라는 문제의식이다. 이는 악장 노랫말의 성립을 이해하고 해석하는 작업에서 출발하지만, 종국에는 조선의 예치체제가 예악禮樂을 동원해 고려의 "옛 양주 고을"을 유교왕국 조선의 수도라는 새로운 의미와 기능의 공간으로 성화聖化해낸 양상을 톺아보려는 것이다.

11 김흥규, 〈선초 악장의 천명론적 상상력과 정치의식〉, 《한국시가연구》 7, 2000; 신경숙, 〈의례와 악장, 규범을 넘어선 창발적 전략들〉, 《고전과 해석》 21, 2016; 김명준, 〈선초 대외 악장의 성립 과정과 변모 양상〉, 《우리문학연구》 63, 2019; 김승우, 〈〈龍飛御天歌〉 향유·수용양상의 특징과 그 의미: 〈鳳來儀〉 정재를 중심으로〉, 《한국시가연구》 23, 2007; 김승우, 〈宗廟祭禮樂章 〈保太平〉·〈定大業〉의 특성과 변모 양상〉, 《민족문화연구》 48, 2008; 김승우, 《용비어천가의 성립과 수용》, 보고사, 2012.

12 조규익, 앞의 책, 2014, 482쪽

13 조규익, 앞의 책, 2005, 185쪽.

2. 〈용비어천가〉 노랫말 성립의 의미

1) 척고의금의 작사 원리와 그 종교적 기능

〈용비어천가〉의 주해에 참여하여 그 발문을 쓴 최항崔恒은 〈용비어천가〉 제작의 취지와 작사의 원리원칙 등을 다음과 같이 언술하였다.

> 《시경》에 〈頌〉이 있음은, 모두 선왕의 盛德과 成功을 칭송하여 자세히 서술함으로써 공경하고 사모하는 마음을 담고, 자손이 간직하고 지킬 도리로 삼고자 한 것입니다. 살펴보건대 예부터 운수가 일어난 임금은 한둘이 아니지만, [그 왕업을] 거룩하게 일으키고 물려받음이며, 하늘이 [천명을] 내리고 백성이 떠받듦이며, 덕이 두텁고 공이 드높음이며, 사적이 매우 기이함은 우리 祖宗과 같이 盛한 것이 없었습니다. 칭송하는 노래 만드는 일을 그만둘 수 있겠습니까? 乙丑年(1445년, 세종 27)에 의정부우찬성 신 權踶, 우참찬 신 鄭麟趾, 공조참판 신 安止 등이 歌詩 125장을 지어 바치니, ①모두 사실에 의거하여 노랫말을 짓되[皆據事撰詞], ②옛일을 끌어모아 지금에 빗대고[摭古擬今], ③되풀이하여 부연진술하였으며[反覆敷陳], ④규계하는 뜻으로 끝을 맺었습니다[終之以規戒之義].[14]

최항의 발문에 제시된 ①개거사찬사皆據事撰詞, ②척고의금摭古擬今, ③반복부진反覆敷陳, ④종지이규계지의終之以規戒之義 가운데 ①이 〈용비어천가〉 창작의

14 최항, 〈龍飛御天歌跋〉, 《龍飛御天歌》 권10. "詩之有頌 皆所以稱述先王盛德成功 以寓念慕之懷 而爲子孫保守之道也 歷觀自古興運之主非一 然其聖作神述 天授民載 德之厚功之隆 事迹之瓌奇顯異 未有如我祖宗之盛者也 歌頌之作 可但已耶 歲乙丑 議政府右贊成臣權踶 右参贊臣鄭麟趾 工曹參判臣安止等 製爲歌詩一百二十五章以進 皆據事撰詞 摭古擬今 反覆敷陳 而終之以規戒之義焉" (번호와 밑줄은 필자 강조)

대원칙이라면, ②~④는 〈용비어천가〉 작사의 구체적인 원리로 이해된다. 그리고 〈용비어천가〉 125장의 작사 원리를 헤아려보면, 서사序詞를 제외한 〈용비어천가〉의 전반을 장악하고 있는 원리는 셋 가운데에서도 단연코 ②척고의금임을 알 수 있다.

〈표 1〉 〈용비어천가〉의 장별 작사 원리 분석

章	行數와 위치		최항 跋文에 대응하는 作詞 원리
1	1	序詞	古聖同符함을 들어 摭古擬今의 이념을 선언
2			
3~16	2	本詞	摭古擬今
17~109			摭古擬今, 反覆敷陳
110~124			摭古擬今, 反覆敷陳, 規戒之義

주지하다시피 〈용비어천가〉 본사本詞의 노랫말은 양적으로나 문법적으로 거의 균일한 선사先詞와 차사次詞가 대구를 이룬 형식이다. 고금의 사적 가운데 옛 일[古]은 선사에, 지금의 일[今]은 차사에 배치된다. "고성古聖", 즉 옛 성왕의 사적을 끌어모아서 목조穆祖에서 태종에 이르는 육룡六龍의 자취에 빗대는 발화구조는, ②척고의금의 원리를 정교하게 구현해낸 결과물이다. 예컨대 본사 첫머리인 〈용비어천가〉 제3장은 각각 빈곡豳谷과 경흥慶興에 머물던 시절 민심을 얻었던 주태왕周太王 고공단보古公亶父의 사적과 목조의 행적을 각기 그 제업帝業과 왕업의 기반을 닦은 것으로 나란히 호명하며, 〈용비어천가〉 제4장은 적인狄人을 피해 빈곡에서 기산으로 이동한 고공단보의 사적과 야인野人을 피해 경흥에서 덕원德源으로 이주한 익조翼祖의 행적을 대응시켜 양자 모두가 천명에 따른 것이었음을 선언한다.

周國 大王이 豳谷애 사ᄅᆞ샤 帝業을 여르시니
우리 始祖 慶興에 사ᄅᆞ샤 王業을 여르시니
昔周大王 于豳斯依 于豳斯依 肇造丕基
今我始祖 慶興是宅 慶興是宅 肇開鴻業
주나라 태왕께서 빈곡에 사시어 제업을 여시니
우리 시조께서 경흥에 사시어 왕업을 여시니

狄人ㅅ 서리예 가샤 狄人이 ᄀᆞᆯ외어늘 岐山 올ᄆᆞ샴도 하ᄂᆞᇙ ᄠᅳ디시니
野人ㅅ 서리예 가샤 野人이 ᄀᆞᆯ외어늘 德源 올ᄆᆞ샴도 하ᄂᆞᇙ ᄠᅳ디시니
狄人與處 狄人于侵 岐山之遷 實維天心
野人與處 野人不禮 德源之徙 實是天啓
적인의 가운데 가시어 적인이 침범하거늘, 기산으로 옮기심도 하늘의 뜻이시니
야인의 가운데 가시어 야인이 침범하거늘, 덕원으로 옮기심도 하늘의 뜻이시니

정인지는 〈용비어천가〉의 서문에서 〈용비어천가〉 본사에 구현된 척고의금의 원리를 "먼저 옛날 제왕의 사적을 서술하고, 다음으로 우리 조종의 일을 서술하였다[先敍古昔帝王之迹, 次述我朝祖宗之事]."라고 요약한 바 있다. 그런데 이 서문에 드러난 〈용비어천가〉 제작자들의 인식지평이 〈용비어천가〉 속 육룡의 역사를 "우리 조종의 일", 즉 현재의 사건으로 규정하고 있음을 새삼 주목할 필요가 있다.

세종조의 역사와 〈용비어천가〉의 찬진 과정에 관심이 없는 현대인의 관점에서는, 서문을 쓴 정인지가 특정한 시간을 '현재'라고 지칭했다면 이는 당연히 그와 동료들이 〈용비어천가〉를 창작한 세종조였을 것이라고 간주하기 쉽다. 같은 이유로, 〈용비어천가〉가 찬진된 세종조의 시점에서 돌아본 '육룡'의 행적은 고성古聖의 사적과 마찬가지로 ('현재'가 아닌) '과거'의 일이

아닌가 하는 의문이 들기 마련이다. 그렇지만 이는 근대적이고 세속적인 시간관을 체화한 현대인의 시간 인식이다. 과거와 현재를 규정하는 〈용비어천가〉의 사고방식은 성리학을 통치이념으로 내건 유교왕국 조선의 지배집단이 지닌 역사와 시간 인식을 바탕으로 한 것이기에, 세속적인 현대인의 감각과는 완전히 결을 달리하는 종교적 인간의 세계관을 담지한 것으로 이해되어야 한다.

> 종교적인 인간에게 있어서 시간은 [종교적인 인간에게 있어서의] 공간과 마찬가지로, 균질적인 것도 지속적인 것도 아니다. 한편에는 거룩한 시간, 축제의 시간(대개의 경우 주기적인)이 있고, 다른 한편에는 종교적 의미가 없는 행위들이 놓인 세속적 시간, 일상적인 현세의 기간(ordinary temporal duration)이 있다. 이 두 종류의 시간 사이에는 말할 것도 없이 지속성의 단절이 존재한다. 그러나 종교적 인간은 의례라는 수단(means of rites)을 통해 일상적인 현세의 기간으로부터 거룩한 시간으로 위험 없이 넘어갈 수 있다.
>
> 거룩한 시간은 [세속적 시간과 달리] 본질적으로 가역적(reversible)이다—정확히 말하자면, 현재를 만든 것이 바로 원초의 신화적 시간이다. 모든 종교적 축제, 모든 예배의 시간은 신화적인 과거, 즉 '태초에(in the beginning)' 발생한 거룩한 사건을 재현한다. 축제에 종교적으로 참여하는 것은 일상적인 현세의 기간을 헤쳐나와 축제 그 자체로 재현된 신화적 시간에 재통합되는 것을 의미한다. 따라서 거룩한 시간은 무한정 회복될 수 있고, 반복될 수 있다.[15]

15 M. 엘리아데 저, 이동하 역, 《聖과 俗: 종교의 본질》, 학민사, 1998, 61~62쪽(밑줄은 인용자). 이하 '거룩한 시간'과 '거룩한 공간', '聖顯'과 '聖化' 등 용어는 대개 엘리아데의 개념을 인용 혹은 참조하였다. 아울러 이 인용문을 비롯해 엘리아데의 저술을 직접 인용한 부분은 국내 번역본을 기본으로 하되 영문판을 참고하여 번역을 다소 수정하였음을 밝힌다.

세속적인 근대인이 시간을 직선적이고 균질적인 것으로 인식하는 데 반해, 종교적 인간에게 시간은 순환적이고 차등적이다. '태초'로 지목된 거룩한 시간, 신화적 과거는 일상이 지속하는 현재와 완전히 차별화된다. 그리고 태초에 발생한 거룩한 사건-기독교적인 관념으로 '천지창조'에 해당하는-을 반복적으로 재현하는 의례는 종교적 인간이 익숙해진 일상에서 벗어나 거룩한 사건을 체험하게 하는 수단이다. 이러한 종교학의 관점에서 보면, 〈용비어천가〉의 핵심을 이루는 척고의금의 원리는 성리학이라는 이념-종교에 빠진 인간들이었던 조선의 지배집단이 유교왕국 조선의 탄생을 '과거'로 지칭된 거룩한 시간, 즉 유교적 고전 고대의 '태초'가 재현된 사건으로 규정하고 호명하기 위한 방법론이었다.

정인지는 현대의 시간기준으로는 엄연히 물리적 '과거'인 조선 조종의 행적을 '현재'로 명명했다. 과거를 현재로 지칭하는 이 역설적 호명을 통해, 육룡의 역사는 옛 성왕의 사적에 정확히 부합하는 '거룩한 시간의 재현'으로 의미화된다. 예컨대 척고의금의 원리를 구현한 첫머리인 3장과 4장에 고공단보의 사적을 연달아 끌어온 것은 단순히 이 사적이 목조·익조의 행적과 부합하기 때문만이 아니다. 주대周代야말로 신유학의 세계관에서 유교 문명의 탄생으로 상정된 치세, 즉 거룩한 시간이며, 그 주나라 건국을 가능하게 한 '태초의 거룩한 사건'은 다름이 아니라 융적戎狄에서 중화中華로 귀환한 고공단보의 이주였기 때문이다. 이를테면 〈용비어천가〉 3장과 4장에 나타난 목조·익조의 서사는 고공단보의 사적이라는 거룩한 사건에 빗대어짐으로써 비로소 신화적 과거로 거듭난 것이었다.

또한 육룡의 서사를 '현재'로 지칭하는 정인지의 언술은, 육룡의 서사뿐만 아니라 '현재'라는 시간의 의미도 함께 변화시킨다. 이는 신화적 과거의 재현으로 규정된 육룡의 서사와 〈용비어천가〉가 찬진된 시점의 현재를 "우리 조종[我朝宗祖]"이라는 하나의 시간대로 묶어내는 발화였다. 조선왕조가 영유하고 있는 현재를 일상적인 현세의 기간[ordinary temporal duration]에서 끌어내어 신화적 과거가 살아 숨쉬는 거룩한 시간 안에 편입시키는 성화聖化의 호명이다. 이제 유교 왕국 조선의 종교적 인간들은 언제든 〈용비어천가〉의 노랫말이라는 매개체를 통해 신화적 과거가 재현되는 축제의 시간을 무한정 회복하고, 체험할 수 있게 된 것이다. 세속의 시간을 거룩한 시간으로 탈바꿈시키는 척고의금 원리의 종교적 기능이라 하겠다.

2) 용비가 – 용비시 체제의 의의와 그 전사

용비가龍飛歌와 용비시龍飛詩가 대를 이루게 한 〈용비어천가〉 형식의 가장 직관적인 의의는, 중국의 옛 성왕과 조선 육룡의 사적을 빗댄 척고의금 원리를 형식적으로 확장하듯, 조선의 '나랏말[國言]'을 유교 문명의 전통을 계승해온 한문과 병렬시켜 둔 '용비가-용비시 체제' 자체라고 할 수 있다. 이 구도 안에서 용비가와 용비시라는 두 언어체계의 시가는 척고의금의 원리 안에서 현재와 과거가 대를 이루었듯 대응-호환 가능한 위치에 놓인다.

참고로 〈용비어천가〉는 한글로 창작된 최초의 문학작품이기에 국문학사의 측면에서 많은 관심을 받았고, 이러한 시선은 대개 한글로 이루어진 '용비가'에 쏠려왔다. 적지 않은 선행연구는 '용비가'와 '용비시' 제작의 선후관계 등을 규명하는 데 천착하곤 했는데,[16] 이러한 연구 경향에는 〈용비어천가〉가 지닌 '국문시가-우리말 노래'로서의 가치에 골몰했던 국문학 연구자들의 욕망이 반영되어 있다.

그런데 〈용비어천가〉의 음악적 기능은 용비가 부분에만 한정된 것이 아

16 조흥욱, 〈〈용비어천가〉의 창작 경위에 대한 연구: 국문가사와 한문가사 창작의 선후관계를 중심으로〉, 《어문학논총》 20, 2001 등이 대표적이다.

니었다. 〈용비어천가〉가 찬진된 지 몇 개월 뒤인 1445년세종 27 9월[17], 세종은 중국의 음악을 배워 돌아온 창가비唱歌婢들을 시켜 용비시에 관현管絃을 입히고자 하였다. "지금의 시는 옛 시와 달라 읊조릴 수는 있어도 노래할 수 없다.[今之詩 異於古之詩 可詠而不可歌也]"라는 한 세기 뒤 〈도산십이곡발(陶山十二曲跋)〉에서 퇴계의 인식은 이 시대의 〈용비어천가〉에는 적용되지 않았던 것이다. 이는 기본적으로 용비시의 제작이 그 작사의 방식이나 압운 등의 측면에서 《시경》의 古詩를 적극적으로 의방한 점[18]과 무관하지 않았던 까닭으로 생각된다. "민속의 칭송하는 바를 채록하여, 감히 조묘朝廟의 악가樂歌를 모방했다[謹採民俗之稱頌, 敢擬朝廟之樂歌]."라고 한 정인지의 서序는 《시경》이 상징하는 채시採詩의 이념과 상통하는 것이었다.

〈용비어천가〉의 제작과 용비가-용비시 체제의 성립은 멀게는 전조 고려에서, 가깝게는 선왕 태종이나 세종 자신의 치세에서 발견되는 유교적 음악 수용 및 작사의 전통을 전사前史이자 기반으로 한다. 우선 고려조에 수용되었던 중국의 유교적 음악은, 물론 실록에 전하는 〈대성악보〉처럼 비슷하게 전승되기도 했지만, 흔히 '일자일음 형태의 작사 방식'[19]으로 지은 새로운 노랫말을 그 음악에 얹어 부르는 형태로 곧잘 활용 혹은 변전되었다. 고려 예종대의 〈구실등가악장九室登歌樂章〉이나 이를 개편한 공민왕대의 〈구실등가악장〉, 노국대장공주를 위해 제작된 〈휘의공주혼전대향악장徽懿公主魂殿大享樂章〉 등은 《시경》으로 대표되는 고시古詩의 문법과 격식을 의방하되, 그

17 《세종실록》 권109, 세종 27년 9월 13일(계미). "今者以龍飛詩欲被管絃 使唱歌婢協之唐樂 或有忘其音律者 或有不忘者 然絃歌之聲 不合於本國之樂 但舞蹈之容 爲可觀也"

18 이에 대해서는 노요한, 〈朝鮮初期 官撰 註解書의 文獻學的 研究〉, 고려대학교 국어국문학과 박사학위논문, 2019 참조.

19 송방송, 《증보 한국음악통사》, 민속원, 2007, 243쪽.

내용과 기능을 고려의 인물을 위한 것으로 새롭게 한 형태였다.[20] 한편 고려 때부터 쓰여 온 궁중악을 개편하려는 1402년태종 2 논의[21]는 《시경》 〈소아〉편과 〈주남〉편 등으로 이루어진 〈풍아십이시보風雅十二詩譜〉를 참고한 것이었고, 이는 〈풍아십이시보〉 가운데 〈남산유대南山有臺〉, 〈황황자화皇皇者華〉, 〈어리魚麗〉, 〈녹명鹿鳴〉 등의 음절을 취하여 회례악을 이루게 한 1432년세종 14의 조치로 계승되었으며,[22] 정초鄭招 등에게 〈회례문무악장會禮文武樂章〉을 짓도록 한 것[23]도 그 연장선에 있었다. 이는 봉래의鳳來儀 가운데 〈여민락與民樂〉의 노랫말을 용비시로 구성하는 작업으로 이어진다고 생각된다.

《시경》에 기반을 둔 중국의 유교음악을 수용 및 변용해온 경험이 용비가-용비시 체제의 형식적 전사前史라면, 세종 즉위 이후 지속적으로 이루어진 중국 역대왕조사에 대한 이해의 심화는 용비가-용비시 체제의 내용적 전사라고 할 수 있다. 세종은 즉위 초부터 경연에서 《자치통감》을 비롯한 다양한 사서에 관심을 나타내어 1438년세종 20 11월 《사정전훈의자치통감강목思政殿訓義資治通鑑綱目》을 완성하는 등의 면모를 보였고,[24] 이는 중국의 사적을 정리한 《치평요람治平要覽》과 《역대병요歷代兵要》 등의 편찬으로 이어졌다. 이 역대사 편람서의 제진이 〈용비어천가〉의 제작과 시기를 같이 한다는 지적을 고려할 때, 주태왕 고공단보와 같은 전통적인 의미의 성왕聖王은 물

20 이와 관련해서는 김명준, 〈고려 예종 대 〈九室登歌〉의 성립 배경과 악장사적 의미〉, 《어문논집》 68, 2013; 〈고려 恭愍王대 太廟樂章의 개찬 양상과 그 의미〉, 《한국시가문화연구》 33, 2014; 조규익, 〈고려말 〈신찬태묘악장〉 연구: 텍스트 구성양상과 그 정치·문화적 의미〉, 《한국문학과 예술》 35, 2020 등 참고.

21 《태종실록》 권3, 태종 2년 6월 5일(정사).

22 《세종실록》 권57, 세종 14년 9월 8일(계해).

23 《세종실록》 권58, 세종 14년 12월 10일(을미).

24 김승우, 앞의 책, 2012, 143~160쪽.

론 원 세조와 같은 비중화非中華의 제왕을 아우르는 〈용비어천가〉 각 장 선사先詞의 폭넓은 소재적 구성은, 육룡의 사적을 담은 차사次詞의 소재가 내용 면에서 상대적으로 한정된 점과 결합하여, 〈용비어천가〉 전반의 용비가-용비시 체제를 '척고의금'에 이은 '반복부진反覆敷陳'의 작사 원리로 이어 붙여 지탱하게 하는 것이었다.

또한 용비가-용비시 체제의 완정성은, 형식적이고 내용적인 전사에 병행하여 《역대세년가歷代世年歌》의 간행과 《명황계감明皇誡鑑》 편찬으로 여러 차례 실험되었다. 1436년세종 18에 간행된 《역대세년가》는 본래 송말원초 인물 증선지曾先之의 영사시詠史詩이나,[25] 세종은 여기에 빠진 원대元代의 역사를 장미화張美和의 시로 보충하는 한편, 후일 〈용비어천가〉 찬진에도 참여하게 될 이조판서 권제權踶를 시켜 〈동국세년가東國世年歌〉를 짓고 주해하게 하였다.[26] 한편 1441년세종 23 편찬된 《명황계감》은 《자치통감》을 중심으로 여러 사서와 사론, 시 등을 수합하여 당현종과 양귀비의 사적을 기록하고 경계한 내용인데,[27] 세종은 여기에 168장에 이르는 가사를 친제親製하여 덧붙이기도 했다.[28] 《역대세년가》 편찬과정에서 진행된 〈동국세년가〉의 찬진과 《명황계감》 가사의 세종 친제를 〈용비어천가〉를 염두에 둔 선행 작업으로 단정하는 것은 조금 섣부를 수 있겠지만, 이 두 작업이 각각 '중국과 조선의 사적을 소재로 창작한 일련의 역대가', '중국의 사적을 소재로 창작한 역대가' 제작이었다는 점에서 〈용비어천가〉에 종합된 용비가-용비시의 체제를 예비하는 것이었음은 부정할 수 없을 것이다.

25 《세종실록》 권72, 세종 18년 4월 4일(경자).

26 이에 대해서는 진재교, 〈역대세년가 연구〉, 《동방한문학》 14, 1998 참고.

27 《세종실록》 권93, 세종 23년 9월 29일(임술).

28 세종의 친제가사는 현재 전하지 않는다. 이상 《명황계감》 편찬과 관련된 내용은 김승우, 〈《明皇誡鑑》의 편찬 및 개찬 과정에 관한 연구〉, 《어문논집》 72, 2014 참고.

3. 거룩한 시간과 공간의 성현: 세종조 〈봉래의〉 정재와 〈정대업〉, 〈보태평〉, 〈발상〉의 효과

《세종실록》 〈악보〉에 악장이 수록되었고 성종조 《악학궤범》에도 상당 부분 그대로 이어져 기록되는 〈봉래의〉 정재는 대략 전인자前引子 – 진구호進口號 – 여민락與民樂 – 치화평致和平 – 취풍형醉豐亨 – 후인자後引子 – 퇴구호退口號의 순으로 진행되는 일련의 공연이다. 이때 〈여민락〉은 용비시의 1~4장과 125장을, 〈치화평〉은 용비가의 1~16장과 125장을, 〈취풍형〉은 용비가의 1~8장과 125장을 취택하여 그 노랫말을 구성하였다.

주지하다시피 〈용비어천가〉에서 용비시는 그 1장은 5-5-4언의 3구 형태, 2~109장까지는 4언 8구 형식, 110~124장은 5언 3구 형식으로, 마지막 125장은 7-4-4-4-4-4-4-4-6-4-4언의 11구 형식으로 구성된다. 김승우는 〈여민락〉의 악곡 형태에서 5언 3구, 즉 용비시의 '무망毋忘장'을 올려 부를 수 있는 형식이 배제되었다는 점을 강조하는 입장에서 〈용비어천가〉→〈봉래의〉 정재 악장 3편〈여민락〉, 〈치화평〉, 〈취풍형〉의 변환 과정에 무망장이 배제된 점을 유의하였다.[29] 이러한 배제를 통해 "자손이 간직하고 지킬 도[爲子孫保守之道]"로서 〈용비어천가〉의 "규계지의規戒之義"의 원리가 지닌 효과는 감쇄된 한편 "선왕의 성덕과 성공을 자세히 서술하여 칭송하려는[稱述先王盛德成功]" 취지는 더욱 도드라지게 되었다는 것이 논자의 해석이다.

〈봉래의〉 정재 전반을 아울러 보면, 〈여민락〉-〈치화평〉-〈취풍형〉으로 이어진 악장 3편은 앞뒤로 붙은 '진구호'·'퇴구호'와 호응하며, 조종祖宗의 높은 공덕과 그에 따른 천명을 강조하고 왕조의 번영을 송축하는 의례요로 기능하였음을 알 수 있다.

29 김승우, 앞의 글, 2007, 91쪽.

진구호

念我祖宗 德盛功隆	생각건대 우리조종 덕과 공이 융성하매
載篤其慶 誕膺成命	도타운 선행으로 천명을 받아 기르셨네
于萬斯年 赫赫昭宣	만세토록 혁혁히 밝게 (천명을) 펴실 것이니
永言嘆嗟 惟以遂歌	찬탄을 길게 하여 노래 부릅니다

퇴구호

天高地厚 聖德難名	하늘처럼 높고 땅처럼 두터운 성덕 일컫기 어려우매
形諸歌頌 庶幾象成	歌頌으로 나타내어 형상하려 하였나니
簫管旣奏 肅雍厥聖	簫管을 연주하여 그 소리 肅雍하며
萬姓歡心 永賀昇平	만백성 기뻐하여 길이 태평함을 칭송합니다

진구호가 펼쳐지며 의례의 현장에 등장한 무舞와 함께, 웅장하게 연주되는 악가의 소리는 정재를 경험하는 당대인의 이목을 단번에 사로잡았을 것이다. 진구호는 그 서두에서 선언된 조종의 공덕을 "도타운 선행[載篤其慶]"으로 호명했다. 이는 "(위대한 왕) 한 사람의 선행에 만백성이 힘입었다[一人有慶 兆民賴之]"는 《서경》 〈여형〉편의 대목을 전고로 한다. 6대에 걸쳐 쌓은 공덕으로 말미암아 천명을 받고 나라를 세웠다는 〈용비어천가〉 서사를 예비하기에 적절한 선언이라 하겠다. 조종의 선행에 힘입고 귀의한 "만백성의 기쁨"으로 마무리되는 퇴구호 역시 진구호 및 악장의 노랫말과 호응한다. "나라를 여신 성왕께서" 일으킨 "성덕"에 "만민이 함락"할 것을 노래한 〈신도가〉를 상기시킨다.

다만 〈봉래의〉 정재가 그 구성상 〈용비어천가〉가 기존에 함축했던 "규계지의規戒之義"의 지향을 축소-소거하도록 의도하였다는 김승우의 견해에는 좀 더 고민해볼 만한 지점이 있다. 예컨대 논자는 "〈용비어천가〉에서는 본래 110~124장 무망장에서 반복적으로 제시되어 오던 규계의 뜻이 이곳

125장에서 집약되고 강조되면서 작품을 맺는 구조였던 반면, 실제 연행에서는 오직 제125장 한 장만으로 규계의 뜻을 모두 감당하게 되는 상황"이라고 분석하였다. 그러나 〈여민락〉·〈치화평〉·〈취풍형〉이 연달아 연행되는 봉래의 정재 구성상 세 악장의 종장을 이루는 〈용비어천가〉 125장의 내용은 각 단계의 마지막 부분에서 여러 차례 반복된다. 따라서 〈용비어천가〉 125장에 함축된 '규계지의'의 지향이 이 과정을 통해 충분히 '반복부진' 될 수 있었을 것으로 보인다.

> 千世 우희 미리 定ᄒᆞ샨 漢水北에 累仁開國ᄒᆞ샤 卜年이 ᄀᆞᇫ업스시니
> 聖神이 니ᅀᆞ샤도 敬天勤民ᄒᆞ샤ᅀᅡ더욱 구드시리이다
> 님금하 아ᄅᆞ쇼셔 洛水예 山行 가이셔 하나빌 미드니ᅌᅵᆺ가
> 千世默定 漢水陽 累仁開國 卜年無疆
> 子子孫孫 聖神雖繼 敬天勤民 乃益永世
> 嗚呼 嗣王監此 洛表遊畋 皇祖其恃
> 천세 전에 미리 정하신 한강 북쪽에, 仁을 쌓아 개국하시어 나라의 운수가 끝없으시니
> 성스럽고 신령한 자손이 (대를) 이으셔도, 하늘을 공경하고 백성에게 마음과 힘을 쓰셔야 (나라가) 더욱 굳으시리이다
> 임금이시어 알아주소서 (하나라 태강처럼) 낙수에 사냥 가 있으면서 할아버지를 믿으시겠습니니까

위와 같은 〈용비어천가〉 125장의 내용으로써 국왕의 '경천근민敬天勤民'을 종용하며, 할아버지인 우왕禹王의 공덕만 믿고 왕 노릇을 게을리하다가 쫓겨난 하나라 태강太康의 사례를 경계하는 것이 〈봉래의〉 정재 가운데 〈여민락〉·〈치화평〉·〈취풍형〉의 마지막 대목에서 반복되는 중요한 메시지였다.

이와 관련해서는 〈여민락〉·〈치화평〉·〈취풍형〉이라는 세 악장의 제목에 유의한 조규익[30]의 논점을 함께 참고할만하다. 조규익이 지시한바 〈여민락〉은 《맹자》 양혜왕 편을, 〈취화평〉은 《주역》 '택산함澤山咸' 괘사卦辭에 대한 정이천程伊川의 전傳을, 〈취풍형〉은 《주역》 '뇌화풍雷火豐' 괘사卦辭에 대한 정이천의 전을 전고로 삼은 표현으로 이해된다. 주지하다시피 '여민락'은 《맹자》 양혜왕 편에서 양혜왕과 제선왕의 일화 두 차례에 걸쳐 등장하는 '與民偕樂', '與民同樂'의 준말로, 주 문왕의 영대靈臺·영소靈沼 건설을 백성들이 즐거워한 것은 그 혜택을 백성들과 함께하였기 때문임을 강조한 전고이다. '치화평'은 정이천의 전 가운데 "성인이 사람의 마음을 감동시켜 천하가 화평하다[聖人感人心而天下和平 觀其所感而天地萬物之情 可見矣]"[31]라는 대목에서, '취풍형'은 "풍은 형하니, 왕이어야 (여기에) 이르니, 근심이 없게 하려면 마땅히 해가 중천에 비추듯 해야 한다[豐亨 王假之 勿憂宜日中]"라는 대목에서 온 것으로 추정된다.

이상의 내용을 〈용비어천가〉의 서사와 연관지어 보면, '뿌리깊은 나무'와 '샘이 깊은 물'이 등장하는 1~2장의 비유나 경흥 시절 백성들을 잘 이끌어 민심을 얻은 목조의 행적으로 시작한 3장의 내용 등에서 백성과 고락을 함께한 조종의 공덕은 〈여민락〉에, 그러한 공덕으로 민심을 얻어(사람의 마음을 감동시켜) 고려의 혼란상을 안정시키고 천명을 받은 조종의 행적은 〈치화평〉에 대응한다고 볼 수 있다. 그리고 민심을 강조하는 〈여민락〉과 〈치화평〉의 메시지를 지속하되, 이를 본격적인 '경천근민'의 규계로 완성 짓는 대목이 〈취풍형〉이다. 왕이라면 모름지기 "해가 중천에 비추듯" 해야 한다는 괘사에 대한 정이천의 전은 "해가 중천에 가면 기울고, 달이 차면 이

30 조규익, 〈《봉래의》 악장 연구(1)-樂舞 명칭의 전거와 악장 내용의 상관성을 중심으로〉, 《온지논총》 31, 2012.

31 괘사와 관련된 번역은 《주역전의》, 전통문화연구회, 2021의 번역을 다듬어 인용하였다.

지러지니, (중략) 하물며 사람이며 하물며 귀신이랴?"라는 선언과 함께 "풍성한 때에 이렇게 경계하는 것은 그 중을 지켜 지나치게 성함에 이르지 않게 하려는 것"이라는 규계로 마무리된다. 비록 〈용비어천가〉 무망장이 제외되었지만, 세 악장의 제목을 통해 끊임없이 "경천근민"한 국왕이 되라는 우려 섞인 단속이 반복되고 강조되는 모습이다.

이에 척고의금의 원리를 통해 재현된 육조六祖의 역사와 조종의 천명을 계승한 군왕의 준칙이, 국왕 자신이 마련한 의식을 통해 〈봉래의〉 정재의 연행 현장에 선언되고 현현한다. 〈봉래의〉 정재는 이렇게 일상의 시간에 종교적 의미의 '거룩한 시간'을 성현시키며, 그 연행이 펼쳐지는 현장을 '거룩한 공간'으로 성화聖化하는 의례요로 기능하였다.

한편 〈봉래의〉 정재 악장에 뒤이은 〈보태평〉·〈정대업〉·〈발상〉의 제작은 〈봉래의〉 정재 등에 이어진 건국서사에 대한 종교적 성화를 건국 이후 태조와 태종의 왕업으로까지 확장하는 기능을 담지하였다. 정인지는 일찍이 〈용비어천가〉의 서문에서 태조와 태종의 일은 잠저 시절까지만을 소재로 하였음을 표명한 바 있다.

> 먼저 옛 제왕의 자취를 서술하고 다음으로 조종의 일을 서술하되, 태조와 태종 즉위 이후의 깊은 仁政과 훌륭한 政事는 말로 다할 수 없기에, 다만 潛邸 시의 덕행과 사업만을 채록하여 열성조 왕업의 터전이 원대했음을 미루어 근본하고, 實在의 덕을 서술하여 이를 正音으로 반복하여 읊으면서 왕업의 어려움을 나타냈습니다.[32]

32 정인지, 〈龍飛御天歌序〉, 《龍飛御天歌》 권1, "先敍古昔帝王之迹 次述我朝祖宗之事 而太祖太宗 卽位以後深仁善政則莫罄名言 只撮潛邸時德行事業 推本列聖肇基之遠 指陳實德反復詠嘆 以著王業之艱難"

"즉위 이후의 선정을 이루 다 말로 표현할 수 없기에 왕위에 오르기 이전 잠저에 있을 때의 일만을 다루었다."라는 것이다. 그런데 이 때문에 〈용비어천가〉 및 이를 토대로 한 〈봉래의〉 정재의 내용과, 해당 악장 텍스트를 찬진한 세종의 시대 사이에는 조선 건국 이후 태조와 태종이 국왕으로서 일궈낸 업적이 내용상의 공백으로 남게 된다.

국왕으로서 태조와 태종의 개별적인 공덕에 천착한 〈보태평〉과 〈정대업〉, 그리고 〈발상〉은 그 노랫말의 구성을 통해 이 간극을 메꿔주는 역할을 맡은 텍스트로 생각된다. 건국 이후부터 세종의 치세 이전까지의 공백이 메꿔짐으로써, 〈용비어천가〉에서 〈발상〉에 이르는 악장 텍스트는 그 내용상 일련의 연대기적 완결성을 충족하게 되었다.

維天命不易 維德則以興
於皇我列聖 假哉休命膺
神謨與聖烈 丕顯且丕承
應運開太平 至仁撫黎蒸
啓佑我後人 萬世相繩繩
何以昭盛美 是宜謌頌騰

천명은 不易하매 덕이 있으면 흥하나니
높으시도다 우리 列聖이시어, 크시도다 아름다운 명 받으심이여
신령한 계획과 거룩하신 공업, 크게 나타나고 크게 이으시도다
운수에 응하여 태평 이루시고, 지극한 사랑으로 만백성 기르시며
우리 후세를 열어주고 도우시매, 만 대 영원까지 이어가리
장한 일 무엇으로 나타낼까, 이에 마땅히 노래하여 頌 올리리라

위에 인용한 〈보태평〉 희문熙文의 인입引入에서 "啓佑我後人 萬世相繩繩"의 대목은 직접적으로는 세종 그 자신, 그리고 뒤이어 왕업을 이어갈 조선왕실의 후손들을 열성조가 "계우啓佑"하고 있음을 천명하였다. (육룡이 아닌) 태종비 원경왕후의 공덕을 노래하고 있는 〈보태평〉 '정명貞明'은 이러한 의도를 잘 드러낸다.

思齊聖母 俔天幽貞
嬪我王家 維德之行
載保宗祧 贊謀允臧
佑我丕圖 以御邦家
克昌厥後 永保無疆

덕 있으신 聖母께서는 天使같이 幽貞하시와,
우리 왕가에 시집오시어 오직 덕으로써 행하시매,
종사를 보우하고 모의함을 도우심이 실로 착하시며,
우리의 큰 계획을 도우시어 집안을 잘 다스리셨도다
창성한 덕 후손에 미쳐 길이길이 끝없이 보전하리

《시경》 〈대아〉편에 등장하는 전고 "大邦有子, 俔天之妹"를 끌어와 원경왕후를 기리는 〈보태평〉의 문법은 〈용비어천가〉의 방식과 동일하게, 세종의 모후를 '위대하신 어머니'의 태곳적 전범, 태사太姒에 빗대는 발화다. 왕자의 난을 비롯해 수십여 년의 정치적 격랑 속에 많은 '보필'의 공을 세웠던 원경왕후의 위상을 부각함으로써, 그녀의 혈통을 받은 세종과 후손들이 태종과 원경왕후가 쌓은 공덕 위에 천명을 보전해가리라고 송축하는 노랫말 구성이다.

이렇게 〈용비어천가〉에서 〈봉래의〉 정재로, 다시 〈보태평〉·〈정대업〉·〈발상〉으로 이어지는 조선 초 악장 노랫말의 변전은, 〈용비어천가〉의 노랫말을 연행에 더욱 적합한 정재의 형태로 정비해나가는 과정이었다는 점에서, 인간의 감각을 자극하는 예악의 원리에 입각해 '거룩한 시간'을 현현顯現하게 하도록 하기 위한 노력을 보여준다. 이러한 일련의 과정이 펼쳐진 다종다양한 의례의 공간은 매 순간 악장의 노랫말과 음악, 그리고 주위를 둘러싼 의례의 장치들을 통해 '거룩한 공간'으로 성화되었다. 그리고 그 성화의 메커니즘은 후일 《오례의》, 《악학궤범》 등으로 정리되는 수많은 의례와 악장을 통해 시현되었고, 종국에는 국왕이 거주하는 궁궐과 주변 공간을 넘어 고려의 "옛 양주 고을" 곳곳을 유교왕국 조선의 도성으로 변모시켜 나갔던 것이다.

4. 맺음말: 예악으로 성화된 조선의 수도 서울

세종의 사후 문종과 단종의 계사 이후 발생한 계유정난, 그리고 적장자 상속의 대원칙과는 거리가 멀게 진행된 세조-예종-성종의 왕위 계승의 과정에서, 상술한 조선 초 '종교적 인간'들의 성화 작업은 오히려 한결 다양한 방식으로 지속 및 강화되었다.

세종조 후반에 진행된 〈용비어천가〉 관련 악장의 변전은 세조조에 이르러 〈보태평〉과 〈정대업〉을 회례악에서 제례악으로 변용한 작업으로 일단락되는데, 이 과정에서 본디 구변九變과 육변六變으로 구성되었던 〈보태평〉과 〈정대업〉은 '인입+구변+인출'의 통일된 형태로 재편되며 제례악으로 연행되기 위한 규격을 갖춘다. 성대한 종묘의 의례 장치와 절차 가운데 이들 악장이 연행된 광경은, 노랫말에 담긴 선왕의 사적이 '거룩한 시간'으로 현현함으로써, 유교 의례가 설행되는 서울 종묘를 '거룩한 공간'으로 성화시키는 모습이었다.

세조 이후 단 한 번이라도 평범한 적장자 승계가 이뤄졌다면 친형 월산대군이나 사촌동생 제안대군에 밀려 국왕이 되지 못했을 성종은, 아마도 바로 그렇기에 그 누구보다 유교적 군주로서의 정체성을 자처했다. 그는 사친私親인 의경세자와 수빈粹嬪 부부를 왕과 왕비로 추숭하고 종국에는 부묘함으로써 자신의 혈통과 왕위 계승을 정당화하려 하였는데, 이 과정에서 〈의묘악장懿廟樂章〉을 비롯한 여러 편의 악장이 창작되어 서울 곳곳의 의례 현장에서 연행되었다.[33]

성종은 또한 왕권의 도덕적 정당화를 위해 성균관에 친히 거둥하여 문묘제사를 집전하거나, 거둥 이후의 대사례大射禮와 대향大饗을 통해 사대부들과 도성 한양의 민심을 모으려 애쓰기도 했다. 오늘날까지 전하고 있는 〈대사례악장〉과 〈신찬등가악장〉 등은 바로 이러한 맥락에서 탄생하여,[34] 그 의례의 현장에 참여하는 사대부나 이를 구경하는 한양의 신민들을 성현聖顯의 시공간 안으로 포섭하였던 것이다. 선농제와 선잠제를 설행하며, 〈선농악장〉과 〈선잠악장〉이 연행되는 한 가운데 도성의 신민들 앞에서 국왕과 중전이 적전籍田과 친잠親蠶에 임한 이신작칙以身作則의 모습은 유교적 예악통치의 이상을 국왕 부부가 몸소 체현하는 세레모니였다.

이렇듯 왕실 의례의 핵심이었던 궁궐과 종묘에서 시작하여, 성균관, 선잠·선농단, 의묘懿廟 등 한양 안의 핵심공간들은 조선왕조가 마련한 의례

33 성종 왕권에 대한 이 '종법적(혈통적) 정당화'는 재위 초 수렴청정기에는 대왕대비(정희왕후)와 원상들에 의해, 친정 이후에는 그 자신에 의해 지속적으로 시도된 것으로 보인다. 성종 초기 종법적 정당화 시도의 사례로 '三殿尊號儀'의 설행과 해당 의례에서의 〈삼전존호악장〉 연행을 들 수 있다. 박영재, 〈조선 성종조 三殿尊號樂章의 존재 양상과 의미〉, 《고전문학연구》 64, 2023 참고.

34 박영재, 〈성종조 성균관 거둥 관련 의례와 악장의 의미〉, 《한국시가문화연구》 50, 2022.

와 음악을 통해 점차 새롭게 의미화되었다. 또한 세말歲末 또는 사신행차 등에 뒤따르는 나례儺禮와 같이, 유교 예악의 자장에서 완전히 벗어나 제각기 오랫동안 수도 안팎에서 설행되어온 의례와 음악은, 성종조를 거치며 유교적 예악 이해 안에서 나름대로 재규정되어 《오례의》와 《악학궤범》 등에 편입되어갔다. 중국의 유교적 의례와 음악이 고려조부터 이어온 조선의 예악 전통과 뒤섞이며 발생한 모종의 토착화이자 문화횡단적transcultural 현상이었다.

조선 건국 이후 수도 한양에서 치열하게 진행된 유교적 의례와 음악 구성을 위한 노력은 요컨대, 예와 악을 씨실과 날실 삼아 조선을 유교 국가로 거듭나게 하려는 유교적 성화의 지속적인 실천이었다. 〈용비어천가〉를 중심으로 한 관련 악장의 제작과 연행은 바로 그 한 가운데 놓여있었던 것이다.

제 4 장

조선 초 한양 문묘향사의 통사로서 위상과 예악 구성

이지훈 (충남대학교 인문과학연구소 전임연구원)

1. 머리말

문묘文廟는 공자와 그의 가르침을 따랐던 사람들을 모신 사당이다. 공자, 즉 문선왕文宣王은 실제 왕이었던 적이 없지만 왕의 칭호가 있을 정도로 이른바 '유교문화권'에서 오랫동안 널리 존경받는 선성先聖이자 선사先師였다. 이 문묘에서 문선왕과 배향한 사람들을 대상으로 석전釋奠, 삭망전朔望奠 등 문묘향사가 진행되었다.[1] 문선왕에 대한 국가제사는 한漢에서 처음 시작하였다. 그리고 당唐에서 문선왕이라는 존칭을 마련하였고, 국가제사로서 문묘향사의 전형典型을 확립하였다. 한국사의 경우 신라부터 문묘향사를 수용하였을 가능성을 확인할 수 있으며, 고려에서 문묘향사를 실행한 사례를 확인할 수 있다.[2]

조선은 태조의 즉위교서부터 문묘향사의 실행을 강조함으로써 왕조의 사상적 근거를 분명하게 하였다. 건국과 함께 새 도읍 한양의 성균관에 문묘를 건설하여 제사 공간을 마련하였고 이어서 예악禮樂을 정비하였다. 그리고 왕조가 끝날 때까지 정기·비정기 문묘향사를 꾸준히 실행하였다. 문묘향사는 한양뿐만 아니라 각 군현 향교에 건설한 문묘에서 동시에 진행되었다. 이처럼 전국 규모로 오랫동안 지속된 문묘향사는 조선이 유교 사상을 중심으로 하는 문화적 환경을 조성하는 데 이바지하였다. 특히 한양에

1 조선의 典禮書《국조오례의》의 국가제사 분류에 따르면, 天神을 대상으로 하는 제사는 祀, 地祇는 祭, 人鬼는 享, 문선왕은 釋奠이었다(《국조오례의》 권1, 吉禮辨祀). 그러나 享文宣王視學儀의 존재로 알 수 있듯이 문선왕 역시 인귀로 인식되었다. 연대기 사료에서도 국왕이 문선왕에 親享하였다는 기록을 확인할 수 있다(《성종실록》 권268, 성종 23년 8월 21일(기미), "上幸成均館"). 따라서 본 연구는 향이 석전을 포괄할 수 있다고 판단하여 문묘에서 진행하는 국가제사를 통틀어 문묘향사라고 하였다.

2 박찬수, 〈文廟享祀制의 成立과 變遷〉, 《藍史鄭在覺博士古稀記念 東洋學論叢》, 고려원, 1984.

서 진행된 문묘향사는 조선의 새 도읍을 고려의 옛 도읍 개경開京과 전혀 다른 의례 공간으로 구분하는 데 결정적인 역할을 하였다.

과거에 수많은 불교 행사가 치러지고 불교 음악이 울려 퍼졌던 도읍을 새로운 공간으로 탈바꿈시키려면, 위치를 바꾸어 도읍을 새롭게 세우는 일만으로 부족하였다. 그 공간을 채울 새 예악도 필요하였다. 이에 조선은 국가제사를 비롯한 국가의례를 대대적으로 정비하였고, 새 도읍을 유교 예악의 공간으로 바꾸어 갔다. 문묘향사 역시 이 과정에서 정비한 국가의례 가운데 하나였다. 이처럼 기존과 다른 예악이 일상적으로 실천된 덕분에 당대인에게 새 도읍은 옛 도읍과 다른 공간으로 인식될 수 있었다.[3] 따라서 한양 문묘향사에서 실행한 예악의 구성을 파악할 수 있다면, 조선이 계획하였던 새 도읍의 모습을 문묘향사 중심으로 이해할 수 있다.

문묘향사의 예악의 구성과 그 정비 과정은 조선 초 국가제사 체계에서 벗어나지 않았다. 문묘향사는 길례吉禮 중사中祀로 분류되었다. 그리고 그 위치에 맞추어 의식 절차, 배례 방법, 희생犧牲 종류 등 조선 초 국가제사의 예악 정비 내용을 공유하였다.[4] 다만 문묘향사는 다른 국가제사와 달리 통사通祀라는 특징이 있었다. 통사란 특정한 신을 모신 사당을 중앙과 지방에 두루 세워 전국에서 거행하는 제사를 가리킨다. 유교 사상에서 제사는 신

3 조선의 국가의례 정비 방향은 유교적 의례의 일상적 실천으로 기존 불교적 생활 관습을 대체하는 데 있었다. 새 도읍 한양을 유교 예악의 공간으로 바꾸어 나가는 과정도 이러한 맥락에서 이해할 수 있다. 이에 대해서는 다음 연구를 참고하였다. 강제훈, 〈조선초기 국가의례 정비의 지향과 원칙〉,《민족문화연구》68, 2015; 강제훈, 〈조선 세종조의 國家禮 정비와 五禮의 성립〉,《한국사학보》82, 2021.

4 조선 초 국가제사의 체계와 정비 과정에 대한 연구가 다수 축적된 상태이다. 그 가운데 저서를 중심으로 정리하면 다음과 같다. 이범직,《한국중세예사상연구》, 일조각, 1991; 지두환,《조선전기 의례연구》, 서울대학교출판부, 1994; 한형주,《조선초기 국가제례 연구》, 일조각, 2002; 김해영,《조선초기 제사전례 연구》, 집문당, 2003; 이욱,《조선시대 재난과 국가의례》, 창비, 2009.

분과 혈연에 종속되어 거행되는 사회적 의례이기 때문에, 이와 같은 문묘향사의 통사로서 위상은 다른 국가제사와 구분되는 특징이었다.[5] 통사로서 위상에서 비롯된 대표적인 차이를 꼽아 보면, 같은 제사 대상을 여러 공간에서 동시에 제사하였을 뿐만 아니라 제사 대상의 숫자도 많았고 그 지위도 달랐다는 점, 그리고 봉작封爵이나 관직을 받지 않은 학생學生이 제사에 참여하였다는 점을 들 수 있다. 이러한 차이를 예악에 반영하여야 문묘향사가 가리키는 상징과 가치를 훼손하지 않고 제사를 실행할 수 있었다. 따라서 조선에서 문묘향사를 지속할 수 있었던 배경을 이해하려면, 문묘향사의 통사로서 위상을 어떻게 예악 구성에 반영하였는지 검토하여야 한다.

그동안 문묘향사의 예악을 다룬 연구들은 문묘향사의 통사로서 위상에 크게 주목하지 않았다. 기존 연구는 주로 고려 말~조선 초 유교 사상의 수용과 이해라는 맥락 속에서 문묘향사 예악의 형식과 내용을 살펴보려고 하였다. 이 과정에서 조선의 문묘향사 예악은 다른 왕조의 문묘향사 예악을 무분별하게 받아들인 결과물이 아니라, 유교 사상 이해의 기반 위에서 독자적인 정비를 거친 결과물이라는 사실을 설명하려고 하였다. 그래서 공통점보다 다른 왕조와 조선 문묘향사의 차이점을 규명하는 데 연구 역량이 집중되었다.

먼저 각 왕조 문묘제도 및 배향配享 인물의 변화를 비교한 연구가 있었다.[6] 이 연구는 조선 문묘제도의 기원을 추적하고 그 특징을 개관하였다. 해당 연구를 기초로 조선 문묘의 배향 인물과 그 변화를 다룬 연구가 다수 진행될 수 있었다. 다음으로 조선 초 문묘향사 정비 과정이 훌륭한 인

5 이욱, 〈조선시대 문묘의 변천과 그 특징〉, 《유교와 종교학》, 서울대학교출판부, 2009, 187~188쪽.

6 박찬수, 앞의 책, 1984.

물에 대한 제사에서 도통道統 중심 문묘향사로 변화하는 과정이라고 해석한 연구가 있었다.[7] 이 연구는 도통 중심 문묘향사가 조선후기까지 이어지는 흐름을 설명하였고, 문묘향사와 문묘 공간에서 실행하는 다른 의례들의 관계까지 아울러 밝혔다. 이로써 조선에서 정비한 문묘향사의 정치·사회적 위치와 가치가 정리될 수 있었다. 마지막으로 조선 초 실록과 전례서에 기재된 문묘향사 의식을 분석한 연구가 있었다.[8] 이 연구는 조선에서 국왕의 문묘향사 친행親行이 정례화되고 왕세자가 참여하는 석전 의식이 만들어진 사실을 논증하여 조선과 고려의 차이를 밝혔다. 해당 연구는 배향 인물뿐만 아니라 문묘향사 의식 분석을 토대로 고려와 차이를 정리하였다는 점에서 의의가 있다.

예악 가운데 악의 경우 음악사 분야에서 따로 연구가 진행되었다. 문묘향사 음악 연구는 세종대 아악雅樂 정비를 종합적으로 개관한 연구를 바탕으로 이루어졌다.[9] 악 연구 역시 조선 문묘향사 악이 다른 왕조의 악을 모방하는 데 그치지 않고, 세종대 고유한 아악 전통을 만들어 내는 과정에서 정리되었다고 해석하였다.[10] 이를 바탕으로 문묘향사 악의 정비 과정을 추적한 연구도 있었다.[11] 이 연구는 세종대 신악新樂 가운데 일부만 문묘향사 음악으로 선택된 까닭을 분석하였다. 해당 연구는 세종대 이후 용악이 사용처에 따라 쓰이지 못하고 간소화된 것은, 결국 세종대 정비한 아악이 퇴보한 결과라고 평가하였다. 한편 문묘향사 용악에서 음역, 특히 청성淸聲

7 지두환, 〈朝鮮前期 文廟儀禮의 整備過程〉, 《韓國史研究》 75, 1991.

8 김해영, 〈朝鮮 初期 文廟 享祀制에 대하여〉, 《조선시대사학보》 15, 2000.

9 세종대왕기념사업회 편, 《세종장헌대왕실록》 22, 1973.

10 송혜진, 《한국 아악사 연구》, 민속원, 2000.

11 정화순, 〈《악학궤범》의 문묘제례악에 관한 연구〉, 《동양예술》 13, 2008; 정화순, 〈조선조 세종대 문묘제례악에 대한 추고〉, 《온지논총》 21, 2009.

을 이해한 방식의 음악사적 배경을 밝힌 연구도 있었다.[12] 그 밖에 용악뿐만 아니라 사용된 악장樂章을 검토한 연구가 국문학 분야에서 별도로 진행되기도 하였다.[13]

이처럼 기존 연구는 조선과 다른 왕조 문묘향사 예악에서 나타나는 차이점을 밝혔다. 이로써 조선 문묘향사의 기원 및 사상적 배경은 물론이고, 구성된 예악의 전반적인 윤곽을 확인할 수 있었다. 그러나 다른 왕조와 조선의 차이점을 강조하는 과정에서, 문묘향사가 공유하는 공통점, 즉 문묘향사가 문묘향사로서 실행될 수 있는 기반에 대해서는 검토가 충분히 진행되지 못하였다. 그래서 예악 정비 과정에서 발생한 변화와 관련 논의가 포착되지 못하거나 각 연구에서 밝힌 내용이 서로 연결되지 못하였다. 여기에는 실제 의례에서 예와 악을 분리할 수 없음에도 불구하고 따로 연구가 진행되고 있는 연구 흐름도 영향을 끼쳤다. 이미 이에 대한 비판이 제기된 상황이다. 예악 연구의 시각을 종합하여 조선 의례의 용악을 유교적 문명국가의 핵심 요소였다고 해석한 연구가 있었다.[14] 그리고 당대에 의례의 예와 악을 분리하여 인식하지 않았기 때문에 의례를 분석할 때 예와 악을 아우른 분석이 필요하다는 지적도 있었다.[15]

결국 문묘향사를 중심으로 새 도읍 한양에 새로운 문화적 환경을 조성하였던 당대 기획을 조명하려면, 한양 문묘향사 예악을 꾸준히 실행할 수 있었던 기반을 어떻게 형성하였는지 예와 악을 아울러 검토할 필요가 있다. 이에 본 연구는 문묘향사의 통사로서 위상이 한양에서 실행된 문묘향

12 김세종, 〈조선전기 문묘제향악에 대한 고찰〉《음악논단》 18, 2004.

13 조규익, 〈조선조 文宣王樂章 연구〉,《한국문학과 예술》 9, 2012; 박영재, 〈성종조 성균관 거둥 관련 의례와 악장의 의미〉,《한국시가문화연구》 50, 2022.

14 임영선, 〈조선 초기 회례 용악 연구〉, 한국학중앙연구원 박사학위논문, 2020.

15 강제훈, 〈조선 초 종묘 親享儀의 禮樂 구성〉,《한국사학보》 86, 2022.

사 예악 구성에 어떻게 반영되었는지를 추적한다. 조선 초 예악 정비의 결과물은 시기에 따라 《세종실록》 〈오례〉, 《국조오례의》, 《악학궤범》에 각각 정리되었다. 연대기 사료와 함께 이 전례서들의 변화를 추적한다면, 한양을 비롯하여 전국 규모로 오랫동안 지속할 수 있었던 문묘향사 예악 구성이 어떻게 형성되었는지 밝힐 수 있을 것이다.

2장에서는 문묘향사의 통사로서 위상을 살펴보고, 그 위상에서 비롯한 특징이 향사 대상의 차등적 지위와 학생 배제陪祭라는 것을 확인한다. 그리고 이 두 가지 특징을 반영하는 것이 어떻게 조선 문묘향사 예악 정비의 과제가 되었는지 설명한다. 이어서 이러한 과제를 해결하기 위한 예악 정비 방향이 한양 문묘향사에서 시작될 수밖에 없었던 배경을 분석한다.

3장에서는 《세종실록》 〈오례〉의 한양 문묘향사 예악이 앞서 말한 두 가지 과제에 대응하여 어떻게 구성되었는지 살펴본다. 《세종실록》 〈오례〉의 예악이 문묘향사의 예악의 두 가지 특징에 대응하기 위하여 향사 주체를 분리하고, 학생을 집사執事로 참여시키지 않도록 구성된 사실을 논증한다. 이로써 《세종실록》 〈오례〉의 예악은 두 가지 과제를 해결하기보다 당장 실행할 수 있는 예악을 구성하는 데 목표가 있었음을 밝힌다.

4장에서는 《국조오례의》의 한양 문묘향사 예악이 어떻게 구성되었는지 앞장에서 정리한 내용과 비교하면서 검토한다. 《세종실록》 〈오례〉와 달리 향사 주체를 통합한 사실을 밝히고, 이를 중심으로 《국조오례의》와 《악학궤범》에서 《세종실록》 〈오례〉의 성과와 한계를 어떻게 수용하였는지 살펴본다. 그리고 향사 주체의 통합과 학생을 집사로 활용하게 된 상황이 어떻게 연결되는지 설명한다. 이로써 통사로서 위상에서 비롯한 과제가 해결되고, 문묘향사의 통사로서 위상이 조선 문묘향사 예악 구성에 반영되는 과정을 정리한다.

본 연구 결과로 《세종실록》 〈오례〉와 《국조오례의》 및 《악학궤범》 사이에 나타난 한양 문묘향사 예악의 정비 과정이 한 방향으로 설명될 수 있을 것이다. 그리고 그 방향은 문묘향사의 통사로서 위상을 예악에 반영함으로써 실행이 지속될 수 있는 예악 구성에 있었다는 사실을 확인할 수 있을 것이다. 본 연구가 조선 초 새 도읍 한양이 유교 의례의 공간으로 변화하는 과정에서 문묘향사 예악이 어떤 역할을 하였는지 이해하는 데 도움이 되기를 기대한다.

2. 문묘향사의 특징과 예악 정비의 과제

1) 향사 대상의 차등적 지위와 학생 배제

조선에서 국가제사는 백성에게 공렬功烈이 있었던 인물이나 재용財用을 제공해주는 자연을 대상으로 치러지는 것이 원칙이었다. 조선 개국공신 정도전이 태조에게 올린 《조선경국전朝鮮經國典》에 따르면, 국가제사의 대상으로 선택된 존재들은 모두 백성에게 공덕이 있어 보답하지 않을 수 없는 존재라고 하였다.[16] 여기서 공덕이란 인간이 경험하는 다양한 힘 가운데 선한 방향으로 정향定向된 힘을 가리킨다.[17] 즉 조선의 국가제사는 인간의 삶의 조건을 향상시키거나 인간다움을 향유할 수 있게 해주는 긍정적 힘만으로 구성된 의례였다.[18] 문묘향사 역시 백성에게 공덕이 있다고 널리 인정된 존재를 대상으로 하는 제사이므로 국가제사로 실행될 수 있었다.

조선 건국부터 문묘향사는 온 천하가 함께 실행하는 제사, 즉 통사로 이

16 《삼봉집》 권13, 朝鮮經國典 上, 禮典, 諸神祀典, "凡載祀典者 皆有功德於民 不可不報者也"

17 이욱, 앞의 책, 2009, 66쪽.

18 이욱, 앞의 책, 2009, 70쪽.

해되었다. 다음은 정도전이 《조선경국전》에서 국가제사로서 문묘향사를 실행하는 당위와 가치를 정리한 부분이다.

> 천하의 통사는 오직 문묘뿐입니다. 그래서 우리나라는 안은 國都부터 밖은 주군에 이르기까지 모두 廟學을 세워서 매년 봄 2월과 가을 8월 上丁日에 예로써 제사합니다. 생각하건대 聖敎가 천하에 있는 것은 마치 해와 달이 하늘에서 움직이는 것과 같습니다. (그래서) 여러 왕이 이로써 규범으로 삼았고, 萬世동안 이로써 師表로 삼았던 것입니다. 대개 말로 표현할 수 없는 것이 있으니 그것은 인성의 고유한 것과 인심의 공통성에 뿌리를 둔 것입니다. (그러므로) 어찌 신의 말을 기다려서 (제사를) 하였겠습니까? 생각하건대 전하께서 제물을 넉넉하게 하고 제기를 정결하게 하여 스승을 받들고 道를 중요하게 여기는 뜻을 다하였으니 이렇게 기록합니다.[19]

위의 사료에서에 정도전은 문묘향사가 도읍을 비롯하여 전국의 학교에서 실행하는 제사이며, 매년 2월과 8월 정기적으로 실행하는 제사라고 설명하였다. 그리고 이것은 해와 달의 움직임처럼 시대를 초월하여 천하에 보편적으로 적용되는 가르침에 대한 제사, 즉 통사이므로 당연히 실행하여야 한다고 역설하였다.

여기서 주목할 만한 부분은 두 가지이다. 하나는 위의 사료에서 언급된 '묘학'이라는 표현에서 알 수 있듯이 문묘향사와 학교를 서로 뗄 수 없는 관계로 인식한다는 사실이다. 문묘는 의례 공간이면서 동시에 교육이 이루어

19 《삼봉집》 권13, 朝鮮經國典 上, 禮典, 文廟, "天下之通祀惟文廟 爲是國家內自國都外至州郡 皆建廟學 當春秋二仲上丁之日 祀之以禮載 惟聖敎之在天下 如日月之行乎天 百王以之爲儀範 萬世以之爲師表 蓋有不可以言語形容者 而其根於人性之固有 而人心之所同然者 亦豈待臣之言哉 惟殿下豐其籩饎 潔其器皿 以致尊師重道之意 則可得而書也"

지는 공간이었고, 도읍뿐만 아니라 전국에 마련된 공간이었다. 다른 하나는 문묘향사 실행의 당위로 문선왕 한 사람의 공덕이 아니라 문묘 전체가 상징하는 공덕이 강조되고 있다는 사실이다. 국왕이 규범과 사표師表로 삼는 것은 성교聖敎와 도道이지 문선왕 한 사람이 아니었다. 애초에 문선왕 한 사람의 공덕에서 문묘향사가 시작되었고 문선왕이 문묘향사의 핵심 대상임에도 불구하고, 문묘향사의 당위와 가치를 설명할 때 문선왕은 전면에 드러나지 않고 있다. 이처럼 정도전은 조선에서 문묘향사를 국가제사로 실행할 수 있는 근거로 특정 장소·시간·사람으로 한정되지 않는 문묘의 보편적 성격에 있다고 판단하였다.

기존 연구에서는 이러한 문묘향사의 보편적 성격을 세 가지로 나누어 정리하였다.[20] ①공간의 편재성이다. 문묘향사는 천자, 제후, 지방관이 모두 지내는 제사였다. 문선왕은 천자뿐만 아니라 모든 사람의 스승으로 인식되었기 때문이다. 그의 가르침은 어디서나 보편적 가치가 있다고 이해되었다. 이는 조선 전국에 분포한 학교에서 문묘향사를 실행할 수 있는 근거가 되었다. ②시간의 연속성이다. 문묘향사는 문선왕뿐만 아니라 그의 가르침을 따랐던 역대 인물들을 아울러 제사 대상으로 하였다. 문묘향사가 시작된 이후 왕조와 시기에 따라 다르지만 대체로 100여 명에 가까운 인물이 문선왕과 함께 문묘에 배향되었다. 각 인물은 문선왕과 관계, 사상의 전파와 심화에 대한 기여도 등에 따라 차등을 두어 배향되었다. 이는 문선왕의 가르침은 특정 시대에 얽매이지 않는다는 믿음에 근거한 것이었다. ③무묘武廟, 나아가 다른 학문을 배제한 문묘의 독존이다. 문선왕의 가르침은 문무文武는 물론, 모든 학문과 사상을 아우르는 성격을 지녔다고 이해되었다. 그래서 다른 학문과 사상에서 비롯한 제사보다 문묘향사는 높은 위치에 있었

20 이욱, 앞의 글, 2009, 189~190쪽.

다. 조선에서는 아예 문묘와 대응하는 무묘를 설치하지 않았다.

이 세 가지 보편적 성격은 통사로서, 그리고 국가제사로서 문묘향사를 실행하는 핵심 근거였다. 이 가운데 ①공간의 편재성과 ②시간의 연속성은 문묘향사 예악과 직접 연결되었다. 이 두 가지 성격에서 다른 제사와 구별되는 문묘향사 예악의 특징이 비롯되었다. ③문묘 독존의 경우 문묘향사 예악보다 다른 제사와 관계 설정에서 드러나는 성격이었다. 본 연구는 문묘향사의 예악을 검토하려고 하므로 이에 직접 연관되는 전자에 주목하였다.

문묘향사의 특징 가운데 하나는 향사 대상이 많고, 그 대상들 사이에 차등적 지위가 있는 제사라는 것이다. 문묘에 배향된 인물들은 시기에 따라 차이가 있지만 정위正位 문선왕을 기준으로, 배위配位, 전내종향殿內從享, 양무종향兩廡從享 등에 공간과 지위를 달리하여 차등적으로 배향되었다. 향사 대상이 되는 신위는 시기에 따라 조금씩 다르지만 100개를 넘나들 정도로 많았다. 이처럼 향사 대상이 다수이고, 또 그 대상이 모두 같은 지위에 있지 않은 국가제사는 문묘향사가 유일하였다. 이러한 특징이 나타난 까닭은 문묘향사가 ②시간의 연속성이 있는 제사로서, 문선왕 한 사람이 아니라 문묘 전체를 향사 대상으로 하기 때문이었다.

이와 같은 향사 대상의 차등적 지위는 문묘에서 관원이나 학생이 행례할 때는 큰 문제가 되지 않는다. 그러나 이것은 한 왕조에서 지존의 위치에 있는 국왕이 행례할 때 문제가 된다. 구체적으로 보면, 국왕이 정위 문선왕이 아닌 배위나 전내종향에 있는 신위를 향해 배례나 헌작같은 행례를 직접 할 수 있는지가 문제가 된다. 만약 행례를 한다면 향사 주체와 대상의 격이 맞지 않는 것이었고, 행례를 하지 않는다면 문묘 전체를 대상으로 하는 문묘향사의 의미가 퇴색하는 것이었다. 물론 이 문제는 국왕이 문묘에 직접 행례, 즉 친향親享하지 않는다면 발생하지 않을 문제였다. 그런데 조선은 굳이 국왕이 문묘에 친향하는 것을 전제로 문묘향사 예악을 구성하려고 하였다.

조선에서 국가제사 정비에 참고한 《대당개원례大唐開元禮》를 보면, 황제는 향축香祝을 전달하고 관원을 파견함으로써 문묘향사를 주제主祭하되 친향은 하지 않았다.[21] 즉 이미 한 왕조의 지존이 친향하지 않고 국가제사로서 문묘향사를 실행하였던 사례가 조선에 알려져 있었다. 그럼에도 불구하고 조선에서는 국왕 친향을 당연하게 여겼고, 그로 인해 발생하는 문제에 대응하려고 하였다. 이처럼 왕의 친향을 전제하다시피 한 까닭은 당대 사료에서 확인할 수 없다.

한 가지 가능성을 추정하면, 이미 고려시대부터 문묘에서 국왕이 작헌의酌獻儀를 친향한 영향일 가능성이 있다.[22] 작헌의는 초헌初獻·아헌亞獻·종헌終獻, 삼헌三獻이 갖춰진 의례보다 약식으로 진행하는 의례였다. 아무리 약식 의례라고 하더라도 고려 국왕이 친향한 사례가 있는 상황에서, 새 왕조의 국왕이 친향을 한순간에 혁파하기란 쉽지 않았을 것이다. 태조의 즉위교서부터 문묘향사의 중요성을 꾸준히 강조하였던 조선에서 고려보다 문묘향사를 경시하는 것처럼 보이는 조치를 할 수 없었다.[23] 게다가 미처 국왕 친향과 관련한 문제가 본격적으로 논의되기 이전에 태종이 즉위와 함께 작헌의를 친향으로 진행함으로써 전례前例를 만들었다. 따라서 예악 구성의 이론적 근거나 논리를 떠나 처음부터 국왕 친향을 제외하고 문묘향사 예악

21 《대당개원례》 권52, 吉禮, 皇帝皇太子視學.

22 고려 역시 국왕이 문묘에서 작헌의를 직접 실행하였기 때문에 조선과 똑같은 문제를 마주하였을 가능성이 있다. 그러나 고려시대 사료에서 이 문제가 크게 불거진 경우는 확인할 수 없다. 다만 元에 의해 문묘향사 실행이 강조된 적이 있다는 점, 원의 주현석전 時日인 上丁日을 그대로 수용하였다는 점 등을 고려하였을 때, 고려 말에는 원의 영향으로 이 문제를 인식하지 못하였을 가능성을 생각해 볼 수 있다.

23 《태조실록》 권15, 태조 7년 9월 12일(갑신), "上自庚辰齋戒"

을 구성하기 어려운 상황이었을 가능성이 있다. 결국 조선은 국왕 친향을 전제한 상태에서 문묘향사 예악을 정비할 수밖에 없었다. 그러므로 국왕이 문묘향사를 친향할 때 발생하는 문제를 어떻게 해결하는가가 문묘향사 정비의 주요 쟁점이 되었다.

문묘향사의 특징 가운데 다른 하나는 봉작을 받은 종친이나 현직現職에 있는 관원이 아닌 학생이 향사에 참여한다는 것이었다. 학생은 문묘향사에서 헌관獻官이나 집사執事보다 행례 비중이 낮은 배제[24]를 주로 담당할 뿐이었지만, 이들은 문묘향사의 필수 구성원이었다. 다른 국가제사의 경우 종친이나 관원이 집사를 담당하였고, 국왕이 친향하지 않으면 배제하는 인원도 없었다. 반면 문묘향사의 경우 학생들이 배제로 참여하였을 뿐만 아니라, 때에 따라 집사로 참여하기도 하였다. 그리고 국왕의 친향 여부와 상관없이 학생은 배제로 반드시 참여하였다.

〈표 1〉는 《국조오례의》를 기준으로 길례 제사의 집사와 배제 인원 및 소속을 정리한 것이다.

기본적으로 모든 의례의 집사는 예조와 봉상시 관원이 담당하였다.[25] 그 가운데 집례와 대축은 문과급제자가 하였다.[26] 그리고 사직서, 종묘서, 본 연구에서 검토하는 문묘향사의 경우 성균관과 같이 제사에 따라 전문적으로 담당하는 관서를 설정한 경우가 있었다. 〈표 1〉를 보면 학생이 제사의 집사로 참여하는 것은 한양 문묘향사와 군현에서 진행되는 문묘향사와 사

24 《국조오례의》를 기준으로 정확하게 쓰면 陪享이 옳다. 문묘향사는 人神에 대한 제사, 즉 享祀이기 때문이다. 그러나 한글 표기가 같은 配享이라는 용어도 본 연구에서 사용되므로, 이와 구분하기 위하여 부득이하게 陪祭라는 표현을 대신 사용하였다. 특별한 설명이 덧붙지 않는다면 본 연구에서 배제는 배향을 뜻한다.

25 따라서 〈표 1〉의 관서 열에 예조와 봉상시를 따로 표기하지 않았다.

26 《국조오례의서례》 권1, 길례, 齊官, "【(전략) 執禮大祝竝文官】"

직 및 악·해·독 제사였다. 이 가운데 한양 문묘향사의 경우 학생이 배제로 참여하였다.

〈표 1〉《국조오례의》 길례의 집사와 배제

<table>
<tr><th colspan="2">제사 종류</th><th>집사</th><th>배제</th><th>관서</th></tr>
<tr><td rowspan="2">사직</td><td>사직단</td><td>관원</td><td>종친, 관원</td><td>사직서</td></tr>
<tr><td>군현</td><td>관원, 학생</td><td>-</td><td>각 군현</td></tr>
<tr><td colspan="2">종묘</td><td>관원</td><td>종친, 관원</td><td>종묘서</td></tr>
<tr><td colspan="2">영녕전</td><td>관원</td><td>-</td><td>-</td></tr>
<tr><td colspan="2">문소전</td><td>종친, 관원</td><td>-</td><td>문소전</td></tr>
<tr><td colspan="2">의묘</td><td>종친, 관원</td><td>-</td><td>-</td></tr>
<tr><td colspan="2">산릉</td><td>관원</td><td>-</td><td>각 능직</td></tr>
<tr><td colspan="2">진전</td><td>관원</td><td>-</td><td>-</td></tr>
<tr><td colspan="2">풍운뢰우 등</td><td>관원</td><td>-</td><td>-</td></tr>
<tr><td colspan="2">삼각산 · 한강</td><td>관원</td><td>-</td><td>-</td></tr>
<tr><td>악 · 해 · 독</td><td>주현</td><td>관원, 학생</td><td>-</td><td>각 군현</td></tr>
<tr><td colspan="2">선농</td><td>관원</td><td>(庶人)</td><td>-</td></tr>
<tr><td rowspan="2">문선왕</td><td>성균관</td><td>관원, 학생</td><td>학생</td><td>성균관</td></tr>
<tr><td>향교</td><td>관원, 학생</td><td>-</td><td>각 군현</td></tr>
<tr><td colspan="2">영성 등</td><td>관원</td><td>-</td><td>-</td></tr>
<tr><td colspan="2">악 · 해 · 독 · 제산천</td><td>관원</td><td>-</td><td>-</td></tr>
<tr><td colspan="2">사한 등</td><td>관원</td><td>-</td><td>-</td></tr>
<tr><td colspan="2">둑제</td><td>관원</td><td>-</td><td>병조</td></tr>
<tr><td colspan="2">성황발고</td><td>관원</td><td>-</td><td>한양부</td></tr>
<tr><td colspan="2">여제무사귀신</td><td>관원</td><td>-</td><td>한양부</td></tr>
</table>

문묘향사와 함께 중사로 분류되는 선농제의 경우에 〈표 1〉에서 괄호로 표기한 것처럼 농사일을 하는 일반 백성들이 참여하였다. 하지만 이들은 적전籍田 행사에 참여하였고 제사에 참여하지 않았다. 그래서 향사 이전에 몸과 마음을 깨끗하게 정돈하는 재계齋戒의 대상이 아닌 반면, 성균관 학생들은 문묘향사에 직접 참여하므로 재계의 대상이 되었다. 《세종실록》 〈오례〉과 《국조오례의》를 비교하였을 때 한양 문묘향사에서 학생의 구체적인 역할에 변화가 있지만, 학생이 참여하여야 한다는 원칙은 변하지 않았다. 이처럼 학생은 문묘향사 실행의 필수 요소였다.

학생은 문묘향사에 단순 배석陪席하는 존재가 아니라 재계 및 입장과 퇴장 절차를 수행하고 때에 따라 집사를 담당하기도 하였다. 이는 관원과 마찬가지로 문묘향사의 실행을 위하여 학생의 충원과 교육이 필요하다는 뜻이었다. 제사를 진행할 때 임박하여 일회성으로 학생을 동원하는 방식으로 해결할 수 없었다. 그러므로 문묘향사의 인적 기반은 관련 제도, 특히 학교 제도와 연결되어 마련되어야 하였다. 문묘향사는 모든 나라의 성인聖人이자 스승에 대한 제사라는 점에서 인재 교육 및 인민 교화와 연결되어 있었고, 아예 학교를 가리켜 묘학이라고 하였다. 예악을 구성할 때도 역시 학생의 충원과 교육을 고려하지 않을 수 없었다.

예악 구성에 공간의 편재성을 반영하려면, 정기적으로 전국적 규모의 제사가 실행이 가능하여야 하였다. 이를 위하여 제사를 도맡아 실행할 수 있는 지방관 파견, 각 군현 향교와 문묘 공간 건설, 학전學田과 같은 재정적 토대 등이 필요하였다. 여기에 더하여 학생이라는 인적 기반까지 필요하였다. 이는 한양 성균관뿐만 아니라 지방 각 군현 향교에도 일정한 숫자의 학생이 확보 및 교육되어야 한다는 것을 뜻하였다. 이러한 인적 기반은 도읍인 한양에서도 짧은 시간 안에 갖추기 어려웠다.

조선은 건국부터 문묘향사의 통사로서 위상과 보편적 성격을 인지하고,

국가제사로서 문묘향사 실행의 중요성을 누차 강조하였다. 하지만 그 위상과 성격에서 비롯한 특징을 반영하여 예악을 정비하고, 또 그대로 실행하는 일은 간단하지 않은 상황이었다.

2) 예악 정비 방향과 한양 문묘향사의 역할

문묘향사의 통사로서 위상을 그대로 국가제사 예악에 반영하려고 할 때 해결하여야 하는 과제는 두 가지였다. 하나는 국왕이 친향할 때 문선왕이 아닌 다른 향사 대상에 대한 행례는 어떻게 할 것인지였다. 다른 하나는 문묘향사를 어떻게 정기적으로, 전국적 규모로 실행할 수 있는지, 특히 당대 인적 기반의 현실을 어떻게 예악에 반영하여 실행할 수 있는지였다. 이 두 가지 과제가 해결되어야 문묘향사를 국가제사로서 실행할 수 있었다.

예악 구성의 과제와 그에 따라 조선에서 설정한 정비 방향을 이해하기 위하여 먼저 조선의 문묘향사 의식 종류부터 살펴보도록 하겠다. 조선 문묘향사 의식을 확인할 수 있는 자료는 각 왕대의 실록, 《세종실록》 〈오례〉, 《국조오례의》, 《속오례의續五禮儀》, 《춘관통고春官通考》와 같은 전례서, 성균관에 대한 기록을 집대성한 《태학지太學志》이다. 이 가운데 기초가 되는 것은 《세종실록》 〈오례〉, 《국조오례의》, 《춘관통고》 세 가지이다. 이 세 전례서에서 기재한 의식 이외에 다른 의식은 확인할 수 없다. 나머지 자료는 전례서의 내용을 일부 수정 및 보완하였을 뿐 새로운 의식을 추가하지 않았다.

태종대 의례 정비 결과물인 《세종실록》 〈오례〉는 석전을 중심으로 4개 의식을 기록하였다. 그리고 성종대 편찬된 《국조오례의》는 여기에 5개를 추가하여 총 9개 의식을 기록하였다. 《춘관통고》는 왕세손과 관련된 의식, 그리고 왕세자와 왕세손이 수가隨駕할 때 의식 등 총 6개 의식이 추가하였다. 이것을 정리한 결과가 다음 〈표 2〉이다.

〈표 2〉 조선시대 문묘향사 의식 종류

《세종실록》〈오례〉	《국조오례의》	《춘관통고》
-	享文宣王視學儀	享文宣王視學儀
視學酌獻文宣王儀	酌獻文宣王視學儀	酌獻文宣王視學儀
-	王世子酌獻文宣王入學儀	王世子酌獻文宣王入學儀
王世子釋奠文宣王儀	王世子釋奠文宣王儀	王世子釋奠文宣王儀
有司釋奠文宣王儀	有司釋奠文宣王儀	有司釋奠文宣王儀
-	文宣王朔望奠儀	文宣王朔望奠儀
-	文宣王先告事由及移還安祭儀	文宣王先告事由及移還安祭儀
州縣釋奠文宣王儀	州縣釋奠文宣王儀	州縣釋奠文宣王儀
-	州縣文宣王先告事由及移還安祭儀	州縣文宣王先告事由及移還安祭儀
-	-	酌獻文宣王時王世子隨駕儀
-	-	酌獻文宣王時王世孫隨駕儀
-	-	酌獻文宣王時王世子陪參儀
-	-	酌獻文宣王時王世孫陪參儀
-	-	王世孫釋奠文宣王儀
-		王世孫酌獻文宣王入學儀

《국조오례의》의 변사辨祀 기준에 따르면, 조선의 문묘향사는 길례의 가운데 중사와 소사로 구분되었다.[27] 그리고 시기에 따라 크게 정기 제사와 비정기 제사로 나뉘었다. 정기 제사는 석전과 삭망전이었다. 석전은 매년 봄과 가을의 중월仲月, 즉 2월과 8월 상정일上丁日에 실행하였고, 삭망전은 매월 삭일朔日과 망일望日에 실행하였다. 국상國喪이나 국정國政과 일정이 겹쳐

27 《국조오례의》의 변사 기준은 籩豆였다. 대사는 12품, 중사는 10품, 소사는 1~8품이었다. 그러므로 향문선왕시학의와 석전은 중사로 구분되었다. 다만 작헌의, 선고사유급이환안제의, 각 군현 석전은 변두가 8품이었으므로 소사로 구분되었다(《국조오례의》, 吉禮, 序例, 辨祀). 기존 연구에서는 연대기 사료를 근거로 각 군현 석전까지 모두 중사로 구분하였다고 해석하였으나(한형주, 앞의 책, 2002, 174쪽), 《국조오례의》의 구분에 따르면, 각 군현 석전은 소사로 이해하여야 한다.

서 제사를 실행하기 어려운 상황이 아니라면, 정해진 시점에 제사를 실행하는 것이 원칙이었다. 나머지는 모두 시점이 정해져 있지 않은 비정기 제사였다.

〈표 2〉는 전례서의 편찬 시기에 따라 정리하였다. 음영으로 표시한 부분은 세 전례서에 공통으로 기재된 의식으로, 각각 왕세자 석전의, 유사 석전의, 주현 석전의이다. 이 석전의는 시기 변화와 상관없이 유지되었으므로 문묘향사에서 핵심이 되는 의식이라고 할 수 있다. 석전의를 중심으로 점차 다른 의식들이 추가된 양상을 확인할 수 있다. 최초 《세종실록》〈오례〉에 왕세자 석전의, 유사 석전의, 주현 석전의와 국왕 작헌의가 있었다. 그리고 《국조오례의》에서 국왕 친향의, 왕세자 입학의, 삭망전의, 한양과 군현의 선고사유급이환안제 등이 추가되었다. 《춘관통고》에서 수가와 배참 의식이 따로 마련되고 왕세손과 연관된 의식이 추가되었는데, 아예 새로운 문묘향사 의식이 추가되었다기보다 왕세자와 왕세손의 역할을 정리하는 의식에 가까웠다.

가장 중요한 제사는 석전, 즉 정기 제사였다. 한양에서 진행되는 문묘향사는 정기 제사만 따지더라도 2월과 8월 석전 2회, 여기에 매달 추가로 삭망전이 실행되었다. 그러므로 정기 제사만 1년에 최소 26회에 이르렀다. 각 군현의 경우 삭망전 없이 석전만 매년 2회 실행하였다. 그밖에 비정기적인 제사까지 고려하면 횟수는 더 늘어날 수 있었다. 이는 길례 가운데 대사인 종묘와 사직, 속제俗祭인 문소전, 의묘, 산릉에 버금가는 정기 제사 횟수였다. 같은 중사 가운데 문묘향사보다 더 많은 정기 제사가 설정된 경우는 없었다. 문묘향사는 단순 횟수만 놓고 보더라도 왕조의 흥망과 비유되는 종묘와 사직, 그리고 국왕과 왕비에 대한 기타 제사에 버금갈 정도로 자주 실행하는 제사였다. 그러나 건국하였을 때부터 도읍인 한양에서조차 이처럼 많은 횟수의 문묘향사를 정기적으로 실행할 수 있는 여건이 갖춰져 있던 것은 아니었다.

고려 말 전쟁의 영향으로 문묘향사의 대표적인 정기 제사인 석전조차 제대로 실행되지 못하였다. 《고려사》는 신축년, 즉 1361년공민왕 10 홍건적 침입으로 공민왕이 파천播遷한 일로 문묘향사가 그 예를 잃었다고 기록하였다.[28] 특히 삭망전은 아예 폐지되어 실행하지 못하고 있었다. 이에 대해서는 홍언박洪彦博의 열전에 추가 기록이 있다. 1363년공민왕 12 개경 환도 논의 과정에서 성균관과 12도徒의 문묘향사도 복구하여야 한다는 주장이 있었는데, 이를 홍언박이 묵살하였다는 내용이다.[29] 그나마 석전은 개경으로 환도하면서 다시 진행되었으나 석전의 예악을 이해하고 진행할 수 있는 관원도 부족한 상태였고,[30] 삭망전도 1373년공민왕 22에 와서야 복구될 수 있었다.[31]

이처럼 공민왕대 문묘향사를 복구하고 정기적으로 실행하려는 조치들이 있었지만 효과가 크지 않았던 듯하다. 적어도 《고려사》를 정리한 편찬자들은 그렇게 이해하였다. 《고려사》는 고려 말 문묘향사가 정기적으로 실행되지 못하고 있었다는 내용을 강조하고 있는데, 이는 《태종실록》의 기록과 대비된다. 특히 삭망전의 치폐에 대한 기록이 그러하다. 《태종실록》에 따르면, 문묘 망제望祭는 1409년태종 9에 이르러 복구되었다.[32] 1373년공민왕 22에 복구된 삭망전이 언제 폐지되었는지 분명하지 않으나 그 사이 폐지되었던 제사를 다시 복구하였다는 기록이다.[33] 그런데 1402년태종 2 명 사신이 개경 문묘에 방문하였을 때 관반館伴이 사신에게 현재 문묘에서 삭망전을 지내고

28 《고려사》 권62, 지16, 예4, 문선왕묘(공민왕 18년 8월 정묘).

29 《고려사》 권111, 열전24, 홍언박.

30 《고려사》 권62, 지16, 예4, 문선왕묘(공민왕 12년 8월 정유; 18년 8월 정묘).

31 《고려사》 권62, 지16, 예4, 문선왕묘(공민왕 22년 3월).

32 《태종실록》 권17, 태종 9년 2월 15일(무자).

33 삭망전의 경우 임진왜란(1592년) 이후에는 폐지되어 진행되지 않았고 삭망일에는 焚香만 진행하였다(《太學志》 禮樂 辨祀).

있다고 대답한 기록이 남아 있기도 하다.[34] 정작 삭망전이 《세종실록》 〈오례〉에 반영되지 않아 삭망전을 둘러싼 사실관계는 모호하지만, 당시 조선에서 문묘향사의 복구와 정기적인 실행을 중요하게 여긴 것은 분명해보인다.

조선 건국 전후 시기는 도읍에서 실행하는 정기적인 문묘향사가 실행될 수 있는 기초를 복구하는 것이 급선무였다. 이러한 상황에서 문묘향사 예악 정비는 지방이 아니라 도읍 한양 문묘향사부터 순서대로 진행할 수밖에 없었다. 예악 정비의 과제에 비추어 보더라도 한양 문묘향사의 비중은 절대적이었고 정비의 기대효과도 분명하였다. 향사 대상의 차등적 지위에서 발생한 문제를 해결하려면, 국왕이 참여하는 한양 문묘향사 예악을 정비하여야 하였다. 그리고 학생을 확보하고 교육하는 데도 성균관과 사학四學과 같은 한양 내 관학官學의 역할이 컸다. 학생들 가운데 일부는 문과에 급제하거나 음서 등을 거쳐 관원이 되었고 또 지방관으로 파견되었다. 문과에 급제하지 못하더라도 각 군현으로 내려가 향교의 의례와 교육에 참여하기도 하였다. 이로써 한양 문묘향사는 문묘향사의 모범이자 구심점으로 각 군현에 영향을 끼치게 된다. 이처럼 한편으로 도읍에 있는 관원, 학생, 백성들이 정비된 예악을 경험하도록 하여 효율적인 문화적 환경 조성을 기대할 수 있었다. 그리고 다른 한편으로 대외적으로 도읍에 방문하는 명 사신들에게 정비된 예악을 보여줌으로써 대명對明 관계 설정과 사신 대우를 위한 수단으로 활용을 기대할 수 있었다.

다만 한양 문묘향사의 예악 구성을 본격적으로 논의하고 정비하기 전에 의례 공간, 즉 한양의 문묘부터 건설하여야 하는 상황이었다. 1392년태조 1 8월 태조는 예문춘추관藝文春秋館 대학사大學士 민제閔霽에게 문묘에서 석전을

34 《태종실록》 권4, 태종 2년 10월 15일(을축).

실행하도록 하였다.[35] 이때 문묘는 개성에 있는 문묘였다. 그리고 석전은 상전常典, 즉 항상 반복하여 시행하는 제사라고 하였다.[36] '제1차 왕자의 난' 이후 정종의 즉위교서도 문선왕을 대상으로 하는 제사 실행을 다시 강조하였다.[37] 한양 문묘는 1394년태조 4 10월 개성에서 한양으로 천도하고 나서야 비로소 건설될 수 있었다. 한양 문묘 공사는 1397년태조 6 3월 시작하여 1398년태조 7 7월에 마쳤다.[38] 8월이 석전을 진행하는 시기라는 사실을 고려하여 공사기간을 설정하였을 것으로 보인다. 태조가 한양으로 천도한 1394년 10월부터 1398년 7월까지 약 4년 동안 다른 공간에서 문묘향사를 실행하였는지는 확인되지 않는다.

문묘 공사가 끝난 같은 달 '제1차 왕자의 난'이 일어나 정종이 즉위하였고, 다음해 1399년정종 1 3월 개성으로 환도하였다.[39] 1400년정종 2 2월 한양 문묘의 대성전이 불타는 사건이 발생하였다.[40] 개성으로 환도함에 따라 개성 문묘가 아직 그대로 남아 있는 상태에서 한양 문묘를 급하게 복구할 필요는 없었다. 개성에서 새로 즉위한 태종은 1401년태종 1 2월 좌명공신들과 삽혈동맹歃血同盟을 한 뒤 성균관에 가서 문묘에 참알하였다.[41]

1405년태종 5 태종이 한양으로 환도한 뒤 1407년태종 7 1월 사당 옛터에 공사를 시작하였고, 3월에 완성하였다.[42] 이 과정은 1410년태종 10 변계량卞季良

35 《태조실록》 권1, 태조 1년 8월 8일(정사).
36 《태조실록》 권1, 태조 1년 8월 11일(경신).
37 《태조실록》 권15, 태종 7년 9월 12일(갑신).
38 《태종실록》 권20, 태종 10년 9월 29일(계사).
39 《정종실록》 권1, 정종 1년 3월 7일(무인).
40 《정종실록》 권3, 정종 2년 2월 2일(정유).
41 《태종실록》 권1, 태종 1년 2월 12일(신축).
42 《태종실록》 권13, 태종 7년 3월 21일(을해).

이 쓴 문묘비문에 자세하게 남아 있다.[43] 이처럼 한양 문묘가 복구되기 이전에도 태종은 한양에서 문묘향사를 진행하였다. 태종은 1406년태종 6 11월에 성균관에 나아가, 곤면袞冕을 입고 평천관平天冠을 쓰고 문선왕에게 친전親奠하였다.[44] 이때 의식은 아직 성균관에 대성전을 비롯한 의례 공간이 따로 마련되지 않은 상태에서 진행되었다. 그래서 문선왕 이외에 배위配位에 대한 기록이 없고 십철十哲에 대한 기록만 등장한다. 이때 태종이 의례 공간 건설의 필요성을 느꼈을 가능성이 있다.

문묘비문에서 변계량은 한양 문묘 건설이 '사열월四閱月' 걸렸다고 기록하였다. 전반적인 도성 건설과 함께 진행된 태조대와 상황이 달랐겠지만 당시 문묘 건설이 약 1년 4개월 걸렸던 것과 비교하면 태종대 건설 속도는 상당히 빨랐다. 그 때문인지 공사 과정에서 인명피해가 발생하여 이 공사를 맡은 박자청朴子靑이 비판에 직면하기도 하였다.[45]이 속도는 대외적인 상황이 고려된 것으로 추정된다. 당시 조선은 만산군 문제로 명과 논의를 이어가고 있었다. 이때 조선에 파견된 사신들은 대부분 환관 출신이었는데, 그 가운데 명 요동 천호 진경陳敬이 문묘에 방문하려고 하였다.[46] 실제로 그는 한양 문묘가 완성되자마자 방문하여 문선왕에게 배알하였는데, 이처럼 명 사신에게 문묘향사의 실행을 보여주려고 공사를 서둘렀을 가능성이 있다.

43 《태종실록》 권20, 태종 10년 9월 29일(계사).

44 《태종실록》 권12, 태종 6년 11월 13일(기사).

45 《태종실록》 권14, 태종 7년 10월 8일(무자).

46 이때 완성된 한양 문묘에 최초 방문하였던 명 요동 천호 진경은 당시 만산군 송환 문제에서 주요 업무를 담당하였지만 그 지위로 볼 때 과거급제자인지 확신하기 어렵다. 다만 세종대 조선에 사신으로 온 예부 낭중 진경은 그 관직으로 볼 때 과거급제자로 추정된다. 현재로서는 이 둘이 동일인인지 동명이인인지 정확하게 확인할 수 없다. 만약 이 둘이 동일인이라면, 진경이 문묘에 방문할 것을 미리 알고 태종이 공사기일을 그의 방문에 맞추었을 가능성은 더 높아진다.

이로써 적어도 한양 문묘향사를 정기적으로 실행할 수 있는 공간이 마련하게 되었다. 비로소 어떻게 문묘향사의 통사로서 위상과 보편적 성격을 살려 예악을 구성하고 실행할 것인지 논의가 시작될 수 있는 기반이 마련된 것이었다. 명 예부에 복제服制와 악기를 요청하는 등 일련의 조치들도 이러한 맥락에서 이해할 수 있다.[47] 명은 조선의 풍속을 따라 의례를 정비하라는 취지로 조선의 여러 요청에 답하였다. 1414년태종 14 마침내 문묘향사 의식들이 정비되었다.[48] 그 결과가 〈표 2〉에서 정리한 《세종실록》 〈오례〉에 실린 문묘향사 의식들이었다.

정리하면, 문묘향사는 통사였다. 문묘향사의 통사로서 위상과 보편적 성격은 문묘향사 예악의 특징으로 드러난다. 하나는 향사 대상이 다수이고 차등적 지위가 있는 제사라는 것이었다. 다른 하나는 학생이 반드시 참여하는 제사라는 것이었다. 이 두 가지 특징을 예악 구성에 반영하여야 문묘향사를 국가제사로 실행할 수 있었다. 그러나 조선 건국 시기는 대표 정기제사인 석전조차 제대로 실행하기 어려운 상황이었다. 여기에 더하여 국왕의 친향이 전제되고, 학생을 충분히 확보하기 어려운 인적 기반 상황도 고려하여야 하였다. 이에 조선은 국왕이 직접 참여할 수 있고 성균관에서 학생을 확보할 수 있는 한양 문묘향사 예악부터 정비를 진행함으로써 정비 효과를 극대화하려고 하였다. 《세종실록》 〈오례〉부터 《국조오례의》에 이르는 과정은 조선이 처한 상황 위에서 문묘향사의 특징을 어떻게 예악에 반영할 것인지 해답을 찾는 과정이었다. 다음 장에서 《세종실록》 〈오례〉의 해답부터 차례로 살펴보도록 하겠다.

47 《태종실록》 권9, 태종 5년 4월 8일(계유).

48 《태종실록》 권28, 태종 14년 7월 11일(임오).

3. 향사 주체 분리와 향사 실행 기반 마련

1) 국왕 행례 대상 제한에 따른 퇴장 시점 설정

이제 《세종실록》 〈오례〉에서 어떻게 향사 대상의 차등적 지위를 둘러싼 문제를 해결하려고 시도하였는지 살펴보겠다. 문묘향사는 문선왕을 비롯하여 문묘에 배향된 신위 전체를 대상으로 하는 향사였지만, 국왕은 문묘에 있는 모든 신위를 대상으로 행례할 수 없었다. 따라서 이 문제가 해결되지 않으면 국왕 친향의 실행은 물론, 국왕이 친향하는 의식과 그렇지 않은 의식의 관계 설정도 불가능하였다. 이 문제를 해결하기 위하여 먼저 국왕이 다른 향사 대상에게 행례하지 않도록 문묘향사 예악을 구성하는 일이 필요하였다.

〈표 3〉 《세종실록》 〈오례〉 시학작헌문선왕의 국왕 동선

의식 절차	국왕 위치	내용
입장	大次→東門→東階→正位 앞 北向	판통례의 안내로 국왕 입장
배례	正位 앞 北向	국왕 이하 四拜
상향	正位 앞 北向	삼상향
헌작	正位 앞 北向	헌작
배례	正位 앞 北向	국왕 이하 四拜
국왕퇴장	正位 앞 北向→東階→大次	판통례의 안내로 국왕 퇴장
헌작	-	配位 및 從享位 헌작
(배례)	-	(왕세자 이하 四拜)
작헌 종료	-	판통례가 禮畢 보고
시학 시작	大次→명륜당 小次	국왕은 옷을 갈아입고 나와서 이동

《세종실록》 〈오례〉에서 선택한 방법은 전체 향사 의식에서 국왕 행례를 구분하는 것이었다. 이렇게 되면 국왕은 향사에 직접 참여하면서도 문선왕 이외 다른 향사 대상에게 직접 행례하지 않을 수 있었다. 다음 〈표 3〉는 《세

종실록》〈오례〉 시학작헌문선왕의視學酌獻文宣王儀에서 설정한 국왕 동선이다.[49]

〈표 3〉에서 볼 수 있듯이 국왕은 대차大次에서 문묘의 동쪽 문을 거쳐 입장한다. 여기서 대차는 문묘 동문 밖에 남향南向으로 설치한 장막으로 의례를 준비하는 공간이었다.[50] 입장을 마친 국왕은 곧장 문선왕 신위, 즉 정위로 나아가 향과 술을 올리는 행례를 한다. 그리고 행례를 마치자마자 같은 동선을 역순으로 이동하여 대차에 복귀한다. 의주儀注[51]에서 명시하였듯이 대차는 의례가 진행되는 공간 바깥에 있었다. 국왕은 문선왕이 아닌 다른 향사 대상에 대한 행례가 진행되기 전에 아예 의례 공간을 벗어나도록 구성되어 있었다. 그러므로 〈표 3〉에서 음영으로 표시한 의식 절차는 국왕이 퇴장한 뒤 남은 헌관과 집사가 실행하였다. 이는 전체 의식이 아직 끝나지 않았는데 헌관이 먼저 퇴장하는 모양새였다.

이러한 헌관 퇴장 시점은 다른 국가제사에서 찾아볼 수 없는 특이한 것이었다. 이로써 국왕은 문묘향사에 직접 참여하면서도, 문선왕 이외 다른 향사 대상에 대하여 행례하지 않을 수 있었다. 그러나 이 조치로 향사 대상의 차등적 지위를 둘러싼 문제가 모두 해결될 수 없었다. 위와 같은 퇴장 시점 설정으로 국왕이 작헌의는 진행할 수 있게 되었지만, 정작 문묘향사 가운데 가장 대표적인 의식, 석전의釋奠儀를 친향으로 진행하는 것은 불가능해졌기 때문이다. 약식 의례에 가까운 작헌의와 달리 석전의는 초헌·아헌·종헌 삼헌으로 나뉘어 의식이 진행되었다. 만약 석전의에서 작헌의처럼 국왕 행례를 구분하려고 하면, 초헌례를 담당한 국왕이 초헌례가 끝나기 전

49 《세종실록》 권131, 五禮, 吉禮儀式, 視學酌獻文宣王儀.

50 《세종실록》 권131, 五禮, 吉禮儀式, 視學酌獻文宣王儀, 陳設.

51 조선시대 전반에 걸쳐 儀式을 적은 글을 가리키는 의주의 표기는 '儀注'와 '儀註'가 혼용되었다(박경지, 〈조선 초 國家禮 정비와 《國朝五禮儀》 편찬〉, 고려대학교 한국사학과 박사학위논문, 2021, 42쪽, 135번 주석).

에 퇴장하여야 하는 상황이 발생하였다. 삼헌으로 구성된 의식에서 초헌관이 중간에 퇴장하는 제사는 형식과 내용에서 성립할 수 없었다. 그래서 《세종실록》〈오례〉에서 국왕이 참여하는 석전 의식이 설정되지 못하였다.

작헌의에서 국왕이 퇴장하고 난 뒤 남은 헌관의 행례도 문제가 있었다. 〈표 3〉에서 괄호로 표기한 부분은 해당 의주에 '配享及從享位酌獻如儀'라고 기재되어 있다. 즉 정위에 대한 작헌 절차와 같이 나머지 배향위와 종향위 작헌도 진행한다는 의미였다. 이때 모든 신위에 대한 헌작 끝나고 의식을 마치기 전에 마지막으로 남은 헌관과 집사 및 배제의 배례가 진행되었을 것이다. 남은 헌관과 집사 및 배제는 국왕이 퇴장할 때 이미 정위에 대한 행례를 마치고 배례를 한 상태였다. 그런데 국왕이 중간에 퇴장하기 때문에 모든 의식이 끝나고 다시 한 차례 중복하여 배례를 진행하였다.

이렇게 국왕 행례를 구분하는 방식은 조선에서 창안한 방식은 아니었다. 《고려사》 예지禮志에 기재되어 있는 시학작헌문선왕 의주를 보면, 《세종실록》〈오례〉와 동일하게 국왕 행례를 구분하고 있다.[52] 《고려사》 역시 국왕이 문선왕에게 행례한 뒤 곧바로 의례 공간에서 먼저 퇴장하였다. 《세종실록》〈오례〉의 작헌의에 나타난 국왕 동선은 고려의 의식을 참고하여 《세종실록》〈오례〉에 적용한 결과라고 볼 수 있다.

작헌의의 국왕 퇴장 시점은 《고려사》와 《세종실록》〈오례〉 사이에 차이가 없었다. 그러므로 작헌의만 보면 《세종실록》〈오례〉가 향사 대상의 차등적 지위에 대응하는 방식은 고려의 방식과 다르지 않았다고 할 수 있다. 하지만 《세종실록》〈오례〉는 여기에 더하여 왕세자가 향사 주체가 되는 석전의를 추가하였다.

52 《고려사》 권62, 지16 예4 吉禮中祀 文宣王廟 視學酌獻儀.

2) 국왕 작헌의와 왕세자 석전의의 병립

기존 연구는 《세종실록》 〈오례〉에서 왕세자 석전 의식을 추가한 것을 조선 문묘향사의 특징으로 해석하였다.[53] 그러나 왜 왕세자를 석전의의 주체로 추가하였는지까지는 설명하지 않았다. 결론부터 말하자면 본 연구에서는 《세종실록》 〈오례〉에서 왕세자를 향사 주체로 한 왕세자 석전의를 마련한 것은, 향사 대상의 차등적 지위로 인하여 발생한 문제에 대응한 조치였다고 본다. 즉 왕세자 석전의의 추가는 국왕 행례의 구분과 연결된 조치였다.

앞서 살펴보았듯이 전체 의식에서 국왕 행례를 구분하는 까닭은 향사 대상 가운데 국왕이 직접 행례하기 어려운 대상이 있기 때문이었다. 국가제사에서 이런 경우가 발생하면 국왕이 관원을 파견하는 형태로 제사를 실행할 수 있었다. 《세종실록》 〈오례〉에서 선농과 문묘를 제외한 중사와 나머지 소사 가운데 조상에 대한 제사가 아닌 제사는 국왕이 직접 제사에 참여하지 않고 향축과 관원을 보내 제사를 실행하였다. 이 가운데 선농과 같이 국왕이 친향하는 제사가 있다면, 그와 함께 섭사의攝事儀도 설정하였다. 국왕이 항상 제사를 친향으로 진행할 수 없기 때문이었다. 그러므로 국왕 친향을 기준으로 보면 친향하지 않는 제사는 섭사의도 없었고, 친향하는 제사는 섭사의가 있었다.

그런데 문묘향사의 경우 작헌의와 석전의 가운데 국왕은 작헌의만 친향으로 진행하였고 석전의는 친향하지 않았으므로 섭사의를 따로 설정하지 않았다. 석전의는 왕세자와 유사有司가 국왕의 향축을 받아 실행하는 형식이었지만, 왕세자 석전의와 유사 석전의는 국왕 친향과 상관없는 별개 의식이었다.

《세종실록》 〈오례〉에서 왕세자 석전의와 유사 석전의는 국왕의 섭사의가 아니었다. 앞서 〈표 2〉서 살펴보았듯이 국왕이 진행하는 석전의가 없었기

53 김해영, 앞의 글, 2000, 44쪽.

때문이다. 이는 축문 규정에서 명확하게 드러난다. 다음은 《세종실록》 〈오례〉 축판 항목의 일부이다.

> 선농에 친향할 때 사직과 같이 한다. 선농에 섭사할 때, 풍운뇌우·선잠·우사·문선왕에게 향사할 때 행사 전 1일에 관원이 받들어 (축판을) 바치는데 근신이 전해 받들어 이를 바치면 전하가 서명한다. 이를 마치면 친히 헌관에게 준다.[54]

앞의 사료를 보면 선농의 경우 친향할 때와 섭사할 때를 구분하여 설명하고 있다. 반면 문선왕은 그렇지 않다. 《세종실록》 〈오례〉 재계 항목에도 선농은 친향하는 경우를 다른 중사와 분명히 구분하여 설명하면서 섭사의에 대한 설명을 덧붙이고 있다.[55] 여기서도 축판 항목과 마찬가지로 문선왕에 대해서는 따로 섭사에 대한 설명이 없다. 《세종실록》 〈오례〉에서 중사 가운데 섭사의가 있는 제사는 선농뿐이었다.

국왕은 문묘향사 가운데 작헌의만 친향하되 그 안에서 또 행례를 구분하였고, 정작 대표 정기 향사인 석전은 관원에게 진행을 맡겼다. 문묘향사 전체로 보면 문묘향사는 국왕 친향이 있는 제사인지 아닌지 구분이 모호하였다. 국왕이 친향하는 대상이라면 국왕 친향의親享儀 이외 주요 의식들은 섭사의로 진행되어야 하는데 그렇지 않았다. 이는 국왕이 석전의와 같이 삼헌으로 구성된 의식을 친향할 수 없기에 나타난 현상이었다. 국왕이 친향할 때, 향사 대상과 섭사의를 진행할 때 향사 대상이 다르게 설정될 수 없었다. 왕세자 석전의는 바로 이러한 상황에서 추가되었다.

54 《세종실록》 권128, 五禮 吉禮序例 祝板, "先農親享與社稷同 先農攝事及風雲雷雨先蠶雩祀文宣王 前一日 館員捧進 近臣傳捧以進 殿下署訖 親授獻官"

55 《세종실록》 권128, 五禮 吉禮序例 齋戒, "先農親享 前享六日 禮曹啓聞請齋戒 (중략) 攝事行事執事官齋戒同"

당대 사료에 왕세자 석전의를 추가한 배경은 정확하게 확인되지 않는다. 다만 이러한 상황에 비추어 가능성을 생각하면, 국왕의 행례 대상이 한정되는 상황을 미래 국왕 후보라고 할 수 있는 왕세자와 국왕의 연속성에 근거하여 해결하려고 한 것으로 보인다.

《세종실록》〈오례〉에서 왕세자는 석전의를 실행할 수 있는 존재다. 만약 왕세자가 그대로 국왕으로 즉위한다면 그 지위가 달라지므로 문선왕이 아닌 대상에 행례할 수 없게 된다. 그런데 국왕이 왕세자일 때 이미 석전의, 즉 문묘 전체에 대한 행례를 한 적이 있다면, 시기와 지위의 차이는 있지만 국왕은 석전의를 실행한 적이 있는 셈이 된다. 이는 사실상 향사 주체 국왕을 현 국왕과 미래 국왕으로 분리하여 설정한 것에 가까웠다. 현재 국왕은 문선왕이 아닌 대상에게 행례할 수 없지만 미래에 국왕이 될 왕세자는 행례를 할 수 있다는 것이었다. 형식적으로 유사 석전의는 섭사의가 아니지만, 이렇게 국왕과 왕세자의 행례를 연속적으로 이해하면 섭사의로 볼 수 있는 여지가 있다.

왕세자 석전의가 왕세자 입학의入學儀보다 먼저 의주로 정비되었다는 사실도 이러한 가능성을 뒷받침한다. 이미 건국부터 여러 차례 실행되었던 왕세자 입학의는《국조오례의》에 와서야 의주가 마련되었다. 전례서에 입학의가 정리되기 전에 굳이 왕세자 석전의부터 수록하였다는 사실은 예악 정비 과정이 그만큼 치밀하지 못하였을 가능성도 있지만 왕세자 석전의를 추가하는 목적이 왕세자가 아니라 국왕에 있었을 가능성을 보여준다.

이처럼 왕세자 석전의가 단순히 왕세자만을 위하여 정비된 것이 아니기 때문에 국왕 작헌의에서 음악을 사용하지 않음에도 불구하고 왕세자 석전의에서 음악을 사용할 수 있었다. 그리고 왕세자 석전의와 유사 석전의의 의식 절차는 기본적으로 동일하게 구성되었지만 사용하는 음악은 차이가 있었다. 왕세자가 이동할 때 사용하는 음악이 일반 관원 초헌관과 다르게 설정되었다. 다만 음악이 달랐다는 것만 알 수 있을 뿐, 〈세종실록〉〈악보〉만으로 각 절차에 구체적으로 어떤 악곡을 연주하였는지까지는 파악할 수 없다.

고려와 비교하면 조선은 국왕 행례가 구분되어 향사 대상이 문선왕으로 한정되는 상황을 그대로 놔두지 않았다. 왕세자 석전의를 추가함으로써 문묘 전체를 대상으로 하는 향사가 실행될 수 있는 형식을 구축하려고 하였다. 국가제사의 주체인 국왕이 친향하는 의식과 그 국왕을 분리한 왕세자 석전의를 병립시킴으로써 문묘향사가 실행될 수 있는 예악의 기반을 마련한 것이었다.

3) 꾸준한 향사 실행을 위한 집사 배치

제사를 실행하기 위한 인적 기반은 다른 국가제사도 마찬가지로 필요하였다. 하지만 문묘향사의 경우 다른 국가제사와 달리 예악을 구성할 때 인적 기반에 비교적 많은 영향을 받을 수밖에 없었다. 한양 문묘향사에 성균관 학생이, 지방 문묘향사에 향교 학생이 참여하였기 때문이다. 이처럼 봉작이나 관직을 받지 않은 인원이 제사 절차에 직접 참여하는 경우는 조선의 길례 제사 가운데 문묘향사가 유일하였다.

한양 문묘향사를 진행하는 인적 기반은 성균관 관관館官을 중심으로 하는 경관직京官職 관원과 성균관 학생으로 이루어졌다. 한양 문묘향사를 정해진 시기마다 안정적으로 실행하려면, 문묘향사 관련 교육을 받은 성균관 학생의 숫자가 일정한 규모로 유지되어야 하였다.

고려 말에는 학생 충원과 교육이 제대로 이루어지지 못하고 있었다. 심지어 관련 업무를 수행할 관원도 갖춰져 있지 않았다. 1363년공민왕 12 8월 석전을 하는데 박사 이하는 한 명도 없고 명경박사와 학유 각 1인뿐이었다.[56] 이어서 1369년공민왕 18 이색李穡이 생도들을 훈련하고 석전을 진행하였

56 《고려사》 권62, 지16 예4 길례중사 문선왕(공민왕 12년).

더니 그때 와서야 비로소 볼만한 의식이 치러질 수 있었다.[57] 이색은 원元에서 석전을 직접 경험한 사람이기도 하였다. 이러한 내용은 당시 생도들이 훌륭하였다기보다 그만큼 올바른 행례를 할 줄 아는 사람이 많지 않았던 상황을 보여준다. 개경 석전이 이런 상황이었으니 군현 석전은 제대로 실행되기 더욱 어려웠을 것임을 짐작할 수 있다. 《고려사》를 보면, 군현 석전에서 음악을 사용한 흔적도 확인되는데,[58] 당시 문묘향사 관련 의식과 제도가 정리가 되지 않은 상황을 보여주는 대표적인 예이다.

조선 역시 건국 직후에는 한양에 문묘가 설치되기까지 시간이 걸렸고, 인구가 많고 읍격이 높은 군현이라고 하더라도 향교 운영이 제대로 되지 않는 상황이었다.[59] 정도전과 조준趙浚을 비롯한 건국 핵심 세력은 건국과 함께 학교제도를 구상하였는데 해당 내용이 《원육전》에 기재되었다.[60] 그 내용을 요약하면 다음과 같다.

㉠ 군현 단위 교관을 파견한다.

㉡ 각 도를 순시하는 유학교수관 1원을 둔다. 교관의 포폄을 담당한다.

㉢ 학생은 향교 및 사학-성균관으로 陞補하며, 성균관에 수학한 뒤 문과 응시 자격을 부여한다.

57 《고려사》 권62, 지16 예4 길례중사 문선왕(공민왕 18년 정묘).

58 주현석전의 항목에 보면, "若有樂工 則亦淸齋"라는 기록이 있어, 주현석전에 악공이 있었던 흔적을 찾을 수 있다(《고려사》 권63, 지17 예5 길례소사 諸州縣文宣王廟).

59 이성무, 〈鮮初의 成均館 硏究〉, 《역사학보》 35·36, 1967; 신동훈, 〈여말선초 향교 건립의 추이〉, 《한국사학사학보》 43, 2021.

60 당시 《元六典》에 기재된 학교제도 구상에 대해서는 임용한, 《조선전기 관리등용제도 연구》, 혜안, 2008을 참고하였다.

㉠은 군현 단위에 교관을 파견하는 것으로 이미 고려 말 진행하고 있었던 정책을 계승하는 것이었다. ㉡은 ㉠과 연결하여 관찰사 이외에 군현 내 관원을 평가하는 지위를 따로 설정하자는 파격적인 주장이었다. ㉢은 학교를 거친 학생만이 최종 문과 응시도 가능하도록 설정한 것이었다. 이와 같은 학교제도의 핵심은 관제官制의 측면에서 보자면 학교와 과거의 연결이었다. 이 구상대로면 성균관 학생은 각 군현 향교나 한양 사학을 거쳐 순차적으로 성균관까지 올라온 학생이 된다. 문묘향사의 측면에서 보면, 학생은 군현 향교에서 먼저 문묘향사에 집사와 배제로 참여하고, 성균관에 입학하면 한양 문묘향사를 배제로 경험하고, 나중에 관원으로 진출하면 집사와 헌관으로 참여한다. 아래부터 '상향식'으로 문묘향사를 경험하고 교육받아 관원에 이를 수 있도록 정리한 구상안이었다.

이 구상대로 학생이 충원된다면, 각 단계 학생의 경험과 교육 수준이 어느 정도 예측 가능하였다. 이는 설령 학생이 다음 학교로 승보陞補하지 못하거나 생원시나 진사시 그리고 문과에 급제하지 못하더라도 마찬가지였다. 즉 향교 학생, 생원시에 합격하였으나 향교에 내려가 있는 학생, 생원시에 합격하지 못하였으나 성균관에서 수학하는 학생, 성균관 학생, 문과급제자 등 현재 학생이 어느 상황에 있는지 알면, 그 학생이 문묘향사를 얼마나 경험하였는지, 어떤 교육을 받았는지 예상할 수 있었다. 생원시나 문과에 합격하는 인원보다 불합격하는 인원이 많다는 점과 향교 문묘향사를 생원 및 진사와 향교 학생이 실행한다는 점을 고려한다면, 학생들이 최종적으로 관원이 되지 못하더라도 균질한 교육 수준을 보장할 수 있는 구상안이었다.

그러나 학교와 과거를 연결하는 이 구상안은 그대로 실현되지 못하였다. ㉠정도만 유지되었고 ㉡은 폐기되었으며 ㉢은 성균관에 입학하지 않더라도 문과 응시 자격을 부여하는 길을 열어두는 방향으로 변화하였다. 특히 ㉢의 변화로 성균관에 입학하지 않은 유학幼學이라고 하더라도 문과 응시

가 가능해지면서 최초 구상안과 달리 학교와 과거는 분리되었다.[61]

이처럼 정도전과 조준 등의 최초 구상안이 반영되지 않은 이유에 대하여, 건국 직후 학교제도를 전국 규모로 운영할 수 있는 재정적 여유가 없었다는 해석이 있다.[62] 그리고 재정적인 문제보다 태종의 집권을 중심으로 하는 정치적 상황 변화가 더 큰 이유였다는 해석이 있다.[63] 후자는 태종대부터 시작된 건국 세력의 보수화의 영향으로 지방보다 중앙 가문에게 유리하게 제도가 변화하였는데, 학교와 과거의 분리도 그러한 맥락에서 이해할 수 있다고 보았다.

여기에 한양을 비롯한 각 군현 문묘향사의 실행이 가능할 정도의 인적 기반이 있었는지도 추가하여 생각해 볼 필요가 있다. 문묘향사를 비롯하여 각 군현에서 진행하는 정기적인 의례에 참여하여야 하는 학생들을 교육하고 나아가 '상향식'으로 한양 문묘향사까지 담당하게 할 수 있는 교관

61 생원시와 진사시에 합격한 생원과 진사만 문과 응시 자격이 있다는 해석은, 역사교과서를 비롯하여 학계에 널리 퍼져 있는 대표적인 오해라는 사실이 거듭 확인되었다(이상무, 〈조선시대 문과 응시자격에서 소과 입격의 문제 검토〉, 《한국교육사학》 40-4, 2018; 박현순, 〈조선시대 과거 응시 자격과 赴擧都目〉, 《민족문화연구》 100, 2023). 다만 유학이 문과에 응시하기 위하여 성균관 圓點이 필요하였는지에 대해서는 이견이 있다(소순규, 〈朝鮮前期 幼學의 大科 급제에 대한 검토〉, 《한국사학보》 70, 2018). 소순규의 연구는 유학이 문과에 응시를 하려면 성균관 원점이 필요하다고 보았다. 이에 대하여 전자는 유학이 문과에 응시할 때 원점을 요구할 수 없었던 정황이나 원점 이외의 응시 자격을 제시함으로써 반박하였다. 일부 別試는 유학의 원점을 요구한 경우가 있었으나, 式年試까지 유학의 원점을 요구하였다고 볼 수 없다는 해석이다. 하지만 이 해석을 따르더라도, 여전히 유학이 원점을 받았던 현상과 그 원점의 쓰임새를 설명하기 어려워 의문이 남는다. 관련하여 후속 연구가 진행되어야 하겠지만, 만약 후자의 주장처럼 유학의 문과 응시에 원점이 항상 요구되었다면, 그 배경에 문묘향사 교육이 있었을 가능성이 있다.

62 이상무, 앞의 글, 2018.

63 임용한, 앞의 책, 2008, 156~158쪽 236번 주석.

이나 관련 업무를 담당할 수 있는 인적 기반이 현실적으로 마련될 수 있었는지 불분명하기 때문이다. 세종대 일정 인구 규모 이상인 군현에 교관을 파견한 조치가 이루어진 뒤인 1458년세조 4에도 각 군현 석전을 수령들이 제대로 챙기지 않고 있으니 조사하여야 한다는 의견이 나올 정도였다.[64] 수령만 하더라도 학교와 각종 제사 관련 업무를 두루 수행할 수 있는 자원을 선발해서 파견하는 것이 쉽지 않았는데, 설령 ㉡의 구상이 그대로 실현되었다고 하더라도 '상향식'으로 학생을 교육할 수 있는 인적 기반을 갖추는 것이 가능하였는지 의문이다.

학교와 과거가 분리되면서 문묘향사의 인적 기반을 확보하는 데 크게 두 가지 문제가 발생하였다.

첫째, 성균관 학생 숫자 확보가 어려워졌다. 건국 직후에는 10년 동안 양경兩京을 오가느라 성균관 학생을 잘 교육하지 못하였다. 학생 수도 100명이 채 되지 못하였다.[65] 약 8년이 지난 1411년태종 11에도 성균관 생원이 20명 정도에 불과하다는 내용을 확인할 수 있다.[66] 생원시가 꾸준히 시행되었던 상황임에도 정작 성균관에 나오는 학생 수는 적었다. 성균관에서 공부하지 않더라도 문과 응시가 가능하였기 때문에 이는 예상 가능한 문제였다.

둘째, 문묘향사에 참여하는 학생들의 경험과 교육 상황이 균질하지 않았다. 극단적인 예로 유학에서 곧장 문과에 급제한다면, 단 한 번도 한양 문묘향사를 경험하지 않고 관원이 될 수도 있었다. 이들이 만약 관원이 되어서도 한양 문묘향사를 경험하지 못한다면, 수령으로 각 군현으로 내려가 문묘향사를 균질하게 교육할 수 있을지 불투명하였다.

64 《세조실록》 권12, 세조 4년 4월 14일(신미).

65 《태종실록》 권5, 태종 3년 3월 3일(경진).

66 《태종실록》 권21, 태종 11년 6월 4일(계사).

이처럼 한양 문묘향사에 배제할 성균관 학생 수도 충분하지 않은 상태에서, 학생을 집사로 활용하기는 쉽지 않았다. 그래서 《세종실록》〈오례〉 단계에서 한양 문묘향사의 집사는 모두 관원으로 채웠다. 《세종실록》〈오례〉의 길례 헌관 항목에 따라 정리하면 다음 〈표 4〉와 같다.[67]

〈표 4〉《세종실록》〈오례〉에 명시된 한양 문묘향사의 헌관

헌관 및 집사	왕세자 석전의		유사 석전의	
	대상	인원	대상	인원
초헌관	왕세자	1	정2품	1
아헌관	정2품	1	정3품	1
종헌관	정3품	1	종3품	1
전내종향분헌관(동)	4품	1	4품	1
전내서종향분헌관(서)	4품	1	4품	1
동무종향분헌관	5품	1	5품	1
서무종향분헌관	5품	1	5품	1
전사관	전사소윤(판관)[68]	1	전사소윤(판관)	1
당상집례	5품	1	5품	1
당하집례	6품	1	6품	1
대축	참외	2	참외	2
축사	참외	2	참외	2
장생령	전구서	1	전구서	1
협률랑(협률령)[69]	참외	1	참외	1
아악령	아악서	1	아악서	1
알자	참외	1	참외	1
찬자	참외	1	참외	1
찬인	참외	4	참외	4
	합계	**23**	**합계**	**23**

67 《세종실록》〈오례〉에는 석전의 헌관만 기재되어 있다.

68 괄호 안은 해당 관원이 참여할 수 없을 때 대체 관직을 가리킨다.

69 유사석전의 경우 協律令으로 기재되어 있다. 그러나 협률령이라는 용례가 다른 사료에서 거의 확인되지 않아 단순 오기로 추정된다.

《세종실록》〈오례〉의 문묘향사 4개 의식을 살펴보면, 학생이 모두 배제로 참여하였다. 다른 국가제사의 경우 왕이 친향하지 않으면 배제 인원도 없었으나 문묘향사는 예외였다. 왕이 아닌 왕세자와 유사가 석전을 진행한다고 하더라도 학생은 배제로 반드시 참여하도록 설정되어 있었다. 다만 학생은 오직 배제로 역할을 제한하였다.

왕세자석전의 경우 왕세자를 제외하고 관원이 최소 22명, 유사석전의 경우 23명이 필요하였다. 집사는 대부분 성균관 관원으로 자리를 채웠고, 만약 정해진 관원이 참여할 수 없다면 다른 관원으로 대체하였다. 《세종실록》〈오례〉 길례, 헌관 항목을 보면 다음과 같은 내용을 확인할 수 있다.

> ㉠ 文宣王世子釋奠行事執事官
>
> 전사관·장생령·아악령 이외의 아헌관 이하의 관원은 모두 성균관 관원으로 한다. 本官이 사고가 있으면 다른 관원으로 충당한다.[70]
>
> ㉡ 有司釋奠行事執事官
>
> 전사관·장생령·아악령 이외의 아헌관 이하의 관원은 모두 성균관 관원으로 한다. 本官이 사고가 있으면 다른 관원으로 충당한다.[71]
>
> ㉢ 州縣釋奠行事執事官
>
> 축 이하의 여러 집사는 모두 학생으로 충당한다.[72]

70 《세종실록》 권128, 五禮 吉禮序例 文宣王世子釋奠行事執事官, "典祀官 掌牲令 雅樂令外終獻官以下皆以成均館員差 本官有故則以他官充"

71 《세종실록》 권128, 五禮 吉禮序例 有司釋奠行事執事官, "典祀官 掌牲令 雅樂令外亞獻官以下皆以成均館員差 本官有故則以他官充"

72 《세종실록》 권128, 五禮 吉禮序例 州縣釋奠行事執事官, "祝以下諸執事皆以學生充"

㉠왕세자석전과 ㉡유사석전의 내용을 보면, 학생이 집사로 참여할 수 있는 규정은 마련되어 있지 않다. 왕세자가 입학할 때를 제외하면 학생이 집사로 참여하는 사례는 확인할 수 없다.[73] ㉢주현석전의 경우 학생이 집사로 참여할 수 있는 규정이 마련되어 있다.

정리하면, 《세종실록》 〈오례〉는 예악 정비의 과제에 대응하여, 먼저 국왕 행례를 전체 의식에서 구분하였다. 그리고 왕세자 석전의를 추가하여 향사 주체 국왕을 현재 국왕과 미래 국왕, 왕세자로 분리하였다. 이로써 국왕의 향사 대상이 문선왕으로 한정되는 상황을 보완하였다. 다음으로 문묘향사 집사로 관원만 활용하였다. 건국 시기 과거제와 학교제의 분리로 문묘향사의 집사와 배제로 참여할 수 있는 학생을 확보하기 어려운 상황이었기 때문이다. 《세종실록》 〈오례〉의 문묘향사 예악이 정비된 결과 고려 말 정기적으로 실행하지 못하였던 문묘향사가 국가제사로 정착할 수 있는 기반이 마련되었다. 다만 국왕의 향사 대상이 한정되었고, 향사 주체가 분리된 상황은 다른 국가제사와 형식이 맞지 않는 상태였다. 이는 문묘향사가 국가제사로 실행될 수 있는 근거를 흔들 수 있는 것이었다. 건국부터 이어진 문묘향사의 실행에도 불구하고 무묘 설치 주장이 간헐적으로 나왔던 것도 한양 문묘향사의 예악 구성이 문묘향사의 보편적 성격을 충분히 담아내지 못하였기 때문이라고 할 수 있다.

73 《세종실록》 권14, 세종 3년 12월 9일(무술).

4. 향사 주체 통합과 통사로서 위상 확보

1) 소차를 이용한 국왕 퇴장 시점 변경

전체 의식에서 국왕 행례를 구분하는 방식은 1429년세종 11 문묘작헌의주에서도 확인할 수 있다.[74] 이 방식은 정확한 시점을 알기 어렵지만 적어도 세조대까지 유지되었던 것으로 보인다. 이 방식의 변화를 정확하게 확인할 수 있는 것은 《국조오례의》이다.

〈표 5〉는 《세종실록》 〈오례〉와 《국조오례의》에 나오는 국왕 작헌의의 국왕 동선을 비교한 것이다.

〈표 5〉 《세종실록》 〈오례〉와 《국조오례의》의 문묘 작헌의에서 왕의 동선과 위치

	《세종실록》 〈오례〉	《국조오례의》
준비	大次	大次
입장	東門 → 東階 → 神位 앞(북향)	東門 → 東階 → 版位(서향)
정위 헌작	神位 앞(북향)	神位 앞(북향)
배위 · 종향위 헌작	-	神位 앞 → 版位
퇴장	東階 → 東門 → 大次	東階 → 東門 → 大次

《세종실록》 〈오례〉에 따르면 국왕은 문묘 동문 밖에 설치된 대차에서 출발하여 동쪽 계단을 거쳐 정위, 즉 문선왕 신위 앞으로 이동한다. 그리고 문선왕에게 배례와 헌작을 진행한다. 헌작이 끝나면 배례를 하고 곧바로 대차로 퇴장한다. 국왕은 작헌의가 끝나기도 전에 의례 공간을 벗어난다. 그래서 왕은 배위와 종향위에 대한 행례에 전혀 참여하지 않을 수 있었다. 다만 남은 헌관, 집사를 맡은 관원, 배향하는 학생 등은 한창 제사가 진행되고 있을

74 《세종실록》 권44, 세종 11년 5월 24일(기사).

때 국왕이 먼저 퇴장하는 모습을 지켜봐야 하였다.

이러한 퇴장 시점은 〈표 5〉과 같이 《국조오례의》의 작헌의, 즉 작헌문선왕시학의에서 변화하였다. 여기서 국왕은 입장할 때 곧바로 문선왕 신위로 가지 않고 판위版位로 이동하였다. 국왕은 이 판위에서 서향하여 배례를 한 뒤 문선왕 신위로 이동하여 헌작을 하였다. 그리고 《세종실록》 〈오례〉와 같이 다시 배례한 다음 곧바로 퇴장하지 않고, 배례 없이 다시 판위로 이동하여 배위와 종향위에서 헌작이 끝나기를 기다렸다. 배위와 종향위의 헌작이 모두 끝나면 입장과 마찬가지로 판위에서 배례를 하고 퇴장하였다. 국왕이 배위와 종향위의 행례와 완전히 분리되었던 《세종실록》 〈오례〉와 달리 《국조오례의》의 동선은 국왕이 작헌의가 모두 끝날 때까지 의식에 참여하도록 수정되었다. 여전히 국왕이 문선왕 이외에 다른 향사 대상에게 직접 행례하지 않는 것은 동일하였지만, 전체 의식에 국왕이 참여함으로써 문묘 전체를 향사 대상으로 할 수 있게 되었다.

작헌의에서 나타나는 국왕의 퇴장 시점 변화는 《국조오례의》에서 새로 추가된 의식인 향문선왕시학의와 관련이 있다. 국왕이 석전의와 같이 삼헌이 갖춰진 문묘향사에 참여할 수 없었던 이유는 국왕의 행례 대상이 문선왕으로 한정되어 삼헌을 구성하기 어려웠기 때문이다. 그나마 작헌의의 경우 국왕이 문선왕에게 행례한 뒤 퇴장하는 방식으로 진행할 수 있었다. 하지만 국왕이 삼헌 가운데 초헌을 맡으면 문선왕이 아닌 다른 향사 대상에 대한 초헌은 물론이고, 아헌과 종헌까지 어떻게 연결하여 진행하여야 하는지 정리가 될 수 없었다. 그런데 이 문제가 소차小次를 활용하면서 해결되었다. 그리고 삼헌이 갖춰진 향문선왕시학의가 추가되면서, 〈표 5〉와 같이 작헌의의 퇴장 시점도 수정할 수 있었다.

《국조오례의》에 따르면, 향문선왕시학의에서는 대차와 함께 소차가 함께 설치되었다. 소차는 묘전廟殿, 즉 대성전 동쪽 계단 위에 서향으로 설치되었다.[75] 국왕은 초헌관으로서 문선왕에게 행례한 뒤 대차로 물러나지 않고 대신 이 소차로 이동하였다. 이 소차는 대차와 달리 의례 공간 바깥이 아닌 안에 있었다. 국왕은 문선왕에 대한 행례가 끝나더라도 다른 향사 대상에 대한 행례가 끝날 때까지 소차에서 대기하였다. 이로써 왕은 문선왕에 대해서만 행례하면서도 전체 의식과 미리 분리되지 않을 수 있었다.

이 소차 활용 방법은 종묘 의례의 소차 활용 방법을 차용한 것으로 추정된다. 소차는 1424년세종 6 태종부묘의에서 처음 활용하기 시작하였다. 이는 아헌과 종헌이 진행되는 동안 서서 기다려야 하는 왕의 불편을 해소하기 위한 조치였다.[76] 여기서 시기가 조금 멀지만 중종은 종묘의 소차가 초헌관이 너무 오래 서서 기다리는 것을 방지하는 수단이라고 말하기도 하였다.[77] 이 소차 활용 방법은 1457년세조 3 환구제의 경우 아헌관과 종헌관이 따로 없으니 소차가 필요없다는 예조의 설명으로 볼 때 다른 제사에 일찍부터 적용되었음을 짐작할 수 있다.[78] 그러므로 향문선왕시학의가 《국조오례의》에 기재된 시점 이전에도 문묘향사에 적용되었을 가능성이 있지만 이를 확인할 수 있는 기록은 남아 있지 않다.

종묘의 경우 제사 대상이 많을 때 초헌관 왕이 아헌과 종헌이 진행될 동안 너무 오래 서서 대기하여야 하는 문제 때문에 소차를 활용한 것이라면, 문묘향사의 경우 소차를 활용하는 목적에서 차이가 있었다. 문묘향사 역시 향사 대상이 많기는 하였지만 모든 향사 대상이 국왕의 행례 대상은 아니

75 《세종실록》〈오례〉에서도 소차 설치를 확인할 수 있다. 그러나 여기서 소차는 의례공간인 대성전이 아니라 이어지는 視學을 위하여 명륜당에 설치하는 소차였다. 《국조오례의》에 따르면, 대성전과 명륜당에 각각 소차가 설치되었다.

76 강제훈, 앞의 글, 2022, 129쪽.

77 《중종실록》 권87, 중종 33년 4월 3일(병오).

78 《세조실록》 권6, 세조 3년 1월 8일(계유).

었다. 그래서 문묘향사의 소차는 국왕의 구분된 행례가 전체 의식에서 분리되지 않도록 하는 데 목적이 있었다.

2) 국왕 친향의와 섭사의 설정

소차를 이용하여 국왕 퇴장 시점이 조정되면서 국왕은 문선왕에 대해서만 직접 행례를 하더라도 문묘향사 전체에 참여할 수 있게 되었다. 국왕이 삼헌이 있는 문묘향사를 친향으로 진행할 수 있다는 의미는 그동안 분리된 의식으로 실행되었던 석전의를 섭사의로 실행할 수 있게 된다는 것이었다. 이로써 문묘향사를 실행하는 향사 주체가 마침내 국왕 하나로 정리될 수 있었다.

《국조오례의》에 새로 추가된 향문선왕시학의는 삼헌으로 구성된 국왕 친향의였다. 그러나 석전의와 예악에서 차이가 있었기에 친향선농의처럼 '친향문선왕의'로 이름을 정하지 않았다.[79] 국왕 친향의가 석전의와 다른 점은 네 가지였다.

첫째, 향사 시점에서 차이가 있었다. 석전의는 매년 2월, 8월 정기 문묘향사였지만 국왕 친향의는 향사 시점이 정해져 있지 않았다. 국왕 친향의가 석전의를 대체할 수도 있었지만, 석전의 실행 시점과 상관없이 국왕의 필요

79 기존 연구는 향문선왕시학의를 굳이 석전이 아니라 '享儀'로 의주를 정비한 까닭을 성종대 정치 상황과 연결하여 추측하였다. 이에 따르면, 석전은 스승을 공경하는 의식이라는 배경이 있었다. 그래서 親政과 함께 점차 권위가 확고해진 성종은 이러한 성격의 석전을 회피하기 위한 조치로 친향의를 석전이 아닌 '享儀' 형태로 마련하였다(박경지, 앞의 글, 2021, 74쪽). 본 연구도 성종대 정치 상황의 변화가 '享儀' 설정에 영향을 주었다는 기존 해석에 동의한다. 다만 지금까지 살펴본 문묘향사 예악 정비 맥락으로 볼 때, '享儀'는 스승을 공경하는 의식으로서 성격을 회피한 결과보다 문묘 전체를 대상으로 하는 의식으로서 성격을 강화한 결과에 가깝다고 판단된다. 확고해진 성종의 권위가 문묘향사 예악 정비의 계기는 되었지만 기존 맥락을 벗어나게 하지는 않았다고 본다. 이는 기존 의식 절차와 달리 판위에서 서향으로 진행하는 국왕의 배례, 초헌례부터 함께 진행하는 분헌 등에서 알 수 있다.

에 따라 실행할 수도 있었다. 이는 문묘향사의 실행 시점이 유교에서 파악하는 자연과 우주의 운행 원리에 따라 정해진 것이 아니라 학교 운영과 연결되어 정해졌기 때문으로 보인다. 국왕 친향의를 실행하였던 성종과 중종의 사례를 보면, 석전의 실행 시점을 고려하여 실행하기도 하였다.

둘째, 분헌관이 초헌·아헌·종헌을 나누어 행례하였다. 석전의의 경우 초헌례와 아헌례는 정위와 배위에 대해서만 행례가 진행되었고, 종향위에 대한 행례는 종헌례가 이루어질 때 함께 진행되었다. 그러나 국왕 친향의는 초헌례·아헌례·종헌례를 실행할 때 분헌관도 각각 행례를 함께 하였다. 이는 문묘 전체를 향사 대상으로 하는 문묘향사의 의미를 극대화한 것이었다.

셋째, 국왕 친향의에 한정하여 사용하는 용악이 있었다. 진찬進饌 단계에서 풍안지악豐安之樂을 연주하였는데, 이는 국왕 친향의만 연주하였다.

넷째, 집사에 학생을 활용하지 않았다. 이는 《세종실록》〈오례〉 예악의 특징이기도 하였지만, 《국조오례의》의 변화를 거치며 국왕 친향의의 특징이 되었다.

이처럼 국왕 친향의가 곧 국왕 석전의는 아니었지만, 약식 의례에 가까운 작헌의가 아닌 삼헌으로 구성된 정식 의례를 국왕이 실행할 수 있게 되었다는 것이 중요하였다. 이를 근거로 기존 왕세자 석전의와 유사 석전의도 섭사의로 실행될 수 있었다. 《세종실록》〈오례〉와 달리 《국조오례의》는 왕세자 석전의와 유사 석전의가 섭사의라는 사실을 명료하게 기록하였다. 다음의 사료는 《국조오례의》〈찬뢰준실도설饌實尊罍圖說〉 생뢰牲牢 항목 가운데 중사를 다룬 내용이며, 〈표 6〉은 문묘향사와 관련한 내용을 《세종실록》〈오례〉와 비교하여 표로 정리한 것이다. 생뢰는 제사에 사용하는 희생을 뜻한다.

중사이다. 풍운뇌우, 악해독, 선농, 선잠, 우사, 문선왕, 역대시조는 소뢰를 쓴다.【양 1마리, 돼지 1마리이다. 문선왕은 붉은 소로 양을 대신한다. 외방은 그렇게 하지 않는다. 현은 오직 돼지 1마리를 쓴다】(중략) 문선왕은 양 1마리와 돼지 4마리를 더한다【섭사는 양을 더하지 않는다. 외방은 목 이상이면 양 1마리와 돼지 1마리를 더한다】.[80]

〈표 6〉《세종실록》〈오례〉와 《국조오례의》 한양 문묘향사의 희생

	《세종실록》〈오례〉			《국조오례의》		
	소	양	돼지	소	양	돼지
문선왕	-	-	-	1	1	4
왕세자석전	1	0	1	1	0	4
유사석전	1	0	1	1	0	4

문묘향사는 다른 중사와 다르게 희생으로 소를 사용함으로써 중사 가운데 특별한 위치에 있었다. 그리고 왕세자 석전의나 유사 석전의를 따로 구분하여 설명하지 않고 아울러 모두 섭사로 설명하였다. 국왕 친향의에 섭사의가 따로 설정되지도 않았고, 이 이외에 석전의에서 사용하는 희생을 따로 규정한 내용도 확인할 수 없다. 다음 사료 《국조오례의》 재계齋戒 항목에서도 석전의가 섭사인 것이 분명하게 드러난다.

중사【선농과 문선왕은 친행이 있다】 배향관【㉠문선왕은 학생이 있다. 섭사는 전하의 재계와 배향관이 없다】과 여러 위 소속으로서 유문을 수위하는 자【문마다 호군 2인, 모퉁이마다 대장 1인이다. 섭사는 모두 대장이 한다. 문선왕 묘

80 《국조오례의서례》 권1, 吉禮 饌實尊罍圖說 牲牢, "中祀 風雲雷雨 嶽海瀆 先農 先蠶 雩祀 文宣王 歷代始祖 用小牢【羊一 豕一 文宣王 以騂牛代羊 外則否 縣只用豕一】(중략) 文宣王 加羊一 豕四【攝事不加羊 外則牧以上 加羊一 豕一】"

문과 유문도 같다】는 각각 본사에서 청재하며 하루를 묵는다. 공인문무·무무는 예조에서 청재하며 하루를 묵는다. 향 1일 전 날이 밝을 무렵에 모두 향소에 모여 의식을 익힌다.【ⓛ왕세자 석전도 같다. 배향하는 궁관·관관·학관도 모두 청재하며 하루를 묵는다】.[81]

위의 사료 ㉠과 ㉡을 보면, 아직도 향사 주체가 분리된 것처럼 보이기도 한다. 그러나 ㉠은 문묘향사의 경우 배향관과 구분되는 학생이 있었음을 명시한 내용이었다. ㉡ 역시 왕세자 석전의가 섭사는 맞지만, 배향하는 궁관은 왕세자 석전에만 참여하는 존재이고, 관관과 학관의 경우 석전의에서 빠질 수 없는 관원이기에 섭사의임에도 불구하고 예외적으로 배향관이 있다는 사실을 명시한 내용이었다.

이처럼 현재 국왕과 미래 국왕으로 분리되었던 향사 주체가 현재 국왕으로 일원화되면서 용악도 정리될 수 있었다. 향사 주체나 대상에 따라 곡을 다르게 사용할 필요가 없어지면서, 세종대에 최대한 다수 준비하였던 아악 12곡을 간소화할 수 있었다고 본다. 문묘향사의 아악을 정비한 결과는《세종실록》〈악보〉와《악학궤범》에 정리되었다. 이미 기존 연구에서《세종실록》〈오례〉와《국조오례의》의 차이와《악학궤범》에 이르는 변화 과정을 자세하게 검토하였다.[82]

81 《국조오례의서례》 권1, 吉禮 齋戒 "中祀【先農 文宣王 有親行】陪享官【文宣王則有學生攝事 無殿下齊儀及陪享官】及諸衛之屬守衛壝門者【每門護軍二人 每隅隊長一人 攝事則竝隊長 文宣王廟門及凡壝門同】各於本司 淸齊一宿 工人 二舞 淸齊一宿於禮曹 前享一日質明 竝集享所肄儀【王世子釋奠同 陪享宮官 館官 學官 竝淸齊一宿】"

82 정화순, 앞의 글, 2008; 정화순, 앞의 글, 2009.

〈표 7〉《세종실록》〈오례〉와 《국조오례의》 문묘향사 용악 악곡명 비교

절차	《세종실록》〈오례〉	《국조오례의》
영신	軒架 凝安之樂 烈文之舞 3成	軒架 凝安之樂 烈文之舞 3成
예뇌선위	軒架 同安之樂	-
전폐	登歌 明安之樂 烈文之舞	登歌 明安之樂 烈文之舞
강복위	軒架 同安之樂	-
정승	軒架 同安之樂	-
진찬	-	(軒架 豊安之樂)
초헌	登歌 成安之樂 烈文之舞	登歌 成安之樂 烈文之舞
문무퇴 · 무무진	軒架 舒安之樂	軒架 舒安之樂
아 · 종헌	軒架 成安之樂	軒架 成安之樂 昭武之舞
예음복위 · 강복위	軒架 同安之樂	-
철변두	登歌 娛安之樂	登歌 娛安之樂
사신	軒架 寧安之樂 鄕樂交奏 1成	軒架 凝安之樂 1成

〈표 7〉에서 볼 수 있듯이 《국조오례의》는 《세종실록》〈오례〉와 비교하였을 때, 관세위 등 자리를 이동할 때 용악 연주가 없어졌다. 그리고 아헌과 종헌을 진행할 때 소무지무昭武之舞가 추가되었다. 송신에서 연주하는 향악鄕樂이 삭제되기도 하였다. 《국조오례의》에서 괄호로 표시한 진찬 용악의 경우 왕이 친행하는 경우만 연주하도록 설정되었다. 이처럼 여러 변화가 있었지만, 노랫말이라고 할 수 있는 악장은 큰 변화가 없었고, 무엇보다 《세종실록》〈오례〉의 악곡은 명칭만 명시되었을 뿐 선율 유형을 명시하지 않았기 때문에 실제로 어떠한 악곡이 사용되었는지 알 수 없다.[83] 예를 들어, 《세종실록》〈악보〉에 원의 〈대성악보〉를 재창조한 황종궁 1부터 황종궁 12까지 아악 12곡이 기재되어 있으나, 이 가운데 어떤 곡을 서안지악舒安之樂 연주에 사용하였는지 알 수 없는 것이다.

《국조오례의》와 《악학궤범》에서는 이 세종대 아악 12곡 가운데 황종궁

83 정화순, 앞의 글, 2009, 359쪽.

1과 황종궁 2, 단 2곡만 사용하였다. 여기서 황종궁 1은 조 바꿈[移調]을 모두 사용하였고, 황종궁 2는 협종궁, 임종궁, 황종궁으로 조 바꿈만 사용하였다. 이를 《악학궤범》에서는 '시용아부제악時用雅部祭樂'로 명칭을 정리하였다. 다음 〈표 8〉은 《악학궤범》에 정리된 문묘향사의 용악을 정리한 것이다.[84] 이는 문선왕뿐만 아니라 다른 인신人神 제사에 함께 적용되었다.[85]

〈표 8〉 《악학궤범》의 문묘향사 용악

절차	악곡	춤	연주위치	악조
영신	凝安之樂	烈文之舞	軒架	황종궁 3成
				중려궁 2成
				남려궁 2成
				이칙궁 2成
전폐	明安之樂	烈文之舞	登歌	남려궁
진찬	豊安之樂	昭武之舞	軒架	고선궁
초헌	成安之樂	烈文之舞	登歌	남려궁
문무퇴 · 무무진	舒安之樂	-	軒架	고선궁
아 · 종헌	成安之樂	昭武之舞	軒架	고선궁
철변두	娛安之樂	烈文之舞	登歌	남려궁
사신	凝安之樂	-	軒架	송신황종궁

《악학궤범》의 문묘향사 용악은 《국조오례의》에서 관철되지 못하였던 영신 9성 원칙을 준수하고 있다는 점에서 문묘향사 용악으로 갖추어야 할 조건을 구비하고 있는 것으로 평가된다. 〈표 8〉에서 볼 수 있듯이 《악학궤

84 정화순, 앞의 글, 2008, 20쪽 〈표 3〉과 23~24쪽 〈표 4〉를 참고하였다.

85 다만 문묘향사의 경우 아악기 가운데 靈鼓 대신 路鼓와 路鼗를 사용하여 다른 제사와 구분하였다.

범》에서는 각 악곡이 어떤 악조로 연주되었는지 확인할 수 있다. 〈표 8〉에서 연주된 용악은 송신 때 연주한 송신황종궁을 제외하면 모두 황종궁 1에서 조를 바꾸어 연주하였음을 알 수 있다.

문제는 세종대 정비한 아악 12곡 가운데 왜 2곡만 사용되었는가 하는 것이다. 이에 대하여 기존 연구는 성종대에 이르러 아악이 지나치게 간소화되었다고 해석하였다. 그리고 주로 사용하고 있는 황종궁 1은 〈대성악보〉의 영신 용악을 참고한 것이기 때문에 영신에 사용한 용악을 모든 절차에서 연주하는 상황이 벌어졌다고 해석하였다.[86] 즉 《악학궤범》의 아악은 세종대 아악에서 상당 부분 퇴보한 결과물이라고 평가하였다. 그러나 조선 초 전례서 편찬 작업의 맥락에서 볼 때, 선왕先王의 작업 결과물이 있는 상태에서 구체적인 추가 설명 없이 퇴보한 아악 체계를 《악학궤범》이라는 결과물을 만들면서까지 쓸 수 있는 분위기였는지는 의문이 든다.

다소 모호하지만 사실과 가까울 가능성이 있는 설명은, 애초에 세종대 아악의 모범이 된 〈대성악보〉의 악곡에 비슷한 구절이 많이 나오기 때문이라는 설명이다.[87] 〈대성악보〉의 각 악곡이 서로 비슷한 느낌을 주므로 그것을 참고한 세종대 아악 12곡도 결국 일부만 쓰였다고 추정하였다. 그리고 12곡 가운데 황종궁 1이 다른 곡과 달리 황종궁을 조 바꿈 없이 그대로 가져온 것이므로, 황종궁 1을 기준으로 사용하였다는 것이다. 이러한 설명은 설득력이 있지만, 이 설명이 문묘향사와 어떻게 연결되는지 알 수 없다. 그리고 비슷한 악곡 구절 가운데 대표적인 예만 몇 가지 제시하였을 뿐 12곡을 전부 제시하지 않았다.

86 정화순, 앞의 글, 2008; 정화순, 앞의 글, 2009.

87 이혜구는 《세종실록》의 악보 역주와 함께 해제를 썼다. 해당 설명은 해제의 일부이다(세종대왕기념사업회 편, 앞의 책, 1973, 61쪽).

〈표 9〉《세종실록》〈악보〉 제사아악의 음계 조합

	1구	2구	3구	4구
황종궁 1	궁우치각	③상각우치	宮우徵각	우치궁상
황종궁 2	궁徵치상	③상각우치	⑧궁우상각	⑥궁우상궁
황종궁 3	궁각徵각	④우치상궁	⑨상궁徵각	치각宮우
황종궁 4	궁상徵각	우치궁우	궁상우치	치각우宮
황종궁 5	궁상각상	⑤상궁치우	宮우상각	①궁상치우
황종궁 6	궁상궁우	각우상궁	⑩徵각상궁	우궁상궁
황종궁 7	①궁상치우	宮우상궁	徵각우궁	상치상궁
황종궁 8	①궁상치우	⑥궁우상궁	우궁徵각	⑪宮우상궁
황종궁 9	②궁상宮우	각상우상	궁치궁상	⑦치우宮상
황종궁 10	①궁상치우	⑦치우宮상	각상우궁	⑫치우상궁
황종궁 11	②궁상宮우	⑥궁우상궁	徵각상궁	⑪宮우상궁
황종궁 12	궁우궁상	⑦치우宮상	각상우치	①궁상치우

위의 〈표 9〉은 《세종실록》 〈악보〉에 기재된 황종궁 1부터 황종궁 12의 음계 조합을 정리한 것이다. 변궁과 변치의 경우 각각 '宮', '徵'으로 표기하고 나머지는 한글로 표기하여 구분하였다.

제사아악 각 곡은 황종궁 1부터 황종궁 12까지 8개 구절에서 32개 음을 치도록 구성되었다. 이조移調하는 조調에 따라, 즉 중심음이 12율 가운데 어떤 음이 되느냐에 따라 연주하는 음은 달라졌다. 중심음을 옮기는 과정에서 아악의 음역인 12율 4청성의 범위를 넘어서면 한 옥타브 낮은 음을 연주하였다. 그래서 곡의 전체 흐름은 음계 조합의 배치로 정해졌지만, 이조할 경우 전혀 다른 곡처럼 연주될 수 있었다. 아악은 연주하는 음의 길이가 일정하였기 때문에 연주할 때 음을 길게 끌어서 각 음을 구분하였다. 그리고 의례에서 정해둔 횟수가 없다면 행례하는 동안 정해진 한 곡을 반복하여 연주하였다. 이는 연주에 걸리는 시간에 맞춰 행례를 하는 것이 아

5구	6구	7구	8구
⑥궁우상궁	宮우궁각	⑯상궁우치	⑱우각상궁
宮우徵각	우궁각상	徵각우치	⑱우각상궁
⑧궁우상각	⑮宮우치각	⑬궁우각상	④우치상궁
궁상치각	⑮宮우치각	⑨상궁徵각	치각상궁
⑩徵각상궁	⑥궁우상궁	⑦치우宮상	⑥궁우상궁
⑤상궁치우	⑫치우상궁	우궁각상	⑥궁우상궁
궁상宮우	④우치상궁	⑦치우宮상	⑫치우상궁
⑬궁우각상	⑯상궁우치	⑰치우각상	⑥궁우상궁
치우상宮	徵각상宮	⑫치우상궁	궁우치궁
치각우치	⑭徵각상궁	⑫치우상궁	각상우궁
①궁상치우	각상궁우	⑰치우각상	⑥궁우상궁
⑭徵각상궁	⑥궁우상궁	우宮우상	⑫치우상궁

니라 행례에 소요되는 시간에 맞춰 용악을 쓰기 위한 조치였다.

〈표 9〉과 같이 《세종실록》 〈악보〉의 황종궁 1부터 황종궁 12까지 96개 구절에서 사용된 음계 조합은 59개였다. 이 가운데 41개는 황종궁 1부터 황종궁 12까지 단 한 번만 쓰였고, 18개는 2번 이상 사용되었다. 즉 96개 구절 가운데 반이 넘는 구절은 같은 곡이나 혹은 다른 곡의 구절과 중복되었다. 가장 많이 사용된 음계 조합은 ⑥궁우상궁으로 총 10번 사용되었다. 〈표 10〉의 황종궁 1-5구, 황종궁 2-4구, 황종궁 5-6구·8구, 황종궁 6-8구, 황종궁 8-2구·8구, 황종궁 11-2구·8구, 황종궁 12-6구에서 확인할 수 있다.

모든 곡이 궁조宮調로 정리된 세종대 아악의 특성상 구절이 '궁宮'으로 끝나는 경우는 다른 곡과 헷갈릴 수 있었다. 예를 들어, ⑥궁우상궁의 경우 황종궁 5, 황종궁 6, 황종궁 8, 황종궁 11에서 곡을 끝내는 음계 조합으로 사용되었다. 따라서 만약 황종궁 1부터 황종궁 12 가운데 최대한 많은 곡을 한 제사에 사용한다고 한다면, 곡이 반복되는 상황에서 ⑥궁우상궁이 연주되는 구절을 곡이 끝나는 구절로 착각할 가능성이 높았다. 심지어 황종궁 5, 황종궁 8, 황종궁 11은 ⑥궁우상궁이 앞선 구절에 중복하여 나오기도 하였다. 이와 마찬가지로 ④우치상궁과 ⑫치우상궁도 곡이 끝나는 구절에 사용되면서도 ④우치상궁의 경우 황종궁 3-2구, ⑫치우상궁의 경우 황종궁 6-6구, 황종궁 9-7구, 황종궁 10-7구에 사용되기도 하였다.

이러한 맥락에서 살펴보았을 때, 신제 12곡 가운데 9곡은 곡이 끝나는 음계 조합이 같은 곡의 중간에 중복해서 나오거나 다른 곡의 중간 구절에 사용되었다. 황종궁 3은 ④우치상궁이 중복되었다. 황종궁 5는 ⑥궁우상궁이 중복되었다. 황종궁 6은 ⑥궁우상궁과 ⑫치우상궁이 같이 등장하였다. 황종궁 7은 ⑫치우상궁이 등장하였다. 그리고 8개 구절 가운데 5개 구절이 모두 궁으로 끝나므로 착각할 여지가 더 컸을 가능성이 있다. 황종궁 8은 ⑥궁우상궁이 중복되었다. 황종궁 9는 ⑫치우상궁이 중간에 등장하였다. 황종궁 10은 ⑫치우상궁이 중복되었다. 황종궁 11은 ⑥궁우상궁이 중복되었다. 황종궁 12는 ⑥궁우상궁과 ⑫치우상궁이 같이 등장하였다.

곡이 끝나는 음계 조합이 같은 곡의 중간에 중복해서 나오거나 다른 곡의 중간 구절에 사용되지 않은 나머지 3곡은 황종궁 1, 황종궁 2, 황종궁 4였다. 여기서 황종궁 4는 모든 곡 가운데 가장 중복이 적은 음계 조합으로 각 구절이 이루어졌다. 그러나 황종궁 4가 아니라 황종궁 1과 황종궁 2가 선택된 까닭은 황종궁 1이 기준이 되었을 때, 황종궁 2가 황종궁 1과 짝을 이루기가 수월하였기 때문으로 보인다. 황종궁 1과 황종궁 2는 각각 2구와 8구가 동일한 음계 조합으로 이루어져 있다.

문묘향사에서 황종궁 1을 그대로 황종궁으로 연주한 곡이 영신곡, 황종궁 2를 그대로 황종궁으로 연주한 곡이 송신곡으로 사용되었다. 이 경우 영신곡과 송신곡의 마지막이 동일한 음계 조합으로 구성될 수 있었다. 그러므로 의례에 참여한 사람들은 문묘향사의 시작과 끝을 동일한 음계 조합으로 인지할 수 있었을 것이다.

3) 예악 구성 변화에 따른 학생 집사 활용

학교에서 실행하는 문묘향사는 왕조가 추구하는 교육 이상을 구체화하는 효과가 있었다.[88] 즉 문묘향사는 대외적으로 조선의 위치, 국격을 보여주는 것이기도 하였지만, 그와 동시에 성균관을 중심으로 하는 학생들에게 어떤 목표로 학문을 닦아야 하는지 보여주는 의례이기도 하였다. 이러한 의례에서 국왕이 보편적인 문묘향사와 문묘에 배향된 인원 전체를 존중하는 형식과 내용을 갖춰 친향한다는 것은 당대인, 특히 문묘향사에 직접 참여하는 학생들에게 중요한 의미가 있었다.

이미 문묘에 신라와 고려 인물이 배향된 이상, 조선 인물도 배향이 가능한 상태였다. 그래서 학생들은 문묘향사 정비가 시작된 시점부터 당대 인물의 배향을 요청하기도 하였다.[89] 물론 새로운 인물을 문묘에 추가로 배향하는 일은 중종대에 가서야 이루어졌지만, 이러한 요청이 이어지는 것을 보면 학생들에게 문묘 배향의 가능성은 의미가 있었다. 따라서 점차 예악 정비를 거쳐 국왕이 문선왕뿐만 아니라 문묘 전체를 아우르는 향사를 실행하고, 거기에 학생이 직접 배제, 나아가 집사 참여한다는 사실은, 학생들을 전반적으로 고무하는 효과가 컸을 것이라 짐작할 수 있다.

향사 주체가 정리되고 그에 따라 친향의와 섭사의의 관계가 설정되면서, 집사 배치에도 변화가 생겼다. 집사에 성균관 학생이 활용되기 시작한 것이

88 高明士,《韓國 教育史 研究》, 대명출판사, 309쪽.

89 《세종실록》 권5, 세종 1년 8월 6일(무인).

었다. 《국조오례의서례國朝五禮儀序例》 길례의 재관齋官 항목을 보면 다음과 같은 내용을 확인할 수 있다.

㉠ 酌獻文宣王

【奠爵官 이하는 성균관 관원으로 먼저 정하고, 從享諸執事는 모두 학생으로 채운다.】[90]

㉡ 王世子酌獻

집사자【학생 가운데 때에 따라 酌定한다.】[91]

㉢ 王世子釋奠

【아헌관 이하는 성균관 관원으로 먼저 정하고, 從享諸執事는 모두 학생으로 채운다.】[92]

㉣ 有司釋奠

【그 나머지 여러 집사는 모두 학생으로 채운다.】[93]

㉤ 文宣王朔望先告事由移還安祭

【여러 집사는 모두 학생으로 채운다.】[94]

㉥ 州縣釋奠

【축 이하 여러 집사는 모두 학생으로 채운다.】[95]

90 《국조오례의서례》 권1, 吉禮 齋官 文宣王 酌獻文宣王, "【奠爵官以下 以成均館官先差 從享諸執事 皆以學生充】"

91 《국조오례의서례》 권1, 吉禮 齋官 文宣王 王世子酌獻, "執事者【學生臨時酌定】"

92 《국조오례의서례》 권1, 吉禮 齋官 文宣王 王世子釋奠, "【亞獻官以下 以成均館官先差 從享諸執事 皆以學生充】"

93 《국조오례의서례》 권1, 吉禮 齋官 文宣王 有司釋奠, "【其餘諸執事 竝以學生充】"

94 《국조오례의서례》 권1, 吉禮 齋官 文宣王 文宣王朔望先告事由移還安祭, "【諸執事 皆以學生充】"

95 《국조오례의서례》 권1, 吉禮 齋官 文宣王 州縣釋奠, "【祝以下諸執事 皆以學生充】"

국왕 친향의, 즉 향문선왕시학의는 학생이 집사로 참여하지 못한다. 그러나 나머지 ㉠문선왕작헌, ㉡왕세자작헌, ㉢왕세자석전, ㉣유사석전, ㉤문선왕삭망 및 선고사유이환안, ㉥주현석전에는 모두 학생이 집사로 참여하도록 설정되어 있다. 이러한 변화가 일어난 배경은 두 가지로 정리할 수 있다.

첫째, 이미 《국조오례의》 전에도 관원 집사만으로 문묘향사를 실행하기 어려운 상황을 맞이하였다. 다음의 사료는 1434년세종 16 7월 석전을 진행할 때 예조에서 동무와 서무 분헌관을 추가해야 한다고 주장한 내용이다.

> 釋奠祭에 東西廡의 헌작을 대성전 안에 종헌할 때 시작하기 때문에, 동무 53위와 서무 55위에 ㉠ 각각 헌관 한 사람씩으로서 잔을 드린 뒤에 각각 再拜를 하자면 행례가 너무 늦어집니다. 청하건대, ㉡ 동서무에 분헌관을 각각 한 사람씩 더 임명하게 하십시오.[96]

위의 사료를 보면, 동무 53위와 서무 55위에 대하여 헌관이 각각 1명만 배정되어 있었다. 이는 《세종실록》 〈오례〉의 내용과 같다. 여기서 ㉠ '각각 헌관 한 사람씩'은 신위마다 1인이 아니라 동무에 1인, 서무에 1인을 의미하였다. ㉡을 보면 원래 동무와 서무에 각각 1인이 분헌관으로 배정되었다는 것을 알 수 있다. 그래서 1434년 이전에 동무 담당 헌관은 혼자 헌작 53번과 배례 106번, 서무 담당 헌관은 혼자 헌작 55번과 배례 110번을 하였던 것으로 보인다. 만약 분헌관이 여러 신위를 아울러 한꺼번에 행례를 하였다면, 위의 사료에서 말하는 것처럼 행례가 너무 늦어질 일이 없기 때문이다. 헌관의 피로도도 문제였겠지만, 초헌과 아헌과 비교하였을 때 제사를 진행하는

96 《세종실록》 권65, 16년 7월 18일(계사), "禮曹啓 釋奠祭東西廡獻爵 始於殿內終獻之時 故東廡五十三位 西廡五十五位 各一獻官奠爵後 各行再拜 行禮太遲 請加東西廡分獻官各一員 從之"

헌관의 격이 가장 낮은 종헌이 가장 길게 진행되고, 그에 따라 용악 연주도 지나치게 오랫동안 반복되는 문제도 있었을 것이라 추정해 볼 수 있다.

둘째, 국왕이 문묘향사 전체 절차에 참여하면서 필요한 집사 수가 늘었다. 《세종실록》 〈오례〉에 국왕 친향의는 없었고, 작헌의의 경우 헌관과 집사 수가 기재되지 않았기 때문에 정확한 비교는 어렵다. 하지만 국왕이 정위에 대한 행례를 마치고 판위에서 기다리는 상황에서 의식 시간이 길어지는 것은 피하고 싶은 일이었을 것이다. 세종대 상황과 같이 분헌관이 1인 혹은 2인에 불과하다면 종향위 분헌에 소요되는 시간은 약식 의례인 작헌의라고 하더라도 상당히 길었을 것이다. 이 시간을 국왕이 판위에 서서 오롯이 기다릴 수 없었다.

《국조오례의》 국왕 작헌의에서 분헌관은 10인에 이른다. 세종대에 분헌관을 겨우 각 1명 추가한 데에 그쳤던 것을 고려하면 적지 않은 숫자였다. 즉 이 숫자를 모두 관원으로 채우는 것은 불가능하였다. 마찬가지로 왕세자 석전의와 유사 석전의도 분헌관이 기존 1명에서 10명으로 증가하였다. 국왕뿐만 아니라 왕세자와 정2품에 이르는 초헌관을 종향위 분헌이 늦어진다는 이유로 오래 기다리게 할 수 없었던 것이다. 여기에 기재된 집사를 제외하고 분헌관을 보좌하는 축사祝史나 재랑齋郞과 같이 의주에 기재되지 않는 집사까지 고려하면 문묘향사의 집사 수요는 상당하였을 것이다. 이들을 모두 관원으로 충당할 수는 없었다.[97]

97 조선 초 생원시 응시자 숫자 증가 추세, 향교 설치 및 교관 파견 양상, 학생 군역 관련 논의 등을 참고하면, 조선 건국 시점과 비교하였을 때 이 시기 학생 규모는 크게 늘어났을 것으로 추정된다. 《국조오례의》는 이 변화를 집사 구성에 반영하였다고 볼 수 있다. 그러나 집사 수요에 대한 대응이 학생 규모 확대에 영향을 주었던 것인지, 반대로 학생 규모가 확대되면서 늘어난 집사 수요에 대응할 수 있는 상황이 자연스레 마련되었던 것인지, 그 인과관계까지는 본 연구에서 확인하지 못하였다.

여기에 더하여 학생들을 직접 집사로 참여시키는 교육 효과에 대해서도 검토되었을 가능성이 있다. 성균관 학생의 집사 참여는 성균관 학생의 위상을 높여 주었을 뿐만 아니라, 관원이 되기 전에 문묘향사의 예악을 경험하고 배울 수 있는 기회를 주었다. 석전과 연계한 성균관의 문화도 학생이 문묘향사를 경험하는 데 영향을 주었을 것으로 보인다.[98]

1475년성종 6 기사를 보면, 집사를 담당한 학생들이 모두 시험 응시를 위하여 집사를 맡을 수 없어 조관朝官으로 대신하게 하는 내용을 확인할 수 있다.[99] 이들은 시험 응시 때문에 배제로 참여하였다. 국왕의 문묘향사 친행 때 실시되는 별시에 참여하는 인원이 많으면 대성전 바깥 뜰에도 배제할 수 있도록 조치하기도 하였다. 한편 지방 각 군현에서는 생원이 집사뿐만 아니라 헌관을 맡은 사례도 확인할 수 있다. 1484년성종 15 헌관과 집사를 모두 군현에 사는 생원과 진사가 한다고 하였다.[100] 1494년성종 25 생원 정양보鄭良輔는 양산군에 살면서 해당 향교 석전에서 헌관에 참여하였는데, 제사에 사용할 희생을 빼돌려 문제가 되기도 하였다.[101]

정리하면 《국조오례의》는 《세종실록》 〈오례〉의 한계를 보완하는 데 초점을 두었다. 소차를 이용하여 국왕 행례가 구분되고 있었던 문제를 해소하는 한편, 이를 기반으로 국왕 친향의를 설정하고 모호하였던 섭사의와 관계도 정리할 수 있었다. 그래서 향사 주체를 분리하지 않고 향사 대상의 차등적 지위에 대응하는 해법을 제시할 수 있었다. 향사 주체가 통합되면서 기존 아악 역시 간소화되어 운용될 수 있었고, 집사 수요가 늘어나 학생

98 《용재총화》를 보면, 성균관과 사학의 학생들이 석전이 임박하였을 때 가상으로 석전의 각 제사 대상을 활용한 놀이를 하였다. 이를 闕戲라고 하였다(《용재총화》 권9, 每歲夏冬).

99 《성종실록》 권53, 성종 6년 3월 4일(계축).

100 《성종실록》 권172, 성종 15년 11월 26일(기유).

101 《성종실록》 권288, 성종 25년 3월 20일(기유).

집사 활용이 이루어질 수 있었다. 이로써 《국조오례의》에 이르러 문묘향사의 통사로서 위상이 확보될 수 있는 예악 구성이 완료되었다.

5. 맺음말

본 연구는 조선의 도읍 한양에 새로운 문화적 환경이 조성되는 과정을 문묘향사를 중심으로 살펴보려고 하였다. 이를 위하여 문묘향사의 통사로서 위상이 조선의 문묘향사 예악에 반영되는 과정을 검토하였다.

문묘향사의 통사로서 위상과 보편적 성격은 공간의 편재성, 시간의 연속성, 문묘의 독존, 크게 세 가지로 나누어 볼 수 있었다. 이 가운데 공간의 편재성과 시간의 연속성은 문묘향사의 예악 구성에 직접적으로 영향을 미쳤다. 이러한 성격에서 비롯한 문묘향사의 특징은 다음과 같았다. 하나는 향사 대상에 차등적 지위가 있다는 것이다. 이것은 국왕이 친향하지 않는다면 문제가 될 내용이 아니었지만 조선은 국왕의 친향을 전제하였기 때문에 해결하여야 하는 과제가 되었다. 다른 하나는 학생이 배제로 참여한다는 것이었다. 조선은 문묘향사를 실행하기 위하여 이 두 가지 특징을 예악 구성에 반영하여야 하는 상황을 마주하였다.

《세종실록》〈오례〉는 예악 정비의 과제에 대응하여, 먼저 국왕 행례를 전체 의식에서 구분하였다. 그리고 왕세자 석전의를 추가하여 향사 주체 국왕을 현재 국왕과 미래 국왕으로 분리하였다. 이로써 국왕의 향사 대상이 문선왕으로 한정되는 상황을 보완하였다. 다음으로 문묘향사 집사로 관원만 활용하였다. 건국 시기 과거제와 학교제의 분리로 문묘향사의 집사와 배제로 참여할 수 있는 학생을 충분히 확보하기 어려운 상황이었기 때문이다. 《세종실록》〈오례〉의 문묘향사 예악이 정비된 결과 고려 말 정기적으로 실행하지 못하였던 문묘향사가 국가제사로 정착할 수 있는 기반이 마련되었다. 다만 국왕의 향사 대상이 한정되었고, 향사 주체가 분리된 상황은 다른 국가제사와 형식이 맞지 않는 상태였다. 이는 문묘향사가 국가제사로 실행될 수 있는 근거를 흔들 수 있는 것이었다.

《국조오례의》는《세종실록》〈오례〉의 한계를 보완하는 데 초점을 두었다. 소차를 이용하여 국왕 행례가 구분되고 있었던 문제를 해소하는 한편, 이를 기반으로 국왕 친향의를 설정하고 모호하였던 섭사의와 관계도 정리하였다. 그래서 향사 주체를 분리하지 않고 향사 대상의 차등적 지위에 대응하는 해법을 제시할 수 있었다. 향사 주체가 통합되면서 기존 아악 역시 간소화되어 운용될 수 있었고, 집사 수요가 늘어나 학생 집사 활용이 이루어질 수 있었다. 이로써《국조오례의》에 이르러 문묘향사의 통사로서 위상이 확보될 수 있는 예악 구성이 완료되었다.

《국조오례의》에 정리된 문묘향사 예악은 한양 문묘향사의 꾸준한 실행에 활용되었음은 물론이고, 전국에서 진행되는 문묘향사의 모범이 되었다. 문묘향사의 예악은 한양에서 종묘와 사직에 버금갈 정도로 자주 실행되는 의례 가운데 하나였다. 그만큼 의례에 사용된 용악도 한양 안에서 자주 들리는 음악 가운데 하나였다. 이처럼 한양에서 문묘향사 예악의 실행이 지속되면서 한양에 사는 관원, 학생, 일반 백성들은 문묘향사와 함께 문묘향사 이후에 진행되는 각종 의례에 익숙해질 수 있었다. 특히 문묘 전체를 아우르는 국왕 친향의 형식과 내용은, 성균관 학생을 비롯한 조선 전국의 학생들이 문묘를 학문의 구체적인 이상향으로 설정하는 데 중요한 역할을 하였을 것이라 짐작된다. 이처럼 조선은 문묘향사의 통사로서 위상을 문묘향사의 예악에 반영함으로써, 한양의 문화적 환경 조성에 일조하는 한편 전국에서 실행할 수 있는 문묘향사의 기반을 마련하였다.

제 5 장

조선 성종 초 한양의 의묘 공간 이동과 의례 변화

정연주 (고려대학교 역사학과 박사수료)

1. 머리말
2. 의경왕 추숭과 황화방 의묘 의례
3. 국왕 친제를 위한 연경궁 의묘의 건립
4. 덕종 부묘에 따른 경복궁 내 연은전 설치
5. 맺음말

1. 머리말

유교 의례는 예와 악을 모두 포함하며 상징적 장치 및 행위로 이루어져 있다. 따라서 이를 분석하는 것은 유교국가인 조선에서 지향했던 바를 확인하기 위한 방법 중 하나라는 점에서 중요하다. 본 글에서는 의묘 의례를 검토하고자 한다. 의묘는 세조의 장자이자 성종 친부親父인 의경왕懿敬王의 사당으로 성종 즉위 초 약 5년간 의례가 시행되었으며, 관련 의주는《국조오례의》에 수록되었다.[1]

성종은 예종의 뒤를 이었으나[2] 생부인 의경세자를 의경왕[3]으로 추존하고 의경묘[4]를 세웠다. 즉 의묘는 조선에서 국왕의 사친私親을 추존하고 제사 지낸 첫 번째 사례였다. 이전에 전례가 없었기 때문에 이와 관련된 많은 논의가 진행되었으며, 이후의 사친 의례에도 영향을 미쳤다. 의경왕 추숭은 성종의 관심을 바탕으로 추진되었는데, 그 과정에서 의경왕의 지위는 여러 차례 변화하였고 그에 따라 의례 공간과 설행되는 의례도 바뀌었다. 이렇듯 시기에 따라 바뀌는 의묘 의례를 분석한다면 의묘 의례 설행의 목적, 효과까지도 파악할 수 있을 것이다.

1 《국조오례의》 권1, 길례 친향의묘의.

2 종묘에서 제사를 지낼 때 예종에 대해 아버지와 아들의 관계를 나타내는 皇考, 孝子라고 일컬었다(《국조오례서례》 권1, 길례 축판).

3 예종대까지는 의경세자였다가 성종이 의경왕으로 추숭하였고, 1475년(성종 6) 중국으로부터 회간왕의 시호를 받았으며 종묘에 부묘될 때는 덕종의 묘호를 받았다. 모두 같은 인물이지만 시기에 따라 그 위상에 차이가 있기 때문에 그에 맞는 칭호로 서술하고자 한다.

4 1471년(성종 2) 의경왕의 사당을 처음 세웠을 때는 의경묘라고 하였으나, 1471년 12월 의묘로 명칭이 바뀌었다. 의묘의 명칭은 시기에 맞춰 서술하되 전 시기의 의경왕 사당을 통틀어 말할 때는 의묘라는 단어를 사용하고자 한다.

특히 의묘는 다른 의례 공간과 달리 도성 내 여염에 위치하여[5] 의묘 의례가 시행되면 한양 도성 내에 거주하는 백성들은 가까운 곳에서 전날 연습 과정부터 실제 의례 시행까지 경험할 수 있었다. 즉 귀로는 의례 음악을 듣고 낮에 진행되는 의례의 경우 시각적 효과까지 얻을 수 있었다. 또한 의묘 의례는《국조오례의》가 편찬된 시점에 만들어진 의례이기 때문에 조선 초 불교 의례 및 음악이 유교 의례와 음악으로 대체되어가는 모습을 파악할 수 있다. 따라서 이러한 검토는 조선시대 한양의 문화적 측면에 대한 이해에도 도움이 될 것이다.

유교 의례와 관련하여 기존에 오례五禮 전반에 대한 연구가 진행되었고[6] 그 중 의묘가 포함된 길례에 대한 연구도 별도로 진행되었다.[7] 그러나 시행된 시기가 짧은 탓에 의묘 의례에 대해서는 거의 주목되지 않았다.[8] 일부 연구에서 의묘의 의례 절차에 대해 언급하고 있으나, 다른 의례와의 차이점에 대해서는 의미를 설명하는 것이 부족하다.[9] 또한 조선의 의례는 의식 절차와

5 《성종실록》 권60, 성종 6년 10월 12일(무자).

6 이범직,《한국중세예사상연구》, 일조각, 1991; 김해영, 〈조선 초 예제 연구와《국조오례의》의 편찬〉,《조선시대사학보》 55, 2010; 강제훈, 〈조선 초 국가의례 정비의 지향과 원칙〉,《민족문화연구》 68, 2015a; 강제훈, 〈조선 세종조의 국가례 정비와 오례의 성립〉,《한국사학보》 82, 2021.

7 김태영, 〈조선 초 사전의 성립에 대하여〉,《역사학보》 58, 1973; 한형주,《조선 초 국가제례 연구》, 일조각, 2002; 김해영,《조선 초 제사전례 연구》, 집문당, 2003; 이욱,《조선 왕실의 제향공간-정제와 속제의 변용-》, 한국학중앙연구원, 2015 등.

8 조용철, 〈조선 세조대 의경세자 상장례 특징과 구성〉,《한국역사민속학》 45, 2014; 권용란, 〈조선시대 왕의 사친의례와 축문-의묘 의례의 축문〉,《종교문화비평》 35, 2019. 원묘에 대한 연구로는 한형주, 앞의 책, 2002; 한형주, 〈조선 초 문소전의 설립과 그 운영〉,《역사민속학》 24, 2007; 강제훈, 〈조선 초 속제 제사상의 구성과 그 특징〉,《한국사학보》 60, 2015b; 이욱, 앞의 책, 2015 등이 있다.

9 한형주, 〈성종대 의경왕의 추숭과 연은전의 운영〉,《규장각》 40, 2018.

음악이 함께 결합되어 하나의 완성된 형태를 만들어내는 것임에도 불구하고 기존 연구에서는 의례와 음악이 별도로 연구되었으며, 역사학 연구에서 의례는 주로 예의 측면에만 치중되어 검토되었다.[10] 그러나 당시 사람들은 의례와 음악을 함께 고려하여 제도를 정비하였다. 의례 절차를 기록한 의주에 예와 악이 함께 기재되어 있으므로 예만 집중해서 본다면 의례의 절반만을 이해하게 되는 것이다. 그렇기 때문에 예와 악을 함께 보지 않으면 당대인들의 의도와 목적을 제대로 파악할 수 없다. 의묘 의례 연구 역시 마찬가지이므로 의례 절차와 음악의 결합을 중심으로 의묘 의례를 고찰해보고자 한다.

의례를 분석할 때는 의례 절차와 음악뿐만 아니라 의례 대상이나 공간, 제사 시일, 행례자 등 다양한 요소를 함께 검토해야만 의례의 본 모습과 의도를 파악할 수 있다. 의경왕은 성종 즉위 초반까지는 의경세자였고, 1470년성종 1 의경왕으로 추숭되면서 의경묘가 새로 세워졌으며, 1473년성종 4에도 다시 의묘를 이동하였다. 1475년성종 6에는 명으로부터 고명을 받아 의경왕의 지위가 다시 한번 바뀌게 되는데, 이 과정들 속에서 의묘에서 시행되는 의례에도 변화가 발생하였다. 이후 1476년성종 7 덕종으로 부묘가 되면서 의묘는 폐지되고 대신 연은전이 세워져 원묘 의례가 시행되었다. 이처럼 의례 대상의 위상 변화와 함께 의례 공간이 이동됨은 물론 의례 절차와 음악에도 변화가 있었다.

한편 의묘 의례는 속제에 해당하면서도 다른 속제 의례와 차이가 있는데, 전례 없이 새로 만들어진 만큼 성종의 개인적인 관심이 반영되었기 때문이다. 따라서 의례 속에 담긴 성종의 의도를 읽는 것이 중요하다. 이러한 점을 염두에 두면서 의례는 《국조오례의》와 《악학궤범》을 기본으로 하여

10 원묘에서 사용되었던 樂에 대해서는 김종수, 〈조선시대 혼전과 원묘 제향악〉, 《한국학보》 66, 1992; 임영선, 〈조선 초 의례에서의 당악 사용 및 양식에 관한 연구〉, 《동양음악》 53, 2023 등 참조.

분석하고《조선왕조실록》에 산견된 기록을 모아 정리할 것이다.

2. 의경왕 추숭과 황화방 의묘 의례

1) 성종의 즉위와 의묘 건립

의경세자는 세조의 장자로 세조가 즉위하자 왕세자로 책봉되었으나[11] 얼마 지나지 않아 병으로 인해 1457년세조 3 8월 동궁에서 나와 세조의 본궁本宮에서 지내게 되었다. 세조도 함께 이어하여 직접 복약 문제를 검토할 정도로 병이 심했으며, 결국 9월 2일 의경세자가 사망하였다.[12] 의경세자는 조선 건국 이후 세자로 사망한 첫 번째 인물이다. 따라서 의경세자의 상장례를 비롯해서 제사 문제, 이후 추숭 문제와 추숭 후 의례까지 모두 처음 고려되는 것이었다.[13] 아래 사료에서 확인되는 것처럼 의경세자의 추숭은 전례가 없는 일이었으므로 많은 부분 논의를 거쳐야 했다.

> 고령군 신숙주가 장순빈의 추숭 및 부묘, 의경 세자 추숭, 수빈 칭호 등의 일을 청하여 춘추관으로 하여금 고제를 상고하게 하였다. (중략) 대비가 전교하기를 "이 일은 우리 조정에 전례가 없으니 여러 재상들은 뇌동하지 말고 각자의 소견을 진술하라" 하였다.[14]

11 《세조실록》 권1, 세조 1년 7월 26일(기해).

12 《세조실록》 권8, 세조 3년 7월 27일(무자); 8월 4일(을미)·9일(경자)·18일(기유); 권9, 세조 3년 9월 2일(계해).

13 의경세자의 상장례와 관련된 내용은 조용철, 앞의 글, 2014 참조.

14 《성종실록》 권2, 성종 1년 1월 18일(정유), "高靈君 申叔舟請 章順嬪追崇 陞祔懿敬世子 追崇 粹嬪稱號等事 令春秋館 考古制 (중략) 大妃傳曰 此事 我朝無前例 諸宰愼勿雷同 各陳所見"

논의 후 마련된 결과물은 인조와 정조대 사친 추숭 문제에서 전례로 활용되고 있었던 것이 확인된다.

> 성종조 의경묘의 成行祭에 문소전의 예에 의해 양과 돼지를 삶아 올렸습니다. 지금 역시 이에 의해 하향 대제에 양과 돼지를 사용하고, 기타 삭망에는 雉·獐을 써야 합니다.[15]

> 延福殿 추숭 전과 毓祥宮·景慕宮을 封園하기 전에는 내묘를 廟라고 칭하고 宮이라고 하지 않았다. 의소묘도 그러했다. 이번에 실록을 상고할 때 비록 의경궁이라고 칭한 예가 있더라도 선왕조의 가까운 예를 따라야 할 것이다.[16]

의경세자는 세자인 상태에서 사망하여 종묘에 부묘되지는 못하였고, 별도로 사당을 세워야 했기 때문에 제사 문제가 논의되었다. 먼저 의경세자의 신주를 살펴보면 외면에 "의경세자신주"라고 쓰고, 봉사에 대한 방제傍題는 기록하지 않아 봉사손이 명확히 설정되지 않았음이 확인된다. 또한 함중에 기록이 있는 사대부의 신주처럼 함중陷中에 "유명 조선국 왕세자 휘 신주"라고 써서 국왕과 왕비의 우주虞主·연주練主보다는 등급을 낮췄다.[17]

1459년세조 5 9월 의경세자의 대상제를 지낸 후 효정묘孝靖廟를 건립하도록 하였고, 삭망제와 사중월四仲月, 정조·한식·단오·추석·동지·납일에 지내

15 《인조실록》 권26, 인조 10년 3월 28일(을축), "成廟朝 懿敬廟成行祭 依文昭殿例 熟薦羊豕 今亦依此 夏享大祭 用羊豕 其他朔望 宜仍用雉獐"

16 《정조실록》 권21, 정조 10년 6월 20일(임진), "延福殿追崇前 毓祥宮景慕宮封園前 內廟稱廟 不稱宮 懿昭廟亦然 今番實錄考出時 雖有懿敬宮稱號已例 宜遵先朝近例矣"

17 《세조실록》 권10, 세조 3년 11월 15일(을해); 《인조실록》 권46, 인조 23년 5월 29일(경술).

는 유명일(속절) 별제,[18] 9월 2일의 기일 제사를 자손이 받들도록 하였다. 하지만 당시 의경세자의 장자였던 월산군이 6세였기 때문에 종친 및 공신 자제 중 3품 관원이 제사 지내도록 하였으며, 제물祭物은 봉상시에서 마련하였다.[19] 효정묘는 논의가 시작된 시기로부터 10년 후인 예종 1년에 완공되었고, 무덤인 의묘懿墓에 있던 신주를 효정묘로 옮겼다. 이와 동시에 16세가 된 월산군으로 하여금 효정묘에서 제사를 지내도록 하고, 전물奠物은 관에서 갖추도록 하였다.[20]

그런데 약 2달 후 예종이 갑작스럽게 사망하고, 의경세자의 둘째 아들인 자을산군이 즉위하게 되었다. 성종은 예종의 후사로서 왕위를 이었으나, 친부가 따로 있었다. 따라서 왕위 계승의 정통과 친부에 대한 의리가 서로 얽혀 성종은 즉위한 지 4일 만에 바로 의경세자의 지위와 관련하여 의경세자와 수빈의 칭호에 대해 고제古制를 상고하도록 하였다.[21] 당시 자을산군이었던 성종은 왕위 계승의 첫 번째 순위에 있지 않았다. 선왕인 예종의 아들로 제안대군이 있었고, 성종의 형인 월산대군도 있었기 때문이다. 제안대

18 《성종실록》 권7, 성종 1년 8월 30일(을해); 권9, 성종 2년 1월 14일(정해). 효정묘는 유명일 별제가 규정되어 있었고, 《국조오례의》 의묘에는 속절제가 마련되어 있었다. 조선시대의 속절은 1년에 약 15일 가량이었다(김효경, 〈조선 전기 俗節의 명칭과 인식체계〉, 《역사민속학》 43, 2013, 53쪽). 그러나 《국조오례서례》에서 제사를 지내는 속절은 정조, 한식, 단오, 추석, 동지, 납일 등 6일로 규정하였다. 유명일은 특정한 날을 지칭하기보다는 '이름 있는 날'에서 이름을 강조하는 용어로 사용된 것으로 명절, 속절을 뜻하는 名日과 동의어이다(김효경, 앞의 글, 2013, 48~49쪽). 이러한 유명일은 전례서에 규정되어 있지는 않지만 길례 제사를 지내는 유명일로 한정했을 때 《국조오례서례》의 규정과 동일했다(《태종실록》 권30, 태종 15년 9월 3일(정유)). 성종 4년 의묘를 연경궁으로 이전했을 때 제사 시일에 대한 논의는 진행되지 않았던 것으로 보면 제사 시일은 '황화방 의묘'와 '연경궁 의묘' 시기 모두 같았을 것으로 생각된다.

19 《세조실록》 권17, 세조 5년 9월 26일(을사).

20 《예종실록》 권7, 예종 1년 9월 26일(병오).

21 《성종실록》 권1, 성종 즉위년 12월 2일(신해).

군은 4살의 나이었기 때문에 너무 어렸다는 점을 제외하고도 성종은 군주로서 전혀 준비가 되지 않은 상태였기 때문에 성종이 왕위에 즉위하는데 충분한 설명이 필요한 상황이었다. 게다가 당시 조정의 인물들 중에는 어린 조카를 몰아내고 세조가 왕위에 올랐던 일을 경험한 사람이 많았다.[22] 그렇기 때문에 성종의 자리를 확고히 해야 할 필요성이 있었다.

또한 왕실의 웃어른으로 3명의 여성이 존재했던 것도 처음이었다. 수빈은 원래 세자빈이었던 데다가 의경세자가 예종의 형이기 때문에 의경세자가 사망하지 않았더라면 안순왕후보다 위차가 높아야 했다. 더불어 아들인 성종이 왕으로 즉위하기도 하였으나 왕비가 된 순서로 보자면 안순왕후가 더 먼저였으므로 수빈과 안순왕후의 관계 설정은 민감한 사안이었다. 게다가 나이 어린 왕이 즉위하는 상황에서 왕의 친모이자 글과 사리를 아는 수빈이 궁 밖에서 전前 세자빈으로 머무는 것보다는 새로운 지위가 부여되어 궁 안에 머무는 것이 즉위 초반의 상황을 안정시키는 데 좋았을 것이다.[23] 이를 위해서는 의경세자의 지위 변화가 필요했다. 이런 점들은 성종의 효성과 결부되어 의경왕의 추숭문제로 대두되었다.

논의를 거쳐 성종이 즉위한 지 약 2달 만에 시호는 온문의경왕으로 정

22 성종의 즉위과정과 당시 상황에 대해서는 김우기, 〈조선 성종대 정희왕후의 수렴청정〉, 《조선사연구》 10, 2001; 지두환, 《조선전기 정치사》, 역사문화, 2001; 한춘순, 〈성종 초기 정희왕후의 정치 청단과 훈척정치〉, 《조선시대사학보》 22, 2002; 김범, 《사화와 반정의 시대》, 역사비평사, 2007; 송웅섭, 〈조선 전기 공론정치의 형성〉, 서울대학교 국사학과 박사학위논문, 2011; 송웅섭, 〈성종의 즉위와 국정운영방식의 변화〉, 《사학지》 49, 2014; 윤대식, 〈수렴청정과 국왕친정 그 사이〉, 《한국학》 봄, 2021 등 참조.

23 신료들이 정희왕후에게 청정을 요청했을 때, 정희왕후는 성종의 친모인 수빈이 글과 사리를 알기 때문에 청정에 더 적합하다고 거절했다(《예종실록》 권8, 예종 1년 11월 28일(무신)). 수빈은 본래 수빈궁(옛 정빈궁)에 거처하고 있었으며, 이곳은 궁 밖에 있었던 것으로 짐작된다(《세조실록》 권30, 세조 9년 4월 18일(정축); 권32, 세조 10년 1월 20일(계유); 권36, 세조 11년 7월 27일(임신)). 성종이 즉위하자 수빈도 궁으로 들어왔던 것으로 보인다(《성종실록》 권1, 성종 즉위년 12월 26일(을해)).

하고, 사당은 의경묘, 능호는 경릉敬陵으로 정하였다.[24] 이에 따라 1471년성종 2 1월 효정묘 대신 의경왕묘를 따로 세웠고,[25] 의경왕묘의 제품은 문소전의 예에 따르며 음악은 고취를 쓰고 악기는 1벌을 쓰도록 정하였다.[26] 의경왕묘를 별도로 세워야 했던 이유는 의경세자가 아닌 추숭된 의경왕의 지위에 맞는 의례 공간 마련과 지위 변화를 드러내기 위함이었다. 또한 왕의 지위에 맞춰 신주도 새로 만들어 봉안할 공간이 필요했다.

의경세자의 사당이었던 효정묘의 위치는 현재 파악할 수 없으며, 1471년에 세워진 의경묘의 위치 역시 구체적인 기록이 남아있지는 않다.[27] 하지만 의경왕의 영정 봉안처에 대한 기록을 통해 위치를 짐작해 볼 수 있다. 신숙주가 기록한 〈추모록서追慕錄序〉에 따르면 성종 4년 연경궁延慶宮의 의묘가 완성되자 옛 사당에 봉안되어 있는 수용은 신묘新廟의 후전後殿으로, 신주는 신묘 정전으로 이안하도록 하였다. 의경왕의 영정은 성종 3년 최경, 안귀생을 불러 그린 후 옛 사당에 봉안한 상태였기 때문이다.[28] 〈추모록서〉에 등장하는 옛 사당은 성종 2년에 세운 의경묘를 의미한다. 실록에서는 영정을 그린 후 월산대군의 집으로 이안했다고 하였으므로[29] 성종 2년에 세운 의경묘는 월산대군의 집에 위치했던 것이 확인된다. 이곳은 현재 덕수궁 자리이다.[30] 의경묘는 1471년 12월 의묘로 명칭이 변경되었는데,[31] 이 시기의 의

24 《성종실록》 권2, 성종 1년 1월 22일(신축).

25 《성종실록》 권2, 성종 1년 1월 18일(정유)·22일(신축).

26 《성종실록》 권9, 성종 2년 1월 14일(정해).

27 《동국여지비고》 권1, 경도.

28 《보한재집》 권15, 〈추모록서〉.

29 《성종실록》 권18, 성종 3년 5월 19일(을묘).

30 강진철, 〈안동별궁고〉, 《아시아여성연구》 2, 1963, 18쪽.

31 《성종실록》 권13, 성종 2년 12월 22일(기축).

묘는 황화방皇華坊에 위치했기 때문에 '황화방 의묘'로, 1473년성종 4에 이건된 의묘는 '연경궁 의묘'라고 지칭하겠다.

2) 의묘 의례와 예·악 구성

제사는 예를 기본으로 하여 등급에 따라 구분되므로 의경 세자일 때의 효정묘 제사와 의경왕의 의묘 제사, 그리고 역대 국왕의 제사는 서로 차이가 나타날 수밖에 없다. 따라서 의묘 의례를 제사 대상의 지위 변화에 맞춰 시기별로 비교하면 의묘 의례의 변화와 특징이 명확해질 것이다. 특히 예와 악은 어느 하나만 폐할 수는 없는 것이었기 때문에[32] 둘을 함께 검토한다면 기존에 알 수 없었던 구체적인 결과를 얻을 수 있을 것이다. 또한 의경왕에 대한 제사는 전례가 없는 의례였기 때문에 의묘 의례를 통해 성종이 얻고자 하는 목적도 알 수 있게 될 것이다.

이를 위해서 먼저 효정묘 의례를 살펴보겠다. 제사 시일을 검토하면 앞서 언급했듯이 효정묘에는 삭망제, 사중월, 유명일 별제, 기신제를 지냈다. '황화방 의묘'의 제사 시일에 대한 기록은 명확하지 않지만 효정묘나 이후 《국조오례의》에 수록된 의묘 제사 시일과 마찬가지로 삭망제, 유명일 별제, 기신제, 그리고 1년에 4차례 대향인 사시제가 진행되었을 것이다. 다만 사시제의 시점에 대해서 효정묘와 《국조오례의》에 수록된 의묘에 차이가 있다. 효정묘에서는 사시제가 사중월에 행해졌으나, 《국조오례의》 의묘에서는 사맹월四孟月에 행해졌다. '황화방 의묘'는 세자의 사당이 아닌 의경왕의 사당이었기 때문에 사맹월에 제사가 시행되었을 것으로 생각된다.[33]

32 《세종실록》 권47, 세종 12년 2월 19일(경인).

효정묘의 제사 절차 기록은 남아 있지 않은데, 이는 국왕이 아닌 세자의 제사이므로 국가의 공식적인 의례에 포함되지 못했기 때문이다.[34] 신주를 사대부와 같이 만든 것이나 담제 이후 혼전 단계의 의주가 거의 기록되지 않은 점 등은 세자에 대한 제사가 담제 이후 일반 종친에 대한 제사와 같아졌음을 보여준다.[35] 이런 점을 고려할 때 세자의 사당이라고 하더라도 효정묘에서 제사를 지낼 때 의묘처럼 생뢰牲牢를 사용하지는 못했을 것이다. 《국조오례서례》에 기록되어 있지 않지만 의묘의 대향과 별제 즉, 사시 및 속절에 삶은 양, 돼지를 바치도록 했기 때문이다.[36] 음악 사용 역시 의묘와 달리 효정묘에서는 사용되지 못했다고 보인다.[37]

33 《국조오례의》에서는 종묘, 문소전, 의묘, 산릉의 경우 사맹월 상순에 제사를 지내도록 규정하였다(《국조오례서례》 권1, 길례 시일). 종묘부터 산릉까지는 모두 제향의 대상이 왕과 왕비였다. 의경세자의 사당이었던 효정묘에서 사중월에 제사지냈던 것처럼 세자나 세손의 신분으로 사망했던 순회세자의 순회묘, 소현세자의 소현묘, 의소세손의 의소묘 등에서도 사중월에 제사 지냈기 때문에 제사를 받는 대상자의 신분에 따라 사시제의 시점이 달라지는 것으로 추정한다(《춘관통고》 권27, 길례 순회묘, 소현묘, 의소묘). 이처럼 세자 사당의 제사 시점은 사중월이기 때문에 의경왕으로 추봉된 시점에서는 《국조오례의》와 같이 사맹월에 제사를 지냈던 것으로 생각된다.

34 관에서 전물을 갖추게 한 것이나 월산군 대신 관원이 대신 제사를 지낸 점은 효정묘의 제사가 완전히 사적인 의례만은 아니라는 것을 증명한다. 이에 대해 순회세자의 순회묘, 의소세손의 의소묘, 문효세자의 문희묘 등의 사례 검토를 통해 국가에서 제물 등의 관리는 하되, 국가 의례가 된 것은 아니라는 점에 착안하여 '준정사'로 설명한 연구가 있다(권용란, 〈조선왕실 문희묘 의례의 형성과 특징〉, 《종교와 문화》 38, 2000; 권용란, 〈조선 왕실 의소묘 의례의 형성과 특징〉, 《역사민속학》 62, 2022; 권용란, 〈조선 왕실 순회묘 의례의 형성과 특징〉, 《동방학지》 203, 2023).

35 조용철, 앞의 글, 2014, 156쪽.

36 《성종실록》 권9, 성종 2년 1월 14일(정해).

37 회간왕의 부묘 논의 중 조선의 家廟에서는 음악과 생뢰를 사용하지 못한다는 내용이 등장한다(《성종실록》 권59, 성종 6년 9월 16일(임술)). 순회묘·소현묘·의소묘 등 세자묘의 악장에 대한 기록이 없으므로 음악을 사용하지 않았음을 알 수 있다.

이를 바탕으로 '황화방 의묘'의 의례를 살펴보고자 한다. 의경세자에서 의경왕으로 지위가 변화한 이후 '황화방 의묘'에서 시행되었던 의례 절차는 남아 있지 않지만 1474년성종 5에 완성된 《국조오례의》의 의주와 유사했을 것으로 생각된다.[38] 제사 공간만 변화하였을 뿐 의례 대상은 의경세자가 아닌 의경왕이었기 때문이다. 다만 《국조오례의》의 내용과 달리 '황화방 의묘' 시기에 친제와 관련된 규정은 없었을 것이다. 성종은 '연경궁 의묘'에서부터 친제를 시행하기 때문이다. 따라서 본 글에서는 《국조오례의》의 사시급속절향의묘섭사의 내용을 기준으로 하되 《조선왕조실록》의 기록과 《악학궤범》을 통해 시기별 의례의 변화를 염두에 두고 살펴보겠다.

의묘 제사는 크게 준비, 행례, 마무리 절차로 나눠지며, 행례 절차는 참신, 초헌례, 아헌례, 종헌례, 음복, 사신辭神 순으로 이어진다. 마무리 단계에서는 예필禮畢 선언 이후 축판과 폐백을 예감瘞坎에 묻으면서 의례가 종료된다. 의례 행례 절차에서만 음악이 사용되므로 의묘 의례의 예와 악 구성을 파악하기 위해 '황화방 의묘' 행례 절차를 〈표 1〉에 간단하게 정리하였다.[39]

38 의묘는 人鬼에 대한 享에 해당하였으며 속제에 포함되어 있었다(《국조오례서례》 권1, 길례 변사). 의묘 의주에는 친향의묘의 외에도 사시급속절향의묘섭사의, 삭망향의묘의가 있다. 항목명으로 별도로 언급되고 있지는 않지만 기신, 선고사유, 이안, 환안 역시 삭망향의묘의와 같았다.

39 《국조오례의》 사시급속절향의묘섭사의에는 참신 절차와 초헌례 사이에 전폐례가 추가되어 있으나, 전폐례에 속해있는 祼地 절차가 성종 4년 '연경궁 의묘'부터 시행되었기 때문에 '황화방 의묘'에서는 전폐례가 시행되지 않았다고 보았다. 자세한 내용은 본 글 3장 참조.

〈표 1〉 '황화방 의묘' 행례 절차의 예악 구성

의식	의례	음악	악장
參神	헌관 四拜	唐樂 洛陽春	-
초헌례	魂을 부르는 三上香 → 獻盞	당악 中腔令	於穆曲
아헌례	獻盞	鄕樂 風入松調	惟皇曲
종헌례	獻盞	鄕唐交奏 靖東方曲	維我曲
음복	제수에 귀신이 반응하였다는 의미로 福酒를 받아 마심	-	-
辭神	헌관 四拜	당악 낙양춘	-

〈표 1〉처럼 효정묘와 달리 '황화방 의묘'에서부터는 음악이 사용되었다. 초헌례부터 종헌례까지 의식 절차는 유사하지만 초헌례에서 당악이 사용되다가 아헌례에서는 향악, 종헌례에서는 향당교주의 음악으로 바뀌어 연주된다. 의례에서 주악되는 음악은 곡이 바뀌면 의식 절차의 차이점을 드러내는 효과가 있는데, 아헌례부터는 참신 및 초헌례와 달리 향악이 연주되었기 때문에 분위기가 달라졌을 것이다.[40] 또한 종헌에서 정동방곡을 연주하는 것은 조선 초부터 이어져 온 관례로 아헌까지 당악이나 향악 중 하나만을 연주한 반면 종헌에서는 향악과 당악을 번갈아 연주하여 의례의 마지막을 성대하게 마무리하는 효과가 있기도 하였다.[41] 이처럼 의묘에서

40 의례가 실행될 때 음악으로 절차를 구분하는 효과가 있었다(임영선, 앞의 글, 2023, 220·228쪽). 유황곡은 고려가요 풍입송의 일부분 선율을 차례의 변화 없이 그대로 차용하였으며, 장단과 박에는 변화를 준 형태였다(김성혜·강석근, 〈풍입송의 구조 분석과 유황곡과의 관계〉, 《한국음악연구》 45, 2009, 55쪽).

41 《세종실록》 권58, 세종 14년 10월 17일(임인). 정동방곡은 연향 등 의례의 마지막 순서에 연주하는 관습이 있었고, 이에 따라 생시와 같이 섬긴다는 원칙으로 행해지는 속제의 마지막에 쓰였던 것으로 보는 견해가 있다(임영선, 〈조선 초 〈정동방곡〉과 향당악의 혼재〉, 《국악원논문집》 42, 2020, 303·309쪽).

당악과 향악만 연주했던 이유는 조상이 평일에 듣던 음악이었기 때문에 생시와 같이 모신다는 속제의 원칙과도 통하였다.[42]

'황화방 의묘' 의례 중 주목할 만한 것으로는 첫 번째 제사인 1471년 1월의 의경왕 추숭제가 있다. 추숭제는 의경세자가 왕의 지위를 가지게 된 것을 널리 알리는 행사이므로 매우 중요했다. 1470년 1월 이미 의경왕으로 추숭할 것을 결정하고 내부에서의 호칭도 의경왕으로 굳어진 상태였다. 그러나 뒤늦게 추숭제가 시행된 이유는 의경왕의 지위에 걸맞는 의경묘가 완공되고 그에 따른 의례를 시행할 수 있을 때까지 기다렸기 때문이었다. 또한 세조의 담제禫祭와 예종의 소상小祥이 1470년 11월에 끝나 길복으로 갈아입어 사실상 국상을 끝마친 데다가 세조의 부묘가 1470년 12월에 끝났다는 점 등도 영향을 미쳤다.[43]

의경왕 추숭제에서 시행되었던 의식 절차와 음악은 구체적으로 알 수 없지만, 의경왕의 지위 변화를 보여주는 것 중 하나로 제품祭品이 있다. 의묘의 제품은 기본적으로 속제에 해당하는 문소전과 같아 유밀과, 병餠, 육선

42 《세종실록》 권30, 세종 7년 10월 15일(경진); 권49, 세종 12년 9월 11일(기유). 《홍재전서》에서도 종묘 제향에서 당악, 향악을 섞어 연주하는 것에 대해 조상이 평일에 듣던 소리가 신령을 불러들이기 쉽기 때문 설명하였다(《홍재전서》 권61, 잡저8 樂通). 속제 제사는 생시와 같이 모신다는 원칙이 있는데(《세종실록》 권43, 세종 11년 3월 20일(병인); 이욱, 앞의 책, 2015, 15쪽), 이것이 찬품이나 제기 차원을 넘어 의식 절차 전반에 관련되고 있었기 때문에 별도의 항목으로 분류되었다고 보았다(박경지, 〈조선 초 국가례 정비와 《국조오례의》 편찬〉, 고려대학교 한국사학과 박사학위논문, 2021, 174쪽). 또한 원묘는 본래 생시와 같이 모시던 공간이었는데, 신으로 전환된 대상을 모시는 유교식 공간으로 새롭게 조정되면서 조선의 습속이 계승되고 불교적 의례를 대체하게 된 것을 속제로 규정하게 되었다고 본 연구도 있다(강제훈, 앞의 글, 2021, 122쪽).

43 《성종실록》 권7, 성종 1년 8월 18일(계해); 권8, 성종 1년 12월 16일(기미); 《保閑齋集》 권15, 〈追慕錄序〉. 세조와 예종의 국상에 대해서는 최나래, 〈조선 초 세조 국상 연구〉, 《역사민속학》 45, 2014, 182쪽.

을 비롯한 탕선湯膳 등으로 구성되어 있다.[44] 더 나아가 추숭제는 의묘에서의 첫 대제大祭이므로 문소전 친행대제와 같이 소를 쓰도록 하였으나, 결국 종묘와 같이 소, 양, 돼지를 모두 포함한 대뢰大牢를 사용하도록 결정하여 문소전보다 더 많은 정성을 들이도록 하였다.[45] 의경왕 추숭제는 축시에 행해졌던 것으로 보이며,[46] 성종이 인정전에서 면복을 갖추고 최항과 윤자운을 보내어 옥책과 금보를 의경묘에 바치도록 하였다. 구체적인 의절이 기록되지 않았으므로 어떤 음악이 사용되었는지 알 수 없다. 그러나 1475년 상시제上謚祭처럼 국왕의 명이 담긴 옥책과 금보를 의경묘까지 옮기는 것이므로 행차하는 동안 30여 개의 의장물이 배치되는 세장細杖에 고취가 함께 가면서 고취악을 연주했을 것이다.[47] 또한 추숭제를 위해 새로운 악장을 제작하였고, 제사 과정에서 행례악에 맞춰 악장이 노래되었다.[48] 이러한 음악을 통해 의경세자가 왕으로 추숭되었음을 명확히 드러내었다. 제사는 축시

44 《국조오례서례》 권1, 길례 찬실준뢰도설.

45 대뢰를 큰 소라고 해석한 연구도 있으나(한형주, 앞의 글, 2018, 136쪽), 대뢰는 양, 돼지, 소를 모두 쓰는 것이다(《국조오례서례》 권1, 길례 찬실준뢰도설; 《중종실록》 권94, 중종 36년 3월 15일(신축)). 양과 돼지만 쓰는 것은 소뢰라고 하는데, 이는 대뢰보다 한 등급 낮은 것이다(《숙종실록》 권17, 숙종 12년 11월 29일(기유)). 문소전의 친행 대제와 별제에서는 모두 소[犢]를 썼는데(《세종실록》 권64, 세종 16년 4월 25일(임신); 《세종실록》 권84, 세종 21년 2월 6일(을묘); 《성종실록》 권9, 성종 2년 1월 23일(병신)), 犢 1마리를 쓰는 것은 特牲이라고 하여 소뢰보다 낮은 등급이었다(《春官志》 권1, 祭禮總論. 문소전 별제에서는 犢 2두를 썼으므로 《춘관지》의 기록과 정확히 일치하지는 않지만 의묘의 추숭제, 친제, 상시제 등에서는 대뢰를 사용하고 대향과 별제에서는 소뢰를 사용하였으므로 희생으로만 본다면 문소전보다 의묘에 더 정성을 들였던 것으로 보인다.

46 문소전 친행대제의 예에 따르도록 하였으며, 대부분의 제향은 축시에 이루어지기 때문이다(《세종실록》 권18, 세종 4년 10월 14일(무술)).

47 김지영, 《길 위의 조정-조선시대 국왕 행차와 정치적 문화-》, 민속원, 2017, 205~206쪽.

48 《성종실록》 권9, 성종 2년 1월 24일(정유). 이는 이후 의묘에서 일반적으로 사용하는 악장과 달랐다.

에 거행되었으므로 시각적 효과는 얻을 수 없었으나 행렬에 참여하는 각 관사별 1명의 인원 및 의장의 이동 소리와 함께 다양한 의례 음악과 의경왕을 추숭하는 노랫말이 주변의 백성들에게 전해졌을 것이다.

또한 의경왕은 추존왕이라는 점에서 역대 국왕과는 달랐기 때문에 선왕 제사와의 차이도 살펴볼 필요가 있다. 역대 국왕의 제사는 종묘와 영녕전, 원묘인 문소전, 산릉에서 각각 진행되는데, 같은 속제에 해당하는 문소전 의례와 비교해 보면 차이점이 드러난다.[49] 의묘 의례가 문소전 의례와 가장 차이가 나는 부분은 봉안 대상의 차이이다. 의묘에는 의경왕의 신주만 모신 반면 역대 선왕의 신주는 종묘에 봉안되어 있었기 때문에 문소전에는 역대 선왕들의 위판을 모셨다는 차이가 있다. 이에 따라 문소전에서는 초헌례부터 종헌례가 각 실마다 반복되었다.[50] 그래서 의례의 의식 절차만 보면 신위의 숫자에 따른 절차의 반복만이 눈에 띈다. 한편 음악에서는 악장의 차이를 제외하고는 차이가 크게 드러나지 않는 것처럼 보이지만 악현에서 의묘와 문소전의 차이를 확인할 수 있다.

《국조오례서례》에 따르면 의묘 의례에는 의묘악懿廟樂이라는 악현이 설치되었다. 의주에서는 고악鼓樂으로 나타난다. 1471년 '황화방 의묘'가 세

49 같은 속제에 해당하는 산릉에서의 제사는 懿墓, 즉 무덤에서의 제사와 대응되기 때문에 비교하지 않았으며, 종묘와 영녕전은 제수, 의례 절차, 음악, 일무 등 많은 부분에서 차이가 나기 때문에 비교의 의미가 없다고 생각했다. 다만 필요한 부분에 한해서 종묘 의례와 비교하도록 하겠다.

50 기존 연구에서는 문소전과 의묘 의례 절차 중 가장 크게 드러나는 차이점으로 신관례의 유무와 신위의 숫자에 따른 의례의 차이, 각 실에서 사용하는 악장의 차이가 있다고 하였다(한형주, 앞의 글, 2018, 137~138쪽). 그러나 신관례는 성종 4년 9월 이후에 시행되어 '황화방 의묘'가 아닌 '연경궁 의묘'에 해당되므로 2장에서는 제외하였다. 악장은 다른 제사에서도 제사 대상에 따라 달라지는 것이 일반적이다.

워질 때 고취를 사용하며 악기는 1벌만 사용한다고 하였는데,[51] 《국조오례의》 의주에 나타나는 '고악'이라는 표현, 그리고 《국조오례서례》 의 묘악 도설과 일치한다. 〈그림 1〉은 《국조오례서례》에 실린 의묘악으로 당악기와 향악기로만 구성되어 있으며 노래[歌]를 부르는 가공이 있었고 악기는 종류별로 1개씩 배치되어 17인 구성이었다. 당악은 조선에서 고취악의 용도로도 쓰인 음악이었기 때문에 당악과 향악을 연주하는 의묘 의례에 고취가 배치된 것이다.[52] 반면 문소전에서는 국왕 친행과 섭행의 악현이 구분되며, 악현은 다시 전상악과 전정악으로 구성되어 있다. 전상악은 일부 아악기와 당악기를 포함하여 40인으로 구성되었고, 전정악은 당악기와 향악기, 아악기인 관管과 함께 62인으로 이루어졌다.[53] 의묘는 전상악과 전정악이 구분되지도 않았고 17명만 필요했던 반면 문소전에서는 한번에 102인의 악공이 배치되고 아악기도 있어 의묘의 악현과는 큰 차이가 있다. 이는 의묘가 의경왕 1명만을 위한 사당이었으며, 종묘에 부묘되지 않은 추존왕이었고 제

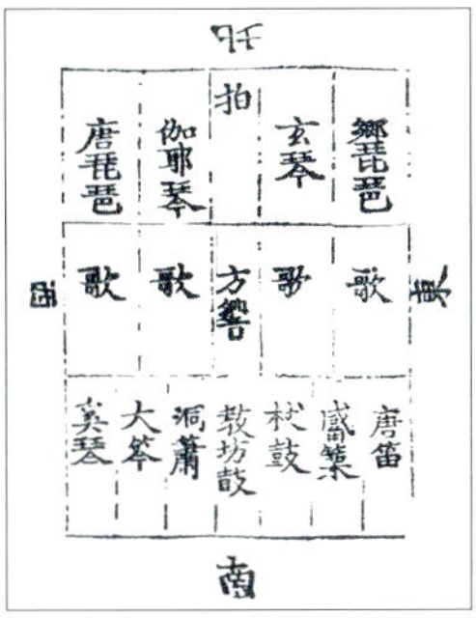

〈그림 1〉《국조오례서례》 의묘악

51 《성종실록》 권9, 성종 2년 1월 14일 (정해).

52 고취악은 어떤 특정 음악 양식이 아니라 고취 편성으로 연주한 음악을 가리킨다. 국초에 주로 고취악으로 사용된 음악은 당악이었으며(김종수, 《조선시대 궁중음악의 문화사적 고찰》, 민속원, 2018, 34쪽; 신대철, 〈조선조의 고취와 고취악〉, 한국정신문화연구원 박사학위논문, 1995, 125쪽), 연산군대 기록을 통해서도 고취에는 반드시 당악만을 사용해왔던 것이 확인된다(《연산군일기》 권57, 연산 11년 1월 18일(갑진)). 따라서 조선 초에 관습적으로 당악을 고취악이라고 표현하기도 했다(김종수, 앞의 책, 2018, 35쪽). 고취라고 기록되어 있기는 하지만, 왕의 행차에 쓰이는 전부고취나 후부고취와는 다르다. 의묘악의 악기 구성을 보면 가야금, 현금과 같은 앉아서 연주하는 현악기가 있어 행차 때 쓰이기에는 부적절하다(신대철, 앞의 글, 1995, 46쪽).

53 《국조오례서례》 권1, 길례 속부악현도설.

사 주관자가 왕이 아닌 대군이라는 점도 영향을 미쳤기 때문이다. 게다가 대군이 제사를 지내게 된다면 속악, 즉 당악을 쓰면 안된다는 인식이 있었다.[54] 그럼에도 추존왕의 제사이기 때문에 당악을 사용하되 문소전보다 단출한 악현이 배치되었던 것으로 보인다. 이처럼 악현은 의례마다 다르게 배치되어 기존에 의식 절차만 분석했을 때 알 수 없었던 제사 대상의 위상을 검토할 수 있는 근거가 되므로 의례에서 예와 악을 함께 분석하는 방법의 효용성이 확인된다.

3. 국왕 친제를 위한 연경궁 의묘의 건립

1) 의묘의 이건과 의례의 변화

의묘 이건移建은 1472년성종 3 12월 결정되었다. 의묘를 연경궁 후원에 세울 것을 명하고, 연경궁을 월산대군에게 내린 것이다.[55] 성종이 의묘에 친제하여 의경왕의 위상을 격상시키기 위한 일이었다. 대왕대비가 직접 가서 의묘를 세울 곳을 살피고 조관들이 '연경궁 의묘'와 관련한 논상에 관심을 가질 정도로 성종과 왕실의 관심이 컸던 일이자 중요한 일이었다.[56] '연경궁 의묘'는 1473년 9월 20일 완공되었다. '황화방 의묘'에서 선고사유제先告

54 《성종실록》 권58, 성종 6년 8월 12일(무자).

55 《성종실록》 권25, 성종 3년 12월 2일(갑자). 성종 4년 1월에는 대왕대비가 월산대군의 집에 거둥하여 의묘를 세울 곳을 보았다고 하여 연경궁은 월산대군의 집으로 지칭되었음이 확인된다(《성종실록》 권26, 성종 4년 1월 21일(임자)).

56 '연경궁 의묘'에서의 완공 이후 의묘 조성 관원과 봉안 관련자들에 대한 논상이 이루어졌는데, 이에 대해 조관들이 서로 의묘의 집사가 되기를 원한다며 비판하는 기록이 등장한다(《성종실록》 권34, 성종 4년 9월 22일(경술); 권35, 성종 4년 10월 2일(경신)).

事由祭와 고동가제告動駕祭를 지내고 의장을 갖춰 신주와 영정을 옮긴 후 '연경궁 의묘'에서 입안제入安祭[57]를 행함으로써 이건을 마무리하였다.[58] 신주를 옮기는 이안제가 아닌 신주를 봉안하는 입안제가 행해진 것은 1474년성종 4에 세워진 의묘가 이전의 의묘와는 성격이 달랐음을 보여준다고 생각한다.

앞에서 살펴본 바와 같이 의례 공간의 이동은 의경왕의 위상과 연관되어 있었으므로 연경궁에 대해 자세히 살펴보겠다. 연경궁의 위치가 명시되어 있는 기록은 없다. 연경궁은 영응대군의 처 송씨가 바친 곳이었으며, 의묘를 세우기로 결정하면서 월산군에게 하사한 곳이라는 기록이 전부이다.[59] 이에 대해서는 현재 서울 종로구 안국동에 있는 서울공예박물관 위치로 추정하는 연구가 있다.[60] 그에 따르면 이곳은 중종대 부마였던 광천위의 집터였으며 약 300여 칸에 이를 정도로 넓은 곳으로 이궁에 비견될 만한 곳이었다.[61] 중종대 기록에 월산대군의 집은 본래 이궁이었기 때문에 대군들에게만 내려줬던 곳인데, 지금 옹주에게 주었다는 기록이 있다.[62] 내용을 종합하면 현 서울공예박물관 위치에 연경궁이 있었음을 짐작케 한다.

57 신주와 영정을 옮겨 봉안했다는 점에서 이안제라고 볼 수도 있으나, 《국조오례의》 의묘 이안제는 一獻인데, 성종 4년의 기록에 입안제의 초헌관, 아헌관, 종헌관에게 논상하고 있으므로 이안제와 다르다(《성종실록》 권34, 성종 4년 9월 22일(경술)). 구체적인 의절은 확인되지 않는다.

58 《성종실록》 권34, 성종 4년 9월 20일(무신)·22일(경술).

59 《성종실록》 권11, 성종 2년 7월 24일(을미).

60 강진철, 앞의 글, 1963 참조.

61 《인조실록》 권8, 인조 3년 2월 27일(병오).

62 《중종실록》 권44, 중종 17년 5월 17일(임술). 연경궁은 월산대군의 別室이라고도 불렸으므로 '황화방 의묘'가 있던 월산대군의 집과 또 다른 곳이었음을 알 수 있게 해준다(《성종실록》 권52, 성종 6년 2월 12일(신묘); 권60, 성종 6년 10월 10일(병술)).

(왕이) 좌우에 이르기를, "월산대군이 와서 말하기를, '그 집은 세종조의 이궁이며, 이제 의묘를 문소전의 예로 하고 거처하는 것이 편안하지 않다.'고 하였다. 그래서 내 뜻으로 말하기를 '세종 초에 이궁이라 이름한 이후에 영응대군에게 내려 주었다. 비록 한 둘레 안이라 하더라도 장원으로 경계를 세웠으니 무엇이 해로운가?' 하였다. 그것을 여러 원상과 의논하라."[63]

위 사료를 통해 연경궁은 세종대의 이궁이자 세종이 영응대군에게 내려줬던 곳이라는 정보가 확인된다. 영응대군의 집은 안국방에 위치했고, 이궁의 규모로 지어졌으며 동별궁이라는 별칭도 있던 곳이었다.[64] 이러한 설명은 연경궁에 대한 설명과도 일치한다. 그리고 당시의 기록에서도 의묘는 여염에 위치하고 있다고 하였는데, 이와도 상통한다.[65]

의묘를 연경궁으로 이건한 이유는 이곳이 이궁이었던 데다가 별궁의 위상을 지니고 있었기 때문이다. 의경왕의 신주는 종묘에 부묘할 수도 없었으며, 그렇기 때문에 원묘의 방식으로 궁 안에 들어올 수도 없었다. 따라서 성종은 궁에 비견될 만한 이궁 혹은 별궁으로 의묘를 옮겨 의경왕의 위상을 강화시키고자 했던 것이며 궁과 가까워 성종이 친제하기에 편한 거리가 되었다. 그리고 앞서 살펴봤듯이 1472년 5월 의경왕의 영정을 의묘에 봉안

63 《성종실록》 권60, 성종 6년 10월 10일(병술).

64 《세종실록》 권111, 세종 28년 3월 7일(갑술); 권122, 세종 30년 12월 14일(병인); 권125, 세종 31년 7월 27일(을사); 권127, 세종 32년 2월 17일(임진).

65 愼妃祠를 延慶宮의 옛 터에 지었다는 기록이 있다(《동국여지비고》 권1, 경도; 《연려실기술》 권7, 중종조 고사본말). 따라서 이곳이 '연경궁 의묘'의 위치라고 생각될 수도 있다. 그러나 《숙종실록》에 따르면 신비사는 경복궁 동북쪽에 위치한 소현묘의 북쪽 담장 밖에 위치를 정했다고 했으며(《숙종실록》 권32, 숙종 24년 10월 24일(을축)), '연경궁 의묘'와 '경'의 한자가 다르다. 또한 경복궁 동북쪽 근처에는 창의문과 산이 있었기 때문에 여염이라고 보기는 어렵다.

했는데, 이미 세워진 '황화방 의묘'에 영정을 봉안할 새로운 공간을 마련하는 것은 쉽지 않았을 것이다. 따라서 약 300여 칸 규모의 넓은 연경궁 후원에 진전을 포함한 의묘를 새로 세우고자 했을 것이다.

1472년이 되어서야 연경궁으로 이건할 것을 정한 것은 예종의 부묘가 끝나기를 기다렸기 때문이다.[66] 성종은 예종의 뒤를 이어 대통을 계승 받은 데다가 예종비인 왕대비는 여전히 편전에서 소복素服을 입고 있었다.[67] 그래서 예종의 부묘가 끝나고 2월 의경왕비인 인수왕비의 위차를 예종비 안순왕후 즉, 왕대비보다 위에 두는 것으로 결정한 이후에[68] 의경왕의 위상을 보다 더 높이려는 시도를 할 수 있었고, 그에 따라 의례 공간의 이동을 꾀했던 것으로 생각된다.

《국조오례의》에는 국왕이 의묘에 친제하는 의식 절차인 '친향의묘의'가 있는데, 1474년 '연경궁 의묘'로 이건하면서 국왕의 친제를 위해 마련된 의주였다. 친향의묘의를 기준으로 제사 참여자들의 위치를 《국조오례서례》에 실린 진전 도설에 정리한 것이 〈그림 2〉이다.[69] '연경궁 의묘'에는 신주와 영정이 봉안되어 있었기 때문에 건물의 구조는 영정을 봉안하는 진전과 유사할 수밖에 없었다. 진전에는 남향인 3칸짜리 정전이 있었으며, 동쪽과 서

66 《保閑齋集》 권15, 〈追慕錄序〉; 《성종실록》 권14, 성종 3년 1월 12일(기유).

67 1470년(성종 1) 11월 예종의 소상 이후 모두 길복으로 바꿔입었으나, 예종비인 왕대비의 경우 홀로 있을 때 소복을 입도록 하였다(《성종실록》 권7, 성종 1년 8월 12일 (정사)).

68 《성종실록》 권15, 성종 3년 2월 20일(정해).

69 《국조오례의》는 성종 5년에 간행된 내용이기 때문에 《국조오례의》의 의묘와 관련된 정보 및 도설은 '연경궁 의묘'를 가리킨다. 그런데 《경국대전》 판본 중 성종 2년에 간행된 '신묘대전' 예전이 현전하고 있다. 이 판본의 의주 항목에도 '용오례의'라고 기록되어 있어 이미 《국조오례의》의 존재가 확인된다. 보물인 '신묘대전' 예전은 문화재청 국가문화유산포털(www.heritage.go.kr)에서 확인 가능하다. 현재 우리가 확인할 수 있는 《국조오례의》는 성종 5년에 간행한 내용이지만 1474년(성종 5) 이전 《국조오례의》의 내용에는 '황화방 의묘'와 관련된 내용이 수록되어 있었을 것으로 짐작된다.

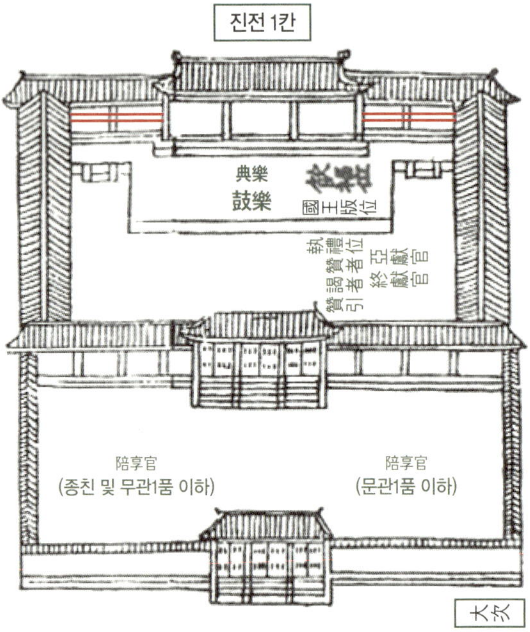

〈그림 2〉 친향의묘의 참여 인원 위차

쪽에 랑廊이 있고 남쪽에 3칸인 문 2개가 있었다. 여기에서 월랑이 없고 (〈그림 2〉빨간색 표시) 진전 1칸이 묘의 북쪽에 있는 형태가 의묘이다.[70]

'황화방 의묘'와 '연경궁 의묘' 의례의 차이점 중 첫 번째로 주목되는 점은 '연경궁 의묘'에서 처음으로 국왕의 친제가 진행되었다는 것이다. 의경왕과 성종의 관계는 백부와 조카의 관계를 나타내는 '황백고-효질'로 지칭되었고 월산대군이 제사를 지내는 봉사자로 설정되어 있었다. 그래서 '황화방 의묘'에서 의경왕 추숭제를 지냈지만 약 3년간 국왕의 친제는 1차례도 없었던 것이다. 그러나 제사 공간을 옮기게 되면서 국왕이 친제를 지내게 되었고, 이에 맞춰 성종의 의지가 반영된 새로운 의례 절차가 마련되면서

70 《국조오례서례》 권1, 단묘도설 진전.

의경왕의 위상이 변화하였다.[71]

두 번째로는 친제를 행해야 하기 때문에 국왕의 출궁과 환궁 절차가 마련되었다는 점이 있다. 국왕은 제사 당일 의묘로 출발한다.[72] 이때 엄嚴에 따라 시간 구분이 되는데, 엄은 왕을 기준으로 한 특수한 시간의 척도였다. 중엄中嚴에 들면 의례의 시간이 시작되었다.[73] 이후 외판外辦을 아뢰면 국왕이 익선관과 곤룡포를 갖추고 선정전에서 여를 타고 나와 인정문 밖에서 연輦으로 갈아타는데,[74] 110여 개의 의장이 따르는 법가노부法駕鹵簿가 진설되었고 전부고취와 후부고취가 따르면서 고취악을 연주하였다.[75] 궁 밖에서 연으로 갈아탄 후부터 대차大次에 도착하기 전까지 국왕과 왕비의 행차에만 사용되는 고취악이 쉴 새 없이 연주되었다.[76] 따라서 고취악을 통해 백성들은 국왕의 행차를 알 수 있었다.

71 의묘 제사는 자손으로 하여금 받들게 했기 때문에 다른 왕실 조상 의례와 달리 국왕의 친제는 없었다. 그럼에도 불구하고 국왕 친제가 추진되고 다른 종친에 대한 제사와 달리 《국조오례의》에 별도의 항목으로 수록되었다는 것은 국왕인 성종의 의지가 아니고서야 불가능하다.

72 국왕은 재계를 마친 후 제사 당일 궁에서 의례 장소로 이동한다. 인조대의 논의에서도 이전에 私廟에 친제할 때 여염에 있는 齋所에서 밤을 지낸 적이 없었다고 하였다(《인조실록》 권2, 인조 1년 5월 29일(무오)). 종묘는 3일의 치재 기간 중 2일은 정전, 1일은 재궁에서 재계하였지만, 속제인 의묘는 치재 1일을 정전에서 행했다(《국조오례서례》 권1, 재계).

73 강제훈, 〈조선 초의 조회 의식〉, 《조선시대사학보》 28, 2004, 28~29쪽; 강제훈 엮음, 《조선 전기의 국가 의례와 의주》, 민속원, 2015, 61쪽.

74 《국조오례의》 의주에는 선정전이 아닌 사정전, 인정문이 아닌 근정전으로 기록되어 있으나 당시 성종은 창덕궁에 거주하고 있었기 때문에 선정전에서 나와 인정문을 거쳐 의묘로 이동했을 것이다. 성종 4년 12월 삼전과 양궁이 창덕궁에 이어하여 경복궁에 오랫동안 임어하지 않았다는 기록이 있다(《성종실록》 권37, 성종 4년 12월 13일(기사)).

75 의장에 대해 김지영은 110개(김지영, 앞의 책, 2017, 205~206쪽), 강제훈은 103개로 정리하였다(강제훈, 〈조선전기 국왕 의장제도의 정비와 상징〉, 《사총》 77, 2012, 62~63쪽).

76 《악학궤범》 권2, 전부고취.

세 번째로 '연경궁 의묘'부터 새로 추가된 친향의묘의의 신관례晨祼禮가 주목된다.[77] 그 절차는 혼을 부르는 삼상향三上香, 울창鬱鬯을 땅에 부어 백魄을 부르는 관지祼地, 혼과 백이 현현하였으므로 귀신에게 예물을 드리는 절차인 전폐奠幣로 구성되어 있다.[78] 폐백을 드렸기 때문에 마지막 축판을 묻는 절차에서 폐백도 함께 묻는 절차가 추가되었다.

> 예조에서 계하기를, "의묘 대제에서 祼禮를 행하지 않는 것은 미편하니 청컨대 지금부터 관례를 행하십시오." 하니 그대로 따랐다.[79]

위 사료와 같이 1474년 예조에서 의묘 대제에는 관지를 추가해야 한다고 건의하였다. 따라서 원래 초헌례에서 행하는 삼상향에 관지와 전폐를 더하여 신관례 절차가 신설되었다. 예조는 대제에 한정해서 말했지만 속절제에도 전폐례라는 이름으로 '삼상향-관지-전폐'로 이어지는 절차가 추가되었다. 그런데 같은 절차임에도 불구하고 의례에 따라 신관례와 전폐례라는 이름으로 구분되고 있다. 《국조오례의》에서 신관이라는 용어는 왕과 왕비를 모신 종묘, 영녕전에서만 사용하고 있으며, 이외의 의주에서는 같은 절차의 형태라도 전폐례라는 단어를 사용하고 있다.[80] 이에 따르면 의묘 친제에 한해 종묘, 영녕전과 같은 의미를 부여하여 의묘와 의경왕의 위상을

77 〈부표 1〉 참조.

78 금장태, 《귀신과 제사-유교의 종교적 세계》, 제이앤씨, 2009, 75쪽; 강제훈, 〈조선 초 종묘 친향의의 예악 구성〉, 《한국사학보》 86, 2022, 124쪽.

79 《성종실록》 권34, 성종 4년 9월 7일(을미), "禮曹啓 懿廟大祭 不行祼禮未便 請自今行祼禮 從之"

80 조선후기에는 경모궁 사시 및 납일에 행하는 친제 및 섭사의에서도 신관례라는 용어가 사용된다(《국조오례통편》 권3, 길례 사시급납향경모궁의, 사시급납향경모궁섭사의).

높이고자 했던 의도로 짐작된다.

또한 관지 의식은 종묘에서만 쓰는 것으로 종묘 부묘 전에는 쓸 수 없었고, 부묘가 예정되어 있지만 아직 부묘하지 못하는 경우에 시행되었다.[81] 의경왕은 당시 부묘가 예정되어 있지 않았지만 성종의 의지에 힘입어 관지 절차가 추가되었다.[82] 한편 문소전이나 산릉과 달리 의묘에는 의경왕의 위판이 아닌 종묘처럼 신주가 봉안되어 있었기 때문에 속제이지만 관지의 추가가 가능했던 것으로도 생각된다.[83] 의묘 대제 때 관지 절차가 없는 것이 옳지 못하다는 예조의 판단이나 관지 절차에 대한 반대 의견 없이 바로 시행된 것은 이러한 상황들을 잘 보여준다.

신관례, 혹은 전폐례에서는 음악도 연주된다. 이때 연주된 음악에 대한 정보는 확인되지 않지만 1447년세종 29 소헌왕후의 혼전이었던 휘덕전의 전폐례 때 당악 중강령이 연주되었으므로 같은 음악이 연주되었을 것으로 추정된다.[84] 의례에서 주악되는 유사한 음악은 의례의 연속성을 보여준다.

81 《선조실록》 권155, 선조 35년 10월 21일(기유). 기존 연구에서 원경왕후와 소헌왕후는 국왕보다 먼저 사망하여 종묘에 부묘할 수 없고 장기간 별묘 즉, 광효전과 휘덕전에서 유교 의례를 진행해야 하는 경우로 설명하였다. 이처럼 의묘도 부묘는 곤란하고 별묘로 운영되어야 한다는 점에서 광효전 및 휘덕전과 유사한 성격이 있는데, 《국조오례의》 의묘는 이와 유사한 패턴을 가지고 있었다고 보았다. 즉 의묘도 그동안의 의례 정비과정에서 고안되고 운영된 원칙을 준용하였다는 것이다(강제훈, 〈조선 초기 왕실 조상의례의 유교적 정비〉, 《한국사학보》 66, 2017, 160쪽).

82 해당 내용에 따르면 이 시점에 성종이 의경왕을 부묘하고자 하는 의지가 있었다고 짐작되기도 한다.

83 담제와 종묘는 의례 대상이 신주로 동일하기 때문에 담제의 영신에서는 종묘와 동일하게 술을 부어 신을 부르는 관지와 폐백을 드리는 전폐가 설정되어 있으나 태종과 원경왕후를 합사한 원묘로서의 광효전에는 위판이 안치되었기 때문에 전폐 절차가 없다고 설명하여 전폐 절차의 유무 기준이 신주와 위판에 있다고 보기도 하였다(강제훈, 앞의 글, 2017, 143쪽).

84 《세종실록》 권118, 세종 29년 10월 1일(기미). 원묘와 혼전 의식은 유사한 부분이 있다고 본 연구가 있기 때문에(박경지, 앞의 글, 2021, 172쪽) 음악 역시 비슷했을 가능성 있다.

같은 속제에 해당하는 문소전에서 초헌 때 삼상향하고 잔을 바치는 한편 의묘에서는 신관례 때 '삼상향-관지-전폐'를 행한 후 초헌 때 잔만 바친다. 즉 문소전의 초헌례 절차가 의묘에서는 신관례와 초헌례로 나뉘어서 행해지는 것이다. 이러한 의례의 공통점을 고려해 보면 문소전 초헌례에서 연주되는 당악 중강령이 의묘의 신관례와 초헌례에서 연주되는 것이 가능하다고 생각된다.

〈표 2〉 왕실 조상 의례의 용악 비교

	종묘		영녕전		문소전		의묘	
	절차	음악	절차	음악	절차	음악	절차	음악
1	영신	보태평	영신	보태평	참신	당악 낙양춘	참신	당악 낙양춘
2	신관	보태평	신관	보태평			신관 [전폐]	(당악 중강령)
3	진찬	풍안지악	진찬	풍안지악				
4	초헌	보태평	초헌	보태평	초헌	당악 중강령	초헌	당악 중강령
5	아헌	정대업	아헌	정대업	아헌	향악 풍입송조	아헌	향악 풍입송조
6	종헌	정대업	종헌	정대업	종헌	정동방곡 [향당교주]	종헌	정동방곡 [향당교주]
7	철변두	옹안지악	철변두	옹안지악				
8	송신	흥안지악	송신	흥안지악	사신	당악 낙양춘	사신	당악 낙양춘

※ 비고 : 영신[참신]~초헌에서 같은 종류의 음악을 사용한 경우 음영 표시

신관례의 음악이 당악 중강령이라고 볼 수 있는 또 다른 근거는 《국조오례의》에서 확인되는 길례의 공통 구조이다.[85] 왕실 조상 의례 중 음악을 사용하는 종묘, 영녕전, 문소전의 용악用樂을 살펴보겠다. 〈표 2〉에서 보이다시피 종묘, 영녕전 모두 영신, 전폐, 초헌에서 유사한 음악이 연주되었고, 아

85 조선은 국가의례 정비과정에서 의례의 體樣을 일치시키려고 노력하였다(강제훈, 앞의 글, 2015a 참조).

헌부터 바뀌는 양상이 보인다. 문소전에는 전폐 절차가 없지만 참신과 초헌에서 당악을 연주하다가 아헌에서 바뀌는 모습이 확인된다. 의묘 의례도 같은 왕실 조상 의례이자 길례로서 정비되었다면 같은 음악 연주 특징이 나타났을 것이다. 따라서 의묘의 신관례 때도 참신, 초헌과 마찬가지로 당악이 연주되었을 것이라고 추정 가능하다.

이렇듯 성종은 의묘 의례의 변화와 음악의 사용 양상을 통해 의묘의 제사 대상이 종묘와 마찬가지로 신주를 봉안한 왕실 조상임을 보여주어 친부인 의경왕의 위상을 강화시키고자 하면서 전례 없는 의례를 만들었다. 다만 악현은 '황화방 의묘' 때와 같고, 신악이 아닌 향·당악을 이용한 점, 속제와 제수가 같은 점, 일무佾舞 등이 포함되지 않는 점을 통해 여전히 종묘와는 차별성을 두었다. 즉 이 시기의 의묘 의례는 속제 양식에 종묘에서만 확인되는 의례 요소들이 결합된 독특한 형식으로 정비되었으나 악현에서는 '황화방 의묘'와 큰 차이가 없었다. 이렇듯 의례 분석 시에는 예와 악 중 한쪽만 보는 것이 아니라 종합적으로 살펴봐야 변화양상을 제대로 검토할 수 있음이 다시 확인된다.

2) 한양 내 의묘 의례 설행의 효과와 의미

이상에서 살펴본 바와 같이 의경왕 위상 강화를 목표로 의묘는 현 덕수궁[명례궁] 자리에서 현 서울공예박물관 위치로 이전하였으며 두 곳 다 도성의 중앙에 가까운 위치로 여염 사이에 위치하였다. 아래의 지도에 의묘가 있었던 황화방 명례궁과 연경궁이 있던 안국방, 그리고 덕종의 부묘 후 세워진 연은전 근처의 경복궁 북쪽 신무문을 표시하였다.[86]

86 서울역사박물관 소장 《수선전도》(유물번호: 서울역사002080)는 1840년대 김정호가 제작한 것으로 추정되는 수선전도를 1864년 전주에서 중간한 지도이며, 일부분을 가공하여 제시한 것이다.

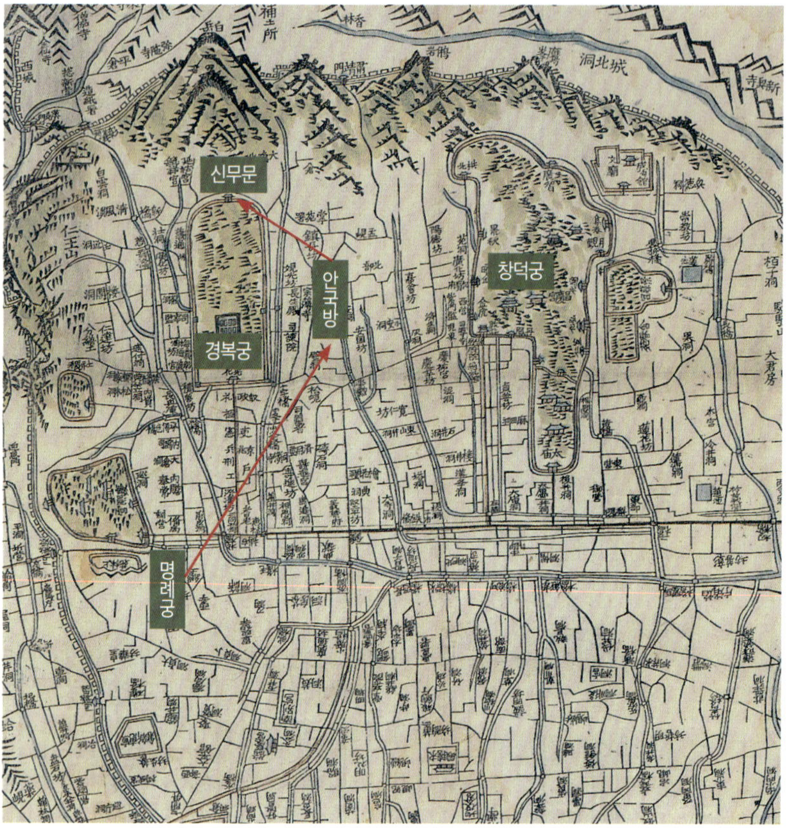

〈그림 3〉《수선전도》에 표시한 한양 도성 내 의묘와 연은전의 위치 (소장: 서울역사박물관)

의묘는 한양 도성 내 중심에 위치했기 때문에 의례 참여자 외의 사람들도 의례를 경험할 수 있었다. 의례를 시행하면 제사에 참여하는 인원들은 축시의 어두운 상황 속에서 일부 시각적 이미지와 청각, 후각을 모두 경험하였다. 그러나 제사에 참여하지 않는 인원, 즉 제사 장소 주위에 거주하는 백성들은 청각적으로만 제사를 경험할 수 있었을 것이다. 음악이 사용되는 의례에서 청각적 요소는 의례 비참여자에게도 시작과 설행을 알려주는 역할을 했다. 제사는 축시에 진행되었기 때문에 일반적으로 사람들이 깨어 있는 시간대가 아니었고,[87] 특정 날을 제외하고는 인정과 파루에 의해 새벽 시간대에는 통행 금지가 이루어졌기 때문에 매우 조용했을 것이므로 의례 음악은 멀리까지 전파되었다.[88] 게다가 연경궁으로 의묘가 이전되면서 한양 도성 내 중앙에 더 가까워졌고 여염에 위치했기 때문에 효과는 극대화되었을 것이다.

의묘 의례 시행 횟수를 살펴보기 위해 '황화방 의묘'와 '연경궁 의묘' 시기를 나눠서 정리하였다. '황화방 의묘' 시기는 의묘가 세워진 1472년 1월 14일부터 이전하기 전 1473년 9월 20일까지, '연경궁 의묘' 시기는 1473년 9월 20일부터 덕종 부묘로 인해 사라지는 1476년성종 7 1월 9일까지로 나누어 정리하였다.[89] 의묘에서 시행된 제사 횟수를 정리하면 다음과 같다.

87 축시는 밤 1시 경으로 시각적 요소가 작용하기 어렵다. 따라서 제사 참예자가 의례의 진행을 공유하고 의례 시행 목적을 달성하기 위해서는 청각이나 후각 요소가 중요한 고려 사항이 된다(강제훈, 앞의 글, 2022, 123쪽).

88 김연수, 〈15세기 한양도성의 풍속과 문화지도〉, 《서울과 역사》 104, 2020, 50~54쪽; 김유진, 〈조선의 밤 문화와 철야풍속〉, 《서울민속학》 4 2017 참조. 허참·면신례는 밤이 어두워지면 주로 새로운 관원의 집에서 시작되어 날이 새면 헤어지는데, 성종 6년에 장고나 笛을 제외하고 소리가 멀리까지 들리지 않는 篳篥만 불고 노래를 부르도록 하였지만 음악 소리가 대궐 안까지 들렸다는 기록이 있다(《용재총화》 권4; 《성종실록》 권58, 성종 6년 8월 4일(경진)). 밤에 대궐 밖에서 연주한 비교적 작은 악기 소리가 대궐 안까지 들렸다는 것으로 보아 의례의 음악 역시 주위 거주민에게 잘 들렸을 것으로 짐작된다.

89 1473년(성종 4)의 선고사유제와 고동가제는 의묘를 이전하기 전 신주에 지낸 제사로 '황화방 의묘' 시기에 속한다. 고동가제는 흉례 절차가 마무리되고 종묘에 부묘할 때 왕과 왕비의 신주를 옮기기 전 지내는 제사로 종묘에 부묘하는 것은 아니었지만 왕의 지위를 지닌 인물의 신주를 옮기는 것이기 때문에 고동가제 절차가 진행되었다. '황화방 의묘'가 세워졌을 때 효정묘에서 신주를 옮겨오는 과정에서 고동가제가 시행되었는지에 대한 기록은 없다. 당시 호칭은 이미 의경왕이었으나 공식적으로 의경왕 추숭제가 진행되기 전이었고, 의경세자의 신주였기 때문에 고동가제 절차가 시행되지 않았을 것으로 보인다. 입안제는 연경궁 의묘로 신주를 옮긴 후 지낸 제사였으므로 '연경궁 의묘' 시기에 해당한다.

〈표 3〉 의묘 의례의 설행 횟수 (단위 : 회)

장소	연도	친제	사시제	유명일 별제 [속절제]	삭망제[90]	기신제	기타[91]	계
황화방 의묘	1471(성종 2)		3	5	25	1	1	35
	1472(성종 3)		4	6	24	1		35
	1473(성종 4)		3	4	18	1	2	28
연경궁 의묘	1473(성종 4)	1	1	2	6		1	11
	1474(성종 5)		4	6	26	1		37
	1475(성종 6)	1[92]	4	6	24	1	1	37
	1476(성종 7)			1	1		1	3
	계	2	19	30	124	5	6	186

의묘에서는 사맹월의 제사와 한 달마다 삭제와 망제가 행해졌고, 속절 6일, 기신제까지 포함하면 1년 동안 정해진 제사 횟수만 약 35회였다. 위의 표를 보면 약 5년간 의묘에서는 186회의 의례가 시행되었고, 친제는 2회 이루어졌던 것이 확인된다. 그중 사시제와 속절제 등 1년에 약 10차례 정도는 음악이 사용되는 의례로 친제, 추숭제 등 여러 의례를 포함하여 5년간 약 50회가 넘는 의례에서 음악이 사용되었다. 음악을 통해 주위 거주민은 의례의 시작을 알 수 있었고, 이를 통해 도성 내에서 유교 의례를 널리 퍼트리는 결과도 낳았다.

당시 한양 내에서 유교 의례는 의묘뿐만 아니라 종묘, 문소전, 영녕전 등

90 윤달도 계산한 횟수이다.

91 '황화방 의묘'의 1471년(성종 2)은 추숭제, 1473년(성종 4)은 선고사유제, 고동가제를 의미하며, '연경궁 의묘'의 1473년은 입안제, 1475년(성종 6)은 상시제, 1476년(성종 7)은 고동가제를 나타낸다.

92 분황제이다.

에서 이루어지고 있었다. 이들 제사의 날짜는 점을 쳐서 정하기 때문에 같은 날은 아니었다. 그러나 모두 사맹월 상순 중에 행했기 때문에 비슷한 시기에 이뤄졌고, 친행과 섭행 모두 음악을 사용하는 제사들이었다.[93] 특히 친제나 상시제와 같은 중요한 목적의 의례는 의례 시행 전에 연습도 진행하였으므로 한양 내의 백성들이 유교 의례에 노출된 횟수는 더 많았다.

이러한 모습은 한양이 고려의 수도 개경과는 다른 의례적 공간이었다는 점을 보여준다. 고려 전기 개경에는 사찰이 70곳이 있었고, 조선 중기 기록에 따르면 유명한 절만 개경 성내에 300곳이 있었다.[94] 개경의 여러 사찰은 각기 다양한 불교 의례를 설행하였다.[95] 그에 따라 불교 의례의 음악인 범패가 매우 흔했으며, 여러 타악기와 관악기 등 기악도 합주되었다.[96] 그러나 조선이 건국되고 한양으로 천도하면서 불교 의례가 아닌 유교 의례가 중심이 되는 공간을 조성했다.[97] 각각의 의례는 의식 절차는 물론이고 사용되는 악기, 소리 등 많은 부분에서 달랐기 때문에 그 차이는 두드러졌다. 세조대에는 원각사가 한양 내에 세워지면서 불교 의례가 잠시 성행했으나 성종 초부터 한양 내 불교 의례가 쇠퇴하기 시작하였다.[98] 이 자리를 의묘를 비롯하여 한양 도성 곳곳에서 진행되는 유교 의례가 대체한 것이다.

93 《국조오례서례》 권1, 길례 시일.

94 《송사》 권487, 고려전; 《대동야승》 권5, 〈五山說林草藁〉.

95 서울특별시사편찬위원회, 《서울2천년사 10 고려시대 사상문화와 남경》, 2014, 353쪽.

96 《고려도경》 권18, 도교 석씨; 한흥섭, 《고려시대 음악사상》, 소명출판, 2009, 150~151쪽.

97 조선 초 소수의 사찰이 도성 내에 설치되었으나, 얼마 지나지 않아 관청으로 바뀌었다(김윤주, 〈조선 초 수도 한양의 불교 사찰 건립과 불사 개설-태조 이성계의 사찰 건립을 중심으로-〉, 《서울학연구》 66, 2017, 48쪽).

98 원각사의 종을 치는 것은 불사 때에만 계품한 뒤에 치도록 하였다(《성종실록》 권7, 성종 1년 9월 14일(기축)). 성종대에는 도성 내의 승려가 줄어들고 불교 의례가 쇠퇴하였다(《용재총화》 권8).

앞서 살펴봤듯이 '연경궁 의묘' 시기에는 이전까지 없었던 국왕의 친제가 2차례 이루어졌다. 그 과정에서 국왕의 출궁과 환궁 시 전부고취와 후부고취가 고취악을 연주하였다. 고요한 밤 국왕이 궁으로부터 출발하여 의묘에 도착할 때까지 연주된 고취악은 제사 공간에서만 연주하던 때보다 주변에 거주하던 백성들에게 더 효과적으로 전파되었을 것이며,[99] 이를 통해 유교 의례와 음악에 익숙한 상황이 조성되었을 것이다. 이는 건국 초부터 유교국가를 지향했던 조선이 추구한 바였다. 이 시기는 《국조오례의》가 완성되고 조선이 유교 의례 정비에 박차를 가하던 때로 성종대 도성 내 중앙에 있는 의묘를 비롯한 각종 의례 공간을 통해 그 목표를 달성하고 있었던 것이다.

무엇보다도 성종이 직접 친제를 거행하여 의례를 통해 의경왕의 위상 변화를 뚜렷하게 드러내는 효과가 있었다. 첫 번째 친제는 '연경궁 의묘'가 완공된 시점으로부터 2달 후인 1473년 11월에 행해졌다.[100] 1473년의 친제에서는 성종이 익선관과 곤룡포를 갖추고, 음악은 고취, 생牲은 종묘와 같은 대뢰를 사용하였다. 대뢰를 쓰도록 한 것은 국왕의 첫 친제이기 때문이었다. '연경궁 의묘'로의 봉안이 마무리되자 바로 친제를 설행했던 것은 성종이 친부에 대한 효를 다하는 모습을 보여주면서 의경왕이 현왕의 친부임을 강조하여 그의 위상을 강화하고자 하기 위해서였다.

두 번째 친제는 1475년 분황제焚黃祭이다. 1475년 1월 명으로부터 의경왕의 시호 회간懷簡을 받고, 추증에 대한 고명을 받았기 때문에 분황제가 실

99 의묘 의례 중 국왕의 친제는 설행 시간이 설정되어 있지 않았다. 다만 대부분의 제사 시간이 축시였던 것을 고려했을 때 의묘 친제는 밤에 이루어졌을 것으로 짐작된다.

100 《성종실록》 권36, 성종 4년 11월 1일(무자).

시되었다.[101] 분황제와 동시에 신주를 개제하고 기존의 신주는 땅에 묻는 것도 진행하였다.[102] 이처럼 분황제는 의경왕의 지위 격상을 나타내는 중요한 의례였기 때문에 끝나자마자 참여한 인원들에게 물건을 하사하고 백관에게 1계를 더하였다.[103] 또한 분황제를 위한 국왕 행차에서 고취악이 연주되었고[104] 행차에 향정香亭도 있어 의례의 후각 요소를 느낄 수 있게 해주었다. 이와 같이 의례의 시행은 여러 요소를 통해 의례 대상의 지위 변화를 효과적으로 드러내는 중요한 수단이었다.

다음으로 친제는 아니지만 의경왕의 지위 변화를 드러내기 위한 의례로 상시제가 있었다. 분황제가 행해진 후 얼마 지나지 않아 인정전에서 성종으로부터 시책을 받아 의묘에서 의경왕에게 시호를 올리는 의식을 진행하였다. 시책과 시보는 국왕의 명이 담긴 물건으로 국왕의 의장이 필요했기 때문에 세장과 고취가 함께 했다. 이때의 고취는 전부고취前部鼓吹로 궁 밖에서부터 오시午時 3각 전에 의묘에 도착하기 전까지 고취악을 연주하였다.[105] 상시제는 다른 제사와 달리 오시에 행했으므로 의묘 밖 행차를 모든 사람들이 시각적으로 확인할 수 있었으며, 다른 의례와 마찬가지로 행례 중 음

101 《성종실록》 권51, 성종 6년 1월 29일(기묘). 분황제 의주는 《성종실록》에 별도로 수록되어 있는데, 《국조오례의》와 달리 당시 성종의 거주지였던 창덕궁에서 출발하는 것을 확인할 수 있다(《성종실록》 권52, 성종 6년 2월 12일(신묘)). 의묘의 일반적인 의식 절차와의 차이점으로는 분황제에서 종헌 절차 대신 분황하는 절차가 추가되었고, 음복 없이 마무리되었다는 점이 있다.

102 《성종실록》 권51, 성종 6년 1월 23일(계유).

103 《성종실록》 권52, 성종 6년 2월 12일(신묘).

104 백성들이 유교 음악 내의 구체적인 차이를 알고 있었다고 확언할 수는 없다. 그러나 기존의 세장에서는 전부고취만 포함된 반면 국왕 친제 때 사용되는 법가노부에는 전부고취와 후부고취가 모두 포함되어 악기와 악공 수부터 차이가 난다.

105 《성종실록》 권52, 성종 6년 2월 26일(을사); 《국조오례서례》 권2, 가례 노부 소가.

악을 통해 의례를 청각적으로 경험할 수 있었다.[106] 새로운 악장을 통해서는 효도를 다하는 성종의 모습이 강조되기도 하였다.[107]

이와 같이 의례 시행 과정 중 경험할 수 있는 시각·청각·후각적 효과는 유교 의례의 전파를 비롯하여 한양의 문화에 영향을 주었다. 또한 의묘가 비교적 최근에 생긴 의례 공간이라는 점과 여염에 있었다는 점은 백성들의 주목을 받는 데 효과적이었으며 평소와 다른 의묘 의례의 설행과 음악의 연주는 의경왕의 지위가 승격된 것을 효과적으로 드러낼 수 있는 수단이 되었다.

4. 덕종 부묘에 따른 경복궁 내 연은전 설치

1) 덕종의 부묘 과정 검토

의묘는 덕종의 부묘 논의와 함께 새로운 국면을 맞이하였다. 조선에서 의경왕으로 추봉한 것만으로는 부묘를 할 수 없기 때문에 부묘를 위해서는 명의 고명을 받는 것이 우선되어야 했다.[108] 명의 고명을 받기 위해 주청

106 본래 상시책보 의례는 흉례 과정 중에 포함되어 있어 음악을 사용하지 않지만 의경왕의 상시제는 흉례 기간이 아니기 때문에 음악이 사용되었다. ①진책관 이하가 자리에 서고 사배할 때, ②진책관이 준소 앞에 나아가 삼상향과 관지 절차를 진행할 때, ③ 책관이 시책이 들어 있는 책함을 들고 계단에 올라 시책을 바치는 과정 ④(독책관이 시책 읽는 동안 음악이 멈췄다가) 책함을 案에 놓고 부복흥하는 과정 ⑤봉보관이 시보를 받들고 나아가 盝을 열고 보를 드는 과정 ⑥(독보관이 읽는 동안 음악이 멈췄다가) 봉보관이 보를 다시 넣고 寶盝을 案에 놓고 부복흥하는 과정 ⑦초헌례, ⑧아헌례, ⑨종헌례, ⑩사신절차의 사배 과정 등 이상의 과정에서 음악이 사용되었다.

107 《성종실록》 권52, 성종 6년 2월 26일(을사). 초헌, 아헌, 종헌으로 나뉘어진 것으로 보아 인정전에서 행해진 발책보의식이 아닌 의묘에서 행해진 상시제에서 사용된 것이다.

108 덕종 부묘 과정과 논의에 대해서는 한형주, 앞의 책, 2002, 113~118쪽; 한형주, 앞의 글, 2018; 지두환, 〈조선전기 묘제에 관한 일고찰〉, 《한국문화》 4, 1983 등 참조.

해야 한다는 논의는 1470년 3월 명에 청승습사請承襲使와 고부사告訃使로 다녀온 권감, 송문림 등이 의경왕 추봉을 주청하라는 명 태감 정동鄭同의 말을 전달하면서 시작되었다.[109] 조선에서는 사망한 세자를 왕으로 추봉한 것도 처음이었으므로 명에 추봉을 주청한 전례는 없었다. 따라서 그와 관련된 예를 조사하였고, 태조의 목조 등 사조四祖 추존 사례, 고려의 대종戴宗, 안종安宗 추존 사례를 검토하였으나 전례가 없어 논의는 더 이상 진행되지 못하였다.[110] 1471년성종 2에도 명 태감 김흥金興 등이 의경왕의 추숭 주청 여부를 물어왔으나, 반대 의견이 훨씬 많아 주청 의논은 중단되었다.[111]

중단되었던 추봉 주청 논의는 1474년성종 5에 성종이 직접 진행하고자 하는 의사를 밝히면서 재개된다. 명분은 효였으며, 이전과 달리 원상에게만 의논을 지시하여 소규모로 논의하였다. 국왕의 의지를 파악한 원상은 정인지와 정창손을 제외하고는 모두 찬성하였다.[112] 이에 우의정 김질이 주청사로 결정되었다.[113] 그러자 명에 있는 공신부인恭愼夫人 한씨와 그와 가까운 환관들, 그리고 명으로 간 조선인 환관을 통하여 예에 맞지 않는 것을 청하

109 《성종실록》 권4, 성종 1년 3월 20일(기해).

110 《성종실록》 권4, 성종 1년 4월 1일(기유).

111 《성종실록》 권10, 성종 2년 5월 24일(병신)·25일(정유); 6월 1일(임인).

112 《성종실록》 권46, 성종 5년 8월 13일(을미). 원상은 즉위 초에 주청하는 것은 미안하지만, 즉위한지 오래되었으니 이제는 주청이 가능하다는 논리로 찬성하였다. 무슨 의미인지 명확하지 않으나, 즉위 초에는 세조와 예종의 상제가 아직 다 끝나지 않은 시점이었기 때문으로 생각된다. 성종 2년 정창손, 신숙주, 최항, 조석문, 윤자운, 김국광 등은 주청을 반대했으나 이들 중 신숙주, 조석문, 윤자운 등은 성종 5년에 찬성으로 돌아섰다. 최항은 사망한 상태였으며, 성종 2년에 반대하던 인물 중 정창손만 성종 5년에도 반대하였다. 즉 많은 사람이 성종의 의지에 따라 찬성으로 입장을 바꾼 것으로 보인다. 사평에서도 신숙주가 임금의 뜻을 맞춰 찬성한 것이었다고 지적하였다(《성종실록》 권46, 성종 5년 8월 28일(경술)).

113 《성종실록》 권46, 성종 5년 8월 16일(무술)·24일(병오).

려고 한다는 비판이 제기되었다. 이에 대해 성종은 사실이 아니라며 일축하고 지나갔다.[114] 그러나 이 비판은 당시의 상황을 정확히 지적하고 있었다. 성종은 종묘 부묘의 발판으로 삼고자 전례가 없음에도 불구하고 명의 인준을 받고자 하는 강력한 의지를 보인 것이다.

결국 1475년 1월 명으로부터 의경세자를 조선 국왕으로 삼는다는 고명을 받았다. 그리고 얼마 지나지 않아 주청 주문사로 다녀온 정효종은 회간왕을 부묘해야 한다는 의견을 제기하였다. 이에 성종이 현석규에게 의견을 물었으나 제대로 대답하지 않았다는 기록이 있는데, 이에 대해 성종에게 아첨했다는 사평이 기록될 정도로 성종의 의지는 확고했다.[115] 성종은 이미 주청 추봉이 부묘 목적임을 부인한 상황에서 부묘를 강력하게 추진할 수 없었다. 대안으로 성종은 의묘의 제사 방식 수정에 대한 논의를 지시했다.[116] 명의 인준을 받은 왕이기 때문에 대군의 사저에서 대군에 의해 봉사되는 기존과는 제사 방식이 달라야 했기 때문이다. 의경왕은 왕으로 추존도 되고, 명으로부터도 인정도 받았으므로 실제 왕위에 오르지 못했다는 사실만 제외하고는 종묘에 부묘된 왕들과 다를 것이 없었다. 그래서 역대 국왕의 제사가 종묘와 원묘로 나눠져 있는 것처럼 의묘의 의례 역시 두 기능을 모두 해야 한다는 주장이 제기되기도 하였다.[117] 결국 성종의 강한 의지를 바탕으로 1475년 9월 본격적으로 회간왕의 종묘 부묘 논의가 진행되었다.

의경왕의 부묘는 사친에 대한 효도의 끝이면서 의경왕 제사의 주관자

114 《성종실록》 권46, 성종 5년 8월 24일(병오)·28일(경술).

115 《성종실록》 권54, 성종 6년 4월 23일(신축).

116 《성종실록》 권58, 성종 6년 8월 12일(무자).

117 《성종실록》 권58, 성종 6년 8월 12일(무자).

문제, 성종의 친모인 인수왕비의 지위와도 관련이 있기 때문에 중요한 문제였다. 앞서 언급했듯이 제사 주관자와 관련해서 대군이 제사를 지내는 것에 대해 부당하다는 문제가 제기된 상태였다. 그리고 수빈은 1471년 의경왕 추숭 때 인수왕비가 되었고, 1472년 예종 부묘 이후 예종비인 왕대비보다 위차가 높게 설정되었다.[118] 1475년 회간대왕이라는 시호를 받자 그에 맞춰 인수왕대비가 되었고, 예종비인 왕대비와 위차에 대한 논의가 다시 제기되었다.[119] 후에 덕종이 부묘되자 예종비와의 위차를 재검토하기도 하였다.[120] 이처럼 당시 생존해 있는 인수왕비에 대한 대우는 보다 현실적인 문제였고 의경왕의 위상이 변화할 때마다 제기되는 문제로 의경왕의 위상과 그와 관련된 의례는 중요한 것이었다.[121]

따라서 일반적인 대사大事 때 가선대부 이상이 모여 논의하던 것과 달리 중론을 얻기 위해 동반 3품 이상 및 예문관과 대간 전원, 그리고 서반 당상관 이상이 모여 대규모 회의가 열렸다. 사평에서는 임원준 등 2, 3인만 부묘에 찬성했다고 하였으나 논의 기록을 살펴보면 모두 부묘를 반대한 것만은 아니었다. 논의는 9월 16일, 9월 19일 2차례에 걸쳐 진행되었으며, 참여 인원은 1차 136명, 2차 132명으로 중복을 제외하면 총 157명이 논의에 참

118 《성종실록》 권15, 성종 3년 2월 20일(정해).

119 《성종실록》 권51, 성종 6년 1월 6일(병진); 권55, 성종 6년 5월 12일·15일(계해).

120 《성종실록》 권63, 성종 7년 1월 6일(신해).

121 성종은 예종의 사망 이후 갑작스럽게 왕위에 올랐기 때문에 스스로의 정통성을 강조할 필요성이 있었고, 친부인 의경왕의 위상과 그와 관련된 의례가 중요했다는 견해가 있다(박경지, 앞의 글, 2021, 260쪽). 그러나 성종은 이미 예종의 뒤를 계승하였다는 명분이 있었고, 제사의 축문에서도 예종에 대해서는 考, 의경왕에 대해서는 伯考라고 칭했기 때문에 오히려 의경왕을 부묘하는 것은 예종을 이은 정통에 어긋날 수 있었다. 그리고 의경왕의 부묘가 정통성과 관련된 문제라면 원상 등도 함께 힘써야 하는데, 덕종의 부묘와 관련해서는 반대하고 있다는 점도 고려해야 한다.

여하였다.[122]

1차는 어서御書를 통해 의논을 시작하였고 찬성 64명, 반대 72명으로 반대 의견이 더 많았다. 반대 의견이 더 많은 데다가 원상과 대간은 대부분 부묘를 반대했기 때문에 성종은 부묘를 독단으로 처리하기 부담스러운 상황이었다. 따라서 대왕대비의 의지懿旨를 빌려 1차 의논에 참석하지 않은 사람들을 포함하여 9월 19일에 재논의를 하게 하였다. 그 결과 19일에는 찬성 71표, 반대 61표로 찬성이 약간 더 우세했다. 1차 논의 때와 견해가 바뀐 경우는 없었으나[123] 성종의 의지를 꺾을 수 없다고 생각해서인지 부득이하게 부묘를 하게 될 경우를 상정하고 이야기하는 인물도 있었다.[124] 더불어 도승지와 승지 6인의 동의까지 얻고 부묘를 결정하였다. 결과적으로 실록에 드러난 총 164인의 의견 중 찬성은 89명, 반대는 75명이었다. 여기에 더해 대왕대비가 간절히 원한 것이라는 성종의 발언과 성종의 의지가 함께 작용하여 의경왕의 부묘가 추진되었다.[125]

부묘 논의에서 문제가 되었던 것은 크게 (1)부묘 찬반, (2)부묘할 경우 ① 백고伯考, 고考 등 의경왕 칭호 문제, ②예종과의 위차 문제, ③공정왕恭靖王의 조천 문제, (3)부묘하지 않고 별묘를 세울 경우 조천祧遷 시점 문제였다. 부묘를 찬성하는 입장에서는 세자로 사망 후 왕으로 추존되었으며 중국으로부터 왕의 고명도 받았기 때문에 의리상 부묘할 수 있다고 보았다. 대군이

122 《성종실록》 권59, 성종 6년 9월 12일(무오)·16일(임술)·19일(을축)·20일(병인)·21일(정묘).

123 《성종실록》 권59, 성종 6년 9월 21일(정묘)에서도 처음 의논과 다름이 없다는 성종의 발언이 확인된다.

124 정창손, 조석문, 윤자운, 윤사흔, 김국광, 김수온, 이석형 등으로 일부 원상과 대신이 해당된다.

125 《성종실록》 권59, 성종 6년 9월 20일(병인)·21일(정묘).

제후의 제사를 지낼 수 없는데, 의경왕은 이미 고명을 받은 왕이기 때문에 왕이 친제해야 한다는 논리도 있었다.

반대하는 입장에서는 회간왕이 실제로 국왕으로 즉위하지 않았으며, 참고할 만한 전례도 없다는 점을 들었다. 또한 《예경》에 따르면 사친을 돌아볼 수 없는 것이 원칙이므로 예종의 후사가 된 성종이 회간왕을 부묘하는 것은 예에 어긋나 명분상 문제가 발생한다는 것이다. 또한 부묘한다면 현실적으로 호칭이나 위차 문제가 발생하기 때문에 불가하다고 보았다. 그러나 논의 끝에 회간왕의 위차는 예종의 위로 하면서 예종의 실室에 부祔하고, 호칭은 황백고로 결정했다. 계속 반대 의견이 제시되었지만 대왕대비가 의지를 내려 해결하였다.[126] 결국 부묘는 1475년 9월 정해져 1476년 1월에 시행되었다.

의경왕의 추숭부터 시작하여 덕종의 부묘로 마무리된 성종의 사친 추숭 문제는 성종의 효심을 강조하는 방향에서 이루어졌고, 그로 인하여 경전이나 전례에서 찾을 수 없었음에도 불구하고 신료들은 크게 반대할 수 없었다.[127] 의경왕 추숭제와 회간왕 상시제 후 백관의 하례를 받고 반사한 교서의 내용에는 모두 성종의 효심을 강조하는 표현이 포함되어 있다.[128] 덕종 부묘 이후 반사한 교서 역시 마찬가지이다.

> 교서에 이르기를, " (중략) 내가 변변치 못한 몸으로써 외람되이 大統의 중함을 계승했는데, 황백고를 돌이켜 생각해보니 영원히 **종천의 슬픔을 품게 되었으므로 별도로 原廟를 세워 陟降을 기다렸다. 진실로 尊親함이 지극하지 못했으**

126 《성종실록》 권59, 성종 6년 9월 25일(신미).

127 이영춘, 《조선 후기 왕위계승 연구》, 집문당, 1998, 172쪽.

128 《성종실록》 권9, 성종 2년 1월 24일(정유); 권51, 성종 6년 1월 29일(기묘).

니, 어찌 내 마음이 편안하겠는가. (중략) 마땅히 종묘에 부묘하여 영원히 흠향하도록 해야 할 것이다. 이미 성화 12년 정월 초10일 황백고 덕종 회간선숙공현온문의경대왕의 신주를 공손히 받들어 **승부의 縟禮를 거행하였고, 겸하여 정월에 제사를 갖추었다. 마침내 孝治를 드러내어 백성의 풍속을 후하게 하였다.**"[129]

교서에는 성종의 효심을 드러내는 표현들이 등장하고 있고, 마지막 부분에서 마침내 효치를 드러냈다고 하여 덕종 부묘에 대한 정당성과 의미를 부여하였다. 위의 사료에 따르면 의경왕 추숭부터 덕종 부묘에 이르기까지 행해졌던 다양한 의묘 의례는 효치를 드러내는 것이자 백성의 풍속을 교화시키는 방법이었던 것이다.

2) 연은전의 건립과 원묘 의례 설행

부묘가 결정된 1475년 9월 말부터는 월산대군이 의묘의 제사를 지내지 않고 있었다.[130] 의경왕이 공식적으로 부묘되어 국왕이 제사를 지내게 되면 대군은 봉사자 자격이 상실되기 때문이다. 의경왕의 묘호가 덕종으로 정해지고 별묘를 세워 문소전처럼 제사 지내기로 하는 등 부묘와 관련된 구체적인 사항이 모두 정해지자 월산대군은 연경궁을 더 이상 자신의 별실로 삼을 수 없다고 하였다. 이제 의묘는 문소전처럼 원묘의 성격을 지니게 되었기 때문이었다.[131]

129 《성종실록》 권63, 성종 7년 1월 10일(을묘), "其教曰 (중략) 予以眇躬 叨繼大統之重 追惟皇伯考 永抱終天之痛 別立原廟而跻陟降 寔尊親之未至 寧予心之所安 (중략) 當祔閟宮 永享宗祀 已於成化十二年正月初十日 祇奉皇伯考德宗 懷簡宣肅恭顯溫文懿敬大王之主 式擧升祔之縟禮 兼蒇上春之明禋 聿彰孝治 用厚民風"(필자 강조)

130 《성종실록》 권59, 성종 6년 9월 25일(신미).

131 《성종실록》 권60, 성종 6년 10월 6일(임오)·9일(을유)·10일(병술).

원묘는 종묘와 별도로 중복으로 궁 내에 설치한 사당을 의미하며, 경전의 근거는 없지만 효의 실천이라는 면에서 정당성을 부여받았다.[132] 원묘는 제사 대상이 중복으로 모셔진 사당이라는 점과 국왕이 거처하는 위치와 가까워 생시처럼 자주 모실 수 있다는 점이 충족되어야 하고 이에 따라 조석 수라, 주다례晝茶禮, 천신 등이 행해져야 했다. 의묘는 문소전과 달리 원묘가 아니기 때문에 문소전과 달리 조석 수라나 주다례가 행해지지 않았다.[133] 이는 연산군 친모 폐비 윤씨의 사당인 효사묘孝思廟 논의를 통해서도 확인된다. 연산군이 즉위 후 효사묘를 세워 문소전과 같이 3년간 조석전朝夕奠을 행하고 싶다고 하자 효사묘는 이미 묘라고 지칭했으니 문소전이나 혼전과 같지 않아 하루 3번의 조석 상식을 할 수 없고 의묘처럼은 할 수 있다고 하였다.[134]

이와 같이 성종 초의 의묘는 원묘인 문소전과 성격이 달랐으나, 덕종을

132 이욱, 앞의 책, 2015, 268쪽.

133 권용란은 의묘를 생전에 왕위에 오른 적이 없는 왕통을 벗어난 왕실 조상신을 봉안한 첫 원묘이며, '문소전-의묘' 체제는 조선전기의 독특한 형태의 원묘였다고 설명하였다(권용란,《조선시대 왕실 조상신에 대한 연구》, 민속원, 2015, 85쪽). 이욱은 의묘를 의경왕이 문소전에 들어가지 못하므로 별도로 만든 원묘라고 설명하였으며, 문소전, 진전, 함흥과 영흥의 본궁도 원묘에 포함된다고 보았다(이욱, 앞의 책, 2015, 11·16쪽). 한편 김해영은 원묘를 고려의 경령전과 같이 조석의 상식 및 속절 제사 등을 행하기 위해 종묘와는 별도로 왕궁 내에 설치한 사당을 의미하며, 조석 상식 여부로 진전과 원묘를 구분할 수 있다고 보았다(김해영, 앞의 책, 2003, 150~151쪽). 이에 대해 조석 상식은 혼전과 관련되어 있고, 속제에서 나타나는 '진선'의 절차도 흉례 혼전 제의와 공유되는 부분이라고 한 연구가 있다(박경지, 앞의 글, 2021, 172쪽). 전례서에 규정되어 있지 않지만 실제로 문소전에서는 조석 상식이 시행되었다(강제훈, 앞의 글, 2015b, 232쪽). 명의 봉선전 역시 조선의 문소전과 마찬가지로 원묘 제도인데, 제사에 올리는 음식과 제사에서 연주하는 음악을 모두 살아 있을 때의 속례로 썼다(《약천집》 권4, 약천연보). 봉선전에 대한 연구로는 김해인, 〈명대 의례와의 비교를 통해 본 조선시대 속제의 성격〉,《동아시아고대학》 64, 2021 참조.

134 《연산군일기》 권22, 연산 3년 4월 19일(경인).

종묘에 부묘하기로 결정한 후 의묘는 문소전과 같은 제사 방식 적용을 준비하였다.[135]

> 예조에서 회간 대왕을 종묘에 부묘하는 것과 의묘에 봉안할 때 마땅히 행해야 할 일을 아뢰었다. 1. 이제 묘호를 올렸으니 마땅히 신주를 개제해야 합니다. 청컨대 봉상시로 하여금 부묘할 신주를 개조하게 하고 의묘에 봉안할 위판은 문소전 위판 제도에 의하도록 하십시오. (중략) 3. 대소 제향의 조석 수라, 주다례, 월령천신에 쓰이는 집기, 공상하는 잡물, 외방에서 바치는 물선, 입번 종친은 한결같이 문소전의 예를 따르십시오.[136]

의묘 제사가 변화함에 따라 그를 준비하기 위한 보조 시설이 필요했다. 즉 조석 수라와 주다례를 포함하여 문소전의 예로 제사 지낼 때 필요한 제사 음식을 마련하는 수라간, 설리방 같은 시설을 준비해야 했다. 기존에 수라간, 설리방이 없었다는 것은 의묘에서 조석 수라와 주다례 등을 시행하지 않았음을 방증해주기도 한다. 이러한 조리 시설을 짓기 위해서는 많은 공력이 필요하기 때문에 시설이 이미 마련되어 있는 옛 세자궁 자리로 옮기기로 결정하였다. 그리고 건물의 명칭은 앞서 효사묘의 예에서 보이다시피 그 위상과 성격을 드러내 주는 것이었다. 따라서 세자궁으로 옮기면서

135 덕종의 위판을 문소전이 아닌 연은전에 봉안한 이유는 성종이 예종에게 이미 考라고 하였으므로 천조할 수 없고, 문소전의 正位는 정해져 있으므로 불가능했기 때문이었다(《성종실록》 권59, 성종 6년 9월 24일(경오)·25일(신미)).

136 《성종실록》 권60, 성종 6년 10월 12일(무자), "禮曹啓懷簡大王祔宗廟及奉安懿廟應行事件 一今稱上廟號 宜改題主 請令奉常寺改造祔廟神主 懿廟奉安位版, 依文昭殿位版制 (중략) 一大小祭享朝夕水刺 晝茶禮 月令薦新及其該用什器 供上雜物 外方封進物膳 入番宗親 一依文昭殿例"

의묘가 아닌 연은전으로 개칭하게 되었고,[137] 봉안하던 대상도 신주가 아닌 위판으로 바뀌어 문소전과 같은 원묘로서 기능하게 되었다. 이에 따라 의묘 영전에 있던 영정, 시고諡誥, 고명은 선원전에 봉안하도록 결정되었다.[138]

이러한 조건을 갖춰 1476년성종 7 1월 10일 종묘에 부묘하고 위판을 연은전에 봉안하였다. 의묘에 있던 신주를 종묘로 옮기기 위해 하루 전 의묘에서 고동가제가 설행되었다.[139] 고동가제를 위해 출궁하는 과정에서도 약 160여 개의 의장이 따르는 대가노부大駕鹵簿에 의해 전부고취와 후부고취가 배치되어 고취악이 연주되었다.[140] 또한 부묘 당일 신주를 종묘로 옮기는 과정에서도 여염에 있던 의묘에서 종묘까지 이동하는 과정에서 고취악이 연주되었다.[141] 같은 날 덕종의 위판도 연은전으로 옮겨야 했는데, 의묘와 연은전의 거리는 가까워 약 50여 개의 의장이 따르는 소가의장을 사용하도록 하였다. 소가의장에도 전부고취가 진설되어 고취악을 연주하였다.[142] 이와 같이 부묘 과정에서는 이동 경로에서 여러 차례 고취악이 연주되었는데, 앞서 살펴봤듯이 밤에 여염에서 시작된 고취악과 의례는 평소와 달랐을 것이기 때문에 백성들의 주의를 끄는 것은 물론 제사대상의 지위 변화

137 《성종실록》 권60, 성종 6년 10월 14일(경인)·15일(신묘).

138 《성종실록》 권60, 성종 6년 10월 21일(정유)·28일(갑진).

139 혼전이 궁밖에 있는 경우 고동가제를 위해 국왕이 하루 전에 출궁하여 재전에 머물러야 하지만, 의묘의 경우 《국조오례서례》 도설에 따르면 재전이 별도로 마련되어 있지 않기 때문에 당일에 출궁했을 것으로 보인다.

140 김지영은 165개로 정리하였고(김지영, 앞의 책, 2017, 205~206쪽), 강제훈은 161개로 정리하였다(강제훈, 앞의 글, 2012, 62~63쪽).

141 《국조오례의》 권8, 흉례 부묘의.

142 《성종실록》 권60, 성종 6년 10월 28일(갑진). 의장에 대해 김지영은 56개(김지영, 앞의 책, 2017, 205~206쪽), 강제훈은 52개로 정리하였다(강제훈, 앞의 글, 2012, 62~63쪽). 이때 의례는 《국조오례의》 권8, 흉례 부문소전의 참조.

를 널리 알릴 수 있었을 것이다.

이렇게 덕종의 부묘 이후 마련된 연은전은 의묘 대신 운영되기 시작하였는데, 그 구조는 문소전과 마찬가지로 전전前殿과 후전後殿으로 구성되었다.[143] 위치는 경복궁 내 북쪽 신무문 근처로[144] 고려 및 명의 원묘가 그 철의 음식물을 얻는 즉시 제사 지내고자 하는 의미 때문에 궁의 북쪽에 있었던 전례를 따랐다.[145] 즉 의경왕에서 덕종으로 지위가 변화되었기 때문에 그에 따라 의례 공간도 종묘와 경복궁 내 연은전으로 이동된 것이다. 연은전은 원묘로서 전례서에 수록된 의례와 더불어 평상시에 조석 수라와 주다례, 천신 등이 시행되었다.[146]

연은전 의례에 대한 구체적인 기록은 확인할 수 없으나, 《신증동국여지승람》에 의하면 연은전의 제사 절차는 문소전과 같았다.[147] 따라서 '연경궁의묘' 시기에 추가되었지만 문소전 의례에는 없었던 신관례 혹은 전폐례 절차는 사라졌을 것이다. 신관례에서 행하는 관지와 전폐의 절차는 본래 종묘에서만 쓰이는 의례 절차로 부묘가 되면서 연은전에서는 시행할 필요가 없었기 때문이다.

한편 연은전과 문소전 의례 사이에서 차이점도 확인된다. 문소전은 왕실조상 5인의 위판이 모셔져 있는 곳인 반면 연은전은 덕종의 위판만이 모

143 《성종실록》 권200, 성종 18년 2월 15일(을유).

144 연은전의 뒤에는 간의대가 있어 그를 가리기 위하여 담을 높게 쌓았다(《성종실록》 권60, 성종 6년 10월 13일(기축); 《중종실록》 권89, 중종 34년 3월 27일(을미).

145 《세종실록》 권54, 세종 13년 12월 20일(신해)·24일(을묘); 권55, 세종 14년 1월 6일(병인).

146 《연산군일기》 권60, 연산 11년 11월 12일(계사); 권23, 연산 3년 5월 25일(병인); 《중종실록》 권69, 중종 25년 8월 23일(경진); 《명종실록》 권12, 명종 6년 10월 26일(경진).

147 《신증동국여지승람》 권1, 경도 상. 연은전의 의주가 문소전의 의주와 크게 달랐다면 별도로 의주가 기록되었을 것이다.

서져 있었기 때문이다. 이러한 차이점은 의례에 소요되는 시간이나 동선에 영향을 미쳤다. 또한 연은전 의례의 절차는 신관례가 없는 '황화방 의묘'와 유사했을 것이지만 의례 대상의 지위가 변화하고 그에 따라 제사 주관자가 바뀌면서 악현에서 차이가 발생하였다. 악기를 1벌만 쓰는 의묘악이라는 악현에서 전상악과 전정악으로 구분되는 악현으로 변화하였다. 이는 대군이 아닌 국왕이 제사를 주관하게 되면서 바뀐 것인데, 그에 따라 친행과 섭행의 악현도 구분되었다.

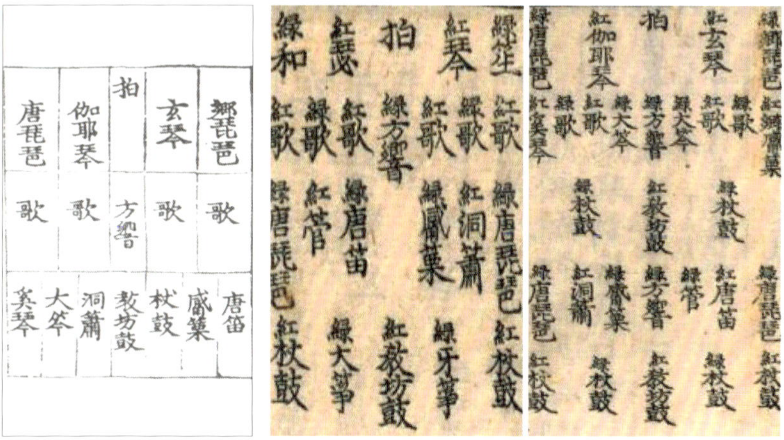

〈그림 4〉 의묘악(왼쪽)과 연은전 친행 전상악 및 전정악(오른쪽)

〈그림 4〉[148]에서 보이다시피 의묘악에는 17인의 악공만 제시되어 있는 반면, 연은전 친행 때 전상악에는 악사 1인과 악공 22인, 전정악에는 악사 1인, 악공 28인으로 총 52인이 필요했다. 앞서 살펴봤듯이 의묘악에는 각 악기가 1개씩 배치되어 있었던 반면 연은전 친행에서는 중복된 악기의 조합

148 의묘악은 《국조오례서례》 권1, 연은전 친행 전상악과 전정악은 《악학궤범》 권2에 수록되어 있다.

이 확인된다. 연은전은 섭행 악현도 따로 마련되었는데, 친행에 비해 악기 수와 악공의 수가 줄어들었다. 전상악에는 악사 1인, 악공 15인, 전정악에는 악공 18인 총 34인으로 구성되어 있었다. 그럼에도 의묘악에 비하면 많은 수였다.

이러한 변화는 의경왕에서 덕종으로 지위가 격상됨에 따른 결과였다. 그러나 문소전과는 달랐는데, 연은전 친행 전상악은 문소전 섭행 전상악과 동일하고, 연은전 친행 전정악은 문소전 섭행 전정악과 동일했다.[149] 즉 문소전보다 연은전의 악현이 1단계씩 낮았다. 문소전이 태조를 비롯하여 왕의 조상 5인의 위판이 봉안되어 있는 반면, 연은전에는 덕종의 위판만이 있어 낮은 등급일 수밖에 없었던 것이다. 이는 연은전의 건립 장소를 처음 물색할 때 옛 세자궁에 연은전을 건립하더라도 문소전과 지세地勢의 고하를 따져봐야 한다는 논의에서도 확인된다.[150]

의묘 의례 요소가 연은전에서 동일하게 적용되는 경우도 있었다. 연은전의 악장은 의묘의 악장을 그대로 사용하도록 하였다.[151] 그리고 연은전의 제사 설행 시간은 문소전 제사가 축시에 시작되는 것과 달리 의묘처럼 정해져 있지 않았던 것으로 보인다. 연은전 친제는 대부분 문소전에서 축시에 친제를 진행한 다음 행해졌기 때문이다.[152] 제사이기 때문에 날이 밝기 전 진행되었을 것인데, 1494년성종 25 연은전 동쪽 계단 아래 촛불이 하나만 설치되어 어두워서 좌의정이 실족할까 천천히 걸어 올라왔다고 한 것에서

149 《악학궤범》 권2, 속악진설도설.

150 《성종실록》 권60, 성종 6년 10월 12일(무자).

151 《성종실록》 권60, 성종 6년 10월 24일(경자).

152 성종대 연은전 친제 횟수와 문소전 친제와의 관계는 한형주, 앞의 글, 2018, 132~133쪽 참조.

도 알 수 있다.[153] 이와 같이 연은전은 악현 등 일부 부분에서 문소전과 차이가 있었으나 덕종 부묘가 완료된 뒤이므로 원묘로서 문소전과 유사한 방식으로 운영되었다.

한편 연은전은 1실이라서 초헌, 아헌, 종헌 때 각각 잔을 드리고 바로 음악이 그쳤다. 이렇게 되면 예와 악이 일치하지 않게 되고 악장이 다 연주되지 못하여 조상의 공덕에 보답하는 제사의 의미를 상실하게 되는 문제가 있었다. 따라서 1481년성종 12에는 잔을 드린 후 제자리에 돌아오더라도 마저 연주하도록 하였다.[154] 즉 제사의 의미를 살림과 동시에 예와 악의 결합이 잘 드러나도록 조치한 것이다. 요컨대 연은전으로 의례 공간을 이동하고 그에 맞게 예와 악을 정비하여 의례를 설행함으로써 의경왕에서 덕종으로 제사 대상의 지위가 변화했음을 드러내었다.

5. 맺음말

이 글에서는 한양에서 설행된 의묘의 공간 이동과 의례의 시기별 변화에 대해 살펴보았다. 의묘의 제사 대상인 의경왕은 의경세자로 사망한 이후 단기간에 의경왕, 회간왕, 덕종 등으로 다양한 지위 변화를 겪었으며, 그에 따라 성종 즉위 초 짧은 기간 동안 의묘 의례가 유지되었다. 의경왕에 대한 제사는 전례가 없었던 만큼 성종의 의지가 반영된 독특한 의례였으므로, 의묘 의례를 통해 성종의 의도를 파악하고자 했다.

1470년 의경세자가 의경왕으로 추숭된 이후 의경묘를 새로 세웠다. 제사

153 《성종실록》 권287, 성종 25년 2월 1일(경신).

154 《성종실록》 권125, 성종 12년 1월 3일(무인).

대상의 지위 변화에 따라 새로운 신주 봉안 및 의례 공간이 필요해서였다. 의경왕은 종묘에 부묘되지 못했기 때문에 의묘에서 의경왕의 신주를 대상으로 제사를 지냈는데, 제사 기일, 음악과 생뢰의 사용 여부 등에서 의경세자의 사당이었던 효정묘와는 달랐다. 또한 왕실 조상에 대한 의례 공간이자 같은 속제에 해당하는 문소전과의 비교 결과 의식 절차가 아닌 악현에서의 차이점을 통해 의묘만의 특성을 확인하였다.

1473년 연경궁으로 의묘를 이건하면서 의묘 의례는 한차례 변화를 겪는다. 이 시기에 의경왕의 지위가 변하지는 않았으나 의경왕의 위상을 강화하려는 목적에서 공간 이동이 이루어졌다. 예종의 부묘가 끝나자 의묘를 이궁이자 별궁이었던 연경궁으로 옮기고 친제를 시행한 것이다. 이와 함께 종묘에서만 쓰이는 신관례 등의 절차가 추가되어 의식 절차의 변화를 통해 의경왕의 위상 변화를 꾀했다. 이러한 의경왕 지위 변화는 예종비와 의경왕비의 위차 설정 문제 등 현실적인 문제도 함께 엮여있었기 때문에 당대에 중요한 문제였다. 이처럼 의묘 의례의 변화와 공간 이동은 제사 대상의 지위 변화에 따라 나타나거나 혹은 제사 대상의 위상 강화를 목적으로 의도적으로 진행되기도 하였다.

1475년 의경왕이 회간이라는 시호와 고명을 받은 후 덕종으로 종묘에 부묘되자 여염에 있던 의묘는 폐지되고 경복궁 내에 연은전이 세워졌다. 신주가 종묘에 봉안되고 연은전에 위판이 모셔지면서 문소전처럼 신관례 절차는 삭제되고 조석상식, 주다례, 천신 등이 평상시에 행해지면서 원묘로 기능하게 되었다. 또한 대군이 아닌 국왕이 제사 주관자가 되면서 악현이 문소전처럼 확대되었다.

이렇듯 효정묘부터 의묘, 연은전에 이르기까지 의례 공간의 변화, 의식 절차, 용악에서 골고루 변화가 나타났으며, 기존 의식 절차 분석에서는 알 수 없었던 사실을 용악 검토를 통해 파악하기도 하였다. 이를 통해 의례를 분석할 때 예와 악을 함께 검토해야 한다는 방법론의 효용성이 확인되었으며, 의례와 관련된 요소들을 종합적으로 분석해야만 의례의 목적이 제대로 파악됨을 알 수 있었다.

의묘 의례 실행에는 다양한 효과가 있었다. 날이 밝기 전에 의례를 거행하는 경우 청각적 요소를 통해 의례 시행을 널리 알릴 수 있었고, 낮에 진행되는 의례는 청각적 요소에 더하여 시각적 요소의 효과를 얻을 수 있었다. 글로 전달하는 것보다 의례의 시각, 청각, 후각적 요소로 소식을 전하는 것이 더욱 효과적이었을 것이므로 한양 내에서 의묘 의례를 설행하면서 시각, 청각적 요소를 이용하여 의경왕의 지위 변화를 알리거나 위상 강화를 꾀했다.

또한 의묘 의례의 설행은 국왕의 효성을 널리 알리는 효과도 있었는데, 의경왕 추숭부터 덕종 부묘에 이르기까지 행해졌던 다양한 의묘 의례는 국왕의 효치를 드러내는 것이자 백성의 풍속을 교화시키는 방법으로 기능하기도 했다. 의묘가 비교적 최근에 생긴 의례 공간이라는 점과 여염에 있었다는 점은 백성들의 주목을 받는데 더욱 효과적이었을 것이다. 또한 이러한 과정에서 한양 내에 존재하는 의묘를 비롯한 각종 유교 의례 공간을 통해 유교 의례 전파라는 목적 달성을 향해 나아가는 상황과 더불어 조선 성종 초 한양의 문화적 측면까지 엿볼 수 있었다.

〈부표 1〉《국조오례의》 친향의묘의 절차

<table>
<tr><th colspan="2"></th><th colspan="2">친향의묘의</th></tr>
<tr><td rowspan="4">준비</td><td>재계</td><td>산재 2일, 치재 1일</td><td></td></tr>
<tr><td rowspan="3">진설</td><td>(2일 전) 소제, 대차 및 참여 인원 막차 설치</td><td></td></tr>
<tr><td>(1일 전) 악현, 국왕 판위 및 기타 인원 위차 설정</td><td></td></tr>
<tr><td>(당일 행사 전) 신악 정돈, 축판 · 향로 · 제기 등 진설</td><td></td></tr>
<tr><td colspan="2" rowspan="3">출궁</td><td>(초엄) 법가노부</td><td></td></tr>
<tr><td>(이엄) 계청중엄</td><td></td></tr>
<tr><td>(삼엄) 외판, 국왕 여→연, 大次로 前導</td><td></td></tr>
<tr><td rowspan="18">행례</td><td rowspan="3">시작전</td><td>(제향 5각 전) 實饌具</td><td></td></tr>
<tr><td>(3각 전) 찬자 등 자리로 나아감</td><td></td></tr>
<tr><td>(1각 전) 제향관 就位,
신주 진설, 진선 후 청행례</td><td></td></tr>
<tr><td rowspan="4">참신</td><td>국왕 관세 후 판위 서향</td><td></td></tr>
<tr><td></td><td>樂作</td></tr>
<tr><td>국왕 사배(재위자 사배)</td><td>(당악 낙양춘)</td></tr>
<tr><td></td><td>樂止</td></tr>
<tr><td rowspan="7">신관례</td><td>국왕 준소에 서향</td><td></td></tr>
<tr><td></td><td>악작</td></tr>
<tr><td>국왕 궤(재위자 궤)</td><td rowspan="3">(당악 중강령)</td></tr>
<tr><td>삼상향, 관지, 전폐</td></tr>
<tr><td>국왕 부복흥평신(재위자 동)</td></tr>
<tr><td></td><td>악지</td></tr>
<tr><td>국왕 복위</td><td></td></tr>
<tr><td rowspan="4">초헌례</td><td>준소</td><td></td></tr>
<tr><td></td><td>악작</td></tr>
<tr><td>국왕 궤(재위자 동),
헌잔 후 俯伏興少退北向跪</td><td>(당악 중강령,
오목곡)</td></tr>
<tr><td></td><td>악지</td></tr>
</table>

<table>
<tr><th colspan="2"></th><th colspan="2">친향의묘의</th></tr>
<tr><td rowspan="15">행례</td><td rowspan="4">초헌례</td><td colspan="2">독축</td></tr>
<tr><td rowspan="3">국왕 부복흥평신(재위자 동)</td><td>악작</td></tr>
<tr><td>(당악 중강령,
오목곡)</td></tr>
<tr><td>악지</td></tr>
<tr><td rowspan="5">아헌례</td><td colspan="2">국왕 복위</td></tr>
<tr><td colspan="2">아헌관 준소 서향</td></tr>
<tr><td rowspan="3">헌잔, 부복흥평신</td><td>악작</td></tr>
<tr><td>(향악 풍입송조,
유황곡)</td></tr>
<tr><td>악지</td></tr>
<tr><td></td><td>아헌관 복위</td><td></td></tr>
<tr><td>종헌례</td><td>아헌례 동일</td><td>(향당교주 정동방곡,
유아곡)</td></tr>
<tr><td rowspan="3">음복</td><td colspan="2">국왕 음복위에서 수잔음 후 부복흥평신
(재위자 부복흥평신)</td></tr>
<tr><td colspan="2">국왕 복위</td></tr>
<tr><td colspan="2">국왕 사배(재위자 동)</td></tr>
<tr><td rowspan="3">사신</td><td rowspan="3">국왕 사배(재위자 동)</td><td>악작</td></tr>
<tr><td></td><td>(당악 낙양춘)</td></tr>
<tr><td></td><td>악지</td></tr>
<tr><td></td><td>예필</td><td colspan="2">예필</td></tr>
<tr><td rowspan="4">마무리</td><td rowspan="4">정리</td><td colspan="2">국왕 환대차 후 차례대로 퇴장</td></tr>
<tr><td colspan="2">納 신주 후 찬자 등 사배 후 퇴장</td></tr>
<tr><td colspan="2">철예찬</td></tr>
<tr><td colspan="2">축판 및 폐백 예감에 묻음</td></tr>
<tr><td colspan="2">환궁</td><td colspan="2">올때의 의주와 같다.</td></tr>
</table>

※ 비고 : 음악을 사용한 의례에 대해 음영 처리

제 6 장

조선시대 국왕 사·관사례 의식의 예·악 구성과 공간적 특징

양정현 (순천대학교 지리산권문화연구원 학술연구교수)

1. 머리말
2. 국왕 사·관사례 의식의 성립과 공간적 갈래
3. 형식적 연원과 예·악 구성 요소
4. 의례 공간의 전환 방식과 용악의 변화
5. 맺음말

1. 머리말

조선시대 국왕이 주체가 된 활쏘기 의식, 즉 사례射禮는 전례서에 사우사단의射于射壇儀와 관사우사단의觀射于射壇儀라는 의식으로 규정되었다. 전자의 의식은 국왕이 활을 쏘는 절차가 중심이 되고, 반면 후자는 국왕이 직접 활을 쏘지는 않으나 그가 활쏘기를 감상하는 행위에 목적을 둔다는 점에서 주체가 된다. 조선 초 국왕 사례의 정형화된 의식 절차는 《세종실록》〈오례〉[1]에서 처음 확인되는데 실제로 시행된 사례는 확인되지 않는다. 이후 일련의 변화를 거쳐 《국조오례의》[2]에 수록되었는데 의주에 기록된 음악의 구성 내용은 《악학궤범》[3]을 통해 확인할 수 있다. 두 의식 가운데 사우사단의는 1477년성종 8에 처음으로 대사례大射禮를 시행하면서 새롭게 의주와 악장을 만든 이후, 영조대에 이르러 대사례를 복구하면서 《대사례의궤大射禮儀軌》가 편찬되고 이때의 의주는 《국조속오례의》에 수록되었다. 따라서 본 연구에서는 의식의 계통성과 변천 사실이 모두 완성된 형태의 사료로 확인되는 의식인 사우사단의를 대상으로 분석을 진행한다. 분석의 범위는 《세종실록》〈오례〉와 《국조오례의》에 수록된 사우사단의, 그리고 1477년성종 8의 연대기 사료에 수록된 대사례 의주, 《국조속오례의》의 대사의大射儀까지이다.

이름에서 직접적으로 드러나듯이 해당 의식은 행위자가 단에 올라 활을 쏘는 '사射' 행위에 의례적 의미가 부여된다. 이를 위해 활을 쏘는 개별 행위마다 음악이 전개되면서 활쏘기를 음미할 수 있는 시간의 장소를 조성

1 《세종실록》 권133, 오례 군례 사우사단의 · 관사우사단의.

2 《국조오례의》 권6, 군례 사우사단의 · 관사우사단의.

3 《악학궤범》 권2, 俗樂陳設圖說 時用殿庭軒架.

하고 의미를 증폭시키는 의례적 효과를 발생시킨다. 물론 오례를 구성하는 다른 의식들 중에도 이처럼 음악을 활용하는 의식들은 여럿 있지만, 특히 아악과 향·당악의 요소가 모두 등장한다는 점에서 사우사단의와 관사의의 음악 활용 양상은 연구자들의 주목을 받았다.[4]

선행 연구는 크게 두 가지 방향성을 확인할 수 있다. 첫 번째는 의식 설행 추이와 절차에 주목하여 정치 문화적 각도에서 시대상을 읽어낸 연구들이 있었고,[5] 두 번째는 음악사적 측면에서 의식에 활용된 음악에 대한 재현적 성격의 분석이 제시되었다.[6] 이를 바탕으로 본 연구에서는 기존에 각각의 분야에서 다루어져 왔던 의식 절차와 용악이라는 두 요소를 종합하여 검토하고자 한다.[7]

이에 따라 먼저 2장에서는 국왕 사射·관사례觀射禮 의식의 역사적 연원과 의식별 공간적 특징을 검토한다. 3장에서는 《세종실록》〈오례〉에 수록된 사우사단의를 중심으로 의식 절차와 음악이 개입되는 영역을 분석하고 의주 제작의 전범이 된 당《개원례開元禮》 황제사우사궁皇帝射於射宮 의식과 비교

4 이재숙 외, 《조선조 궁중의례와 음악》, 서울대학교출판부, 1998; 이숙희, 〈조선조 군례에 사용한 음악의 종류와 성격〉, 《한국음악연구》 32, 2002; 임미선, 《조선조 궁중의례와 음악의 사적 전개》, 민속원, 2011.

5 강신엽, 〈조선시대 대사례의 시행과 그 운영〉, 《조선시대사학보》 16, 2001; 신병주, 〈영조대 대사례의 실시와 《대사례의궤》〉, 《한국학보》 28, 2002; 박종배, 〈조선시대 성균관 대사례의 시행과 그 의의〉, 《교육사학연구》 13, 2003; 심승구, 〈조선시대 대사례의 설행과 정치·사회적 의미〉, 《한국학논총》 32, 2009; 이왕무, 《조선왕실의 군사의례》, 세창출판사, 2019; 오종록, 《조선 왕실의 사예와 무 문화》, 국학자료원, 2022.

6 이혜구, 〈이씨조선 서울의 음악문화〉, 《향토서울》 2, 1958; 이재숙 외, 앞의 책, 1998; 임미선, 앞의 책, 2011.

7 본 연구의 방법론은 선행 연구에서 영향을 받았다. 강제훈, 〈조선 초 종묘 제례악의 예악 구성〉, 《한국사학보》 86, 2022; 강제훈, 〈조선 초의 예악 정비와 전례서 간행 - 《세종실록》〈오례〉를 중심으로〉, 《민족문화연구》 98, 2023.

를 진행한다. 4장에서는 《국조오례의》와 《국조속오례의》 시점에 나타난 변화 양상을 의식의 진행 과정에서 공간을 활용하는 방식과 그와 연계된 음악의 구성을 중심으로 살펴본다.

의례 연구에서 예악을 일체화된 대상으로 바라보았을 때 갖게 되는 기대 효과는 다양한데, 특히 시공간적 재현과 감각의 영역에서 예상할 수 있다. 다시 말해 기존에 예와 악이 분리된 채 연구되는 상황에서는 마치 의식이 진행되는 공간과 행위자들의 동선만으로 재현, 분석되었던 시간 감각이었다면, 본 연구와 같은 관점에서는 전자의 감각 범위에 더해 음악의 요소가 개입되어 시간의 길이와 분위기의 구체성이 갖춰지면서 시공간적 감각의 확장이 가능하게 된다. 저장장치를 통한 소리나 시간의 기록이 불가능한 과거의 시대상을 상상해보면, 의례 공간의 참여자 시선에서, 통제된 일정패턴의 동작 행위와 함께 그와 어우러져 전개되는 음악은 총체적인 의례의 경험으로 기억에 새겨졌을 것이다. 본 연구의 결과물이 그러한 감각의 형태를 그려볼 수 있는 사례가 될 수 있길 기대한다.

2. 국왕 사 · 관사례 의식의 성립과 공간적 갈래

조선에서 국왕이 활을 쏘는 의례는 국초부터 정치적 군사적 의미를 갖는 행사로써 연대기 사료에 꾸준히 노출되는 양상을 확인할 수 있다.[8] 그러나 이러한 관행과는 결을 달리하여 국가례의 범주에 국왕의 사례를 정형화시키는 작업은 전통적인 유교적 왕조례의 전범, 직접적으로는 당제唐制를

8 이와 관련하여 조선 전 시기를 대상으로 射藝의 시행 양상과 배경 맥락을 검토하고 유형별 시대상을 제시한 오종록의 논저가 참고된다(오종록, 앞의 책, 2022).

모방한 형태를 선택하면서 사단射壇이라는 특정 장소를 의식의 공간으로 전제하였다. 조선 초 국가례 설계를 담당한 관료들이 참고한 문헌 가운데 당제의 전반을 파악할 수 있는 《통전通典》에서 역대 황제 사례의 계통을 서술한 내용을 보면, 시초인 주나라의 천자대사天子大射는 한나라의 대사大射로 연결되고 서진西晋을 거쳐 남조 송과 북제의 시행 사례를 통해 연속성을 확인하고 당나라에 이르러 황제사어사궁 및 황제관사어사궁 의식으로 정착하는 계보를 설명한다.[9] 이처럼 삼례三禮에 근거한 가치[10]와 역사성을 담보한 사 행위가 형상화된 의식은 지존至尊이 행위의 주체가 된 사의射儀와 관사의觀射儀로 정립되었다. 조선의 건국 이후 국가례를 정비 과정에서는 이 두 의식을 복구하였고 의식의 상위 범주도 당제와 동일하게 오례五禮 중 군례軍禮에 포함시켰다.[11]

〈표 1〉 역대 전례서의 군례 항목 구성 비교

《개원례》 (741)	《태상인혁례》 (1065)	《정화오례신의》 (1113)	《고려사》 예지	《세종실록》 〈오례〉	《국조오례의》
皇帝親征類于上帝					
皇帝親征宜于太社	皇帝親征祭告				
皇帝親征告于太廟	凱旋祭告				
皇帝親征禡於所至之地					
親征及巡狩郊祀 有司軷于國門					
親征及巡狩登所過山川					

9 《通典》 권77, 예37 군2 天子諸侯大射鄕射. 역대 중국 왕조의 大射禮 연혁에 대한 연구는 박종배, 〈조선시대 성균관 대사례의 시행과 그 의의〉, 《교육사학연구》 13, 2003을 참고.

10 《周禮》 夏官司馬 射人; 《儀禮》 大射儀; 《禮記》 射義.

11 《고려사》 예지 군례 의식과 《세종실록》 〈오례〉 및 《국조오례의》와의 구성적 차이에 대한 해석은 이범직, 《한국중세예사상연구》, 일조각, 1991, 345~354·395쪽을 참고.

《개원례》(741)	《태상인혁례》(1065)	《정화오례신의》(1113)	《고려사》 예지	《세종실록》〈오례〉	《국조오례의》
平蕩賊寇宣露布 遣使勞將軍	獻俘馘御樓宣露布	紫宸殿賀勝捷儀			
		皇帝御樓受蕃王降儀			
		册命諸王大臣儀			
		諸州歲貢儀			
				大閱儀	大閱儀
				吹角令	
皇帝講武	皇帝講武			講武儀	講武儀
皇帝田狩		皇帝田獵儀			
皇帝射于射宮	皇帝射於射宮	12		射于射壇儀	射于射壇儀
皇帝觀射于射宮				觀射于射壇儀	觀射于射壇儀
				鄕射儀	鄕射儀
制遣大將出征 有司宜于太社		命將出征儀			
制遣大將出征 有司告于太廟			遣將出征儀		
制遣大將出征 有司告于齊太公廟					
			師還儀		
祀馬祖	諸馬祭				
享先牧					
祭馬社					
祭馬步					
合朔伐鼓		命朔伐鼓儀	救日月食儀	救日食儀	救日食儀
合朔諸州伐鼓					
大儺		大儺儀	季冬大儺儀	季冬大儺儀	季冬大儺儀
諸州縣儺		州縣儺儀			

12 북송대 국가례를 정리한 전례서인 《정화오례신의》에서는 황제의 射禮가 군례가 아닌 가례의 하위항목에 '宴射禮'로 수록되었다(《정화오례신의》 권198, 嘉禮 皇帝宴射儀). 이전 남송대 국가례를 수록한 《태상인혁례》에서 황제의 사례가 개원례의 체계와 동일하게 군례로 분류된 사실과 비교해보면 특징적인 차이이다.

조선 초 국가례의 정비 과정에서 참고문헌으로 인용, 연구된 중국 역대 왕조의 전례서 가운데 오례 각각의 하위 의식 항목의 전체 구성을 확인할 수 있는 문헌으로는 당의 《개원례》[13]와 남송南宋의 《태상인혁례太常因革禮》,[14] 북송北宋의 《정화오례신의政和五禮新儀》[15]를 들 수 있다.[16] 위 의 표는 역대 전례서의 군례 하위 의식 구성을 비교한 것이다. 이러한 비교 방식은 일련의 제도를 만드는 입장에게 주어진 다양한 선택의 갈래를 복원하고 각각의 선택이 함의하는 취지 내지는 정치적 명분을 드러냄으로써 제도에 반영된 구조와 미시적 의도의 해석 근거가 될 수 있다. 위 표에서 사우사단의와 관사우사단의로 초점을 좁혀보면, 해당 의식은 의례의 체재 측면에서 조선 이전 여러 갈래의 선택지 가운데 당《개원례》 및 남송《태상인혁례》와 계통이 연결된다.

다만 이러한 의식 절차의 규범화 이전에 조선 초 역대 국왕의 사·관사 경향은 국왕 개인의 성향과 더불어 시기별 정치 군사적 상황이 밀접하게 반영되면서 다양한 갈래로 분화되었고 그 각각이 적절한 격을 갖출 필요가 생겨났다. 전례서에서는 사례 또는 관사례의 하위 갈래로 묶이는 다양한 의식이 나름의 방식으로 수용, 정리된 결과물을 확인할 수 있다.

13 조선 초 역대 예제 연구에 《개원례》가 활용된 양상으로는 한형주, 〈조선 세종대의 고제연구에 대한 고찰〉, 《역사학보》 136, 1992, 115~116쪽 참고.

14 《태상인혁례》는 태종 8년의 酺祭 의식에 대한 논의에서 인용된 사례를 들 수 있다(《태종실록》 권16, 태종 8년 7월 17일(계해)).

15 《정화오례신의》는 태종 11년 老人星祭의 제단 규격을 정하는데 인용된 사례가 있다(《태종실록》 권21, 태종 11년 1월 11일(임신)).

16 《태상인혁례》와 《정화오례신의》의 편찬 연혁과 각 전례서가 담고 있는 의례 체재 및 내용적 특징에 대한 개괄은 김성규, 〈흉례의 변천과 당·송의 황제상장의주〉, 《중국사연구》 138, 2022를 참고.

○ 法駕鹵簿

【親享先農, 視學, 射于射壇, 武科殿試, 觀射于射壇에 적용한다. 그 의물은 殿庭의 半仗과 동일하다.】

○ 小駕鹵簿

【拜陵, 觀射, 평상시의 門外 行幸에 적용한다. 만일 拜表, 傳香, 命使, 路次 시의 의장은 細仗으로 칭한다.】"[17]

사례와 관사례를 막론하고 국왕이 주체가 되기 때문에 의식이 진행되는 공간에서 국왕을 상징하는 시각적 요소가 필수 제반 요소로 구성되는데, 그 내용은 전례서의 각 의식 유형의 서례序例 중 노부鹵簿 항목에서 확인된다. 위의 사료는 《세종실록》 〈오례〉의 가례 노부 항목의 내용을 인용한 것이다. 이를 보면 사우사단의와 관사우사단의에서 국왕이 궁에서 의식 공간으로 이동하는 행차에는 법가法駕 등급의 노부가 수반되고 의식 진행 공간을 가리키는 전정에서는 법가노부를 전개한 형태의 반장半仗이 적용된다. 이뿐만 아니라 관사觀射라고 지칭된 의식에는 소가 등급의 노부와 그에 해당하는 의장이 전개된다.[18]

연대기 사료에서 확인되는 관사 사례는 태종이 세자로 있었던 1400년정종 2부터 등장하는데, 태종이 즉위한 이후로는 국왕이 직접 활쏘기를 하거나 또는 종친의 활쏘기를 관람하는 형태로 관행화되는 양상을 확인할 수 있

17 《세종실록》 권132, 오례 가례서례 노부, "法駕鹵簿【親享先農 視學 射于射壇 武科殿試 觀射于射壇用之 其儀物 與殿庭半仗同】 小駕鹵簿【拜陵 觀射 常時門外行幸用之 若拜表 傳香 命使 路次儀仗 稱細仗】".

18 조선의 국왕 의장제도에 대해서는 백영자, 〈우리나라 鹵簿儀衛에 관한 硏究-儀仗, 儀禮服의 制度 및 그 象徵性을 中心으로〉, 이화여자대학교 의류직물학과 박사학위논문, 1985; 강제훈, 〈조선전기 국왕 의장제도의 정비와 상징〉, 《사총》 77, 2017을 참고.

다. 이 시기의 관사를 사우사단의 의식과 연결시켜 보는 근거는 관사의 세부 내용에서 사우사단의 의식의 구성 요소가 확인되기 때문이다.[19]

사우사단의와 관사우사단의 두 의식의 성격은 유사하지만 의식주체인 국왕의 행위에서 차이가 있다. 뒤에 이어서 구체적인 분석을 진행하겠지만, 개괄하면 사우사단의는 국왕과 종친 및 문무관원이 사단에 나아가 회례會禮를 행한 후 국왕의 활쏘기[御射]를 진행하고 이어서 종친 및 문무관원 가운데 사전 지정된 시사자侍射者가 활을 쏘고[侍射] 그 결과에 대한 시상과 벌주[賞罰]가 진행된다. 관사우사단의는 사우사단의와 동일한 인원 구성으로 회례를 시행하고 난 후 종친 및 문무관원을 양 편으로 나누어 활쏘기[對射]와 상벌을 진행하는 절차로 구성된다.

위와 같이 연회와 어사, 시사 혹은 대사, 상벌의 절차가 유교적 국가례로서 사례의 구성요소일 때, 태종대의 관사 시행 사례에서 이미 어사와 연회, 시사 형태로 행사가 진행된 사실이 확인되며,[20] 편을 갈라 활쏘기 대결을 시키는 모습도 나타나고 있다.[21] 이러한 맥락에서 1417년태종17 역대 대사례의 참고 자료가 국왕에 의해 직접 확인되는 사례[22]는 국초의 관사 관행이 이후 전례서에 사우사단의 및 관사우사단의와 함께 수록되는 배경으로 설명될 수 있다.

19 시기별 국왕 觀射 현황과 그 정치적 맥락은 기존 연구를 통해 분석된 바 있다. 심승구, 앞의 글, 2009; 이왕무, 앞의 책, 2019; 오종록, 앞의 책, 2022.

20 《태종실록》 권33, 태종 17년 4월 3일(기미).

21 《태종실록》 권35, 태종 18년 3월 8일(무오).

22 《태종실록》 권33, 태종 17년 1월 27일(갑인).

〈표 2〉 태조~세종대 관사 사례

왕대	서력	월	일	장소	사자	비고
정종 2년	1400	3	19	양청	세자	
태종 1년	1401	윤3	15		국왕 / 종친	어사
태종 2년	1402	2	17		국왕 / 종친	어사
		3	27	청화정	종친, 무사	
		4	9	양청	국왕	어사
		5	13	양청		
		9	8	청화정	종친	
태종 3년	1403	2	2		국왕 / 종친	어사
		2	6		국왕 / 종친, 총제	어사
태종 4년	1404	1	27	청화정	국왕 / 종친	어사
		3	5	청화정	국왕 / 종친	어사
태종 5년	1405	4	4			
		4	12	양청		
태종 6년	1406	4	15	광연루	종친	
태종 7년	1407	2	24	광연루	종친	
		2	26	해온정	종친	
		3	5	해온정	종친	
		10	17	저자도	삼군 총제 이하	
태종 9년		4	21	광연루	세자, 종친, 총제	
		12	21	해온정	위사	
태종 10년		1	16	해온정	종친	
		3	8	해온정	종친	
		4	17	해온정	종친	
태종 11년		3	18	창덕궁	종친	
		3	19	창덕궁		
태종 17년		4	3	경회루	국왕 / 상왕	어사
		4	4		국왕 / 종친	어사
		4	17	인덕궁	국왕	어사
		5	5	경회루 아래	문 · 무관	
		5	26	경복궁	국왕 / 상왕	어사

왕대	서력	월	일	장소	사자	비고
세종 6년		11	13	경회루 아래	무관	
		11	27	경회루 아래	군사	
		12	13	경회루 아래	귀화야인, 군사	
세종 7년		1	18	경회루 아래	군사, 종친, 재추	
세종 8년		1	14	경회루 아래	무관	
		9	8	남교		
		9	12	남교		
세종 13년		1	28	후원	종친	
		3	22	경회루 아래	종친	
		3	28	경회루 아래	종친	
		5	4	경회루 아래	종친	
		5	5	경회루 아래	종친	
		6	1	경회루 아래	종친	
		6	2	경회루 아래	종친	
		6	6	경회루 아래	종친	
		6	13	경회루 아래	종친	
세종 14년		1	25	모화관		
		4	3	경회루 아래	종친	
		4	6	모화관		
		4	47	경회루 아래	종친	
		4	15	모화관		
세종 15년		1	12	경회루 아래	왕세자, 대군	
		2	8	경회루 아래	무관	
		2	25	경회루 아래	재추	
세종 18년		8	21	후원		
		10	9	후원	종친, 재추	
세종 19년		3	29	경회루 아래		
세종 23년		2	18	모화관		
		7	15	광화문		
		11	25	서현정		
세종 25년		9	2	후원	무사	세자 관사
		10	7	후원		세자 관사

왕대	서력	월	일	장소	사자	비고
세종 27년		5	7	모화관		세자 관사
		11	17	모화관		세자 관사
세종 28년		2	20	모화관		세자 관사
세종 30년		8	29	모화관		세자 관사
세종 31년		5	5	후원	종친	세자 관사

비고: 習射 및 군사의 騎射 · 步射 훈련 차원의 관사 사례는 제외

세종대 이후 관사는 경복궁 경회루 아래 또는 후원[23]에서 시행하는 관사가 일반화되었고, 재위 말년에는 정사를 대리한 세자의 관사 시행[24]과 의장[25]이 설정되었다. 문종대에는 군사·무예 수양을 겨냥한 관사 시행의 의의가 천명되기도 했으나[26] 세조의 즉위 이후 관사의 성격은 종친 및 재상과의 정치적 결연을 확인하는 의례적 장치로 일상화하는 양상을 보인다.[27] 성종은 선대가 추구한 관사의 여러 기능을 재확인하고 특히 관사를 통해 문무신의 역량을 시험하고 접견하는 수단으로 활용하는 모습을 보여준다.[28]

관사는 세종대 이후 경복궁 후원과 경회루 아래에서 진행하는 방식이 정례화되었다. 사료에는 단순히 후원이라고 나타나는 경우가 가장 빈번하

23 《세종실록》 권74, 세종 18년 8월 21일(갑신).

24 《세종실록》 권101, 세종 25년 9월 13일(갑자).

25 《세종실록》 권120, 세종 30년 6월 16일(경오).

26 《문종실록》 권4, 문종 즉위년 11월 17일(정사).

27 《세조실록》 권10, 세조 3년 11월 1일(신유).

28 《성종실록》 권4, 성종 1년 3월 12일(신묘); 권45, 성종 5년 7월 7일(경신)·15일(무진).

지만 충순당,[29] 화위당,[30] 서현정[31] 등 경복궁 후원에 위치한 특정 건물을 적시하는 경우도 많다. 경회루 아래[下]에서 진행한 경우는 글자 그대로 경회루의 남쪽 즉 궐내각사와 수정전이 위치한 영역을 가리키는 것인지 명확하지 않은데, 위에 제시한 〈북궐도형〉을 통해 보면 해당 영역은 관사를 진행할 수 있을 정도의 너비가 확보되는 공간이 나올지는 의문이다. 따라서 현재 추정 가능한 위치는 침전을 기준으로 경회루를 바라보았을 때 아래 쪽은 경회루 연못 서편과 궐문 사이의 공간을 상정해 볼 수 있다.

정리하면 유교 의례의 형식적 전통에 성립 연원을 둔 사우사단의와 관사우사단의 그리고 실제 의례 현장에서 발생하는 관행으로부터 정규화된 의례인 관사 세 가지 의식을 모두 국왕의 사·관사례 범주에 포함시킬 수 있다. 이러한 맥락에서 국초 관사의 내용과 정립 추이를 살펴보았고 이어서 전례서에서 국왕 사·관사례 의식이 정리된 방식을 살펴보도록 하자. 아래의 사료들은 안, 즉 의례의 내부로부터 같은 범주의 의식을 의식 공간 차이에 따른, 또는 참여 인원에 따라 분류한 방식을 알 수 있는 사료이다.

> A 만약 ①侍射하는 사람이 없으면 화살 그릇을 설치하지 않고 상물을 진열하지 않고 벌준을 설치하지 않는다. 만일 ②임금이 燕遊하는 小射인 경우에는 악현을 진설하지 않고 회례를 행하지 않으며 행사를 마쳤을 때 북향하여 사

29 《신증동국여지승람》 권1, 경도 상.

30 화위당의 위치는 명확하게 알기는 어려우나 1445년(세종 27)의 사료에서 화위당이 문소전 근처라는 사실이 확인된다(《세종실록》 권107, 세종 27년 1월 8일(임오)). 당시 문소전은 현재 경복궁 선원전 위치이며, 선원전 서북편은 경복궁 후원과 접하고 있으므로 화위당 역시 후원 내 위치했을 것으로 추정된다.

31 《신증동국여지승람》 권1, 경도 상. 현재 함원정 위치에 있었다.

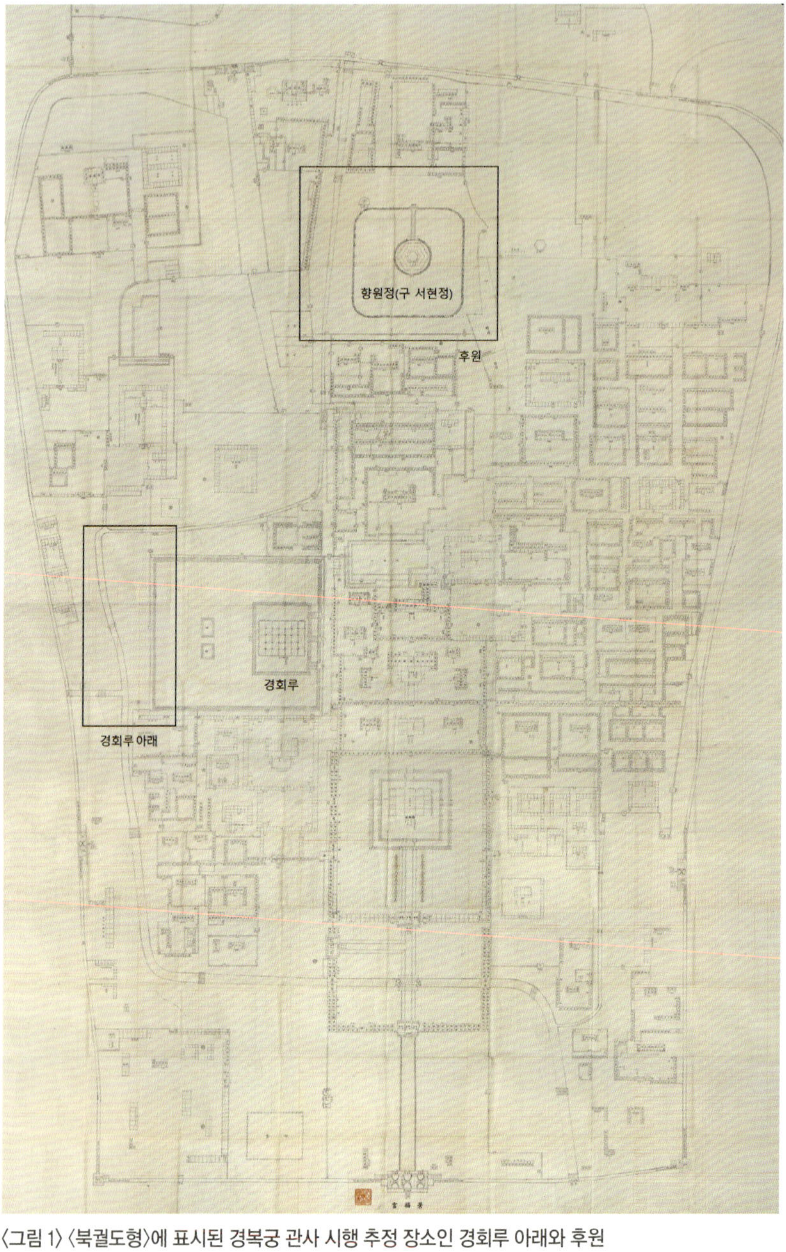

〈그림 1〉〈북궐도형〉에 표시된 경복궁 관사 시행 추정 장소인 경회루 아래와 후원
(소장: 서울대학교 규장각한국학연구원)

배하는 의절도 없다.[32]

B ③後苑宗親觀射慕華館端午秋夕武科殿試及④凡禮行動駕觀射 樂師樂工幷十五【詣闕樂工凡觀射觀儺講武行幸並倣此】女妓二十
⑤慶會樓下宗親觀射 樂師二女妓六十樂工三十
慕華館親閱⑥後苑文武臣觀射 樂師樂工幷十五歌童數臨時啓稟
⑦大射禮 樂師三【一紗帽角帶黑團領協律郞指揮 二公服 一軒架執拍 一帳殿後執拍】樂工七十九內十八帳殿後鼓吹【並公服無登歌】[33]

A는 《세종실록》〈오례〉에 수록된 사우사단의 의주의 말미에 붙은 주석으로 의례 시행 시 일부 조건이 변경되는 상황을 가정하고 각각의 의식 구성 요소를 가감하는 규정이다. 이에 따르면 사우사단의에서 어사만 시행하고 시사는 없는 경우와, 국왕과 종친 및 관원의 활쏘기는 포함되지만 의례적 의미가 아닌 연유宴遊의 성격을 띤 소규모의 활쏘기로 나뉜다. 시사가 없는 경우는 그에 수반된 상벌 절차가 제거되며, 소규모 활쏘기로 진행되는 경우에는 음악이 연주되지 않고 의식의 마지막 배례도 생략된다. 음악은 일상의 시간을 의례의 시간으로 전환하는 장치이고 행사 후의 배례는 의식의 종언에 대한 하례와 의례 참여자의 일상 시간으로의 복귀를 배웅하는 언어로 이해한다면, 조건에 따라 의례의 시공간을 만드는 핵심적 구성 요소를 제거하는 규정임을 파악할 수 있다.

B는 《악학궤범》에 수록된, 의식별 여기와 악공 규정이다. 여기서 국왕사·관사례와 관련한 부분을 살펴보면, 우선 마지막에 제시된 대사례는

32 《세종실록》 권133, 오례 군례 사우사단의, "若無侍射之人 則不設楅 不陳賞物 不設罰尊 若御燕遊小射 則不陳樂懸 不行會禮 事訖無北向四拜之儀". 《국조오례의》와 성종 8년의 대사례 의주에서도 이러한 기술은 동일하다.

33 《악학궤범》 권2, 正殿禮宴女妓樂工排立.

1477년성종 8에 처음 시행될 당시에 의주가 작성된 의식으로 절차나 제반 사항 모두 전례서의 사우사단의와 동일하다. 대사례를 제외하면 4가지 형태의 관사 의식이 특정되는데, 장소에 따라 후원과 경회루 아래, 국왕의 행행에서의 관사로 구분되고, 참여 인원에 따라 종친과 문·무신 관사가 구별된다.

〈표 3〉 국왕 사·관사례의 구성 요소와 의식별 특징

		御射	侍射/對射	상벌	회례	女妓	악현	배례	射壇	鼓吹	실제 실행
射于射壇儀(大射禮)		○	○	○	○	○	○	○	○	○	○ (성종 이후)
御射(侍射者 없음)		○	×	×	○	○	○	○	○	○	×
御燕遊小射		○	○	○	×	×	×	×	미상	미상	○
觀射于射壇儀		×	○	○	○	○	○	○	○	○	×
觀射	慶會樓下宗親觀射	×	○	○	○	○	○	○	×	×	○
	禮行動駕觀射				○	○			○	○	
	後苑宗親觀射				○	○			×	×	
	後苑文武臣觀射				×	×			×	×	

이처럼 의주 혹은 의식의 제반 항목을 규정한 자료 자체에서, 조선 초 정형화된 여러 갈래의 국왕 사·관사례 의식이 의례적 근거를 갖춘 형식으로 국가례 체재에 수용된 내용을 확인할 수 있다. 위의 표는 이러한 유형을 결정하는 의식의 핵심 구성 요소를 기준으로 각 의식에서의 실현 여부를 정리한 것이다. 앞서 언급한 내용 이외의 특징으로는, 임금의 활쏘기 절차는 관사례의 범주에 해당하는 관사우사단의와 관사 의식 4종에서 제외된다. 시사 혹은 대사와 상벌은 상호 동일하게 연동되는 요소이며 회례와 여기, 사단과 고취의 관계도 마찬가지다.[34] 예컨대 여기가 기재되지 않은 후원문무신관사의 경우 회례가 진행되지 않는 의식임을 알 수 있다. 또한 뒤

34 여기는 회례에서 정재 공연을 수행하는 역할이다.

에서 다시 언급하겠지만 사우사단의의 고취 악대는 국왕이 악차에서 사단으로 올라가기 직전까지 이동 과정을 표현하는 역할을 담당한다. 따라서 악차가 설치될 필요가 없는 궁 내부의 경회루나 후원 등의 공간으로 특정된 의식의 경우는 고취 악대가 배치되지 않는다.

> 성균관에서 작헌례를 행한 후 (중략) 유생의 시험을 마친 다음에는 大射禮의 예에 따라 下輦臺에 殿坐하여 將士 · 유생종친 및 재상들을 아울러 모두 공궤하는 것이 가하다.[35]

사우사단의에서 임금의 어좌와 사위, 시사자의 사위가 배치되는 사단의 위치는 위의 사료에서 확인할 수 있듯이 성균관 하연대이다. 선행 연구에서도 지적되었듯이 역대 국왕의 사례 가운데 성균관에서 시행된 사례는 조선이 유일하다. 의식 절차는 《개원례》를 전범으로 삼아 유교적 국가례의 계통 선상에 위치시키면서도, 사례의 본질적 의미를 상기하기 위해 문묘 의식과의 병행을 설정하였다.[36] 아래 제시한 〈반궁도〉를 보면, 하연대 남쪽의 공간에 과녁과 각종 의장 의식 참여자의 자리 등이 설치되었을 것으로 추정된다. 〈그림 5〉의 서울문묘 배치 현황도를 참고하면 사단은 현재 남아있고 가장 하층 단의 가로와 세로 폭은 약 15~20m이다.[37] 현재 사단의 남쪽에는 성균관 유학회관이 자리 잡고 있다.

35 《중종실록》 권61, 중종 23년 4월 27일(무진), "傳于政院曰 於成均館行酌獻禮後 (중략) 儒生試畢後 殿坐于下輦臺依大射禮例 將士儒生宗宰 竝皆供饋可也".

36 대사례의 성균관 설행 배경에 대한 해석은 박종배의 선행 연구에서 제시된 대사례 설행과 관련하여 성종이 내린 교지의 해석을 참고(박종배, 〈조선시대 성균관 대사례의 시행과 그 의의〉, 《교육사학연구》 13, 2003).

37 〈서울문묘 배치 현황도〉 《서울문묘 실측조사 보고서 (상)》, 문화재청, 2006 축적 참고.

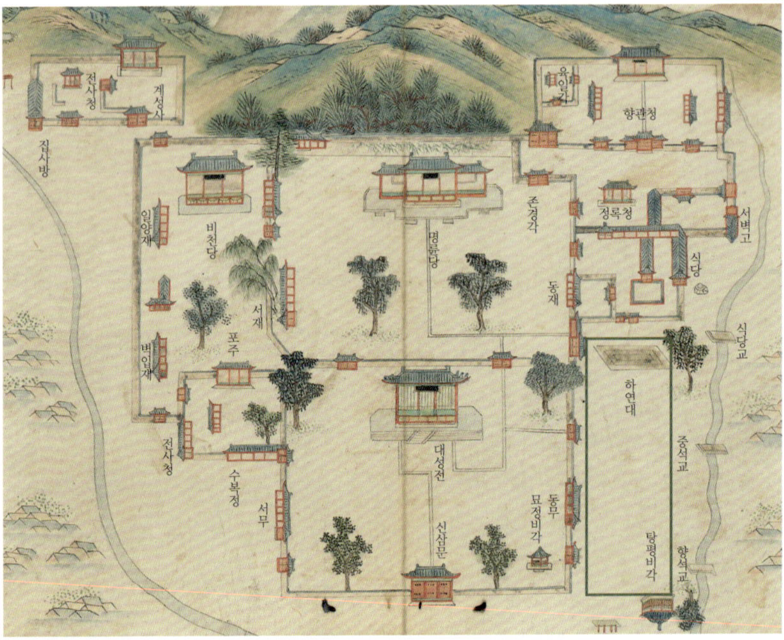

〈그림 2〉《태학계첩》〈반궁도〉(소장: 서울역사박물관)

한편 전례서에 규정된 모든 의식이 실제의 실행 경험에 기반한 내용은 아니었다. 조선시대 국왕의 사우사단의 즉 대사례의 실제 시행은 1477년과 1502년과 1505년, 1534년, 1743년 과 1764년의 총 6회[38]로 확인된다.[39] 어사만 시행하거나, 국왕이 사단에서 관사례를 시행한 사례는 확인되지 않는다.

38 《성종실록》 권83, 성종 8년 8월 3일(정유); 《연산군일기》 권43, 연산군 8년 3월 1일(계유); 권58, 연산군 11년 9월 13일(갑오); 《중종실록》 권77, 중종 29년 8월 16일(경술); 《영조실록》 권57, 영조 19년 윤4월 7일(경신); 권103, 영조 40년 2월 8일(경인)

39 조선시대 대사례의 시행 현황에 대해서는 강신엽, 앞의 글, 2001, 5~10쪽; 심승구, 앞의 글, 2009, 291~299쪽을 참고.

3. 형식적 연원과 예·악 구성 요소

의식의 행위 절차와 용악의 분석에 앞서 검토 대상으로 삼을 자료의 계통을 제시할 필요가 있다. 조선시대 국왕 사·관사례 의식 가운데 최초로 의주가 명문화된 《세종실록》 〈오례〉 사우사단의의 형식적 계보는 《국조오례의》 군례 사우사단의와 1477년성종 8에 제정된 대사례 의주,[40] 마지막으로 《국조속오례의》 군례 대사의 의주로 이어진다. 영조는 대사례의 복구를 천명하였고 재위 19년에 대사례 의주를 새롭게 제작했다.[41] 이 의주는 대사례 시행 후 세부 내용의 보충을 거쳐 《대사례의궤》에 실렸고,[42] 다음 해 완성된 《국조속오례의》[43]의 군례 항목에 대사의로 수록되었다. 정조대 간행 작업이 진행된 《춘관통고》에는 아래 표에서 보이는 내용과 같이 국왕 사·관사례에서 파생된 연사의燕射儀 및 시사의試射儀 의식이 추가되었다.

표에서 확인할 수 있듯이 전 시기를 거쳐 대조군을 형성하는 의식은 국왕이 사단에서 행하는 사례 의식이다. 시기별 시행 맥락에 따라 사우사단의 혹은 대사례, 대사의로 명칭의 변화가 있었지만, 어사, 시사, 상벌로 전개되는 구조와 음악이 개입되는 시점 등 핵심 구성 요소는 동일하기 때문에 시계열적 비교 분석이 가능하다.

40 《성종실록》 권83, 성종 8년 8월 3일(정유); 《영조실록》 권57, 영조 19년 윤4월 7일(경신).

41 《영조실록》 권57, 영조 19년 3월 28일(임오). 영조대 대사례의 시행 과정과 정치적 배경에 대한 논고들이 참고 된다(강신엽, 〈조선시대 대사례의 시행과 그 운영〉, 《조선시대사학보》 16, 2001; 신병주, 〈영조대 대사례의 실시와 《대사례의궤》〉, 《한국학보》 28, 2002; 박종배, 〈조선시대 성균관 대사례의 시행과 그 의의〉, 《교육사학연구》 13, 2003; 심승구, 〈조선시대 대사례의 설행과 정치·사회적 의미〉, 《한국학논총》 32, 2009). 《대사례의궤》에 수록된 大射禮圖를 분석한 연구로는 박정혜, 《조선시대 궁중기록화 연구》, 일지사, 2000가 참고 된다.

42 《영조실록》 권57, 영조 19년 윤4월 17일(경오).

43 《영조실록》 권60, 영조 20년 8월 27일(신미).

〈표 4〉 국왕 사 · 관사례 의식 구성의 추이

《세종실록》〈오례〉	《국조오례의》	성종 8년 8월 3일	영조 19년 윤4월 7일	《대사례의궤》	《국조속오례의》	《춘관통고》		
						원의	속의	금의
射于射壇儀	射于射壇儀	大射禮儀注	大射禮儀節	大射禮	大射儀	射于射壇儀	大射儀	
				儀註				
觀射于射壇儀	觀射于射壇儀					觀射于射壇儀		
觀射	觀射					觀射		
								燕射儀
								親臨試射儀
								親臨隆武堂文臣朔試射儀
								親臨鍊戎臺
								試射儀

《세종실록》〈오례〉 사우사단의는 앞서 살펴보았듯이 오례 체재 면에서 당《개원례》의 황제사어사궁 의주를 전범으로 삼고 있다. 의식 절차의 흐름에 따라 비교하면서 양자 간에 유사성이 드러나는 부분과 조선에서 새롭게 상정한 내용을 검토해보자.

의주에는 의식의 시작 전 의식 참여자들의 자리와 기물을 배치하는 이른바 진설陳設 과정이 서술된다. 이 단계에서《세종실록》〈오례〉 사우사단의에는 사단의 가장자리 경계를 기준으로 사단 위와 사단 아래에 배치되는 요소가 구분된다(〈그림 3〉 아래). 사단 위에는 임금의 자리인 어좌를 배치하는 공간인 장전帳殿, 임금이 활을 쏘는 자리[御射位], 집현전 부제학 이상 관

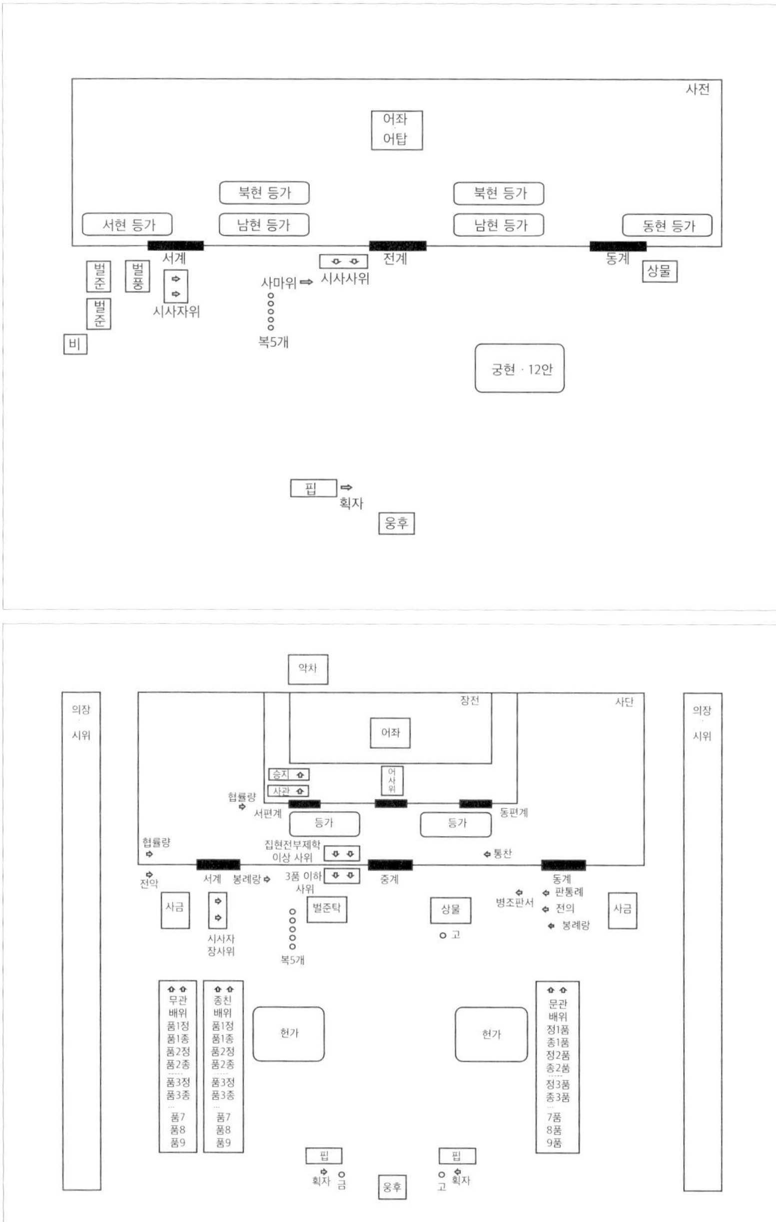

〈그림 3〉《개원례》의 황제사엄사궁(위)과 《세종실록》〈오례〉의 사우사단의(아래) 진설 절차 비교

원이 활을 쏘는 자리, 회례 절차에서 연주하는 악대인 등가登歌,[44] 악사인 협률랑, 집사관인 통찬의 자리가 지정되었다. 의주에는 사단 위 단의 구분이 구체적으로 기술되어 있지는 않지만, 서계西階와 서편계西偏階를 구분하여 서술하고 있다. 《국조속오례의》의 〈대사례도大射禮圖〉를 참고하면 사단이 3개의 단으로 구분되어 있고 최상단에는 장전, 중간 단에는 어사위가 자리하고 가장 하단에는 등가와 집현전 부제학 이상 시사자의 사위射位 및 집사관과 악사의 자리가 배치된 형태를 확인할 수 있다. 편계는 최하단에서 중간 단으로 올라가기 위한 계단으로 이해된다.

사단을 기준으로 뒤편에는 국왕이 궁에서 나와 의식 장소에 도착한 후 대기하는 공간인 악차幄次가 설치된다. 사단 전면 뜰은 전정殿庭으로 호칭되는데 사단과 가장 근접한 위치에 3품 이하 시사자의 사위가 설치되고 시사자가 대기하는 장사위將射位가 서계 앞에 동향으로 설치된다. 어사와 시사, 배례 및 국왕의 출입 절차에서 음악을 연주하는 악대인 헌현軒懸, 헌가軒架는 전정에 동서로 나누어 배치되는데 화살의 경로를 피하기 위함이고 이러한 분할 배치 구조는 등가에도 적용된다. 의식에 참여하는 종친 및 문무관원의 배위拜位는 문관은 동편, 종친과 무관은 서편에 자리하여 북쪽 어좌를 향해 내림차순의 서열로 배치한다. 의주에는 집사관 및 종친, 문무백관의 배위를 근정전 정위庭位와 같게 배치한다고 기술되었는데 《세종실록》 〈오례〉에 수록된 의식 가운데 종친과 문무관원의 배위가 모두 근정전 뜰에 배치된 구조는 가례 의식 가운데 정지백관조하의正至百官朝賀儀[45]의 근정전 배

44 회례 의식에서 등가의 구체적인 역할은 임영선, 〈조선 초기 회례 용악 연구〉, 한국학중앙연구원 한국학대학원 박사학위논문, 2020, 125~127쪽을 참고.

45 《세종실록》 권132, 오례 가례 正至百官朝賀儀.

반도[46]에서 확인할 수 있다.

활쏘기와 관련한 기물도 설치되는데 임금이 쏘는 과녁인 웅후가 전정 남쪽에 설치되고 그 좌우에는 화살을 줍는 획자의 자리가 있고 바로 위에 화살을 가리는 막인 핍을 둔다.[47] 시사 결과에 대한 상물과 벌주를 두는 자리 및 명중한 화살을 주워와서 담는 화살 그릇인 복도 사단 앞 전정에 배열된다. 의식 진행 과정을 이끌어나가는 사회자 역할인 병조판서와 보조하는 집사관의 자리는 동계 앞에서 서쪽을 향한다.

《개원례》 황제사어사궁 의주에는 사전射殿 위에 등가와 궁현宮懸[48]의 설치가 기술되고 사전 아래 뜰에는 과녁과 핍, 화살 그릇, 시사자의 사위 및 대기 자리, 사마司馬의 자리와 획자의 자리, 상물 및 벌주와 관련한 기물의 배치가 확인된다. 《세종실록》 〈오례〉의 사우사단의 의주를 작성하는 과정에서는 《개원례》의 구조를 따르면서도 의식의 실제 시행을 고려하여 의식 참여자의 대기 자리, 배위 등의 위치를 적시하고, 일부 기물의 위치는 상황에 맡게 조정하였음을 알 수 있다.

〈그림 4〉와 같이 실질적인 의식의 시작은 국왕의 행차가 궁을 나와 사단 뒤 악차에 도착하면서부터이다. 앞선 장에서 언급했듯이 사우사단의의 국왕 행차에는 법가 노부가 수반되고,[49] 국왕이 악차에 들어간 후에는 사단

46 《세종실록》 권132, 오례 가례 서례 正至及誕日勤政殿朝賀之圖.

47 획자는 서로 마주보는데 오른편 획자 쪽에는 과녁 명중 시 두드리는 북이 있고, 왼편 획자 쪽에는 명중하지 않은 화살에 대해 두드리는 쇠가 배치된다.

48 헌가보다 높은 등급의 악대로 황제례의 등급에 해당한다. 궁현과 악대의 등급에 대해서는 임영선, 앞의 글, 2020, 23~24쪽을 참고.

49 《세종실록》 권132, 오례 가례서례 노부 "法駕鹵簿【親享先農 視學 射于射壇 武科殿試 觀射于射壇用之, 其儀物, 與殿庭半仗同】." 의주에는 의장과 시위의 배열은 視學儀와 같다고 서술되었는데, 觀射가 소가노부에 해당하기 때문에 관사우사단의와의 혼동을 피하기 위해 시학의와 같은 등급의 의장임을 명시한 것으로 추정된다.

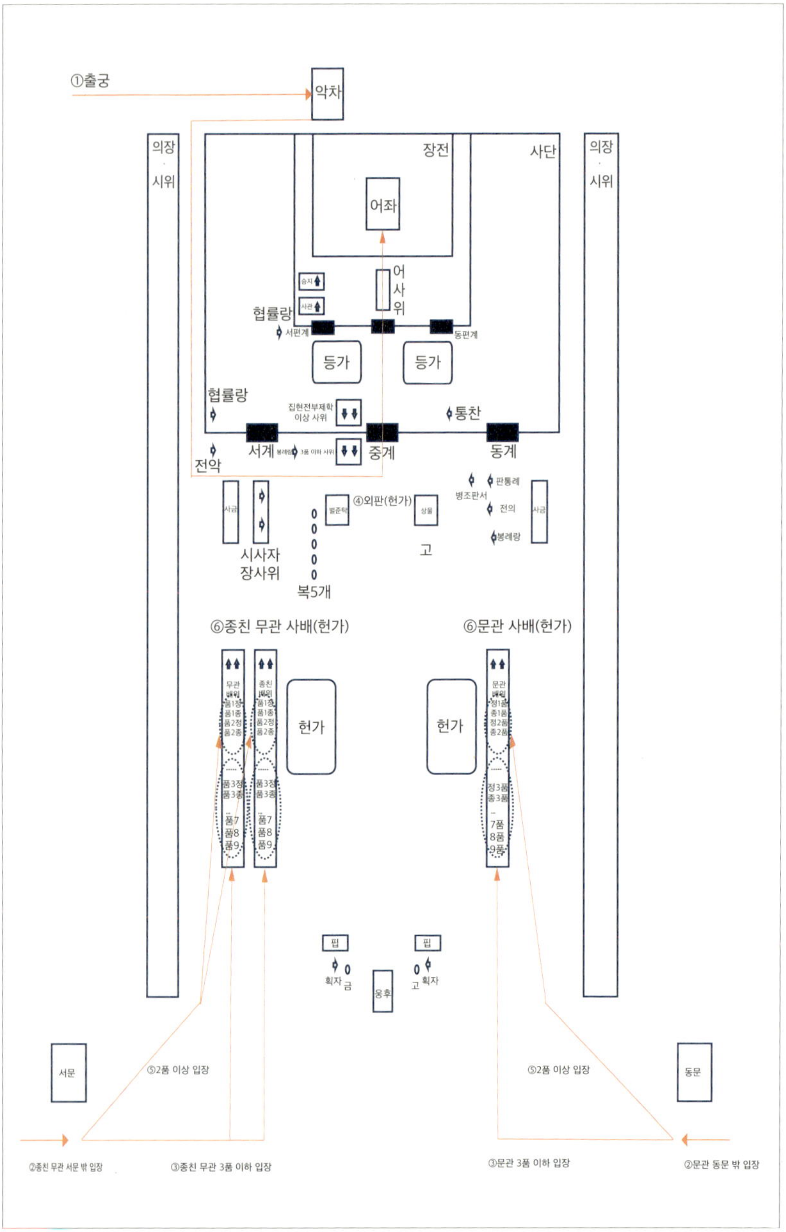

〈그림 4〉《세종실록》〈오례〉 사우사단의: 출궁-입장-외판-배례 절차

과 전정의 양편에서 호위하는 형태로 진열을 바꾼다. 법가 노부가 전정에서 의장으로 전환된 내용은 반장半仗으로 그 등급을 지칭하며, 《세종실록》 〈오례〉 정지회의正至會議 의식의 배반도에서 공간적 전개 형태를 확인할 수 있다.[50] 이어서 종친과 문무관원은 배위의 배치와 같은 방식으로 문관과 종친·무관으로 나뉘어 각각 동문과 서문에서 대기하고 3품 이하의 관원부터 먼저 입장하여 배위에 선다.[51]

단, 이 부분에서는 의주에 기술된 동문과 서문의 위치와 양 문을 드나드는 의식 참여자의 동선이 문제가 된다. 《세종실록》 〈오례〉 의주가 찬정되는 시점까지 사우사단의 의식은 실제 시행된 사례가 없었다. 다만 1477년의 최초 의식은 성균관 하연대를 사단으로 이용한 사실을 확인할 수 있고 해당 의주에도 동문과 서문의 존재와 양 문을 출입하는 의식 참여자의 동선이 동일하게 기술된다. 〈그림 5〉의 현재 문묘 배치 현황도를 참고하면 성균관 전체 건물 구조에서 동문과 서문의 명칭의 유사성을 따지면 대성전의 동말문과 서말문이 후보가 된다. 하지만 이 경우에는 동·서문 모두 의식이 시행되는 공간의 서쪽에 치우쳐 있어서, 동문과 서문에 각각 대기하는 인원이 의식이 시행되는 사단 전정殿庭으로 입장하고 퇴장할 때 이동 거리가 균일하지 않기 때문에 과연 실제 의식에서 적용되었을지 의문이다. 반면 의식의 중심 공간인 사단 하연대를 기준으로 본 경우, 배치도에서 출입문으로 활용될 수 있는 건물구조는 명륜당 대문과 진사식당 전향문을 특정해볼 수 있다.

50 《세종실록》 권142, 가례 서례 正至會百官之圖. 《세종실록》 〈오례〉 정지회의의 의장 배치에 대해서는 강제훈, 〈조선전기 국왕 儀仗制度의 정비와 상징〉, 《사총》 77, 2012, 56~60쪽 참고.

51 3품 이하가 먼저 입장하는 구조에 대해서는 강제훈, 〈조선 초 조의의 의례 구조와 상징〉, 《한국사연구》 137, 2007을 참고.

국왕이 악차에서 나와 의식 공간으로 진입함을 알리는 외판外辦이 선언되면 악차에서 사단을 올라 어좌에 앉는 시점까지 헌가에서 융안지악을 연주한다. 의주의 해당 부분 세주에서는 "용월률用月律" 즉 월률을 사용한다는 부연 설명이 등장한다. 월률이란 의식이 진행되는 월과 대응되는 악조를 사용한다는 의미이다. 이러한 규칙은 세종대 조회 의식과 관련한 논의 과정에서 결정된 내용이었고, 세조대 이후에는 더 이상 시행되지 않고 사라지게 된다.[52] 《악학궤범》에는 세종조의 수용월률隨月用律이 서술되어 구체적인 적용례를 확인할 수 있는데, 조회 의식에 해당하는 정조와 동지, 양로연에 해당하는 8월 및 9월의 월률만을 기재하고 있다.[53] 다만 사우사단의는 의식 절차 면에서 회례와의 융합이 확인되지만, 세종대에는 사우사단의가 실제 실행된 사례가 없기 때문에, 의주에 기록된 '용월률'의 실제 구현은 의식의 시행 시점과 관련하여 살펴볼 필요가 있다. 1477년성종 8 8월 3일에 시행된 최초의 대사례는 문묘 석전과 함께 시행된 의례였다.[54] 이 시점은 전례서에 석전의 시일時日로 규정된 중춘과 중추의 상정上丁, 즉 5월 또는 8월의 첫 번째 정일丁日에 해당한다.[55] 《세종실록》 〈오례〉에 수록된 사우사단의도 2월과 8월의 문묘 석전 시행과 맞물리는 형태로 구상되었다면 월률 역시 그에 따라 2월은 협종궁, 8월은 남려궁이 적용되었을 것이다.

52 세종대 예악 정비 논의에서 月律 적용을 둘러싼 제 견해의 근거와 정치적 맥락에 대해서는 임영선, 앞의 글, 2020, 90~92쪽 참고.

53 《악학궤범》 권2, 世宗朝隨月用律.

54 《성종실록》 권83, 성종 8년 8월 3일(정유).

55 《세종실록》 권128, 오례 길례서례 시일; 《국조오례서례》 권1, 길례 시일.

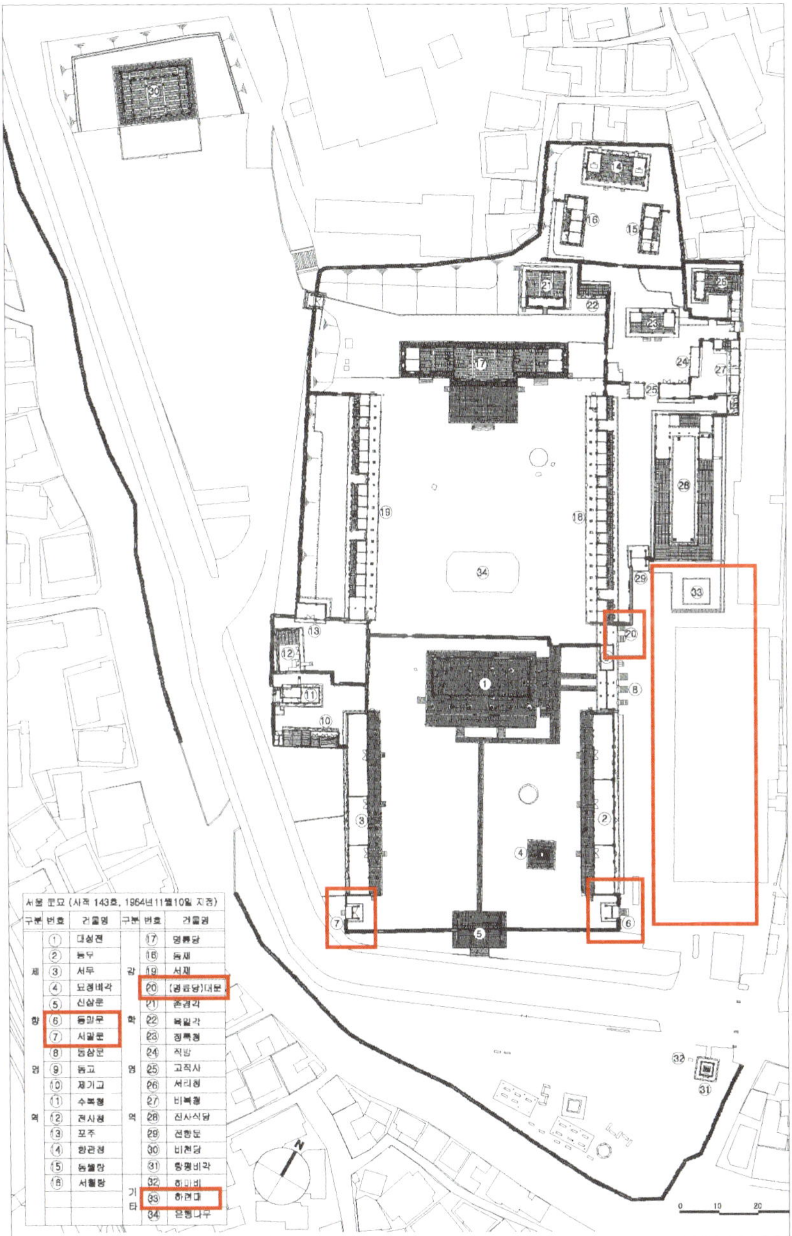

〈그림 5〉 서울문묘 배치 현황도 (출처: 《서울문묘 실측조사 보고서 (상)》, 문화재청, 2006)

〈표 5〉《세종실록》〈오례〉 사우사단의의 절차와 용악 양상

절차	행위자	동작	악대	악곡	구분	비고
외관	국왕	악차→사단(중계)→어좌	헌가	융안지악[56]	아악	用月律
배례	종친 · 문무 백관	국궁 - 사배 - 흥 - 평신	헌가	서안지악[57]		고선궁[58]
회례		進案 · 進花	헌가	휴안지악		
		進小膳	헌가	수보록지악		
		제1작	등가	(미상)		
		進食	헌가			
		제2작	등가			
		進食	헌가			
		제3작	헌가	(미상)	아악	
어사	국왕	어좌→어사위	헌가	和安之樂		1~3절
		어사 전				
		어사 제1발				4절
		어사 제2발				5절
		어사 제3발				6절
		어사 제4발				7절
		어사위→어좌				8절
시사	시사자	시사 전	헌가	誠安之樂		1절
		시사 제1발				2절
		시사 제2발				3절
		시사 제3발				4절
		시사 제4발				5절
시사자배례	시사자	국궁-사배-흥-평신	헌가	서안지악		
배례	종친 · 문무 백관	국궁-사배-흥-평신	헌가	서안지악		
예필	국왕	어좌→사단(중계)→악차	헌가	융안지악		

56 세종대 의례에서 수월용률의 적용 및 국왕의 출입과 배례 시 용악에 대한 논의는 임영선, 앞의 글, 2020, 90~98쪽 참고.

57 《악학궤범》 권2, 世宗朝會禮宴儀.

58 《악학궤범》 권2, 世宗朝隨月用律.

국왕이 어좌에 앉고 음악이 그치면, 아직 동문과 서문 밖에서 대기 상태에 있는 2품 이상의 인원이 배위로 입장하게 되고 종친과 문무관원이 모두 배위에 갖춰지면 국왕에 대한 배례를 행한다. 배례 절차에서도 시작에서 마무리 동작까지 헌가에서 서안지악을 연주하는데 융안지악과 달리 월률을 적용하지 않고 고선궁의 고정된 악조를 사용했다.[59]

배례 후 이어지는 회례 절차는 의주에 세부적인 설명은 생략되어 있고 다만 정지회의와 같다고 서술하고 있다. 군례 의식인 사우사단의에 가례 의식인 회례가 교차하는 모습, 즉 범주가 다른 두 가지 의식이 교차하는 형태는 길례·흉례·가례 의식 절차가 하나의 의주에 결합된 형태인 납비의納妃儀 등 여타의 국가 의례에서도 확인된다.[60]

오례 각 범주의 성격 규정을 넘어서는 이러한 연동성은 국왕 사례의식 자체의 형식적 전통에서 기인한 것으로도 보인다. 《개원례》 황제사어사궁 의주에는 황제가 활을 쏘기 전 진행하는 회례는 원회의元會儀와 모두 동일하다고 기술되어 있다. 이때의 원회의는 《개원례》 가례 황제원정동지수군신하皇帝元正冬至受群臣賀 의식의 회의 부분을 가리킨다.[61] 즉 《개원례》 시기부터 황제의 사례는 군례를 지반으로 하면서 특정 단계에서는 가례 의식을 병합

59 배례 시 고선궁의 사용은 여타 의식에도 공통적으로 적용되는 형식이었다. 세종대 배례 시 용악 논의에 대해서는 임영선, 앞의 글, 2020, 94~98쪽 참고.

60 이와 관련하여 선행 연구에서는 전례서의 구성에서 길·가·빈·군·흉 각 범주 간 상호 참조를 통한 연동성 및 효율성의 측면을 주목하였다. 요컨대 조선에서 국가례의 다섯 범주는 각기 본질적인 성격을 가지고 독립적으로 발생, 정비되어 나가는 것이 아니라, 국초의 정치적 환경 속에서 길례, 흉례, 가례에서 결정된 고유의 의례 구조가 서례 및 주석을 활용한 상호 참조 방식을 통해 오례 전반에 관철되는 과정이었다(박경지, 〈조선 초 국가례 정비와 《국조오례의》 편찬〉, 고려대학교 한국사학과 박사학위논문, 2021, 218~221쪽).

61 《개원례》 원회의례의 의식 절차에 대한 연구는 와타나베 신이치로 저, 문정희·임대희 역, 《천공의 옥좌: 중국 고대제국의 조정과 의례》, 신서원, 2002, 129~135쪽 참고.

하는 구조로 정립되었고, 조선에서 사우사단의가 만들어지는 과정에서도 이러한 전형典型을 수용했음을 이해할 수 있다.

요컨대 회례 절차의 용악 양상은 정지회의 의주를 통해 이해할 필요가 있다.[62] 다만 정지회의 의식의 전체 과정이 사우사단의 의식에 개재되었던 것이 아니라 활쏘기 전 임금과 종친 및 문무관원이 함께 술을 마시는 시간에 대한 의절로 개입된 형태였다. 이에 대해 사우사단의 의주에서는 임금에게 왕세자와 의정이 술을 올리는 상수례는 하지 않고, 술을 세 번 돌린 후 임금의 활쏘기 절차로 넘어가는 과정으로 기술하였다.[63] 따라서 사우사단의에서 생략된 회례 단계의 세부 절차는 정지회의 의주에서 회례 진행을 위한 자리 배치에 이어서 안案과 음식의 진설 절차 및 전체 9작 가운데 헌수 이후의 작과 진식進食, 그에 수반되는 음악의 내용을 끌어온 형태로 이해할 수 있다.[64]

회례 시 자리 배치는 정지회의 의식을 참고해보면, 종친과 2품 이상 관원은 사단 위로 올라가서 동·서향으로 서로 마주 보는 형태로 자리하고, 3품 이하는 사단 아래 가까이에 자리 잡았을 것으로 예상할 수 있다. 회례가 종료되면 먼저 3품 이하 관원이 이동하고 이어서 종친과 2품 이상 관원이 단 아래로 내려와서 임금의 활쏘기를 바라보기 위한 자리로 이동한다. 문관은 전정의 동쪽에 서쪽을 향해 서고 종친과 무관은 반대편에서 동쪽

62 《세종실록》〈오례〉 정지회의 의식의 의식 절차 및 용악의 변화 양상과 배경에 대해서는 강제훈, 〈조선 초 정지회례 의식의 정비와 운용〉, 《한국사학보》 34, 2009; 임영선, 앞의 글, 2020, 104~116쪽; 강제훈, 〈조선 초의 예악 정비와 전례서 간행: 《세종실록》〈오례〉를 중심으로〉, 《민족문화연구》 98, 2023을 참고.

63 《개원례》 황제사어사궁 의식과 동일하다.

64 다만 정지회의 의식의 헌수 이후 제3작~제9작 가운데 몇 번째 작의 음악을 사우사단의 회례 절차에서 수용했는지는 명확히 파악하기 어렵다.

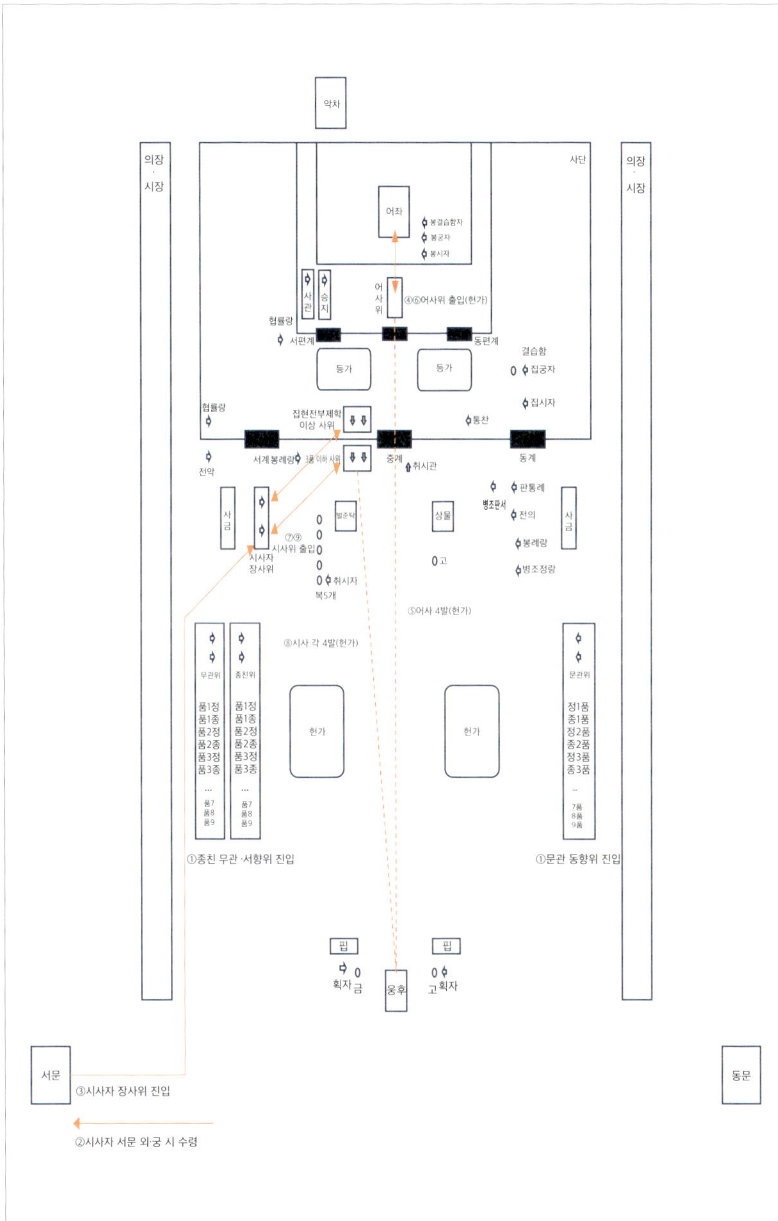

〈그림 6〉《세종실록》〈오례〉 사우사단의: 어사–시사 절차

을 바라보며 서면, 임금의 활쏘기를 보기 위한 자리 배치가 완성된다. 한편 시사자들은 회례가 끝나고 이동하는 시점에 서문 밖으로 나가서 활과 화살을 챙기고 대기 장소인 장사위에 가서 선다.

국왕이 총 4발의 활을 쏘는 어사 절차에서는 화안지악이 연주된다. 어좌에서 어사위로 내려와 잠시 대기하는 동안 화안지악 1~3절이 연주되며, 이어서 1발에 1절씩 맞춰서 7절까지 연주된다. 이어서 시사자의 활쏘기 절차에는 성안지악이 연주되는데 시사자가 사위에 올라가면 먼저 1절이 연주되고, 첫 발을 쏠 때 2절이 연주되며 마지막 4번째 발에서는 5절이 연주되고 다음 시사자 차례로 넘어가게 된다. 어사는 7절, 시사는 5절에서 활쏘기를 마무리하는 형식은 고제古制의 대사례에서 제후악은 7절, 경대부악은 5절을 연주하도록 용악의 신분별 등급을 규정한 내용을 따른 것이다.[65]

회례악과 동일한 아악의 계통으로 추정되지만 세종대 회례악의 경우《의례경전통해》의 선율을 차용한 세부 관계가 확인되는 반면,[66] 국왕과 시사자의 활쏘기 절차에 연주되는 화안지악과 성안지악은 구체적인 선율을 파악하기 어렵다.《고려사》악지에 수록된 선잠 향의의 작헌 절차에서 화안지곡이 연주되지만 등가의 연주라는 점에서 사우사단의에서 헌가가 연주하는

65 《성종실록》권82, 성종 8년 7월 23일(무자), "禮曹啓, 通典大射禮, 諸侯樂以貍首七節, 卿大夫樂以采蘋五節".《성종실록》수록 기사의《通典》의 인용 맥락과 실제 의주에서의 표현은《禮記》射義에 대한 진호의 주 및《周禮》夏官 射人에 대한 가공언의 소에서 제시한 해석과 동일하다. "7절의 경우 3절까지는 활쏘기에 앞서 먼저 듣는 것이며, 5절의 경우 1절은 활쏘기에 앞서 먼저 듣는 것이다. 존귀한 자의 경우 먼저 듣는 악절이 많고 미천한 자의 경우 먼저 듣는 악절이 적은데 모든 계층이 4절을 남겨서 네 발의 화살을 번갈아가며 쏘는 것이다."(정병섭 역주,《역주 예기집설대전-射義》, 학고방, 2017, 121~123·142~151쪽 참고).

66 송방송,《신편 한국사》(27권 조선 초의 문화II), 국사편찬위원회, 1996, 400~401쪽.

화안지악과 연결해 보기는 적절하지 않은 것 같다.[67] 오히려 1430년세종 12 정초의 언급을 참고하면, 당시에는 송 원풍 회례의식에서 연주되는 화안지악을 특정하고 있다.[68] 이러한 맥락에서 송대 국가례의 용악 내용 가운데 헌가(궁가)에서 화안지악이 연주되는 의식을 살펴보면, 빈례의 원정동지대조회의元正冬至大朝會儀, 번국주내조의蕃國主來朝儀, 가례의 황제양로어태학의皇帝養老於太學儀, 책황후의冊皇后儀가 확인된다.[69] 빈례의 조회의와 번국내조의의 경우 공통적으로 황제가 첫 번째 작을 마실 때 화안지악이 연주된다. 가례의 양로의에서는 삼로오경이 문을 출입하는 시점과 삼로오경에게 읍하는 시점에, 책황후의에서는 황후가 자리에 오를 때 화안지악이 연주된다는 점에서, 의례의 대상으로 설정된 행위자의 이동 과정을 청각적으로 표상하는 기능을 발휘한다.

국왕의 활쏘기가 종료되면 시사자의 활쏘기가 시작될 순서이다. 시사에 연주되는 성안지악의 경우 송의 길례 의식 중 황제종사상제의皇帝宗祀上帝儀에서 궁가의 성안지악이 연주되는 내용을 확인할 수 있다. 세부 절차에서 연주되는 시점을 찾아보면, 전폐奠幣 절차에서 예의사가 청행사를 아뢴 후 궁가에서 성안지악을 연주하고, 진숙進熟 절차를 마치고 송신送神한 후 궁가에서 성안지악 1성을 연주하며, 망료望燎 절차의 시작에 앞서 성안지악을 연주한다.[70] 전폐에서 송신에 이르는 절차는 의식 주체가 제향의 대상과 대면해 있다고 전제한 상태에서 진행되는 과정이다. 이러한 관점에서 성안지악은

67 《고려사》 권70, 지24 악1 아악 登歌軒架樂迭奏節度. "先蠶 (중략) 奠幣 登歌作容安之曲 酌獻 和安之曲"

68 《세종실록》 권50, 세종 12년 10월 4일(신미).

69 《문헌통고》 권108, 王禮考3 朝儀; 《정화오례신의》 권149, 賓禮 蕃國主來朝儀; 권197, 嘉禮 皇帝養老於太學儀; 권188, 嘉禮 冊皇后儀.

70 《정화오례신의》권32, 吉禮 皇帝宗祀上帝儀.

특수한 의례적 시공간의 형성과 그 해소를 알리는 역할로 해석할 수 있다.

이상과 같이 어사와 시사에 연주된 선율의 경우는 의주에 기재된 제목을 바탕으로 출처를 찾고 각 선율의 예악적 의미를 연결시켜 추정해보는 것이 가능하지만, 이와 달리 선율에 맞춰 노래하는 가사에 대한 정보는 의주에 나타나 있지 않다. 《개원례》의 황제사어사궁 의식과 비교해보면 황제의 활쏘기에는 추우騶虞[71]를 9절까지 부르고 시사자의 활쏘기에는 이수貍首를 7절까지 부르는데, 이는 《예기》 사의에 서술된 천자와 제후, 사 각 신분의 활쏘기에 해당하는 제목과 동일하다.[72] 《세종실록》 〈오례〉 사우사단의의 경우, 국왕은 제후에 해당하는 이수를, 시사자는 사에 해당하는 채빈采蘋[73]을 각각 화안지악과 성안지악에 맞추어 부르도록 설정되었을 것이다.

> 활 쏘는 자는 어떻게 활을 쏠 때의 용모와 절도를 잃지 않으면서도, 또한 음악의 악절을 잘 들을 수 있는가? 어떻게 음악의 악절을 잘 들을 수 있으면서도 활을 쏠 때의 태도와 음악의 악절을 서로 대응시킬 수 있는가? (중략) 즉 이것은 어려운 일을 해내는 것에 대해 찬미한 말이다.[74]

활쏘기 절차에서 음악이 수반되도록 설정된 배경에 대해서는 사 행위에 대한 고전적 의미 부여 방식과 연결해 볼 수 있다. 위 사료는 《예기》에서 사례에 대한 공자의 언설 중 음악의 연주 흐름을 고려하면서 활을 쏘는 역량을 설명하는 부분이다. 활을 쏘는 입장에서 단지 정확히 쏘기 위해서는

71 《시경》 國風 召南 騶虞.

72 《예기집설》 射義(정병섭 역주, 앞의 책, 2017, 121~122쪽).

73 《시경》 國風 召南 采蘋.

74 《예기집설》 射義(정병섭 역주, 앞의 책, 2017, 412~413쪽).

과녁에만 온 신경을 집중해야 하지만, 활쏘기 의례에서는 과녁의 초점뿐만 아니라 연주되는 음악의 각 악절의 길이와 리듬에 동화하는 능력이 요구된다. 이러한 설정은 일상과 의례 사이의 시공간적 차별성을 청각적으로 구현하는 장치이면서, 의식의 목적과 핵심 행위가 상징하는 본질적 가치[75]를 의식 참여자가 체현하게 하는 의도로 해석할 수 있다.

시사자는 2인씩 차례로 올라가서 4발의 화살을 쏘고 다시 장사위로 돌아간다. 과녁에 명중하면 획자가 북을 울리고, 명중하지 못하면 쇠를 친다. 시사가 종료되면 4발 중 한 발도 명중하지 못한 사람은 나머지 명중시킨 인원과 구분되어 명중자는 사단 앞 동편에, 명중시키지 못한 자는 사단 앞 서편에 마주보고 서게 된다. 이들은 서로를 바라보며 배례를 진행한 후 각각 시상 또는 벌주를 마시는 절차를 진행한다.

상벌 절차가 끝나면 의식을 마무리하는 배례가 이어진다. 상물을 받는 집단과 벌주를 마시는 집단으로 나뉘어 있던 시사자를 비롯해, 전정에서 동서 방향으로 마주 보고 서서 어사와 시사 절차를 관람하고 있던 종친 및 문무관원은 모두 배위로 돌아가서 어좌를 바라보고 배례를 행한다. 배례 후 예를 마쳤음을 아뢰면 국왕이 어좌에서 일어나서 사단을 내려와 악차로 돌아간다. 국왕의 이동을 의미하는 헌가의 음악 연주가 끝나면 종친과 문무관원도 퇴장하고, 국왕과 의장 시위도 궁으로 돌아가면서 의식은 종료된다.

75 활쏘기 의례에서는 활 쏘는 자의 자기 수양이 될 것이다.

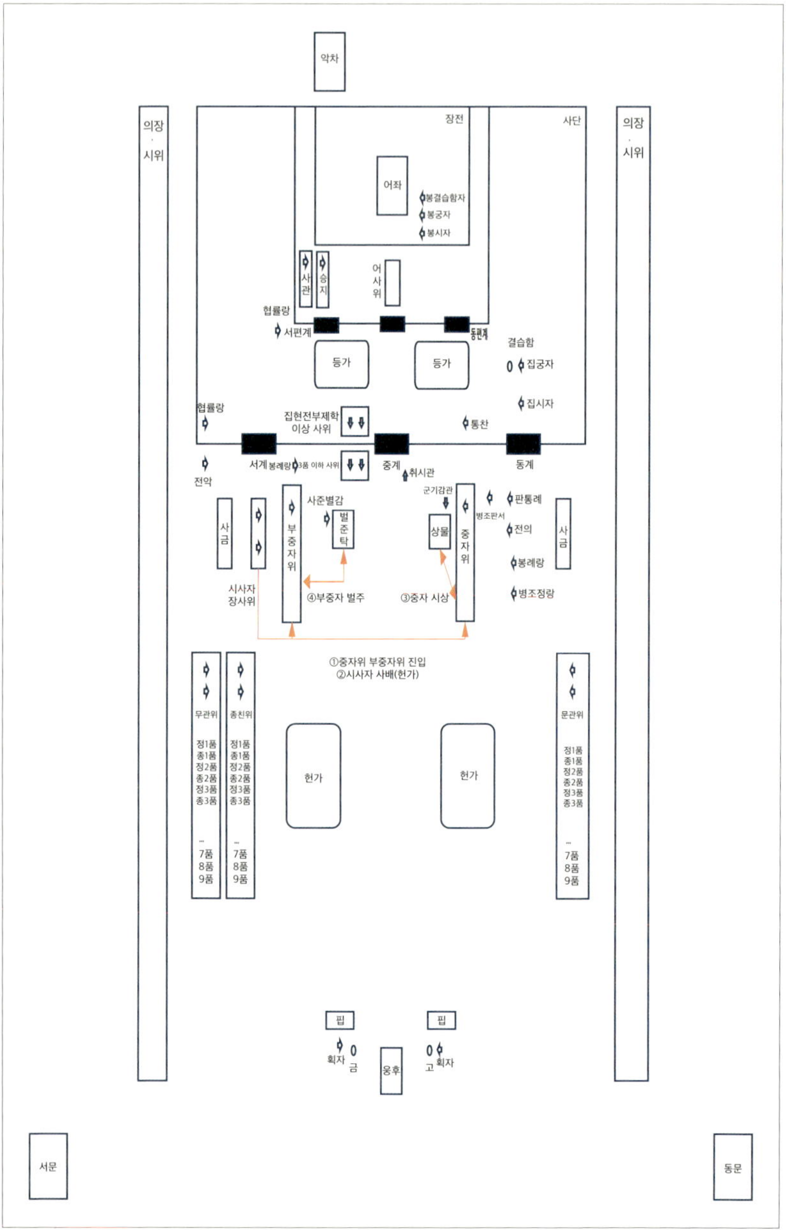

〈그림 7〉《세종실록》〈오례〉 사우사단의: 시사자배례-상벌 절차

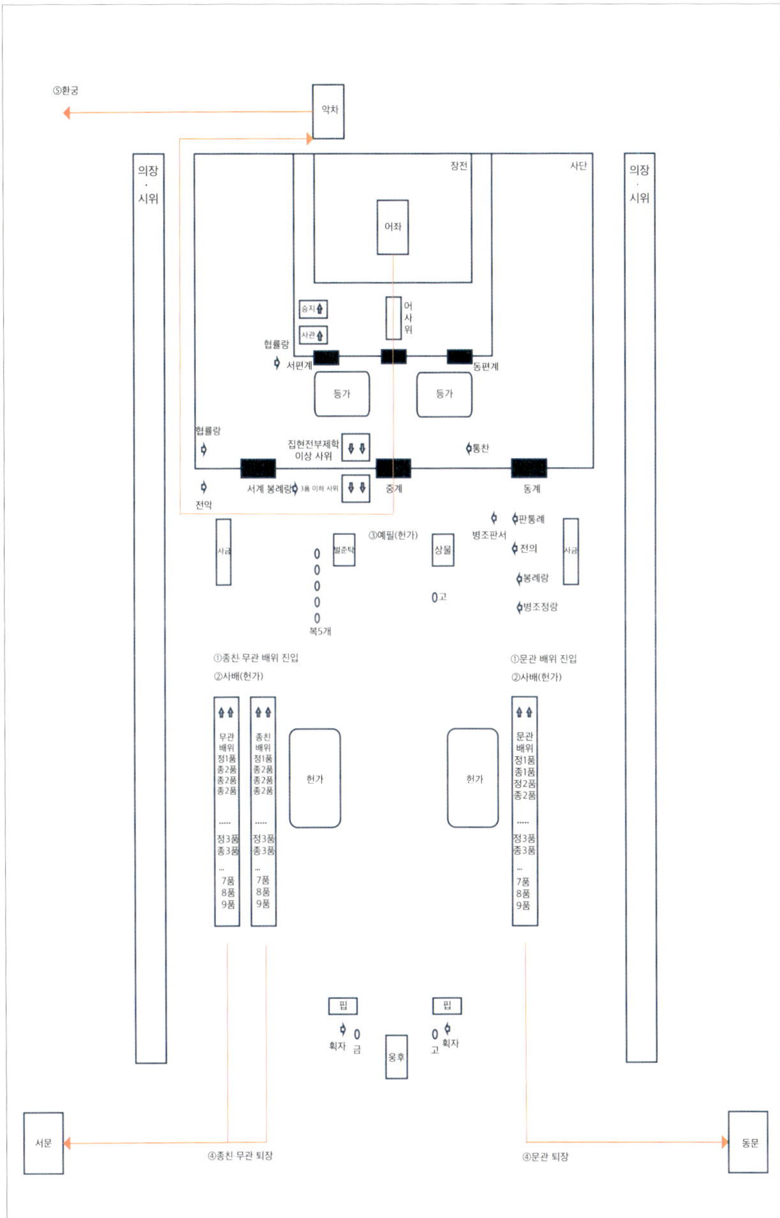

〈그림 8〉《세종실록》〈오례〉 사우사단의: 배례–예필–퇴장–환궁 절차

4. 의례 공간의 전환 방식과 용악의 변화

전례서의 발행 시기를 고려할 때 《국조오례의》는 1474년에 간행되었으므로[76] 수록된 사우사단의 의주는 1477년의 대사례 의주보다 시기적으로 앞선 자료라고 할 수 있다. 다만 의주의 세부적인 기술을 비교해보면 《국조오례의》와 1477년 대사례 의주 간에 차이점이 발견되지 않는다. 물론 이때에는 대사례 악장을 짓고 의식에 적용했지만, 의주에는 부수되지 않았다. 따라서 1477년의 대사례 의주는 그 내용 자체는 《국조오례의》의 사우사단의 의주와 동일하지만, 의식의 명칭을 사우사단의가 아닌 대사례로 명명하였고 악장을 새롭게 찬정하였으며 조선 건국 이후 최초로 실행된 사례의 의미에서 실록에 수록되었던 것 같다.[77]

《국조오례의》 사우사단의 의주에서 《세종실록》 〈오례〉와 달라진 점은 음악과 관련된 부분에서 발견된다. 《세종실록》 〈오례〉 사우사단의에서는 국왕이 악차에 들어가고 나서 사단에 올라 어좌에 앉는 순간까지 헌가가 연주되었는데, 《국조오례의》에서는 악차에서 사단에 진입하기 직전까지는 정전 뒤에 설치된 고취가 연주하고, 사단에 올라간 후 어좌에 앉기까지는 전정 헌가가 연주하는 것으로 변화하였다. 이는 사우사단의에만 해당하는 것이 아니라 회례 등 오례 의식 전반의 국왕 출입 절차에 일괄 적용되는 형식적 변화였다.[78] 또한 세조대 이후 회례 의식에서 등가의 연주가 사라지면서 사우사단의 역시 《국조오례의》 단계부터 의주에서 등가의 진설 내용이

76 《국조오례의》의 간행 시기와 경위에 대해서는 박경지, 앞의 글, 2021, 68~81쪽 참고.

77 이와 관련하여 성종의 친정과 원상제 혁파 이후 시행된 대사례의 정치적 중요성을 대사례 의주가 실록에 수록된 배경으로 지적한 연구도 참고된다(박경지, 앞의 글, 2021, 179쪽).

78 신대철, 〈조선조의 고취와 고취악〉, 한국정신문화연구원 박사학위논문, 1995, 65쪽; 임영선, 앞의 글, 2020, 159쪽.

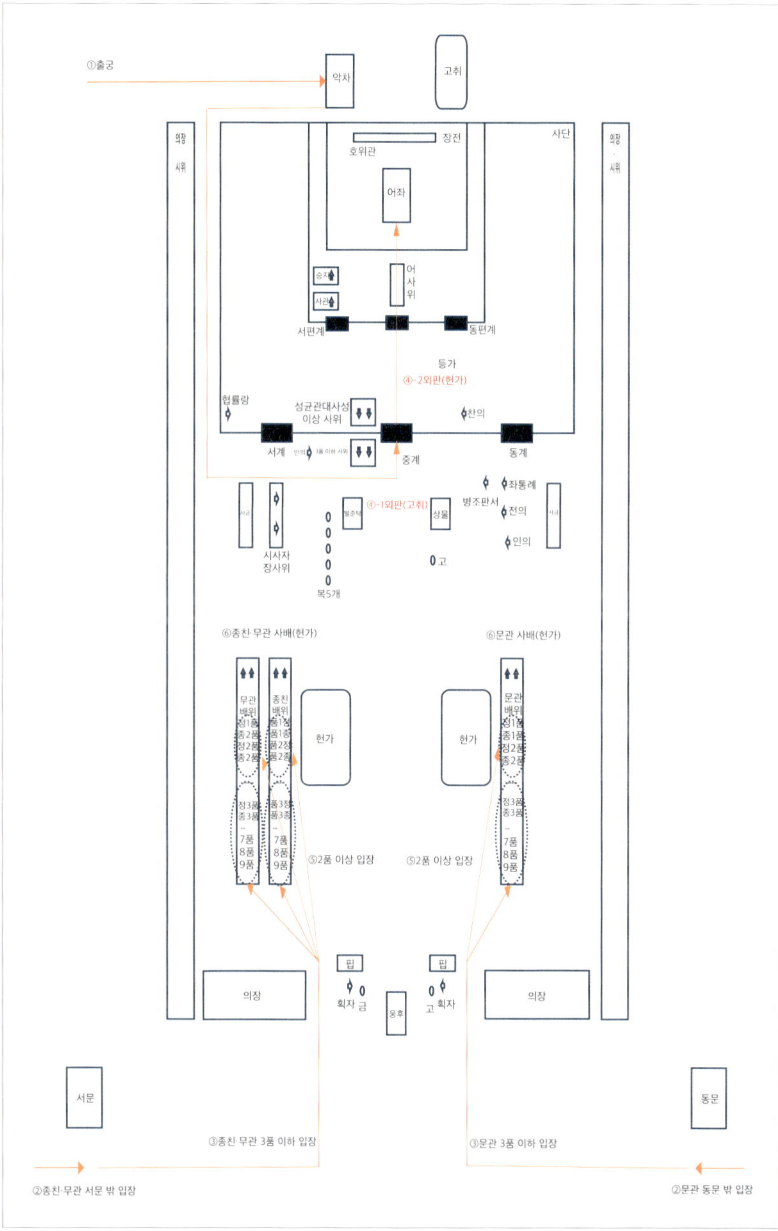

〈그림 9〉《국조오례의》 군례 사우사단의에서 외판 시 전후 고취의 적용

삭제되었다.[79]

《악학궤범》을 통해 《국조오례의》와 《오례서례》에서는 기술이 생략되어 알 수 없었던 일부 제반 사항과 용악의 구체적 내용을 확인할 수 있다.[80] 국왕 사·관사례 의식의 경우 다음에 제시한 표와 같이 6개의 의식에 대한 악대 및 인원의 구성 현황이 기재되었다.

〈표 6〉 《국조오례의》·《악학궤범》 성립 이후의 의식별 악대 및 인원 구성

		전정헌가[81]	전후고취	전부고취	후부고취	악사	악공	여기	가동
대사례(사우사단의)		○	18	○	○	3	61	100	×
관사우사단의		○	18	○	○	3	61	100	×
관사	경회루하종친관사	×	×	○	×	2	30	60	×
	예행동가관사					15		20	×
	후원종친관사					15		20	×
	후원문무신관사					15		×	○

사우사단의와 관사우사단의 의식 절차 가운데 회례는 정지회의의 예와 같게 한다고 기술되었으므로 《악학궤범》 정전예연여기악공배립正殿禮宴女妓樂工排立 항목의 예연 시 여기 100인과 동일하게 적용된다. 또한 관사우사단의의 전후 고취는 《악학궤범》에서는 언급되지 않았으나, 관사우사단의 의주

79 《국조오례의》 회례 의식의 악대 구성에서 등가가 사라지고 헌가가 전정헌가로 바뀐 것은, 회례 의식에 더 이상 아악이 사용되지 않게 되었기 때문이었다(임영선, 앞의 글, 2020, 158쪽).

80 이혜구 역, 《신역 악학궤범》, 태학사, 2000, 7~15쪽 해제; 임영선, 앞의 글, 2020, 160~163쪽.

81 《악학궤범》 권2, 時用殿庭軒架.

에서 국왕이 악차를 나와 사단으로 올라갈 때 고취가 진작한다는 기술이 있으므로 대사례와 동일하게 전후고취의 규모를 적용하였다.

또한 의주에는 나타나지 않지만, 사우사단의에서 출궁과 환궁 절차 시 국왕의 이동을 표상하는 의장은 행로에서는 법가노부, 사단이 마련된 전정에서는 반장의 등급으로 구성된다.[82] 법가노부에는 전부고취와 후부고취가 붙어서 임금이 연輦에 타서 이동하여 악차에 들어가는 시점까지 음악을 연주하게 된다.[83] 사우사단의의 국왕 의장은 전 시기를 통틀어 법가노부·반장 등급이 일관되게 적용되었기 때문에 국왕의 출궁과 환궁 시 전부고취와 후부고취의 연주 절차도 그대로 유지되었다.

〈표 7〉《국조오례의》 사우사단의 용악 양상

절차	행위자	동작	악대	악곡	구분	비고
외판	국왕	악차→사단(중계)	전후고취[84]	여민락만[85]	신악·속악	
	국왕	사단(중계)→어좌	전정헌가[86]			
배례	종친·문무백관	국궁-사배-흥-평신	전정헌가	낙양춘[87]		
회례[88]		進酒器	전정헌가	계우		

82 《세종실록》 권132, 오례 가례 서례 노부, 法駕鹵簿; 《국조오례서례》 권2, 가례 노부 법가.

83 신대철, 앞의 글, 1995, 51~52쪽.

84 《악학궤범》 권2, 正殿禮宴女妓樂工排立. 신대철, 앞의 글, 1995, 66쪽.

85 《악학궤범》 권2, 時用賀禮及宴享樂.

86 《악학궤범》 권2, 正殿禮宴女妓樂工排立.

87 《악학궤범》 권2, 時用賀禮及宴享樂.

88 《국조오례의》 및 《악학궤범》 시점의 정지회례 의식 절차와 용악 양상에 대해서는 임영선, 앞의 글, 2020, 163~167쪽 참고.

절차	행위자	동작	악대	악곡	구분	비고
회례		進饌案	전정헌가	여민락만	신악·속악	
		進花	전정헌가	절화삼대		
		進盤兒		여민락만		
		進膳				
		進湯		임시품지		
		제1작		임시품지		여기 2인 정재
		進湯				
		제2작				여기 2인 정재
		進湯				
		제3작				여기 2인 정재
어사	국왕	어좌→어사위	전정헌가	보태평 역성[89]		어사악장[90] 1~3절
		어사 전				
		어사 제1발				4절
		어사 제2발				5절
		어사 제3발				6절
		어사 제4발				7절
		어사위→어좌				8절

89 《악학궤범》 권2, 時用俗部祭樂.

90 《악학궤범》 권2, 時用俗部祭樂.

절차	행위자	동작	악대	악곡	구분	비고
시사	시사자	시사 전	전정헌가	보태평 역성		시사악장 1절
		시사 제1발				2절
		시사 제2발				3절
		시사 제3발				4절
		시사 제4발				5절
시사자 배례	시사자	국궁-사배-흥-평신	전정헌가	낙양춘	신악 · 속악	
배례	종친·문무백관	국궁-사배-흥-평신	전정헌가	낙양춘		
예필	국왕	어좌→사단(중계)	전정헌가	여민락령[91]		
	국왕	사단(중계)→악차	전후고취			

또한 1477년 대사례 의주의 제작 과정에서 악장이 새롭게 만들어진[92] 이후에는 어사와 시사 시 해당 악장의 가사를 《세조실록》 악보의 보태평 중 역성에 맞춰서 불렀다.[93] 이전 《세종실록》 〈오례〉의 사우사단의에서는 활쏘기 절차에서 연주되는 음악의 선율을 알 수 없었기 때문에 한 발을 쏘고 다음 발을 쏘기까지의 시간 계산이 불가능했다. 하지만 역성은 현재 종묘제례악 등을 통해 감상이 가능한 악곡이며 전체 연주 시간은 약 1분

91 《악학궤범》 권2, 時用賀禮及宴享樂; 《증보문헌비고》 권105, 악고16 樂人, "補 大射禮軒架【與民樂令】協律郎執事執拍樂工【與殿庭軒架同 ○御射大射並繹成】."

92 《성종실록》 권82, 성종 8년 7월 23일(무자).

93 이재숙 외, 《조선조 궁중의례와 음악》, 서울대학교출판부, 1998, 151쪽.

30초가 소요된다.[94] 〈표 8〉과 같이 역성과 대사례 악장의 구성을 비교해보면, 대사례 악장 전체 8절을 연주하는데 역성의 연주 시간은 약 90초 가량이 소요되므로 대사례 악장 각 절의 시간은 약 11~12초 정도로 가정할 수 있다. 따라서 화살 1발 장전하고 발사하여 획자가 확인하고 결과를 알리는데 악장 1절 즉 약 11~12초 정도의 시간이 주어진다고 이해할 수 있다.[95]

어사 시 첫 번째 화살이 음악의 4절부터 조응하는 형식은 영조대 대사례 의식 절차 관련 논의를 통해 구체적으로 이해할 수 있다.[96] 이에 따르면 임금이 활을 쏘기 전 미리 1절에서 3절까지 연주되고 4절부터 7절까지 각 절이 연주되는 시간 동안 화살을 한 발씩 쏘게 된다. 전체 악장은 8절로 구성되는데 어사를 마치고 아직 연주되지 않은 8절의 경우는 임금이 어사위에서 다시 어좌로 돌아가는 과정에서 연주된다.[97] 시사의 경우 《국조속오례의》 대사의 의주의 해당 절차에 붙은 세주를 보면, 첫 번째 시사자 짝이 활쏘기를 마치고 다음 시사자 짝이 사위에 올라올 때 음악은 5절에 이어 6절을 연속해서 연주하고 시사자도 그에 맞추어 활쏘기를 이어 나가게 된다.

94 국립국악원 누리집 '종묘제례악 역성'(www.gugak.go.kr).

95 물론 정간보의 리듬 해석에 대한 여러 견해가 엇갈리는 상황에서 현재 복원된 종묘제례악의 연주 템포가 18세기의 그것과 동일한 것인지에 대해 명확한 답을 얻기는 어렵다(정간보의 리듬 해석에 대한 제 견해는 문숙희, 〈종묘제례악 원형과 현행의 비교 고찰〉, 《공연문화연구》 32, 2016, 34~41쪽을 참조). 본 연구에서 검토한 대사례 악장의 연주 시간의 문제에 대해서도 추정의 단계임을 언급해둔다.

96 윤이근, 〈대사례 의식절차에 따른 용악 연구-영조 계해년 대사례의궤를 중심으로〉, 《조선 영조대 대사례의 연구자료집》, 한국문화재보호재단, 2006, 73쪽.

97 《영조실록》 권57, 영조 19년 3월 29일(계미). 보태평 역성의 곡에 대사례 악장의 가사를 넣어 부르는 방식에 대해서는 윤이근, 앞의 글, 2006, 73쪽을 참고.

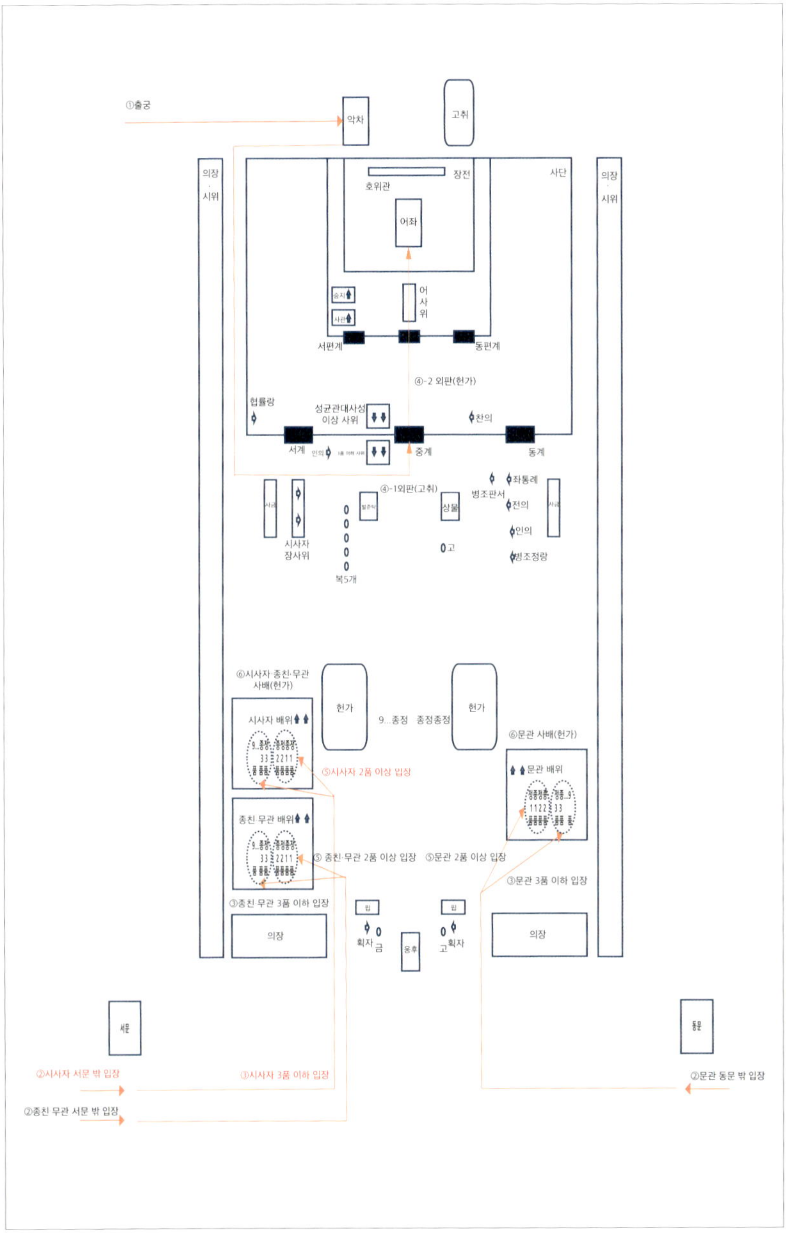

〈그림 10〉《국조속오례의》 군례 대사의에서 시사자 입장 방식의 변화

〈표 8〉 보태평 역성과 대사례 악장의 대응 양상

종묘 제향 迎神 보태평 역성	대사례 악장		
	어사		시사
世德作求	1절	思樂泮宮	於樂泮宮
率維敉功	2절	罵言房止	於輪鼓鐘
光闡太平	3절	以享以祀	凡百卿士
禮樂方隆	4절	禮儀卒備	日皆景從
左籥右翟	5절	旣抗大候	以燕以射
日旣九變	6절	弓矢斯張	失其德音
式昭光烈	7절	四鍭旣樹	獻爾發功
盡美盡善	8절	萬民所望	罔有不欽

《국조오례의》 단계까지 사우사단의에서 나타난 변화는 해당 의식의 특징을 이룬다기보다는 국가례 전반에 통용되는 형식의 변화가 사우사단의에도 적용된 내용이 주를 이룬다.[98] 성종대 이전까지 실제로 의식이 실행된 적이 없다는 점이 그 배경으로 생각된다. 그러나 조선후기에 새롭게 만들어진 대사의 의주에서는 전례를 기반으로 하면서도 당대 의식 실행의 취지와 현장 진행을 고려한 변화가 확인된다.[99]

《국조속오례의》 대사의 의주에서 가장 눈에 띄는 점은 진설과 입장 단계에서 시사자의 배위가 종친 및 문무관과 구분되어 배치되고 입장 역시 따

98 박경지, 앞의 글, 2021, 179쪽.

99 선행 연구에서는 《국조오례의》와 《대사례의궤》의 수록 의주를 비교 검토하고, 시사자 규정의 구체성과 같은 절차 서술의 정밀화, 회례의 폐지를 통한 의식의 간소화, 과녁의 변화 등으로 양자 간 차이점을 제시하였다(김문식, 〈계해년(1743) 대사례의 의식 절차〉, 《조선 영조대 대사례의 연구자료집》, 한국문화재보호재단, 2006, 25~27쪽).

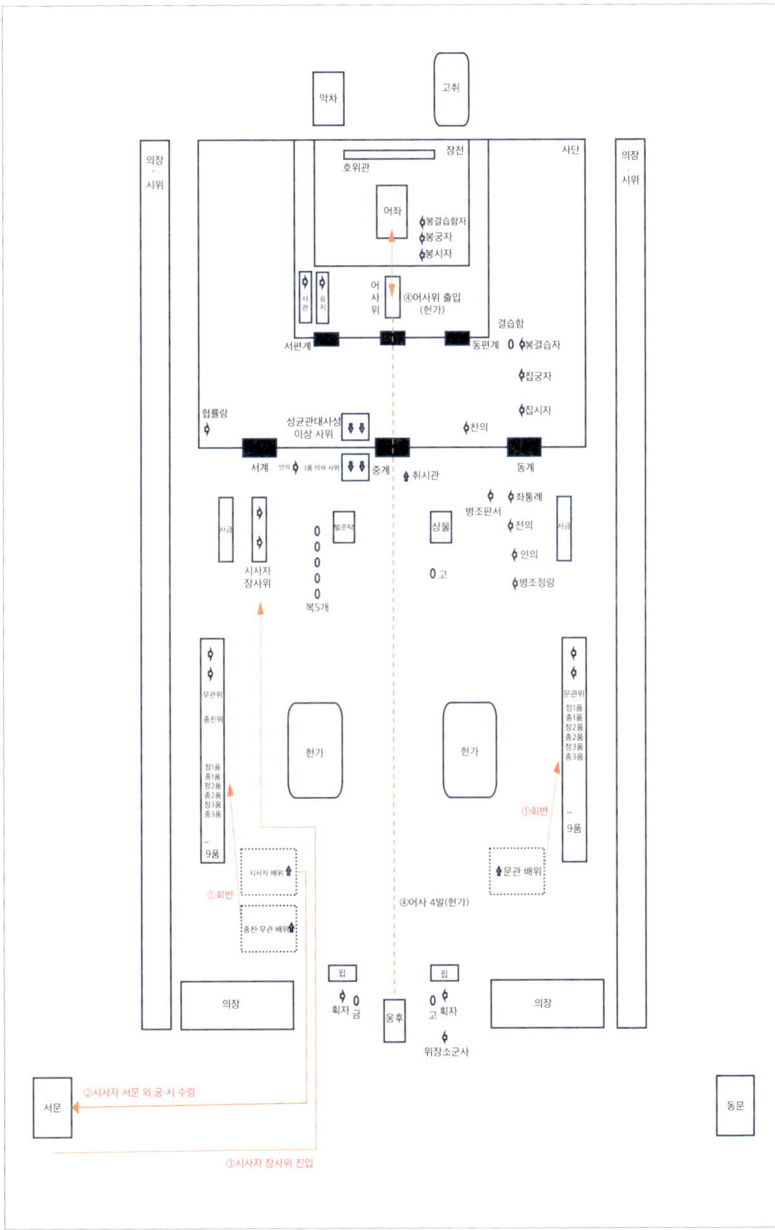

〈그림 11〉《국조속오례의》 군례 대사의에서 회례 의절의 삭제와 拜禮 후 回班의 적용

로 한다는 점이다. 이전의 의주에서는 입장 후 배례하고 회례를 행하는 시점까지 종친 문무관과 시사자의 구분이 이루어지지 않았다면, 《국조속오례의》 의주에서는 진설 시점부터 시사자의 배위가 종친·무관 배위 앞에 별도로 설치되고 입장 방식 역시 3품 이하와 2품 이상이 외판 전후로 구분되어 입장하도록 설정되었다.

의식의 구성 요소 측면에서 《국조속오례의》 대사의가 이전 시기와 가장 차이를 보이는 특징은 바로 회례 절차가 없어졌다는 점을 들 수 있다.[100] 회례 절차가 삭제되었기 때문에 배위에서 바로 어사를 바라보는 위치로 이동하면서 방향을 트는 회반回班 절차가 설정되었다.[101] 시사자 배위를 구분해서 설치하는 것은 회반 과정에서 시사자의 장사위 이동에 혼선을 방지를 하기 위한 배려였다고 추정된다. 만일 시사자 배위를 독립시키지 않고 문무관 배위 사이에 섞인 상태로 의식이 진행된다면, 배례 후 문관 배위에 있던 시사자는 헌가와 전정 중앙을 가로지르거나 길게 선회하여 시사자 장사위에 도달해야하므로 시사자 간에 시간 차가 발생하고 이러한 지연 요

100 앞선 장에서도 다루었듯이 조선 전기의 사우사단의가 다른 오례의의 의식과 비교되는 특징으로 군례의 틀 안에 가례 범주에 해당하는 회례 절차를 포함시킨 점을 지적할 수 있다. 이러한 맥락에서 조선 후기의 대사례에서 회례 절차가 제거된 사실은 특정한 의미를 내포한 변화였을 것으로 짐작되지만, 정작 영조 재위 당시에 이 문제에 대한 논의 내지는 결정에 영향을 미친 요인이 직접적으로 언급된 사료는 확인되지 않는다. 회례 절차의 삭제는 대사례라는 특정 의식에 국한된 결정이었는지, 혹은 거시적인 관점에서 조선 후기의 국가례 관련 논의 및 《국조속오례의》의 간행이라는 계기와 결부시켜 五禮 체계 자체와 연관된 구조적 변화로 읽어야 할 것인지 등 다양한 각도의 해석이 가능한데, 이에 대해서는 별도의 연구를 통해 구체적으로 검토가 이루어져야 할 부분이라고 생각된다.

101 조선시대 국가례에서 나타나는 회반 절차에 대해서는 강제훈, 〈조선왕조 가례 의식의 구성과 내용〉, 《조선 전기의 국가 의례와 의주》, 민속원, 2015; 강제훈, 〈조정 의례에서의 회반절차〉, 《만남의 제도화, 조선시대 조정 의례》, 민속원, 2017을 참고.

소는 이어지는 어사의 진행에도 영향을 미쳤을 것이다. 반면, 이전까지의 의식에서 어사 전에 회례가 열리는 상황에서는 시사자 간에 자리가 분산되어 있더라도 회례가 끝나기 전까지 자신의 동선을 계산하고 준비할 여유의 시간이 마련되어 있는 셈이다. 여기에 더하여 회례 종료 시 집사관의 인도를 통해 효율적인 이동이 가능했을 것이다.

5. 맺음말

선행 연구에서 검토된 바 있듯이 조선에서는 건국 이후 국가례의 정비를 진행하면서 작업에 관여한 인원의 성향 혹은 국왕의 의지에 따라 각자 나름의 이상형을 만들어냈다. 고제의 사례를 연구하고 때로는 현실의 전통을 반영하면서 시기마다 특징적인 형식이 선택되고 다시 수정 보완되는 반복적 추이를 드러냈는데, 당시에도 이러한 일련의 과정을 연속적으로 이해했던 근거는 예와 악의 형식과 실천 양상이 조화를 이루게 한다는 공통된 목적에서 찾을 수 있었다.

조선에서 국가례의 범주에 국왕의 사례를 정형화시키는 작업은 전통적인 유교적 왕조례의 전범, 직접적으로는 당제를 모방한 형태를 선택하면서 사단이라는 특정 장소를 의식의 공간으로 전제하였다. 다만 이러한 의식 절차의 규범화 이전에 국초 역대 국왕의 사·관사 경향은 국왕 개인의 성향과 더불어 시기별 정치 군사적 상황이 밀접하게 반영되면서 다양한 갈래로 분화되었고 그 각각이 적절한 격을 갖출 필요가 생겨났다. 요컨대 성균관에서 시행되는 사우사단의와 관사우사단의는 유교 의례의 형식적 전통에 연원을 둔 의식이었다면, 경복궁 후원에서 주로 시행되었던 관사 의식은 실제 의례 현장에서 발생하는 관행으로부터 정규화된 의식이었다.

국왕 사·관사례 의식 가운데 대표성을 지닌 의식은 사우사단의이다. 의식 절차는 국왕과 종친 및 문무관원이 사단에 나아가 회례를 행한 후 국왕의 활쏘기를 진행하고 이어서 종친 및 문무관원 가운데 사전 지정된 시사자가 활을 쏘고 그 결과에 대한 시상과 벌주가 진행된다. 시기별 시행 맥락에 따라 사우사단의 혹은 대사례, 대사의로 명칭의 변화가 있었지만, 어사, 시사, 상벌로 전개되는 구조와 음악이 개입되는 시점 등 핵심 구성 요소는 동일하기 때문에 시계열적 비교 분석이 가능하다. 조선 후기에 새롭게 만들어진 대사의 의주에서는 전례를 기반으로 하면서도 당대 의식 실행의 취지와 현장 진행을 고려한 변화가 확인된다.

예와 악을 종합해 바라보려는 시도는 양자의 관계를 전제하며 특정 의식 속에서 발현된 맥락을 해석하는 과정으로 묘사할 수 있다. 예와 악의 관계에 대하여 이 문제를 앞서 사유했던 한 논자는 양자의 인과 관계에서 상호 필연성을 끌어냈다. 요컨대 전통사회에서 예가 법과 제도로 발전하고 순수한 외양과 태도가 될수록 인간의 내적 감정을 상실하게 되고, 그 허공을 메꾸는 매개 형식으로 음악이 제기된다.[102] 같은 맥락에서 국왕의 사례는 조선 전 시기를 거쳐 예·악적 요소의 변화를 겪지만, 그 변화의 근거와 의도는 시대를 막론하고 의식 주체인 활 쏘는 사람의 마음가짐을 환기하고 지원하기라는 소실점을 향해 일관되게 나아가고 있었다는 점에서, 형식적 차원을 넘어 의례를 통해 인간의 외양과 감정의 관계를 다루는 본연적 의미를 추구했음을 확인할 수 있었다.

102 리쩌허우 저, 권호 역, 〈禮樂傳統〉, 《화하미학》, 동문선, 1990.

〈부록〉 조선 사우사단의 의주 비교표

절차	《개원례》 군례 황제사어사궁	《세종실록》 오례 군례 사우사단의	《국조오례의》 군례 사우사단의	《성종실록》 8년 8월 3일 대사례의주	《국조속오례의》 군례 대사의
		1일 전 충호위 장전 설치(사단, 남향) 악차 설치(장전 뒤)	1일 전에 **전설사**에서는 장전을 사단에 남향하여 악차를 장전 뒤에 설치한다.	전설사에서 장전을 사단에 남향하여 설치하고 악차를 장전의 뒤에 설치한다.	1일 전에 전설사에서는 장전을 사단에 남향하여 악차를 장전 뒤에 설치한다.
			前一日 **典設司**設帳殿於射壇南向 幄次於帳殿之後	典設司設帳殿於射壇南向 幄次於帳殿之後	前一日 典設司設帳殿於射壇南向 幄次於帳殿之後
		액정서에서 어좌를 장전 안에 남향하여 설치하고 어사위를 장전 앞에 남향하여 설치한다【자리를 깔아 놓는다】.	액정서에서는 어좌를 장전 안에 어사위를 장전 앞에 설치하는데 모두 남향한다【자리를 깔아 놓는다】.	액정서에서 어좌를 장전 안에 설치하고 어사위를 장전 앞에 설치하되 모두 남향하게 한다【자리를 깔아 놓는다】.	액정서에서는 어좌를 장전 안에 어사위를 장전 앞에 설치하는데 모두 남향한다【자리를 깔아 놓는다】.
		掖庭署設御座於帳殿內南向 御射位於帳殿前 南向【設席】	掖庭署 設御座於帳殿內 御射位於帳殿前 俱南向【設席】	掖庭署設御座於帳殿內 御射位於帳殿前 俱南向【設席】	掖庭署設御座於帳殿內 御射位於帳殿前 俱南向【設席】
진설	1일 전에 태악령이 궁현의 악을 배설하고 고취령이 사전의 뜰에 12개 안을 설치한다. 해당하는 달의 조를 사용한다. 등가는 각각 동현은 동계 동쪽에 서면해서 있고 서현은 서계 서쪽에 동면해서 있다. 남·북 2현의 각 등가는 중앙을 넓게 열어둔다【중앙을 넓게 여는 것은 사위를 피하는 것이다】.	아악서의 진악은 헌현을 단의 남쪽에 진열하고【월률을 사용한다.】 등가는 단 위에 남쪽 가까이에 진열하고 중앙을 넓게 열어 놓는다【화살을 피하는 자리이다】. 협률랑위를 2개 설치하는데 1개는 등가의 서북쪽에 설치하고 1개는 단 위에 설치한다. 전악위는 단 아래에 설치하는데 모두 서쪽 가까이에서 동향하게 한다.	**장악원**에서는 헌현을 단 남쪽에 벌여놓는데 중앙을 널찍이 터놓는다【화살 길을 피하는 것이다】. **협률랑의 거휘위는 단 위에다 서쪽 가까이에 동향하여 설치한다.**	장악원에서 헌현을 사단 남쪽에 진열하되 중앙을 널찍하게 터놓고【화살을 피하는 길이다】. 협률랑의 거휘위를 단 위에 설치하되 서쪽으로 가깝게 동향하게 한다.	장악원에서는 헌현을 단 남쪽에 벌여놓는데 중앙을 널찍이 터놓는다【화살 길을 피하는 것이다】. 협률랑의 거휘위는 단 위에다 서쪽 가까이에 동향하여 설치한다.
	前一日 太樂令設宮懸之樂 鼓吹令設十二案於射殿之庭 以當月之調 登歌各以其合東懸在東階東西面 西懸在西階西東面 南北二懸各登歌廣開中央【廣開中央辟射位】	雅樂署典樂展軒懸於壇南【用月律】 登歌於壇上近南 廣開中央【避箭位也】 設協律郎位二 一於登歌西北 一於壇上 典樂位於壇下 俱近西東向	**掌樂院** 展軒懸於壇南廣開中央【避矢道也】**設協律郎擧麾位於壇上近西東向**	掌樂院展軒懸於壇南 廣開中央【避矢道也】 設協律郎擧麾位於壇上 近西東向	掌樂院 展軒懸於壇南廣開中央【避矢道也】設協律郎擧麾位於壇上近西東向

절차	《개원례》 군례 황제사어사궁	《세종실록》 오례 군례 사우사단의	《국조오례의》 군례 사우사단의	《성종실록》 8년 8월 3일 대사례의주	《국조속오례의》 군례 대사의
진설	웅후는 전에서 90보 거리에 편다. 핍은 후에서 서쪽으로 10보 북쪽으로 10보 거리에 설치한다【핍은 후의 주변에서 화살을 피하는 것이다. 가죽으로 하고 높이 넓이는 7척이다. 먼저 화살받이가 있으면 반드시 다시 설치할 필요는 없다】. 5개의 복은 뜰 앞에서 조금 서쪽에 설치한다【복은 길이는 7척, 넓이는 3촌, 깊이는 1촌 반이다. 용의 머리에 뱀의 몸 형태로 화살을 쌓아 두는 것이다】. 시사자위는 서계 앞에 동면하여 펴는데 북쪽을 윗자리로 한다. 사마위는 시사위의 남쪽에 동면하여 편다. 획자위는 핍의 동쪽에 동면하여 편다. 시사사위는 전계 아래에 어좌 바로 앞에서 조금 서쪽에 남면하여 가로로 편다.	훈련관에서 웅후를 사단에서 90보 거리에 설치하고【후는 붉은 빛깔의 베로 바탕을 만들고 높이와 너비를 1장 8척으로 하며 그 너비를 3등분하여 곡이 그 중 1분을 차지한다. 곡의 너비는 6척이고 흰색을 칠한 가죽을 네모나게 잘라서 후의 중앙에 붙이고 곰의 머리를 그린다】. 핍을 후의 동 · 서쪽 각각 10보 거리에 설치하고【핍은 후 주변에서 화살을 피하는 물건으로 가죽으로 만든다. 높이와 너비는 7척이며 형태는 병풍과 같다. 고 1개는 동쪽 핍에 있고 쇠 1개는 서쪽 핍에 있다】. 북 1개를 단 아래 약간 동쪽에 두고 화살 그릇 5개를 단 아래 약간 서쪽에 둔다【화살 그릇은 길이가 3척 너비가 7촌 두께가 1촌 반이며 용의 머리와 뱀의 몸 모양을 하고 있다. 화살을 쌓아 둔다】. 시사자의 장사위는 서계 앞에 동향하고 북쪽을 윗자리로 하여 설치한다. 병조판서위는 동계 앞에 서향하여 설치한다. 시사자는 집현전부제학이상사위는 단 위에 삼품이하사위는 단 아래에 설치하는데 모두 서쪽 가까이에 가로로 펼쳐서 남향하게 한다.	훈련원에서는 웅후를 펼쳐놓는데 단과의 거리가 90보이다. 핍은 후에 설치하는데 동서로 각각 10보이다. 북 하나는 단 아래에서 조금 동쪽이다. 화살 그릇 다섯은 단 아래에서 조금 서쪽이다. 시사사의 장사위는 서계 앞에다 동향하여 북쪽을 윗자리로 해서 설치한다. 병조판서위는 동계 앞에서 서향한다. 시사자는 **성균관대사성이상사위**가 단 위이고 삼품이하사위가 단 아래인데 모두 서쪽 가까이에서 가로로 펼쳐서 남향한다.	훈련원에서 웅후를 베풀어 놓되 단에서 90보의 거리에 있게 하고 핍을 후의 동 · 서쪽 각각 10보 되는 곳에 설치하고 북 1개를 단 아래 조금 동쪽에 놓고 화살 그릇 5개를 단 아래 조금 서쪽에 놓는다. 그리고 시사자의 장사위를 서계 앞에 설치하되 동향하게 하고 북쪽을 윗자리로 하게 하며 병조판서위는 동계 앞에 서향하게 하고 시사자는 성균관대사성이상사위는 단 위에 설치하고 삼품이하사위는 단 아래에 설치하되 모두 서쪽으로 가까이 가로로 펼쳐서 남향한다.	훈련원에서는 웅후를 펼쳐놓는데 단과의 거리가 90보이다. 핍은 후에 설치하는데 동서로 각각 10보이다. 북 하나는 단 아래에서 조금 동쪽이다. 화살 그릇 다섯은 단 아래에서 조금 서쪽이다. 시사자의 장사위는 서계 앞에다 동향하여 북쪽을 윗자리로 해서 설치한다. 병조판서위는 동계 앞에서 서향한다. 시사자는 성균관대사성이상사위가 단 위이고 삼품이하사위가 단 아래인데 모두 서쪽 가까이에서 가로로 펼쳐서 남향한다.
	張熊侯去殿九十步 設乏於侯西十步北十步【乏侯邊 避矢物 以革為之高廣七尺 先有垜為之則不須更設】設五楅庭前少西【楅 長七尺 博三寸 厚一寸半 龍首蛇身 所以委矢】布侍射者位於西階前東西北上 布司馬位於侍射位之南東面 布獲者位於乏東東面 布侍射射位於殿階下當御前少西橫布南面	訓鍊觀張熊侯去壇九十步【侯以赤色布爲質 崇廣丈八尺 三分其廣而鵠居一 鵠方六尺 以白漆皮方制之 棲於侯中 畫以熊首】設乏於侯東西各十步【乏侯邊避矢物 以革爲之高廣七尺 形如屏風鼓一在東乏 金一在西乏】鼓一於壇下少東 楅五於壇下少西 【楅長三尺 博七寸 厚一寸半 龍首蛇身以委矢】設侍射者將射位於西階前 東向北上 兵曹判書位於東階前西向 侍射者集賢殿副提學以上射位於壇上 三品以下射位於壇下 俱近西橫布南向	訓鍊院 張熊侯去壇九十步 設乏於侯東西各十步 鼓一於壇下少東 楅五於壇下少西設侍射者將射位於西階前東向北上 兵曹判書位於東階前西向 侍射者成均館大司**成以上射位於壇上** 三品以下射位於壇下 俱近西橫布南向	訓鍊院張熊侯去壇九十步 設乏於侯東西各十步 鼓一於壇下少東 楅五於壇下少西 設侍射者將射位於西階前 東向北上 兵曹判書 於東階前西向 侍射者成均館大司成以上射位於壇上 三品以下射位於壇下 俱近西橫布南向	訓鍊院 張熊侯去壇九十步 設乏於侯東西各十步 鼓一於壇下少東 楅五於壇下少西設侍射者將射位於西階前 東向北上 兵曹判書位於東階前西向 設侍射者成均館大司成以上射位於壇上 三品以下射位於壇下 俱近西橫布南向

절차	《개원례》 군례 황제사어사궁	《세종실록》 오례 군례 사우사단의	《국조오례의》 군례 사우사단의	《성종실록》 8년 8월 3일 대사례의주	《국조속오례의》 군례 대사의
진설	시사자의 궁·시는 서문 밖에서 대기한다. 상물은 동계 아래에서 조금 동쪽에 진열한다. 벌풍은 서계 아래에서 조금 서쪽에 둔다【풍은 벌작을 받치는 것으로 형태는 두와 비슷한데 크고 낮다】.벌준은 서계의 서쪽에 남북으로 설치하는데 평평하고 높다. 비는 벌준의 서남쪽에 설치하여 실작을 늘어놓고 멱을 덮어 둔다.	그날에 시사자의 궁·시는 서문 밖에서 대기한다. 상물은 단 아래 약간 동쪽에 벌준탁은 단 아래 약간 서쪽에 북향하여 늘어놓는데 점을 설치하여 작을 얹어 두고 풍을 탁의 서쪽에 둔다【풍은 벌작을 받치는 것인데 형태는 두와 비슷하며 크고 낮다】. 획자위를【화살을 줍는 관원】동·서쪽 핍에 설치하고 서로 마주 보게 한다.	그날에 시사자의 궁·시는 서문 밖에서 대기한다. 상물은 단 아래의 조금 동쪽에 벌준탁은 단 아래의 조금 서쪽에 북향하여 진열한다. 점을 진설하고서 작을 얹어 놓는다. 풍은 탁자의 서쪽에 놓는다. 획자위는 동서의 핍에서 서로 마주한다.	그날에 시사자의 궁·시는 서문 밖에서 대기한다. 상물을 단 아래에 조금 동쪽에 진열하고 벌준탁은 단 아래에 조금 서쪽으로 북향하여 진열한다. 점을 설치하고 술잔을 얹어 놓는다. 풍은 탁자의 서쪽에 설치한다. 획자위를 동·서쪽 핍에 서로 마주 향하게 설치한다.	그날에 시사자의 궁·시는 서문 밖에서 대기한다**【병조정랑이 순서대로 정돈한다】**. 상물은 단 아래의 조금 동쪽에 벌준탁은 단 아래의 조금 서쪽에 진열하는데 모두 북향으로 한다. 점을 설치하고서 **치**를 얹어 놓는다. 풍은 탁자의 서쪽에 놓는다. 획자【화살을 줍는 자】위는 동서의 핍에서 서로 마주한다.
	侍射者弓矢俟於西門外 陳賞物於東階下少東 置罰豐於西階下少西【豐者 所以承罰爵 形似豆大而卑】 設罰尊於西階西南北以堂深 設篚於尊西南 肆實爵加冪	其日 侍射者弓矢俟於西門外 陳賞物於壇下少東 罰尊卓於壇下少西北向 設坫加爵 置豐於卓西【豐所以承罰爵 形似豆大而卑】 獲者位【拾箭官】於東西乏相向	其日 侍射者弓矢俟於西門外 陳賞物於壇下少東 罰尊卓於壇下少西北向 設坫加爵 置豐於卓西 獲者位於東西乏相向	其日 侍射者弓矢 俟於西門外 陳賞物於壇下少東 罰尊卓於壇下少西北向 設坫加爵 置豐於卓西 獲者位於東西之相向	其日 侍射者弓矢俟於西門外**【兵曹正郎次知整齊】**陳賞物於壇下少東 罰尊卓於壇下少西 俱北向 設坫加觶 置豊於卓西獲者【拾箭者】位於東·西乏相向
		전의가 집사관과 종친·문무백관의 배위를 설치하는데 모두 근정전 정위와 같게 한다.	전의는 집사관 및 종친 문무백관의 자리를 설치하는데 모두 근정전 정위와 같이 한다.	전의가 집사관과 종친·문무백관의 자리를 설치하되 모두 **인정전위**와 같이 한다.	전의가 집사관·시사자·종친·문무백관의 배위를 단 아래 동·서쪽에 설치한다**【문관은 동쪽, 종친과 무관은 서쪽, 시사자는 서반의 앞에 있다】**.
		典儀設執事官及宗親文武百官拜位 竝如勤政殿庭位	典儀 設執事官及宗親·文武百官位 竝如勤政殿庭位	典儀設執事官及宗親文武百官位 竝如**仁政殿位**	典儀設執事官·侍射者·宗親·文武百官拜位於壇下東西**【文官在東 宗親及武官在西 侍射者在西班之前】**
출궁	그날에 날이 밝을 때 임금이 무변을 갖추고 나오면 음악이 연주된다. 경필과 문무시위는 모두 정해진 의절대로 한다.	전하가 익선관·곤룡포를 갖추고 궁에서 나와 단소에 이르러 악차에 들어가는데 장위를 단의 동·서쪽에 배열하기를 모두 시학의와 같게 한다.	전하께서는 익선관·곤룡포를 갖추고 궁을 나와 단소에 이르러 악차로 들어간다. 의장과 시위는 단의 동서에 배열하는데 모두 시학의와 같게 한다.	전하가 익선관·곤룡포를 갖추고 궁을 나와 단소에 이르러 악차로 들어가고 장위는 단의 동·서쪽에 배열하는데 모두 시학의와 같게 한다.	**거가출궁【춘추알태묘의에 보인다】**.
	其日 質明 御服武弁出 樂作 警蹕及文武侍衛 皆如常儀	殿下具翼善冠袞龍袍出宮 至壇所入幄次 仗衛排列於壇之東西 竝如視學儀	殿下 具翼善冠·袞龍袍 出宮 至壇所 入幄次仗衛 排列於壇之東西 竝如視學儀	殿下具翼善冠袞龍袍 出宮 至壇所 入幄次 仗衛排列於壇之東西 竝如視學儀	**○車駕出宮【見春秋謁太廟儀】**

절차	《개원례》 군례 황제사어사궁	《세종실록》 오례 군례 사우사단의	《국조오례의》 군례 사우사단의	《성종실록》 8년 8월 3일 대사례의주	《국조속오례의》 군례 대사의
출궁					어가가 단소에 이르러 악차에 들어가고 단의 동·서에 장위를 배열하는데 모두 시학의와 같게 한다. ○駕至壇所入幄次 仗衛排列於壇之東西 竝如視學儀
입장	문무관은 공복을 갖춘다. 文武官俱公服	종친과 문무백관은 모두 상복 차림으로 동·서문 밖에 나아간다. 宗親及文武百官 俱以常服就東西門外	종친과 문무백관은 모두 상복 차림으로 동·서문 밖으로 나아간다. 宗親及文武百官 俱以常服 就東西門外	종친과 문무백관은 모두 상복 차림으로 동·서문 밖으로 나아간다. 宗親及文武百官俱以常服就東西門外	종친과 문무백관은 모두 상복 차림으로 동·서문 밖으로 나아간다. 宗親及文武百官 俱以常服 就東西門外
					시사관은 역시 상복 차림으로 서문 밖 백관의 앞에 선다. **侍射官 亦以常服 立於西門外百官之前**
		전악이 공인을 거느리고 들어와 자리에 나아간다. 典樂帥工人入就位	전악이 공인을 거느리고 들어가서 자리로 나아간다. 典樂帥工人入就位	전악이 공인을 거느리고 들어가서 자리로 나아간다. 典樂率工人入就位	전악이 공인을 거느리고 들어가서 자리로 나아간다. 典樂 帥工人 入就位
		협률랑이 들어와서 거휘위에 나아간다. 協律郎入就擧麾位	협률랑은 들어가 거휘위로 나아간다. 協律郎 入就擧麾位	협률랑이 들어와서 거휘위로 나아간다. 協律郎入就擧麾位	협률랑은 들어가 거휘위로 나아간다. 協律郎 入就擧麾位
		집사관이 먼저 자리에 나아간다. 執事官先就位	집사관이 먼저 자리로 나아간다. 執事官 先就位	집사관이 먼저 자리로 나아간다. 執事官先就位	집사관이 먼저 자리로 나아간다. 執事官 先就位
		봉례랑이 3품 이하의 관원을 나누어 인도하여 들어와서 배위에 나아간다. 奉禮郎分引三品以下入就拜位	인의가 3품 이하의 관원을 나누어 인도하여 들어가 배위로 나아간다. 引儀分引三品以下入就拜位	인의가 3품 이하의 관원을 나누어 인도하여 들어와서 배위로 나아간다. 引儀分引三品以下入就拜位	인의가 3품 이하의 관원을 나누어 인도하여 들어와서 배위로 나아간다. 引儀分引三品以下入就拜位
외판		판통례가 부복하고 외판을 아뢴다. 判通禮俯伏啓外辦	**좌통례**가 부복하였다가 꿇어앉고 외판을 아뢴다. **左通禮** 俯伏跪啓外辦	좌통례가 부복하였다가 꿇어앉고 외판을 아뢴다. 左通禮俯伏跪啓辦外	좌통례가 부복하였다가 꿇어앉고 외판을 아뢴다. 左通禮俯伏跪啓辦外
		전하가 나가려 하면 의장이 움직인다. 殿下出仗動	전하께서 장차 나올 때 의장이 움직이고 **고취가 연주한다.** 殿下將出 仗動 **鼓吹振作**	전하가 나가려고 하면 의장이 움직이고 고취가 연주된다. 殿下將出 仗動鼓吹振作	전하가 나가려고 하면 의장이 움직이고 고취가 연주된다. 殿下將出 仗動鼓吹振作
		협률랑이 부복하였다가 휘를 들고 일어난다. 協律郎跪俯伏擧麾興	**장차 단에 오를 때** 협률랑이 무릎 꿇었다가 부복하여 휘를 들고 일어난다. **將陞壇** 協律郎跪俯伏擧麾興	단에 오르려고 하면 협률랑이 꿇어앉아 부복했다가 휘를 들고 일어난다. 將乘壇 協律郎跪俯伏擧麾興	전하가 단에 오르려고 하면 협률랑이 꿇어앉아 부복했다가 휘를 들고 일어난다. 殿下將陞壇 協律郎 跪俯伏擧麾興

절차	《개원례》 군례 황제사어사궁	《세종실록》 오례 군례 사우사단의	《국조오례의》 군례 사우사단의	《성종실록》 8년 8월 3일 대사례의주	《국조속오례의》 군례 대사의
외판		공인이 축을 두드리면 헌가에서 《융안지악》을 시작한다. 工鼓柷 軒架作《隆安之樂》	공인이 축을 치고 헌가가 음악을 연주하며 **고취는 그친다.** 工鼓柷 軒架樂作 **鼓吹止**	공인이 축을 두드리면 헌가에서 악을 시작하고 고취가 그친다. 工皷柷 軒架樂作 皷吹止	공인이 축을 두드리면 헌가에서 악을 시작하고 고취가 그친다. 工皷柷 軒架樂作 皷吹止
		전하가 자리에 오르면 산선과 시위를 정해진 의절과 같이 한다. 殿下乘座 繖扇侍衛如常儀	전하가 어좌에 오른다. 산선과 시위는 정해진 의절대로 한다. 殿下陞座繖扇・侍衛如常儀	전하가 자리에 오르면 산선의 시위는 평상시의 의절과 같이 한다. 殿下陞座 繖扇侍衛如常儀	전하가 자리에 오르면 산선의 시위는 평상시의 의절과 같이 한다. 殿下陞座 繖扇侍衛如常儀
		협률랑이 꿇어앉아 휘를 눕히고 부복하였다가 일어난다. 協律郎跪偃麾俯伏興	협률랑이 꿇어앉아 휘를 눕히고 부복하였다가 일어난다. 協律郎 跪偃麾俯伏興	협률랑이 꿇어앉아 휘를 눕혀 놓고 부복하였다 일어난다. 協律郎跪偃麾 俯伏興	협률랑이 꿇어앉아 휘를 눕혀 놓고 부복하였다 일어난다. 協律郎跪偃麾 俯伏興
		공인이 어를 긁으면 음악이 그친다. 工戛敔 樂止	공인이 어를 치고 음악을 그친다. 工戛敔 樂止	공인이 어를 긁으면 악이 그친다. 工戛敔 樂止	공인이 어를 긁으면 악이 그친다. 工戛敔 樂止
			여러 호위하는 관원은 어좌 뒤에 정렬하여 선다. **諸護衛之官 列立於座後**	여러 호위하는 관원이 어좌 뒤에 정렬하여 선다. 諸護衛之官列立於座後	여러 호위하는 관원이 어좌 뒤에 정렬하여 선다. 諸護衛之官列立於座後
		승지가 서편계로 단에 올라가 서남쪽 구석에서 북향하여 동쪽을 윗자리로 하고 부복한다. 承旨由西偏階升壇 在西南隅北向東上俯伏	승지는 서편계로 단으로 올라가서 서남쪽 구석에서 북향하여 동쪽을 윗자리로 해서 부복한다. 承旨由西偏階陞壇 在西南隅 北向東上俯伏	승지가 서편계로 단에 올라가서 서남쪽 구석에 북향하고 동쪽을 윗자리로 하여 부복한다. 承旨由西偏階陞壇 在西南隅北向東上俯伏	승지가 서편계로 단에 올라가서 서남쪽 구석에 북향하고 동쪽을 윗자리로 하여 부복한다. 承旨由西偏階陞壇 在西南隅北向東上俯伏
		사관은 그 뒤에 있다. 史官在其後	사관은 그 뒤에 있는다. 史官在其後	사관은 그 뒤에 있는다. 史官在其後	사관은 그 뒤에 있는다. 史官在其後
		다음에 사금이 뜰의 동・서쪽에 나누어 서기를 정해진 대로 한다【무릇 군사는 모두 무기와 복식을 갖춘다】. 次司禁分立於庭之東西如常【凡軍士 皆具器服】	다음으로 사금이 **단 아래** 동・서쪽에 나누어 서기를 정해진 대로 한다【무릇 군사는 모두 무기와 복식을 갖춘다】. 次司禁分立於**壇下**東西如常【凡軍士皆具器服】	다음에 사금이 단 아래 동・서쪽에 나누어 서기를 정해진 대로 한다【무릇 군사들은 모두 무기와 복식을 갖춘다】. 次司禁分立於壇下東西如常【凡軍士皆具器服】	다음에 사금이 단 아래 동・서쪽에 나누어 서기를 정해진 대로 한다【무릇 군사들은 모두 무기와 복식을 갖춘다】. 次司禁分立於壇下東西如常【凡軍士皆具器服】
배례		봉례랑이 2품 이상의 관원을 나누어 인도하여 들어와서 배위에 나아간다. 奉禮郎分引二品以上入就拜位	인의가 2품 이상을 나누어 인도하여 들어가 배위로 나아간다. 引儀 分引二品以上 入就拜位	인의가 2품 이상의 관원을 나누어 인도하여 들어와서 배위에 나아간다. 引儀分引二品以上 入就拜位	인의가 2품 이상의 관원을 나누어 인도하여 들어와서 배위에 나아가는데 **겹줄로 북향한다.** 引儀分引二品以上 入就拜位 **重行北向**
		전의가 "사배"라고 말한다. 典儀曰 四拜	전의가 "사배"라고 말한다. 典儀曰 四拜	전의가 "사배"라고 말한다. 典儀曰 四拜	전의가 "사배"라고 말한다. 典儀曰 四拜

절차	《개원례》 군례 황제사어사궁	《세종실록》 오례 군례 사우사단의	《국조오례의》 군례 사우사단의	《성종실록》 8년 8월 3일 대사례의주	《국조속오례의》 군례 대사의
배례		통찬이 "국궁 사배 흥 평신"이라고 창한다【통찬이 찬창하면 모두 전의의 말을 받아서 한다】.	찬의가 "국궁 사배 흥 평신"이라고 창한다【찬의가 찬창하면 모두 전의의 말을 받아서 한다】.	찬의가 "국궁 · 사배 · 흥 · 평신"이라고 창한다【무릇 찬의가 찬창하면 모두 전의의 말을 받아서 한다】.	찬의가 "국궁 · 사배 · 흥 · 평신"이라고 창한다.
		通贊唱 鞠躬四拜興平身【通贊贊唱 皆承典儀之辭】	贊儀唱 鞠躬四拜興平身 凡贊儀贊唱 皆承典儀之辭	贊儀唱 鞠躬四拜興平身【凡贊儀贊唱 皆承典儀之辭】	贊儀唱 鞠躬四拜興平身
		종친과 백관이 국궁하고【음악이 시작된다】. 네 번 절하고 일어나서 몸을 편다【음악이 그친다】.	종친과 문무백관이 국궁하면 음악을 연주하며 네 번 절하고 일어나서 몸을 펴면 음악을 그친다.	종친과 문무 백관이 국궁하면 음악이 시작되며 네 번 절하고 일어나 몸을 펴면 음악이 그친다.	종친 · 문무백관과 시사자가 국궁하면 음악이 시작되며 네 번 절하고 일어나 몸을 펴면 음악이 그친다.
		宗親及百官鞠躬【樂作】四拜興平身【樂止】	宗親及文武百官 鞠躬 樂作 四拜興平身 樂止	宗親及文武百官鞠躬 樂作 四拜 興 平身 樂止	宗親文武百官及侍射者 鞠躬樂作 四拜興平身樂止
회례	전악의 연주와 회례는 모두 원회 의식과 같게 한다.	봉례랑이 종친과 백관을 나누어 인도하여 자리에 나아가고 회례를 베풀기를 정지회의와 같이 한다【다만 상수례는 없다.】	인의가 종친과 문무백관을 나누어 인도하여 자리로 나아가고 회례 설행은 정지회의와 같다【다만 상수례는 없다】.	인의가 종친과 문무 백관을 나누어 인도하여 자리로 나아가고 회례를 베풀기를 정지회의와 같이 한다【오직 상수례만 없다】.	
	典樂作及會並如元會之儀	奉禮郎分引宗親及百官就位 設會如正至會儀【唯無上壽禮】	引儀 分引宗親及文武百官就位 設會如正至會儀【唯無上壽禮】	引儀分引宗親及文武百官就位 設會如正至會儀【唯無上壽禮】	
회반					**인의가 나누어 인도하여 회반하고 서로 마주 보며 선다.**
					引儀分引 回班相向立
어사	술이 세 순배 돌면 시중이 유사가 이미 갖추었으니 활쏘기를 청함을 아뢴다.	술이 세 순배 돌면 판통례가 서편계로 올라가서 어좌 앞에 나아가 부복하고 꿇어앉아 유사가 이미 활쏘기를 갖추었음을 아뢰고 부복하였다가 일어나 내려와서 자리로 돌아간다.	술을 세 차례 돌리고 좌통례가 서편계로 올라가 나아가서 어좌 앞에 당도하여 부복하였다가 무릎 꿇고서 유사가 이미 활쏘기를 준비하였음을 아뢰고 부복하였다가 일어나 내려가서 자리로 돌아간다.	술이 세 순배 돌면 좌통례가 서편계로 올라가서 어좌 앞에 나아가 부복하고 꿇어앉아 유사가 이미 활쏘기를 갖추었음을 아뢰고 부복하였다 일어나 내려와서 제자리로 돌아간다.	좌통례가 서편계로 올라가 어좌 앞에 나아가 부복하였다가 꿇어앉고서 유사가 이미 활쏘기를 갖추었음을 아뢰고 부복하였다가 일어나서 내려와 자리로 돌아간다.
	酒三遍 侍中奏稱有司既具請射	酒三遍 判通禮升自西偏階 進當座前俯伏跪啓 有司既具射 俯伏興降復位	酒三遍 左通禮 陞自西偏階 進當座前 俯伏跪啓有司既具射 俯伏興降復位	酒三遍 左通禮陞自西偏階 進當座前俯伏跪 啓有司既具射 俯伏興 降復位	左通禮陞自西偏階 進當座前 俯伏跪啓有司既具射 俯伏興降復位
	또 시중이 앞에서 제서를 받들어 물러나 "제서에서 말하길 가하다고 한다."라고 한다.				
	又侍中前承制退稱制曰可				

절차	《개원례》 군례 황제사어사궁	《세종실록》 오례 군례 사우사단의	《국조오례의》 군례 사우사단의	《성종실록》 8년 8월 3일 대사례의주	《국조속오례의》 군례 대사의
	왕공 이하가 모두 내려온다.	봉례랑이 종친 이하를 나누어 인도하여 모두 내려간다【처음에 단에 오른 사람이 내려가려고 하면 단 아래에 있던 사람이 자리로 먼저 나아간다.	인의가 종친 이하를 나누어 인도하여 모두 내려간다【처음에 단에 오른 자가 장차 내려갈 때 단 아래에 있는 자가 먼저 자리로 나아간다】.	인의가 종친 이하의 관원을 나누어 인도하여 모두 내려온다【처음에 단에 오른 사람이 내려가려고 하면 단 아래에 있는 사람이 먼저 자리로 나아간다】.	
	王公以下皆降	奉禮郎分引宗親以下皆降【初 升壇者將降 在壇下者先就位】	引儀 分引宗親以下 皆降【初陞壇者將降 在壇下者 先就位】	引儀分引宗親以下皆降【初陞壇者將降 在壇下者先就位】	
		【승지는 단 위에서 동향하여 북쪽을 윗자리로 하여 부복한다.】	승지가 단 위에서 동향하여 북쪽을 윗자리로 하여 부복한다.	승지가 단 위에서 동향하고 북쪽을 윗자리로 하여 부복한다.	
		【承旨在壇上東向北上俯伏】	承旨 在壇上 東向北上 俯伏	承旨在壇上東向北上俯伏	
	문관은 동계 아래에 서면하여 서는데 북쪽을 윗자리로 한다.	문관은 동계 아래에 동쪽 가까이 서향하여 선다.	문관은 동계 아래의 동쪽 가까이에 서향하여 선다.	문관은 동계 아래에 동쪽으로 가까이 서향하여 선다.	
	文官立於東階下西面北上	文官立東階下 近東西向	文官 立東階下近東西向	文官立東階下近東西向	
	무관은 서계 아래 사위의 뒤에 동면하여 서는데 북쪽을 윗자리로 한다.	종친과 무관은 서계 아래에 서쪽 가까이 서서 동향하여 서는데 모두 북쪽을 윗자리로 한다.	종친과 무관은 서계 아래의 서쪽 가까이에 동향하여 서는데 모두 북쪽을 윗자리로 한다.	종친과 무신은 서계 아래에 서쪽으로 가까이 동향하여 서되 모두 북쪽을 윗자리로 한다.	
어사	武官立西階下於射位之後東面北上	宗親及武官立西階下 近西東向 俱北上	宗親及武官 立西階下近西東向 俱北上	宗親及武臣立西階下近西東向 俱北上	
	지삽극대는 양 가장자리에 무리지어 선다.				
	持鈒戟隊羣立於兩邊				
	천우비신 2인은 임금의 활과 화살을 가로로 받들고 동계 위에서 서면하여 서는데, 활을 잡은 자는 북쪽에 있다. 점은 활을 잡은 자 앞에 설치하고 또 임금의 결습사는 그 위에 둔다【결은 지금의 사답이고 습은 지금의 사한이다】.	상호군 2인이 임금의 활과 화살을 가로로 받들어【네 개의 화살이다】. 동계 위 서향하여 선다【활을 든 자가 북쪽에 있다.】 안을 활을 잡은 사람의 앞에 설치하고 임금의 결습함을 그 위에 둔다.	상호군 2인이 임금의 활과 화살【네 개의 화살이다】.을 가로로 받들고 동계 위에 서향하여 선다【활을 든 자가 북쪽에 있다】.안은 활을 든 자 앞에 진설하고 임금의 결습함을 그 위에 놓는다.	상호군 2인이 임금의 활과 화살【네 개의 화살이다】.을 가로로 받들고 동계 위에 서향하여 선다【활을 든 자가 북쪽에 있다】. 안을 활을 잡은 자의 앞에 설치하고 임금의 결습함을 그 위에 놓는다.	상호군 2인이 임금의 활과 화살을【네 개의 화살이다】.가로로 받들고 동계 위에 서향하여 선다【활을 든 자가 북쪽에 있다. **모두 안과 함을 갖고 있다】.**또한 **안을 결·습을 받든 자【활을 든 자의 북쪽에 선다】.의 앞에 설치**하고 임금의 결습함을 그 위에 둔다.
	千牛備身二人 橫奉御弓及矢 立於東階上西面 執弓者在北 設坫於執弓者之前 又置御決拾笥於其上【決今之射沓 拾今之射捍】	上護軍二人橫捧御弓矢【乘矢】立於東階上 西向【執弓者在北】設案於執弓者之前 置御決拾函於其上	上護軍二人 橫捧御弓矢【乘矢】立於東階上西向【執弓者在北】設案於執弓者之前 置御決拾函於其上	上護軍二人橫捧御弓矢【乘矢】立於東階上 西向【執弓者在北】設案於執弓者之前 置御決拾函於其上	上護軍二人橫捧御弓矢【乘矢】立於東階上西向【執弓者在北 **俱有案及函**】又設案於捧決拾者**【立於執弓者之北】之前**置御決拾函於其上

절차	《개원례》 군례 황제사어사궁	《세종실록》 오례 군례 사우사단의	《국조오례의》 군례 사우사단의	《성종실록》 8년 8월 3일 대사례의주	《국조속오례의》 군례 대사의
어사	획자는 정을 갖고 핍에서 남쪽으로 가 후를 마주 보고 동쪽으로 가서 후에 이르러 후를 등지고 북면하여 선다.	획자 1인이 정을 가지고 후를 등지고서 북향하여 선다.	획자 1인은 정을 갖고 후를 등지고서 북향하여 선다.	획자 1인이 정을 가지고 후를 등지고서 북향하여 선다.	획자 1인이 정을 갖고 후를 등지고서 북향하여 선다**【위장소서원이 달려가 전한다】**.
	獲者持旌 自乏南行當侯東行 至侯負侯北面立【負侯謂背侯向內立 令衆射者見侯與旌埰有志於中】	獲者一人持旌負侯北向立	獲者一人持旌負候北向立	獲者一人持旌負侯北向立	獲者一人 持旌負侯 北向立**【衛將所書員 馳傳】**
	시사자는 서문 밖으로 나가 활과 화살을 취해 양손에 활을 잡고 네 개의 화살은 대에 꽂아서【승시를 꽂는 것은 네 개의 화살이다】. 들어와 전 아래 사위 서쪽에 동면하여 선다.	시사자가 서문 밖으로 나가 활을 잡고 네 개의 화살을 꽂고 들어와서 장사위에 나아간다【시사는 짝수로 하며 때에 임해 계재한다】.	시사자가 서문 밖으로 나가 활을 들고 네 개의 화살을 꽂고서 들어가 장사위로 나아간다【시사는 짝수로 하며 때에 임해 품지한다】.	시사자가 서문 밖으로 나가서 활을 잡고 네 대의 화살을 꽂고 들어가 장사위로 나아간다【시사는 짝수로 하며 때에 임해 품지한다】.	시사자가 서문 밖으로 나가 활을 잡고 네 개의 화살을 꽂고 들어가 장사위로 나아간다**【병조정랑이 짝수로 정돈한다】**.
	侍射者出西門外取弓矢 兩手奉弓 搢乘矢於帶【搢挿乘矢四矢】入立于殿下射位西東面	侍射者出西門外 執弓搢乘矢入就將射位【侍射耦數 臨時啓裁】	侍射者 出西門外 執弓搢乘矢 入就將射位【侍射耦數 臨時稟旨】	侍射者出西門外 執弓搢乘矢入就將射位 【侍射耦數臨時稟旨】	侍射者出西門外 執弓搢乘矢 入就將射位**【兵曹正郎 以耦 整齊】**
		병조판서가 서편계로 올라가서 어좌 앞에 나아가 부복하고 꿇어앉아 획자가 후에서 피하도록 명할 것을 아뢰고 부복하였다가 일어나 내려가서 자리로 돌아간다.	병조판서가 서편계로 올라가 어좌 앞에 나아가 부복하였다가 꿇어앉아 획자가 후에서 피하도록 명할 것을 아뢰고 부복하였다가 일어나 내려가서 자리로 돌아간다.	병조판서가 서편계로 올라가 어좌 앞에 나아가서 부복하고 꿇어앉아 획자에게 후에서 피하도록 명할 것을 아뢰고 부복하고 일어나서 제자리로 내려온다.	병조판서**【상복을 입는다】**.가 서편계로 올라가서 어좌 앞에 나아가 부복했다가 꿇어앉아 획자에게 후에서 피하도록 명할 것을 아뢰고 부복했다가 일어나서 **약간 물러나서 선다. 병조판서가 부복했다가 꿇어앉아 북을 칠 것을 아뢰고 부복했다가** 일어나서 내려가 자리로 돌아간다.
		兵曹判書升自西偏階 進當座前俯伏跪啓 命獲者去侯 俯伏興降復位	兵曹判書 陞自西偏階進當座前 俯伏跪啓命獲者去候 俯伏興降復位	兵曹判書陞自西偏階 進當座前俯伏跪 啓命獲者去侯俯伏興 降復位	兵曹判書**【常服】**陞自西偏階 進當座前俯伏跪啓命獲者去侯 俯伏興**小退立 兵曹判書俯伏跪啓搥鼓** 俯伏興降復位
	사마가 활을 받들어 서계로 올라가 서쪽 기둥 앞을 마주 보고 남면하여 활을 휘둘러 획자에게 후에서 떨어질 것을 명한다.	집고자가【훈련관사이다.】북을 쳐서 세 번 울린다.	집고자가 북을 쳐서 세 번 울린다.	집고자가 북을 쳐서 세 번 울린다.	집고자가 북을 쳐서 세 번 울린다【훈련원정이 거행한다】.
	司馬奉弓自西階升當西楹前南面揮弓命獲者去侯	執鼓者【訓錬觀使】槌鼓三聲	執鼓者槌鼓三聲	執皷者槌皷三聲	執鼓者搥鼓三聲【訓錬院正 舉行】

절차	《개원례》 군례 황제사어사궁	《세종실록》 오례 군례 사우사단의	《국조오례의》 군례 사우사단의	《성종실록》 8년 8월 3일 대사례의주	《국조속오례의》 군례 대사의
	획자는 정을 갖고 후에서 서쪽으로 10보를 가고 북쪽으로 가서 핍에 이르러 멈춘다. 獲者以旌去侯西行十步北行至乏止	획자가 북을 쳐서 이에 응하고 후를 등진 곳에서 핍으로 돌아간다. 獲者以鼓應之 負侯者還至乏	획자가 북을 쳐서 이에 응하고 후를 등진 곳에서 핍으로 돌아간다. 獲者 以鼓應之 負候者還至乏	획자가 북을 쳐서 응하고 후를 등진 곳에서 핍으로 간다. 獲者以皷應之 負侯者還至乏	획자가 북을 쳐서 응하고 후를 등진 곳에서 핍으로 돌아간다. 獲者以鼓應之 負侯者還至乏
	사마가 서계로 내려와 서 자리로 돌아간다. 司馬降自西階復位				
	천우낭장 1인은 상자의 결·습을 받든다. 천우장군은 활을 받든다. 또 천우낭장은 화살을 받들어 어탑의 동쪽에서 조금 남쪽에 나아가 서면하여 선다. 千牛郎將一人 奉決拾以笥 千牛將軍奉弓 又千牛郎將奉矢進立於御榻東少南西面	상호군 1인은 결습함을 받들고 1인은 활을 받들고 1인은 화살을 받들어 어좌 동쪽의 약간 남쪽에 나아가 서는데 서향하고 북쪽을 윗자리로 한다. 上護軍一人捧決拾函 一人捧弓 一人捧矢 進立於御座東少南 西向北上	상호군 1인이 결습함을 받들고 1인이 활을 받들며 1인이 화살을 받들고 나아가 어좌의 동쪽에서 조금 남쪽에 북향하여 북쪽을 윗자리로 해서 선다. 上護軍一人 捧決拾函 一人捧弓 一人捧矢 進立於御座東少南西向北上	상호군 1인이 결습함을 받들고 1인은 활을 받들며 1인은 화살을 받들고 나아가서 어좌의 동쪽에서 조금 남쪽에 서고 서향하여 북쪽을 윗자리로 한다. 上護軍一人捧決拾函 一人捧弓 一人捧矢 進立於御座東少南西向北上	상호군 1인은 결습함을 받들고 1인은 활을 받들어서 어좌 동쪽에서 조금 남쪽에 나아가 서는데 서향하고 북쪽을 윗자리로 한다. 上護軍一人 捧決拾函 一人捧弓 一人捧矢 進立於御座東少南 西向北上
어사	낭장은 어탑 앞의 조금 동쪽에서 꿇어앉아 상자를 받들어 수건으로 닦는다. 결을 잡아 일어나서 결을 낄 것을 찬한다. 마치면 천우낭장은 또 꿇어앉아 습을 잡고 일어나 습을 낄 것을 찬한다. 마치면 상자를 갖고 물러나 점 위에 올려두고 자리로 돌아간다. 郎將跪奠笥於御榻前少東 遂拂以巾 取決興 贊設決 訖千牛郎將又跪取拾興 贊設拾 訖以笥退奠於坫上復位	결습함을 받든 자가 북향하여 꿇어앉아 올리고 결·습을 낄 것을 계청한다. 마치면 함을 안에 돌려놓고 물러나 자리로 돌아간다. 捧決拾函者北向跪進 啓請設決拾訖 以函復於案退復位	결습함을 받든 자가 북향하여 무릎 꿇고서 올리고 결·습을 낄 것을 계청한다. 마치면 함을 안에다 돌려놓고 물러나 자리로 돌아간다. 捧決拾函者 北向跪進啓請設決拾 訖以函復於案退復位	결습함을 받든 자가 북향하여 꿇어앉아 올리고 결·습을 낄 것을 계청한다. 마치면 함을 안에 돌려놓고 물러나 제자리로 돌아온다. 捧決拾函者北向跪進 啓請設決拾 訖以函復於案 退復位	결습함을 받는 자가 북향하여 꿇어앉고 나아가 결·습을 낄 것을 계청한다. 마치면 함을 안에 돌려놓고 물러나 자리로 돌아간다. 捧決拾函者 北向跪進啓請設決拾 訖以函復於案退復位
					좌통례가 서편계로 올라가 어좌 앞에 나아가 어좌에서 내려오기를 계청한다. **左通禮 陞自西偏階 進當座前 啓請降座**

절차	《개원례》 군례 황제사어사궁	《세종실록》 오례 군례 사우사단의	《국조오례의》 군례 사우사단의	《성종실록》 8년 8월 3일 대사례의주	《국조속오례의》 군례 대사의
어사		전하가 어좌에서 내려와서【음악이 시작된다】. 사위로 올라간다【음악이 그친다】.	전하가 어좌에서 내려오면 음악을 연주하고 사위로 올라가면 음악을 그친다.	전하가 어좌에서 내려오면 음악을 연주하고 사위로 올라가면 음악을 그친다.	전하가 어좌에서 내려오면 음악을 연주한다.
		殿下降座【樂作】升射位【樂止】	殿下降座 樂作 陞射位 樂止	殿下降座 樂作 陞射位 樂止	殿下降座 樂作
					좌통례가 사위에 올라갈 것을 계청한다. **左通禮啓請陞射位**
					전하가 사위에 올라가면 음악을 그친다. 殿下陞射位 樂止
		활을 받든 자가 북향하여 꿇어앉아 임금에게 활을 올리고 마치면 물러나 자리로 돌아간다.	활을 받든 자가 북향하여 무릎 꿇고서 임금에게 올리고 마치면 물러나 자리로 돌아간다.	활을 받든 자가 북향하여 꿇어앉아 임금에게 올리고 마치면 물러나 제자리에 돌아간다.	활을 받든 자가 북향하여 꿇어앉아 임금에게 올린다**【활을 받든 자가 소매로 활의 좌우 굽이를 위로 두 번 아래로 한 번 따르고 왼쪽은 부를 잡고 오른쪽은 소를 잡아서 임금에게 올리면 전하가 친히 휜다】**.마치면 물러나 자리로 돌아간다.
		捧弓者北向跪進御 訖退復位	捧弓者 北向跪進御訖退復位	捧弓者北向跪進御 訖退復位	捧弓者 北向跪進御**【捧弓者以袂順弓之左右**隈**上再下壹 左執**弣 **右執簫 以進御 殿下親**揉**之】**訖 退復位
	천우낭장은 수건으로 화살을 닦고 하나씩 임금에게 바친다.	이어서 화살을 받든 자가 임금에게 화살을 하나씩 바친다.	다음으로 화살을 받든 자가 하나씩 바친다.	다음에 화살을 받든 자가 하나하나 바친다.	화살을 받든 자가 첫 번째 화살을 바친다**【화살을 받든 자가 수건으로 화살을 닦고 임금에게 올린다】**.
	千牛郎將以巾拂矢進一一供御	次捧矢者 一一供進御	次捧矢者 一一供進	次捧矢者一一供進	捧矢者進第一矢**【捧矢者以巾內拂矢而進御】**
	황제가 활을 쏘려 하면 협률랑은 휘를 든다.	(임금이) 활을 쏘려 할 때 헌가에서 먼저 《화안지악》3절을 연주하고 첫 번째 화살은 4절과 상응하고 두 번째 화살은 5절과 상응하게 하고 7절에 이르러 음악을 그친다.	임금이 활을 쏘고자 할 때 헌가가 악 3절을 연주한다. 첫 번째 화살은 4절과 상응하고 두 번째 화살은 5절과 상응하여 7절에 이르러서 음악을 그친다.	임금이 활을 쏘려고 하면 헌가에서 악 3절을 연주하고 첫 번째 화살은 4절과 서로 응하고 두 번째 화살은 5절과 더불어 서로 응하게 하여 제7절에 이르러 악이 그친다.	전하가 활을 쏘려고 하면 음악을 연주한다. 헌가에서 악 3절을 연주한다**【전악이 와서 고한다】**. 첫 번째 화살과 4절이 상응한다.
	皇帝欲射 協律郎擧麾	欲射 軒架先奏《和安之樂》三節 第一矢與第四節相應 第二矢與五節相應 以至七節樂止	御欲射 軒架奏樂三節 第一矢與第四節相應 第二矢與第五節相應 以至七節 樂止	御欲射 軒架奏樂三節 第一矢與第四節相應 第二矢與第五節相應 以至七節樂止	殿下將射 樂作 軒架奏樂三節**【典樂來告】**第一矢與第四節 相應
	먼저 고취가 연주된다. 先奏鼓吹				

절차	《개원례》 군례 황제사어사궁	《세종실록》 오례 군례 사우사단의	《국조오례의》 군례 사우사단의	《성종실록》 8년 8월 3일 대사례의주	《국조속오례의》 군례 대사의
	추우 5절을 연주한다. 임금이 첫 번째 화살을 쏘는 것과 6절이 상응하고 두 번째 화살과 7절이 상응하여 9절에 이른다. 兩奏樂騶虞五節 御乃射第一矢與第六節相應 第二矢與第七節相應 以至九節				
	협률랑이 휘를 눕힌다. 協律郎 偃麾				
	음악이 그친다. 樂止				
어사	천우장군은 화살이 간 곳을 아뢰는데 중앙은 획, 아래는 유, 위는 양, 좌는 좌방, 우는 우방이라 한다【유는 화살이 짧아 후에 미치지 못한 것이고, 양은 화살이 후를 지나간 것이고, 좌·우는 화살이 치우쳐 정중앙이 아닌 것을 이른다】. 千牛將軍以矢行奏 中曰獲 下曰留 上曰揚 左曰左方 右曰右方【留謂矢短不及侯 揚謂矢過侯 左右謂矢偏不正】	상호군이 앞에 꿇어앉아 화살이 간 곳을 아뢰는데 중앙은 획이라 하고 아래는 유라 하며 위는 양이라 하고 왼쪽은 좌방이라 하며 오른쪽은 우방이라 한다. 上護軍前跪 以矢行啓 中曰獲 下曰留 上曰揚 左曰左方 右曰右方	상호군이 앞에 꿇어앉아 화살이 간 곳을 아뢰는데 중앙은 획이라 하고 아래는 유라 하며 위는 양이라 하고 왼쪽은 좌방이라 하며 오른쪽은 우방이라 한다. 上護軍 前跪以矢行啓 中曰獲 下曰留 上曰揚 左曰左方 右曰右方	상호군이 앞에 꿇어앉아 화살이 간 곳을 아뢰는데 중앙은 획이라 하고 아래는 유라 하며 위는 양이라 하고 왼쪽은 좌방이라 하며 오른쪽은 우방이라 한다. 上護軍前跪 以矢行啓 中曰獲 下曰留 上曰揚 左曰左方 右曰右方	상호군이 앞에 꿇어앉아 화살이 간 곳을 아뢰는데 중앙은 획이라 하고 아래는 유라 하며 위는 양이라 하고 왼쪽은 좌방이라 하며 오른쪽은 우방이라 한다. 上護軍 前跪以矢行啓中曰獲 下曰留 上曰揚 左曰左方 右曰右方
					두 번째 화살을 올린다. 5절과 사응한다. 進第二矢 與第五節相應
					상호군이 화살이 간 곳을 아뢴다. 上護軍啓矢行
					세 번째 화살을 올린다. 6절과 상응한다. 進第三矢 與第六節相應
					상호군이 화살이 간 곳을 아뢴다. 上護軍啓矢行
					네 번째 화살을 올린다. 7절과 상응한다. 進第四矢 與第七節相應

절차	《개원례》 군례 황제사어사궁	《세종실록》 오례 군례 사우사단의	《국조오례의》 군례 사우사단의	《성종실록》 8년 8월 3일 대사례의주	《국조속오례의》 군례 대사의
어사					상호군이 화살이 간 곳을 아뢴다**【무릇 임금의 화살을 주우면 정을 든 자가 정을 휘둘러 응한다】**. 上護軍啓矢行**【凡御矢獲執旌者揮旌以應之】**
	임금이 활쏘기를 마치면 천우장군이 어좌 동쪽에서 서면하여 활을 받고 물러나 동계 위에서 천우에게 준다. 御射訖 千牛將軍於御坐東西面 受弓 退付千牛於東階上	임금이 활쏘기를 마치면 상호군이 나아가서 북향하여 꿇어앉고 활을 받아 물러나 자리로 돌아간다. 御射訖 上護軍進北向跪受弓 退復位	임금이 활쏘기를 마치면 상호군이 나아가 북향하여 무릎 꿇고서 활을 받고 물러가 자리로 돌아간다. 御射訖 上護軍 進北向跪受弓 退復位	임금이 활쏘기를 마치면 상호군이 앞으로 나아가서 북향하여 꿇어앉아 활을 받고 물러나 자리로 돌아간다. 御射訖 上護軍進北向跪受弓 退復位	임금이 활쏘기를 마치면 음악이 그친다**【훈련원에서 웅후를 철거하고 미후를 설치한다】**. 御射訖 樂止**【訓鍊院 撤熊侯 設麋侯】**
					상호군이 나아가 북향하여 꿇어앉아 활을 받고 물러나 자리로 돌아간다. 上護軍 進北向跪受弓 退復位
		【음악을 연주한다】.전하가 어좌에 오른다【음악을 그친다】. 【樂作】殿下陞座【樂止】	음악을 연주한다. 전하가 어좌에 오르면 음악을 그친다. 樂作 殿下陞座 樂止	음악을 연주한다. 임금이 어좌에 오르면 음악을 그친다. 樂作 殿下陞座 樂止	음악을 연주한다. 樂作
					좌통례가 꿇어앉아 어좌에 오를 것을 계청한다. **左通禮跪啓請陞座**
					전하가 어좌에 오르면 음악을 그친다. 殿下陞座 樂止
	천우낭장이 상자에 결습을 받고 물러나 점 위에 올려두고 자리로 돌아간다. 千牛郎將 以筥受決拾 退奠於坫上復位	또 상호군이 어좌 앞으로 나아가 꿇어앉고 결·습을 받아서 안에 두고 물러나 자리로 돌아간다. 又上護軍進座前跪受決拾 置於案 退復位	또 상호군이 어좌 앞으로 나아가 꿇어앉아 결·습을 받아서 안에 놓고 물러나 자리로 돌아간다. 又上護軍 進座前 跪受決·拾 置於案 退復位	또 상호군이 어좌 앞에 나아가 꿇어앉아 결·습을 받아 안에 놓고 물러나 자리로 돌아간다. 又上護軍進座前 跪受決拾置於案 退復位	또 상호군이 어좌 앞에 나아가 꿇어앉아 결·습을 받아 안에 놓고 물러나 자리로 돌아간다. 又上護軍進座前跪受決拾置於案 退復位
		취시관이【훈련관부사이다】. 임금의 화살을 가로로 받들어 중계 아래로 달려온다. 取矢官【訓鍊觀副使】橫捧御矢 趨詣中階下	취시관이 임금의 화살을 가로로 받들고 중계 아래로 달려온다. 取矢官 橫捧御矢 趨詣中階下	취시관이 임금의 화살을 가로로 받들고 중계 아래로 달려온다. 取矢官橫捧御矢 趨詣中階下	취시관이 임금의 화살을 가로로 받들고 중계 아래로 달려온다. 取矢官橫捧御矢趨詣中階下

절차	《개원례》 군례 황제사어사궁	《세종실록》 오례 군례 사우사단의	《국조오례의》 군례 사우사단의	《성종실록》 8년 8월 3일 대사례의주	《국조속오례의》 군례 대사의
어사		상호군이 받들기를 처음과 같이 한다. 上護軍承奉如初	상호군이 받들기를 처음과 같이 한다. 上護軍 承捧如初	상호군이 받들기를 처음과 같이 한다. 上護軍承捧如初	상호군이 받들기를 처음과 같이 한다. 上護軍承捧如初
시사	시사자가 나아가 사석에 올라가서 북면하고 섰다가 왼쪽으로 돌아서 동면한 상태에서 활 시위를 걸고 남면하여 화살을 끼운다.	시사자가 짝을 지어 올라가 사석으로 나아가서 북향하여 부복하였다가 일어나 남향으로 선다.	시사자가 짝을 지어 올라가 사석으로 나아가서 북향하여 부복하였다가 일어나 남향하여 선다.	시사자가 짝을 지어 올라가서 사석에 나아가 북향하여 부복하고 일어나 남향하여 선다.	시사자가 짝을 지어 올라가 사석으로 나아가서 북향하여 부복했다가 일어나 남향하여 선다**【병조정랑이 정돈하여 대신을 먼저 인도해 들어가고 다음은 종친·의빈이며 작위 순서에 따른다. 다음은 문신이고 작위 순서에 따른다. 다음은 무신이고 작위 순서에 따른다. 짝으로 들어가서 설 때 서로 읍한다. 명중시킨 자는 땅에 엎드리는 것을 면한다. 활쏘기를 마치면 또 서로 읍한다】.**
	侍射者進升射席北面立 左旋 東面張弓 南面挾矢	侍射者以耦升進射席 北向俯伏興南向立	侍射者 以耦陞進射席北向 俯伏興南向立	侍射者以耦陞進射席 北向俯伏興 南向立	侍射者以耦陞進射席 北向俯伏興南向立**【兵曹正郎整齊 引入先大臣 次宗親·儀賓 從爵次 次文臣從爵次 次武臣從爵次 以耦入立時相揖 中者除伏地 射畢又相揖】**
	협률랑이 휘를 들면 음악을 연주하고 고취는 연주하지 않는다.	《성안지악》1절을 연주한 후에 화살을 쏘는데 첫 번째 발과 2절이 상응하고 (같은 방식으로) 5절에 이르면【과녁에 명중하면 획자가 북을 치고 명중하지 않으면 쇠를 친다】. 음악을 그친다.	**음악 1절을 연주한 후에 화살을 쏜다. 제1발은 제2절과 서로 응하며 5절에 이르러서【적중하였으면 획자가 북을 치고 적중하지 않았으면 쇠를 친다】. 음악을 그친다.**	음악 1절을 연주하고 다음에 화살을 발사하는데 첫 번의 발사는 음악 2절과 상응하고 5절에 이르러서【맞히면 획자가 북을 치고 맞히지 못하면 쇠를 친다】. 음악이 그친다.	음악을 연주한다. 1절을 연주한 후**【전악이 와서 고한다】.** 화살 쏘기는 제1발은 2절과 상응하고 5절에 이르러【명중하면 획자가 북을 치고 명중하지 않으면 쇠를 친다. **위장소군사는 여섯 색깔의 기를 갖고 만약 중앙에 맞으면 홍색기를 들어 응하고 위쪽은 황색기, 아래쪽은 흑색기, 좌·우는 모두 방향색에 따르고 정중앙은 무늬가 있는 기로 응한다】.** 음악을 그친다.
	協律郎擧麾乃作樂 不作鼓吹	奏《誠安之樂》一節後發矢 第一發與第二節相應 以至五節【中則獲者擊鼓 不中則擊金】樂止	**奏樂一節後 發矢 第一發與第二節相應 以至五節【中 則獲者擊鼓 不中 則擊金】樂止**	奏樂一節後發矢 第一發與二節相應 以至五節【中則獲者擊鼓 不中則擊金】樂止	樂作 奏一節後**【典樂 來告】**發矢第一發 與第二節相應 以至五節【中則獲者擊鼓 不中則擊金 **衛將所軍士 持六色旗 如中的則擧紅旗應之 上邊黃旗 下邊黑旗 左·右皆隨方色 正則以彩旗應之】**樂止

절차	《개원례》 군례 황제사어사궁	《세종실록》 오례 군례 사우사단의	《국조오례의》 군례 사우사단의	《성종실록》 8년 8월 3일 대사례의주	《국조속오례의》 군례 대사의
	이수 3절을 연주한 후에 화살을 쏜다. 만약 시사자가 많으면 일제히 첫 번째 화살을 쏘고 4절과 상응한다. 두 번째 화살과 5절이 상응하고 7절에 이른다. 奉樂貍首 三節然後發矢 若侍射者多則齊發第一發與第四節相應 第二發與第五節相應 以至七節				
	협률랑이 휘를 눕히면 음악을 그친다. 協律郎 偃麾 樂止.				
시사	활은 오른쪽으로 돌아서 동면한 상태로 시위를 벗기고 북면하여 섰다가 곧 물러나 서계 아래 자리로 돌아간다【사인의 다소는 때에 임하여 진지를 기다린다. 만약 9품 이상이 모두 시사하면 6품 이하는 다음날 시사를 인도하고 소사가 감독한다.】 弓右旋東面 弛弓北面立 乃退復西階下位【其射人多少 臨時聽進止 若九品以上 俱蒙賜射則 六品以下後日引射 所司監之】	시사자가 북향하여 부복하였다가 일어나 내려와서 장사위로 돌아온다. 射者北向俯伏興降復將射位	시사자가 북향하여 부복하였다가 일어나 내려가서 장사위로 돌아간다. 射者 北向俯伏興降復將射位	시사자가 북향하여 부복하였다 일어나 내려와서 장사위로 돌아간다. 射者北向俯伏興降復將射位	시사자가 북향하여 부복하였다 일어나 내려와서 장사위로 돌아간다. 射者北向俯伏興降復將射位
	사마가 서계로 올라가 기둥 앞에서 남면하여 활을 휘둘러 화살을 취할 것을 명하고 사마는 내려와 자리로 돌아간다. 司馬升自西階 楹前南面 揮弓命取矢 司馬降復位	취시자가【훈련관참군이다】. 명중한 화살을 취하여 화살 그릇에 넣는다. 取矢者【訓鍊觀參軍】 取中矢 加於楅	취시자가 명중한 화살을 취하여 화살 그릇에 넣는다. 取矢者取中矢加於楅	취시자가 명중한 화살을 취하여 화살 그릇에 넣는다. 取矢者取中矢加於楅	취시자가 명중한 화살을 취해 화살 그릇에 넣는다【**획자는 습전군으로 하여금 주워서 취시관에게 준다. 명중하지 않은 화살은 획자가 받아서 다른 곳에 둔다. 여러 짝은 순서대로 쏘고 다음 짝 순서 이후가 되면 악장은 연속으로 절이 연주되며 시사자는 연속으로 화살을 쏘고 정지하지 않는다**】. 取矢者取中矢加於楅【**獲者 令拾箭軍 拾與取矢官 不中矢 則獲者 受置別處衆耦 以次射次耦 以後則樂章連續奏節 射者 連續發矢 勿爲停止**】

절차	《개원례》 군례 황제사어사궁	《세종실록》 오례 군례 사우사단의	《국조오례의》 군례 사우사단의	《성종실록》 8년 8월 3일 대사례의주	《국조속오례의》 군례 대사의
	취시자는 임금의 화살을 동계 아래에서 천우낭장에게 준다. 取矢者以御矢付千牛郎将於東階下				
	시사자 화살은 화살 그릇에 놓고 북쪽을 묶는다. 侍射者矢加於楅北括				
	시사자는 뜰 앞에서 북면하여 활을 푸는데 동쪽을 윗자리로 한다.	여러 짝이 차례대로 활쏘기를 마치면 자리에 활을 놓고 모두 단 아래에 나아가 서는데 동·서쪽으로 나누어 겹줄로 북향한다.	여러 짝들이 차례로 활을 쏜다. 마치면 자리에 다 활을 놓고 모두 나아가 단 아래에 서는데 동서로 나뉘어 겹줄로 북향한다.	여러 짝이 차례로 쏘아 끝나면 활을 자리에 놓고 모두 단 아래로 나아가 서는데 동서로 나누어 겹줄로 북향하여 선다.	활쏘기를 마치면 음악이 그친다.
	侍射者釋弓於庭前北面東上	衆耦以次射畢 釋弓於位 俱進立壇下 分東西重行北向	衆耦以次射畢 釋弓於位 俱進立壇下 分東西重行北向	衆耦以次射畢 釋弓於位 俱進立壇下 分東西重行北向	射畢 樂止
시사					시사자는**【명중시킨 자는 모두 결·습을 낀 채로 왼쪽에 시위를 건 궁을 잡는다. 명중시키지 못한 자는 결·습을 벗고 오른쪽에 시위를 푼 활을 잡는다】**.모두 단 아래 나아가 서는데 동서로 나누어 겹줄로 북향한다. 射者**【中者 皆決拾左執張弓 不中者 脫決拾 右執弛弓】**俱進立壇下 分東西重行北向
	소사가 시사하여 명중시킨 자는 상을 주고 명중시키지 못한 자는 벌을 줄것을 청한다.	병조판서가 명중시킨 사람의 성명과 명중시킨 숫자를 써서 서편계로 올라가 어좌 앞에 나아가서 부복하고 꿇어앉아 아뢰기를 마치면 명중시킨 사람에게 상을 주고 명중시키지 못한 사람에게 벌을 주기를 청하고 부복하였다가 일어나 내려와서 자리로 돌아간다.	병조판서가 적중시킨 자의 성명 및 적중시킨 숫자를 써서 서편계로 올라가 나아가서 어좌 앞에 당도하여 부복하였다가 무릎 꿇고서 아뢴다. 마치면 적중시킨 자에게 상을 주고 적중시키지 못한 자에게 벌을 줄 것을 청하고 부복하였다가 일어나 내려가서 자리로 돌아간다.	병조 판서가 맞힌 자의 성명과 맞힌 수를 적어 서편계로 올라가 어좌 앞에 나아가 부복하고 꿇어앉아 쏘기를 마쳤음을 아뢰고 맞힌 자는 상을 주고 맞히지 못한 자는 벌을 주기를 청하고 부복하였다 일어나 제자리로 내려온다.	조 판서가 맞힌 자의 성명과 맞힌 수를 적어 서편계로 올라가 어좌 앞에 나아가 부복하고 꿇어앉아 쏘기를 마쳤음을 아뢰고 맞힌 자는 상을 주고 맞히지 못한 자는 벌을 주기를 청하고 부복하였다 일어나 제자리로 내려온다.
	所司奏請 賞侍射中者罰不中者	兵曹判書書中者姓名及中數 升自西偏階 進當座前俯伏跪啓訖 請賞中者罰不中者 俯伏興降復位	兵曹判書 書中者姓名及中數 陞自西偏階 進當座前 俯伏跪啓訖 請賞中者 罰不中者 俯伏興降復位	兵曹判書書中者姓名及中數 陞自西偏階 進當座前俯伏跪啓訖 請賞中者罰不中者 俯伏興 降復位	兵曹判書書中者姓名及中數 陞自西偏階 進當座前 俯伏跪啓訖 請賞中者 罰不中者 俯伏興降復位
	시중이 "제서에서 가하다고 한다."라고 말한다. 侍中稱 制曰可				

절차	《개원례》 군례 황제사어사궁	《세종실록》 오례 군례 사우사단의	《국조오례의》 군례 사우사단의	《성종실록》 8년 8월 3일 대사례의주	《국조속오례의》 군례 대사의
	소사는 화살 그릇 동쪽에 서면하여 서서 화살을 줍는 것을 감독한다. 所司立楅之東西面監唱取矢				
시사	취시자는 각 명중시킨 자의 성명을 창한다. 取矢者各唱中者姓名	정랑에게 적중시킨 자의 성명을 창해 동계 아래에 서향하여 서도록 하고 적중시키지 못한 자는 서계 아래에 동향하여 서도록 하는데 모두 북쪽을 윗자리로 한다. 令正郞唱中者姓名 立於東階下西向 不中者立於西階下東向 俱北上	정랑에게 적중시킨 자의 성명을 창해 동계 아래에 서향하여 서도록 하고 적중시키지 못한 자는 서계 아래에 동향하여 서도록 하는데 모두 북쪽을 윗자리로 한다. 令正郞唱中者姓名 立於東階下西向 不中者立於西階下東向 俱北上	정랑에게 적중시킨 자의 성명을 창해 동계 아래에 서향하여 서도록 하고 적중시키지 못한 자는 서계 아래에 동향하여 서도록 하는데 모두 북쪽을 윗자리로 한다. 令正郞唱中者姓名 立於東階下西向 不中者立於西階下東向 俱北上	병조정랑에게 명중시킨 자의 직과 성명을 창하여**【처음 들어가서 쏜 순서로 창하여 들어간다】**.동계 아래 서향하여 서게 하고 명중시키지 못한 자는 서계 아래 동향하여 서게 하는데 모두 북쪽을 윗자리로 한다. 令兵曹正郞 唱中者職姓名**【依初入射次第唱入】**立於東階下西向 不中者立於西階下東向 俱北上
	명중시킨 자는 동계 아래에 서면하여 서고 북쪽을 윗자리로 한다. 中者立於東階下西面北上				
	명중시키지 못한 자는 서계 아래에 동면하여 서고 북쪽을 윗자리로 한다. 不中者立於西階下東面北上				
시사자배례		통찬이 "국궁 사배 흥 평신"이라고 창한다. 通贊唱鞠躬四拜興平身	찬의가 "국궁 사배 흥 평신"이라고 창한다. 贊儀唱 鞠躬四拜興平身	찬의가 "국궁 사배 흥 평신"이라고 창한다. 贊儀唱 鞠躬四拜興平身	찬의가 "국궁 사배 흥 평신"이라고 창한다. 贊儀唱 鞠躬四拜興平身
	모두 **두 번** 절한다. 俱**再拜**	시사자가 국궁하였다가【음악이 시작된다】. 네 번 절하고 일어나서 몸을 편다【음악이 그친다】. 侍射者鞠躬【樂作】四拜興平身【樂止】	**시사자가 국궁하면 음악을 연주하고 네 번 절하고 일어나 몸을 펴면 음악을 그친다.** **侍射者 鞠躬 樂作 四拜興平身 樂止**	시사자가 국궁하면 악이 연주되고 네 번 절하고 일어나 몸을 펴면 악이 그친다. 侍射者鞠躬 樂作 四拜興平身 樂止	시사자가 국궁하면 악이 연주되고 네 번 절하고 일어나 몸을 펴면 악이 그친다. 侍射者鞠躬 樂作 四拜興平身 樂止

절차	《개원례》 군례 황제사어사궁	《세종실록》 오례 군례 사우사단의	《국조오례의》 군례 사우사단의	《성종실록》 8년 8월 3일 대사례의주	《국조속오례의》 군례 대사의
상벌	소사는 동계 아래에서 상물을 진열한다.	군기감 관원이 동계 아래로 나아가 차례대로 상물을 준다.	군기시 관원이 동쪽 계단 아래로 나아가서 차례로 상물을 준다.	군기시 관원이 동계 아래로 나아가 차례로 상물을 준다.	군기시 관원이 동계 아래로 나아가 차례로 상물을 준다.**【상을 줄 때 명중이 많은 자는 명중한 수에 따라 일제히 들어와 상을 받는다. 명중이 적은 자는 순서대로 받는데 작위의 차서에 구애받지 않는다】.**
	所司於東階下 以陳賞物	軍器監官就東階下 以次付賞物	軍器寺官 就東階下 以次付賞物	軍器寺官就東階下 以次付賞物	軍器寺官就東階下 以次付賞物**【施賞時 多中者從中數 齊入受賞 寡中者 次次◆◆之不拘爵次】**
	받기를 마치면 물러나 서면위로 돌아간다.	상을 받을 사람은 북향하여 꿇어앉아 상을 받기를 마치면 부복하였다가 일어나서 서향한 자리로 돌아간다.	상을 받는 자는 북향하여 무릎 꿇고서 받고 마치면 부복하였다가 일어나 서향위로 돌아간다.	상을 받은 자는 북향하여 꿇어앉아 받기를 마치고 부복하였다 일어나 서향한 자리로 돌아간다.	상을 받은 자는 북향하여 꿇어앉아 받기를 마치고 부복하였다 일어나 서향한 자리로 돌아간다.
	受訖退復西面位	受賞者北向跪受訖 俯伏興還西向位	受賞者 北向跪受訖 俯伏興 還西向位	受賞者北向跪受 訖俯伏興 還西向位	受賞者北向跪受 訖俯伏興 還西向位
	작자는 벌준 서쪽에서 동면하여 술을 따르고 나아가 북면하여 꿇어앉고서 풍 위에 올리고 물러나 풍 남쪽에서 약간 서쪽에 선다.	사준별감이 벌준의 서쪽에 나아가 동향하여 작에 술을 따르고 북향하여 꿇어앉아 풍에 두고 물러나 풍의 남쪽에서 약간 서쪽에 선다.	사옹원관원이 벌준의 서쪽으로 나아가 동향하여 작에 술을 따라서 북향하여 꿇어앉아 풍에 놓고서 물러나 풍의 남쪽에서 조금 서쪽에 선다.	사옹원관원이 벌준의 서쪽으로 나아가 동향하여 작에 술을 담아 북향하고 꿇어앉아 풍에 놓고 물러나 풍의 남쪽에서 조금 서쪽에 선다.	사옹원 관원이 벌준의 서쪽으로 나아가 동향하여 치**【소뿔을 사용한다】**.에 술을 따르고 북향하여 꿇어앉아 풍에 두고 물러나 풍의 남쪽에서 조금 서쪽에 선다.
	酌者於罰尊西東面酌 進北面跪奠於豐上 退立於豐南少西	司尊別監就罰尊西 東向以爵酌酒 北向跪置於豐 退立於豐南少西	司饔院官 就罰尊西東向以爵酌酒 北向跪 置於豐 退立於豐南少西	司饔院官就罰尊西東向 以爵酌酒 北向跪置於豐 退立於豐南少西	司饔院官就罰尊西東向以觶**【用牛角】**酌酒北向跪 置於豊 退立於豊南少西
	명중시키지 못한 자는 풍 남쪽에 나아가 북면하고 꿇어앉아 풍 위의 작을 잡아 서서 마신다. 마신 작은 꿇어앉고 풍 아래 올리고 물러나 동면위로 돌아간다.	명중시키지 못한 사람은 풍의 남쪽에 나아가서 북향하여 꿇어앉아 작을 받고 서서 마신다. 마신 작은 꿇어앉아 풍 아래에 두고 동향위로 돌아간다.	명중시키지 못한 자는 풍의 남쪽으로 나아가 북향하여 무릎 꿇고서 작을 취하여 서서 마신다. 마신 작은 무릎 꿇고서 풍 아래에 놓고 동향위로 돌아간다.	명중시키지 못한 자가 풍의 남쪽에 나아가 북향하여 꿇어앉아 작을 받아서 서서 마시고 마신 작을 꿇어앉아 풍 아래에 놓고 동향위로 돌아온다.	명중시키지 못한 자**【벌주를 마실 때 오른손에 치를 잡고 왼손에 시위를 푼 활을 잡는다】**.가 풍 남쪽에 나아가 북향하여 꿇어앉고 치를 받아 서서 마신다. 마신 치는 꿇어앉아 풍 아래 두고 동향위로 돌아간다.
	不中者進豐南北面 跪取豐上爵立飮 卒爵跪奠豐下 退復東面位	不中者進豐南 北向跪取爵 立飮卒爵跪置豐下 還東向位	不中者 進豐南 北向跪取爵立飮 卒爵跪 置豐下 還東向位	不中者進豐南 北向跪 取爵立飮卒 爵跪置豐下 還東向位	不中者**【飮罰時 右手執觶 左手執弛弓】**進豊南北向跪 取觶立飮 卒觶跪置豊下 還東向位
	작자는 북면하여 꿇어앉아 빈 작을 받아 술을 따라서 올려두기를 처음과 같이 한다.	별감이 북향하여 꿇어앉아 빈 작을 받아서 술을 따라 둔다.	사옹원 관원이 북향하여 무릎 꿇고서 빈 작을 받아 술을 따라 놓는다.	사옹원 관원이 북향하여 꿇어앉아 빈 작을 받아 술을 담아 놓는다.	사옹원 관원이 북향하여 꿇어앉아 빈 치를 받아 술을 담아 놓는다.
	酌者北面跪 取虛爵 酌奠如初	別監北向跪取虛爵酌置	司饔院官 北向跪 取虛爵酌置	司饔院官北向跪 取虛爵酌置	司饔院官北向跪 取虛觶酌置

절차	《개원례》 군례 황제사어사궁	《세종실록》 오례 군례 사우사단의	《국조오례의》 군례 사우사단의	《성종실록》 8년 8월 3일 대사례의주	《국조속오례의》 군례 대사의
배례	명중시키지 못한 자는 순서대로 나아가 술을 마시기를 모두 처음과 같게 한다.	명중시키지 못한 사람이 차례대로 이어서 마시기를 모두 처음과 같게 한다.	적중시키지 못한 자가 차례로 계속해서 마시는데 모두 처음과 같게 한다.	맞히지 못한 자가 차례로 이어 마시기를 모두 처음과 같게 한다.	맞히지 못한 자가 차례로 이어 마시기를 모두 처음과 같게 한다.
	不中者 以次進飮 皆如初	不中者 以次繼飮 竝如初	不中者 以次繼飮 竝如初	不中者以次繼飮 竝如初	不中者以次繼飮 竝如初
	마시기를 마치면 전알이 왕공 이하 및 시사자를 인도하여 모두 뜰 앞에 북면하는데 상대하여 머리가 되게 한다.	마치면 봉례랑이 종친·백관과 시사자를 나누어 인도하여 모두 북향위로 돌아간다.	마치면 인의가 종친·문무백관과 시사자를 나누어 인도하여 모두 북향위로 돌아간다.	마치면 인의가 종친·문무백관과 시사자를 나누어 인도하여 모두 북향위로 돌아간다.	마치면 인의가 종친·문무백관과 시사자를 나누어 인도하여 모두 북향위로 돌아간다.
	飮訖 典謁引王公以下及侍射者 皆庭前北面相對為首	訖奉禮郎分引宗親百官及侍射者 俱復北向位	訖引儀分引宗親·文武百官及侍射者 俱復北向位	訖引儀分引宗親文武百官及侍射者 俱復北向位	訖引儀分引宗親文武百官及侍射者 俱復北向位
		통찬이 "국궁 사배 흥 평신"이라고 창한다.	찬의가 "국궁 사배 흥 평신"이라고 창한다.	찬의가 "국궁 사배 흥 평신"이라고 창한다.	찬의가 "국궁 사배 흥 평신"이라고 창한다.
		通贊唱鞠躬四拜興平身	贊儀唱 鞠躬四拜興平身	贊儀唱 鞠躬四拜興平身	贊儀唱 鞠躬四拜興平身
	두 번 절하고 마치면 (전알이) 인도하여 나간다.	자리에 있는 사람이 국궁하고【음악이 시작된다】. 네 번 절하고 일어나서 몸을 편다【음악이 그친다】.	**자리에 있는 자가 국궁하면 음악을 연주하고 네 번 절하고 일어나서 몸을 펴면 음악을 그친다.**	자리에 있는 자가 국궁하면 음악이 연주되며 네 번 절하고 일어나 몸을 펴면 악이 그친다.	자리에 있는 자가 국궁하면 음악이 연주되며 네 번 절하고 일어나 몸을 펴면 악이 그친다.
	再拜 訖引出	在位者鞠躬【樂作】四拜興平身【樂止】	**在位者 鞠躬 樂作 四拜興平身 樂止**	在位者鞠躬 樂作 四拜興平身 樂止	在位者鞠躬 樂作 四拜興平身 樂止
예필		판통례가 서편계로 올라가서 어좌 앞에 나아가서 부복하고 꿇어앉아 예를 마쳤음을 아뢰고 부복하였다가 일어나 내려와서 자리로 돌아간다.	좌통례가 서편계로 올라가 나아가서 어좌 앞에 당도하여 부복하였다가 무릎 꿇고서 예를 마쳤음을 아뢰고 부복하였다가 일어나 내려가서 자리로 돌아간다.	좌통례가 서편계로 올라가 어좌 앞에 나아가서 부복하고 일어나 꿇어앉아 예를 마쳤음을 아뢰고 부복하였다 일어나 제자리로 내려온다.	좌통례가 서편계로 올라가 어좌 앞에 나아가 예를 마쳤음을 아뢰고 **【찬의가 역시 창한다】**. 부복했다가 일어나서 내려가 자리로 돌아간다.
		判通禮升自西偏階 進當座前俯伏跪啓禮畢 俯伏興降復位	左通禮 陞自西偏階 進當座前 俯伏興跪啓禮畢 俯伏興降復位	左通禮陞自西偏階 進當座前 俯伏興跪 啓禮畢 俯伏興降復位	左通禮陞自西偏階 進當座前啓禮畢**【贊儀亦唱】**俯伏興降復位
		협률랑이 꿇어앉아 부복하였다가 휘를 들고 일어난다.	협률랑이 무릎 꿇었다가 부복하여 휘를 들고 일어난다.	협률랑이 꿇어앉아 부복하고 휘를 들고 일어난다.	협률랑이 꿇어앉아 부복하고 휘를 들고 일어난다.
		協律郎跪俯伏擧麾興	協律郎 跪俯伏擧麾興	協律郎跪俯伏擧麾興	協律郎跪俯伏擧麾興
		공인이 축을 치면 헌가에서 《융안지악》을 시작한다.	공인이 축을 치고 음악을 연주한다.	공인이 축을 치면 악이 연주된다.	공인이 축을 치면 악이 연주된다.
		工鼓柷 軒架作《隆安之樂》	工鼓柷 樂作	工鼓柷樂作	工鼓柷樂作
	지삽극대가 자리로 돌아간다.	전하가 어좌에서 내려와 악차로 돌아간다.	전하께서는 어좌에서 내려온다. **장차 단을 내려올 때 고취가 연주한다.**	전하가 자리에서 내려와 단을 내려오려 하면 고취가 연주된다.	전하가 자리에서 내려와 단을 내려오려 하면 고취가 연주된다.
	持鈒戟隊復位	殿下陞座還幄次	殿下降座 **將降壇**鼓吹振作	殿下降座 將降壇 鼓吹振作	殿下降座 將降壇 鼓吹振作

절차	《개원례》 군례 황제사어사궁	《세종실록》 오례 군례 사우사단의	《국조오례의》 군례 사우사단의	《성종실록》 8년 8월 3일 대사례의주	《국조속오례의》 군례 대사의
예필	임금이 들어가면 음악을 연주한다. 경필은 정해진 의절대로 한다. 御入奏樂 警蹕如常儀	협률랑이 꿇어앉아 휘를 눕히고 부복하였다가 일어난다. 協律郎跪偃麾俯伏興 공인이 어를 치면 음악이 그친다. 工戛敔 樂止	협률랑은 무릎 꿇고서 휘를 눕히고 부복하였다가 일어난다. 協律郎 跪偃麾俯伏興 공인이 어를 치면 음악을 그친다. 工戛敔 樂止 **(임금이) 악차로 돌아가면 고취가 그친다.** **還幄次 鼓吹止**	협률랑이 꿇어앉아 휘를 눕히고 부복하였다 일어난다. 協律郎跪偃麾 俯伏興 공인이 어를 치면 음악이 그친다. 工戛敔 樂止 (임금이) 악차로 돌아가면 고취가 그친다. 還幄次 鼓吹止	협률랑이 꿇어앉아 휘를 눕히고 부복하였다 일어난다. 協律郎跪偃麾 俯伏興 공인이 어를 치면 음악이 그친다. 工戛敔 樂止 전하가 악차로 돌아가면 고취가 그친다. 殿下還幄次 鼓吹止
퇴장	소사가 활과 화살을 중문 밖으로 갖고 나가 시사자에게 주고 인도하여 나간다. 所司以弓矢出中門外 付侍射者引出	봉례랑이 종친과 문무백관을 나누어 인도하여 나간다. 奉禮郎分引宗親及文武百官出	인의가 종친과 문무백관을 나누어 인도하여 나간다. 引儀 分引宗親及文武百官出	인의가 종친과 문무백관을 나누어 인도하여 나간다. 引儀分引宗親文武百官出	인의가 종친과 문무백관을 나누어 인도하여 나간다. 引儀分引宗親文武百官出
환궁		궁에 돌아오기를 올 때의 의식과 같이 한다. 還宮如來儀	환궁은 올 때의 의절대로 한다. 還宮如來儀		**거가환궁은 올때 의절과 같다.** **車駕還宮 如來儀**
비고	만약 어사에 시사하는 사람이 없으면 화살 그릇을 설치하지 않고 상물을 진열하지 않고 벌준을 설치하지 않는다. 만약 임금의 연유하는 소사인 경우에는 상복을 입고 악현을 진설하지 않고 회례를 행하지 않으며 왕공 이하가 행사를 마치고 나갈 때 북면하여 재배하는 의절도 없다. 若御射無侍射之人則 不設楅 不陳賞物 不設罰尊 若御燕遊小射則 常服 不陳樂懸 不行會禮 王公以下事訖出無北面再拜之儀	만약 시사하는 사람이 없으면 화살 그릇을 설치하지 않고 상물을 진열하지 않고 벌준을 설치하지 않는다. 만약 임금의 연유하는 소사인 경우에는 악현을 진설하지 않고 회례를 행하지 않으며 행사를 마쳤을 때 북향하여 사배하는 의절도 없다. 若無侍射之人則不設楅 不陳賞物 不設罰尊 若御燕遊小射 則不陳樂懸 不行會禮 事訖無北向四拜之儀	만약 시사하는 사람이 없으면 화살 그릇을 진설하지 않고 상물을 진열하지 않으며 벌준을 설치하지 않는다. 만약 임금의 연유하는 소사인 경우에는 악현을 진열하지 않고 회례를 행하지 않으며 행사를 마치고 북향하여 사배하는 의절도 없다. 若無侍射之人 則不設楅 不陳賞物 不設罰尊 若御燕遊小射 則不陳樂懸 不行會禮事訖 無北向四拜之儀		【금상(영조) 계해년에 대사례를 행하였는데 원서(국조오례의)의 사우사단의를 본떠서 하였다. 【今上癸亥 行大射禮 倣原書射于射壇儀】

※ 비고 : 굵은 글씨는 이전 의주와의 차이

찾아보기

ㅇ

서울역사중점연구 16

조선시대 서울의 유교 의례와 음악

발행인 서울역사편찬원장 이상배
발행처 서울역사편찬원(history.seoul.go.kr)
서울특별시 송파구 올림픽로 424 올림픽공원 내(전화 02-413-9622)
기획 · 편집 박명호(시사편찬과장), 김윤정
발행일 2024년 4월 30일
판매가 10,000원
편집 · 인쇄 온그라피

발간등록번호 51-6113542-000102-01
ISBN 979-11-6071-185-1
979-11-6071-023-6 (세트)